ARBEITEN ZUR KIRCHENGESCHICHTE

Begründet von Karl Holl † und Hans Lietzmann †

Herausgegeben von Kurt Aland, Walther Eltester und Hanns Rückert

40

DIE THEOLOGIE KARL HOLLS IM SPIEGEL DES ANTIKEN UND REFORMATORISCHEN CHRISTENTUMS

VON

WALTER BODENSTEIN

WALTER DE GRUYTER & CO.

vormals G. J. Göschen'sche Verlagshandlung · J. Guttentag, Verlagsbuchhandlung
Georg Reimer · Karl J. Trübner · Veit & Comp.

Berlin 1968

Obwohl sich die Herausgeber, auch gerade die beiden, die sich als Holl-Schüler fühlen, mit der Darstellung Holls durch W. Bodensteins Buch und mit den darin ausgesprochenen Urteilen nicht identifizieren können, haben sie es für selbstverständlich gehalten, dem Wunsche E. Hirschs, des ältesten Schülers und vertrautesten Freundes Karl Holls, seines langjährigen Nachfolgers in der Herausgeberschaft dieser Reihe, zu entsprechen und das vorliegende Werk in die „Arbeiten zur Kirchengeschichte" aufzunehmen.

Archiv-Nr. 32 02 68 1
Alle Rechte, insbesondere das der Übersetzung in fremde Sprachen, vorbehalten.
Ohne ausdrückliche Genehmigung des Verlages ist es auch nicht gestattet, dieses Buch oder Teile daraus auf photomechanischem Wege (Photokopie, Mikrokopie) zu vervielfältigen.
© 1968
by Walter de Gruyter & Co., Berlin 30
Printed in Germany
Satz und Druck: Thormann & Goetsch, Berlin 44

WALTER BODENSTEIN

DIE THEOLOGIE KARL HOLLS IM SPIEGEL DES
ANTIKEN UND REFORMATORISCHEN CHRISTENTUMS

WALTER BODENSTEIN

DIE THEOLOGIE KARL HOLLS IM SPIEGEL DES
ANTIKEN UND REFORMATORISCHEN CHRISTENTUMS

Professor D. Emanuel Hirsch,
meinem Lehrer und Freund,
in tiefer Verehrung und Dankbarkeit

INHALTSVERZEICHNIS

Seite

Abkürzungsverzeichnis IX
Einleitung 1

I. Teil   Das antike Christentum

1. Kapitel Die Selbständigkeit des Christentums und die Religionsgeschichte 9
2. Kapitel Der Gegensatz zwischen Paulus und der Urgemeinde im Spiegel des Kirchenbegriffs 27
3. Kapitel Gestaltwandel des Enthusiasmus in der Geschichte der Alten Kirche 36
   1. Ursprung und Wesen des Enthusiasmus 36
   2. Der Märtyrer als Träger des Enthusiasmus 40
   3. Enthusiasmus und Seelsorgevollmacht im griechischen Mönchtum 48
   4. Die Geschichte des Enthusiasmus in der Alten Kirche .. 55
4. Kapitel Die Erweiterung des 2. Artikels im Apostolicum 65
5. Kapitel Ursprung und Entwicklung des Epiphanienfestes 72
6. Kapitel Frömmigkeit und Lebensideal bei Augustin 78
   1. Die Bekehrung 79
   2. Paulinismus und Prädestination 87
7. Kapitel Holl als Herausgeber des Epiphanius 95

II. Teil   Luther

1. Kapitel Die Krise in der Lutherforschung 109
2. Kapitel Das neue Verständnis der Rechtfertigung 120
   a) Die historisch-kritische Methode 121
   b) Das Nein wider den Eudämonismus 123
   c) Religion als Sollen 127
   1. Zorn und Gnade 132
   2. Der sittlich vertretbare Gottesbegriff 138
   3. Die Rechtfertigung als synthetisches und analytisches Urteil .. 157
   4. Die Kritiker 173

3. Kapitel Das neue Ethos 183
   1. Der Werdeprozeß der ethischen Erkenntnis bei Luther 184
   2. Der Gottesgedanke als Ursprung des neuen Ethos 192
   3. Die Autonomie höheren Stils 196
   4. Naturrecht oder christliches Liebesgebot 203
   5. Weltreich und Bergpredigt 218
   6. Die Kritiker 230

4. Kapitel Der neue Kirchenbegriff 233
   1. Die Rechtfertigung als Quellort der Kirchenidee 234
   2. Sichtbare und unsichtbare Kirche 240
   3. Das landesherrliche Kirchenregiment 254
   4. Toleranz und Ketzerrecht 272

5. Kapitel Die neuen Prinzipien der Schriftauslegung 276
   1. Die persönliche Erfahrung 279
   2. Das Eigenrecht der Urkunde 285
   3. Der hermeneutische Zirkel 292
   4. Kritik an Holl 304

Beigabe I Luther und der heilige Geist 321
   (Notizensammlung von Karl Holl, mitgeteilt von Emanuel Hirsch)

Beigabe II Karl Holl als Prediger 345

Register 352

ABKÜRZUNGSVERZEICHNIS

Die drei Bände der Gesammelten Aufsätze von Holl (I Luther 7. Aufl. 1958, II Der Osten, III Der Westen beide 1928) werden nur mit der römischen Ziffer und Seitenzahl zitiert. In einzelnen besonderen Fällen ist der Name Holl davorgesetzt, um jedes Mißverständnis auszuschließen.

Enthusiasmus	Enthusiasmus und Bußgewalt beim griechischen Mönchtum, eine Studie zu Symeon dem Neuen Theologen 1898
KlSchr	Kleine Schriften, herausgeg. von Robert Stupperich 1966
BrH	Briefwechsel mit Adolf von Harnack, herausgeg. von Heinrich Karpp 1966
BrSchl	Briefe Karl Holls an Adolf Schlatter in: Zeitschrift für Theologie und Kirche 1967 Heft 2, 169 ff.

Die anderen Schriften Holls sind beim ersten Zitat mit vollem Titel erwähnt.

Die für die einzelnen Kapitel zugrundegelegten Arbeiten Holls sind jeweils am Anfang in chronologischer Reihenfolge zusammengestellt.

WA	Weimarer Lutherausgabe 1883 ff., allgemeine Abteilung
WABr	Weimarer Lutherausgabe Abteilung Briefe
WATr	Weimarer Lutherausgabe Abteilung Tischreden
WA DB	Weimarer Lutherausgabe Abteilung Deutsche Bibel
BoA	Luthers Werke in Auswahl herausgegeben von Otto Clemen 1925 bis 1933
ThLZ	Theologische Literaturzeitung
ThR NF	Theologische Rundschau, Neue Folge
ZThK	Zeitschrift für Theologie und Kirche
ZsystTh	Zeitschrift für systematische Theologie
NZsystTh	Neue Zeitschrift für systematische Theologie und Religionsphilosophie
ThWB	Theologisches Wörterbuch zum Neuen Testament
TU	Texte und Untersuchungen
RGG	Die Religion in Geschichte und Gegenwart 1. Aufl. 1908 ff., 2. Aufl. 1927 ff., 3. Aufl. 1957 ff.
RE	Realencyklopädie für protestantische Theologie und Kirche 3. Aufl. 1896—1913
DG	Dogmengeschichte
TheolNT	Theologie des Neuen Testaments
RV	Albrecht Ritschl, Rechtfertigung und Versöhnung 4. Aufl. I u. II 1889; III 1895

EINLEITUNG

Karl Holl ist eine der großen repräsentativen Gestalten der deutschen evangelischen Theologie der Jahrhundertwende und des ersten Viertels unseres Jahrhunderts, an denen jene Epoche so reich war. Er steht ebenbürtig als eine völlig eigengeprägte, selbständige Persönlichkeit neben Harnack, Troeltsch, Schlatter u. a., keiner Schule zugehörig und keiner Richtung verschrieben. Er selbst hat sich als einen postumen Schüler F. Chr. Baurs angesehen. Deshalb ist es auch nicht leicht, ihn in die vorhandenen Kategorien und Gruppierungen einzuordnen. Das hat zu mancherlei Mißverständnissen bei Zeitgenossen und Nachgeborenen geführt, die ihn als Ritschlianer etikettieren wollten oder im Fahrwasser der idealistischen Philosophie zu sehen glaubten. Dabei hat Holl selber mit aller Deutlichkeit seine Abgrenzung gegen Kant (vgl. Gesammelte Aufsätze zur Kirchengeschichte III, 245), Schleiermacher (III, 373) und Fichte (III, 550) vollzogen. Wo er aber mit Kant oder Schleiermacher übereinstimmt, da nur deshalb, weil sie Gedanken Luthers erneuert haben (III, 547; 551[1]). So kann man ihn wohl nur als einen sehr eigenwilligen und eigenständigen Vertreter der schwäbischen Theologie und Frömmigkeit ansehen, die soviele originelle Denker und Gottesmänner hervorgebracht hat.

Will man diese Eigenart Holls näher charakterisieren, so darf man vielleicht dieses sagen. Bei ihm verbindet sich die vorbehaltlose Anerkennung der historisch-kritischen Methode und d. h. der letzten Wahrhaftigkeit in der Erforschung der Ursprünge und Geschichte der christlichen Religion mit einer tiefen persönlichen Frömmigkeit als dem schlichten Glauben an das paulinisch-reformatorische Evangelium. Eben daß eine solche Verbindung möglich sei, wurde ja von den beiden Lagern der damaligen — und heutigen — Theologie, den Konservativ-Positiven und den Kritisch-Liberalen in Frage gestellt oder entschieden bestritten. Die kirchlich Orthodoxen hatten Angst vor der Radikalität der historischen Forschung und ihren negativen Ergebnissen, und die Vertreter des historisch-kritischen Denkens verfielen einer religiös flachen Bildungsreligion. Auf beiden Seiten wurden berechtigte Positionen verteidigt, deren Aufgabe eine Entwertung der deutschen evangelischen Theologie bedeutet hätte.

1 Bodenstein, Holl

Aber jede Seite war blind für die Mängel und Gebrechen ihres eigenen Standpunktes und sah nur die Schwächen der Gegner. In Holl wurde die Synthese der Wahrheitsmomente in beiden Wirklichkeit, durchdrang gleichermaßen die individuelle Persönlichkeit wie die wissenschaftliche Leistung und schmolz beides zu einer bisher so nicht vorhandenen Einheit zusammen. Schon aus diesem Grunde verdient er Aufmerksamkeit und Interesse in unserer gegenwärtigen Lage, die von denselben Schwierigkeiten belastet ist wie jene Epoche.

Ihren wirkungsvollsten Ausdruck hat diese Eigenart Holls in seinem Lutherbuch gefunden, in dem er eine Reihe von ursprünglich getrennt erschienenen Aufsätzen zu einem Band vereinigt und 1921 herausgegeben hat. Der Schlüssel für das Verständnis Luthers war ihm dessen Rechtfertigungslehre geworden und das durch sie gewonnene Gottesbild. Allein dieser Ausgangspunkt von einer dem modernen Menschen wohl befremdlichsten Seite mit seiner unerbittlichen Entwertung aller Selbstbestätigung im Angesichte Gottes widerlegt die These von der angeblich idealistisch bestimmten Interpretation Luthers durch Holl. Dieses Buch vermittelte einer Zeit politischen Zusammenbruchs und weltanschaulich-geistiger Verwirrung ein großes Ideal und führte zu einer Neubesinnung auf die tragenden Grundlagen des evangelischen Glaubens und des Religiösen und Ethischen überhaupt. Mit ihm war Holl der Durchbruch zu einer weitgehenden und anhaltenden Wirkung geschenkt worden. Sein Lutherbuch wurde der Anstoß zu einer neuen Bewegung in der evangelischen Theologie, die unter der Bezeichnung »Lutherrenaissance« in die Geschichte eingegangen ist. »... von dem Lutherbuch (Holls), seiner größten Leistung, datiert die Wissenschaft und die Evangelische Kirche mit Recht eine neue Stufe in der Erkenntnis des Reformators«, hat Harnack erklärt (Aus der Werkstatt des Vollendeten, Reden und Aufsätze 1930, 280).

Im Vergleich dazu haben seine Arbeiten zur Geschichte der Alten Kirche ein wesentlich geringeres Echo gefunden. Hier war die Autorität Harnacks zu gewaltig, dessen Verdienst in der Wiederbelebung der historisch-kritischen Wissenschaft für das Feld des antiken Christentums nach ihrer weitgehenden Unterdrückung durch die Ausschaltung der Forschungsergebnisse F. Chr. Baurs im wissenschaftlichen Bewußtsein der evangelischen Theologie allerdings nicht leicht zu hoch angeschlagen werden kann. Dennoch hat Holl sowohl methodisch (wie z. B. in der Aufnahme der Prinzipien der Formgeschichte in die Kirchengeschichte) wie auch sachlich (in der Erkenntnis dessen, was er als »Enthusiasmus« bezeichnete und als die treibende Kraft der Entwicklung erkannte wie auch in der Einbeziehung der Kult- und Liturgiegeschichte in den kirchengeschichtlichen Rahmen) eine neue Schau der Geschichte der Alten Kirchen entwickelt, die Korrektur und Erweiterung des von Harnack entworfenen Bildes bedeutet. Hinderlich für eine ähnliche Wirkung wie bei Luther ist wohl gewesen, daß er die zahlreichen Einzeluntersuchungen nicht zu einer geschlossenen Einheit zusammengefaßt hat. Das war hier allerdings auch erheblich schwieriger als bei Luther, wo eine überragende Persönlichkeit sich von selbst als Kristallisationspunkt anbot.

Alle wissenschaftlichen Arbeiten zeigen, daß Holl als Forscher Positivist und Empiriker ist bis ins Letzte. Für ihn gilt nur die Tatsache der Erfahrung und der Tatsachenzusammenhang der Erfahrung. Aber dahinter steht als nicht weiter diskutierte und diskutierbare Urprämisse die letzte persönliche Überzeugung, daß diese Erfahrungswirklichkeit im Ganzen wie im einzelnen ein Werk Gottes ist. Man sagt wohl nicht zuviel, wenn man diese Vertiefung der bei allen positivistischen Denkern und Gelehrten seiner Zeit vorhandene Hingabe zur Beobachtung an das Gegebene bei Holl als einen religiösen Akt bezeichnet, der anbetend den Spuren des Herrn der Geschichte nachgeht. Er selbst hat diesen Gedanken ohne die strenge Bezugnahme auf das wissenschaftliche Erkennen in einer Predigt ausgesprochen (Christliche Reden 1926, 30). Aber es ist nicht die allgemeine Stimmung der Aufklärung, mit der diese Haltung verglichen werden kann. Sein Sinn geht stets auf das Letzte und Tiefste der geschichtlichen Anschauung; er fragt nach dem *Gottesbild* der großen Menschen und Gotteszeugen in der Geschichte, wie es sich in ihren Herzen geboren hat und aus ihrem Leben leuchtet. Immer und überall ist es der Gottesgedanke, auf den seine Untersuchung hinstrebt; und erst, wenn er ihn erfaßt und sich klargemacht hat, ist das Ziel seiner Arbeit erreicht. So werden Jesus und Luther die Träger jenes Gottesbildes des Evangeliums, dessen unergründlich-widersprüchliche Tiefe und Gewalt das Herz überwindet. Aber diese Erkenntnis verbirgt sich hinter dem Äußeren einer strengen Gebundenheit an die Sache des geschichtlichen Stoffes, genauer der historischen Urkunde. Will man hier Holls Geschichtsschau auf eine Formel bringen, so darf man sagen: Geschichte ist ihm *Beobachtung* und *Interpretation* in einem. Es kommt darauf an zu sehen, und es kommt darauf an, so zu sehen, daß man das darin und dahinter Geschehende mitgewahrt. Ohne Beobachtung und fortgesetzt neue Beobachtung wird die Interpretation leeres Gerede. Deshalb hat Gewicht nur die Autopsie, das in eigener Schau aus den Quellen Erkannte. Aber ohne Deutung wird die Beobachtung wertlose Vielwisserei. Eben in der Verbindung dieser beiden Momente zur Einheit der geschichtlichen Schau liegt der Reiz der geschichtlichen Darstellung Holls. Sie vereint strengste Sachlichkeit mit innerlich persönlichem Verstehen, beides durch einander bedingt. Nur die kritisch geprüfte Urkunde ist der Grund des Verstehens; aber nur das Vermögen eines Blicks, der in die Tiefe der Sache dringt und die inneren Zusammenhänge überschaut, vermag das in ihr Ausgesprochene und mit ihr Gemeinte zu erkennen. Die Tatsache, daß leider nicht jeder Theologe und Historiker über dieses Charisma verfügt, ist oft der Grund für Polemik gegen Holl geworden, gerade was seine Lutherinterpretation und den aus ihr entwickelten Gottesgedanken betrifft.

Das Werk und die Theologie von Karl Holl sind bisher als Ganzes im Zusammenhang niemals dargestellt worden. Außer der zusammenfassenden Würdigung in den Nachrufen von Adolf Harnack 1926 (Aus der Werkstatt des Vollendeten 1930, 275 ff.), Hans Lietzmann 1927 (abgedruckt in Holls Gesammelten Aufsätzen III, 568 ff.) und Adolf Jülicher (Die Christliche Welt 1926, 627 ff.) u. a. sowie dem Artikel »Holl« in der RGG² II, 1994 ff. (im wesentlichen unverändert übernommen in die 3. Auflage) und einer kurzen Übersicht über Schicksal und Lebenswerk Holls von Hanns Rückert in dem Sammelband: Tendenzen der Theologie im 20. Jahrhundert 1966, herausgegeben von H. J. Schultz, gibt es keine eingehende Wiedergabe und Würdigung seiner wissenschaftlichen Gesamtleistung und seiner theologischen Grundgedanken. Nur seine Lutherdarstellung ist mehrfach behandelt worden, am ausführlichsten von Otto Wolff, Haupttypen der neueren Lutherdeutung 1938, 327 ff.; zuletzt von Robert Stupperich in: Luther. Zeitschrift der Luthergesellschaft 1966 Heft 3, 14 ff.

Ich habe für meine Arbeit das Glück gehabt, neben den im Druck erschienenen Werken Holls von einer mündlichen Tradition profitieren zu können, wie sie mir durch meinen Lehrer Professor D. Emanuel Hirsch, einem Schüler Karl Holls, erschlossen war. Alle Aussagen, die inhaltlich über das von Holl im Druck Erschienene hinausgehen, stammen von ihm. Sie sind im Text äußerlich nicht besonders markiert, heben sich aber bei jeder Lektüre sofort heraus entweder durch die namentliche Bezugnahme auf Hirsch oder durch Redewendungen wie »mündlicher Tradition zufolge hat Holl ....«

Ich habe nicht das Ganze des Lebenswerks von Holl im quantitativen Sinn dargestellt. Von daher gesehen fehlt manches. Aber der Raum war begrenzt, und die Zeit drängte, da das Buch im Jubiläumsjahr des Thesenanschlags erscheinen sollte. Konzentration auf das Entscheidende war daher die erste Forderung. Auch so wurden nachträglich noch weitgehende Kürzungen im Manuskript notwendig, um den Umfang des Buches in vertretbaren Grenzen zu halten. Dagegen habe ich mich bemüht, die Eigenart der Arbeitsweise Holls, seine Methodik der Urkundenbehandlung, seine Schilderung der bedeutenden Persönlichkeiten der Kirchengeschichte, seine Schau der großen Zusammenhänge sowie seine Meisterschaft der Editionstechnik an einzelnen wesentlichen Beispielen zu veranschaulichen und die dadurch gewonnenen theologischen Grundgedanken herauszuarbeiten. Hinsichtlich des Lutherbandes habe ich mich an die letzte und ausgereifte Gestalt der 2. und 3. Auflage gehalten, da der Standpunkt gegenüber der Erstauflage der gleiche geblieben ist, viele Einsichten aber präziser formuliert und ausführlicher begründet sind.

Da Holls Erkenntnisse und Thesen, besonders sein Lutherbild, teilweise heftigen Widerspruch erfahren haben, hielt ich eine Auseinandersetzung mit der Kritik für notwendig und habe ihre Einwände auf ihre Stichhaltigkeit hin geprüft. Dabei habe ich jeweils nur den Vertreter ausgewählt, der sich am eingehendsten mit Holls Überzeugung beschäftigt hat und dessen Argumente die schwerwiegendsten sind. Nur gelegentliche polemische Bemerkungen ohne nähere Begründung habe ich nicht berücksichtigt. Dabei konnte es selbstverständlich nicht meine Aufgabe sein, die gesamte Geschichte der Lutherforschung seit Holl im Hinblick auf seine Aufstellungen vorzuführen. Das hätte nicht nur äußerlich den Rahmen gesprengt, sondern auch sachlich die Grenze überschritten, die durch die gestellte Aufgabe einer Wiedergabe der Theologie Holls gezogen war.

Hinweisen möchte ich noch auf drei Veröffentlichungen, von denen zwei im Vorjahr zum 100. Geburtstag Holls erschienen sind. Robert Stupperich hat zwölf kleine Aufsätze, die keine Aufnahme in den drei großen Sammelbänden gefunden haben, unter dem Titel »Kleine Schriften« bei J. C. B. Mohr — Tübingen herausgegeben und damit wieder einem größeren Leserkreis zugänglich gemacht. Sodann hat Heinrich Karpp eine Reihe von neu aufgefundenen Briefen Holls an Harnack unter Überschrift »Karl Holl (1866—1926) Briefwechsel mit Adolf von Harnack« im gleichen Verlag herausgegeben, ergänzt durch einen Anhang. Diese Sammlung ist biographisch wertvoll, enthält aber nichts Neues für Holls Theologie. Inzwischen sind noch weitere Briefe Holls an Schlatter aufgetaucht, die Stupperich in der ZThK 1967, 169—240 veröffentlicht hat und die ein interessantes Licht auf Holls Arbeiten z. B. die Epiphanius-Ausgabe werfen. Professor Hanns Rückert hat mir freundlicherweise seine Nachschrift des von Holl gehaltenen Kollegs über Dogmengeschichte aus dem Wintersemester 1922/23 zur Verfügung gestellt, die mir in vielen Fällen ein besseres Verständnis der gedruckten Aussagen Holls geliefert hat. Sie zeigt, daß Holl in der Vorlesung sich gelegentlich erheblich offener geäußert und schärfer geurteilt hat als in seinen Veröffentlichungen. Auffallend ist der bei jeder Gelegenheit zu Tage tretende Gegensatz zu Harnack. Zu danken habe ich auch Herrn Professor Pater Schüller S. J. von der Philosophisch-theologischen Hochschule Frankfurt/M., weil er mir in liebenswürdigster Weise die Benutzung der Ausgabe Gersons von Dupin 1706 ermöglicht hat. Ebenfalls bin ich dem Verlag Walter de Gruyter & Co. und hier besonders Herrn Verlagsdirektor Professor Dr. Wenzel für die freundliche Hilfe bei der Drucklegung zu Dank verbunden. Das vorne befindliche Bild von Karl Holl verdanken wir Frau Elly Lenschau, einer Tochter Holls.

Ein besonderes Dankeswort aber gebührt meinem Lehrer Professor Emanuel Hirsch. Er hat den Anstoß zu dieser Arbeit gegeben, und ohne seine mannigfache Hilfe wäre sie nicht zum Abschluß gekommen. Er hat sie durch Hinweis, Rat und Kritik durch die Jahre ihrer Entstehung begleitet und sie außerdem durch eine wertvolle Beilage bereichert. Es ist dies die Materialsammlung für einen nicht mehr gehaltenen Vortrag Holls über »Luther und der heilige Geist«, vermutlich das Einzige, was aus dem Nachlaß Holls gerettet werden konnte. Die Arbeit ist ihm gewidmet in der Verbundenheit gemeinsamer Verehrung für Holl.

I. Teil

DAS ANTIKE CHRISTENTUM

1. Kapitel

Die Selbständigkeit des Christentums und die Religionsgeschichte

1924   Urchristentum und Religionsgeschichte II, 1—32

1. »Das Christentum ist ein synkretistische Religion«. Mit diesem Satz hatte Hermann Gunkel das Ergebnis seiner Studien »Zum religionsgeschichtlichen Verständnis des Neuen Testaments 1. Aufl. 1903, 3. Aufl. 1930 zusammengefaßt, um danach fortzufahren:

> »Starke religiöse Motive, die aus der Fremde gekommen waren, sind in ihm enthalten und zur Verklärung gediehen, orientalische und hellenistische. Denn das ist das Charakteristische, wir dürfen sagen, das Providentielle am Christentum, *daß es seine klassische Zeit in der weltgeschichtlichen Stunde erlebt hat, als es aus dem Orient in das Griechentum übertrat.* Darum hat es Teil an beiden Welten. So stark auch später das Hellenistische in ihm geworden ist, so ist doch das Orientalische, das ihm von Anfang an eignete, niemals ganz verschwunden.« (a.a.O.³, 95)

Für Gunkel besteht das Christentum aus zwei Elementen: dem Evangelium und dem aus der orientalisch-hellenistischen Welt stammenden Ideengut, das unmittelbar nach Jesu Tod sich Eingang in die junge Religion verschaffte.

> »Nicht das Evangelium Jesu, wie wir es vorwiegend aus den Synoptikern kennen, aber *das Urchristentum des Paulus und des Johannes ist eine synkretistische Religion.*« (a.a.O., 88)

Deshalb kann die Wesensbestimmung des Christentums sich nicht auf die Synoptiker beschränken und einen von dort übernommenen Maßstab als Norm benutzen. Darin ist eine Kritik an Harnacks »Wesen des Christentums« eingeschlossen, der glaubte, so verfahren zu können[1].

Diese Erkenntnisse waren in vieler Hinsicht neu, und die Prinzipien der neuen Methode wurden in Gunkels Buch programmatisch formuliert. Er stellte der neutestamentlichen Wissenschaft die von daher sich ergebenden neuen Aufgaben und wies ihr die Ziele. Dennoch waren diese Grundsätze nicht ganz so neu, wie es auf den ersten Blick scheinen konnte. Obwohl Harnack dieser theologischen Richtung kühl und kritisch gegenüberstand, hatte er doch auf dem

---

[1] A.a.O., 95

Gebiet der Dogmengeschichte nach denselben Grundsätzen gearbeitet und dort auch gleichartige Ergebnisse gewonnen.

> »Das Dogma ist in seiner Conception und in seinem Ausbau ein Werk des griechischen Geistes auf dem Boden des Evangeliums«, (Dogmengeschichte[5] 1931 I, 20)

lautet die These, wie sie in dem monumentalen Werk durchgeführt wird. Damit war für das altkirchliche Dogma nur vorweggenommen, was nun im Bereich des Neuen Testaments und des Urchristentums zur Anwendung gebracht wurde. Eine Übersetzung der Ideen Gunkels in eine Analyse der einzelnen neutestamentlichen Aussagen wurde vollzogen in Wilhelm Boussets »Kyrios Christos, Geschichte des Christusglaubens von den Anfängen des Christentums bis auf Irenäus« 1913, 2. Aufl. 1921. Das neue Moment gegenüber Gunkel ist hier, daß der orientalische Einfluß durch das Corpus Hermeticum näher definiert wird. Dabei wird das paulinische Pneuma als eine uns fremde Einwirkung einer supranaturalen Macht verstanden. Das Problem wurde weiter radikalisiert, als die formgeschichtliche Betrachtung, das Programm Gunkels aufnehmend, die Evangelien im wesentlichen als Erzeugnisse anonymer Kollektivgrößen der ältesten Gemeinde zu erkennen glaubte, welche die geschichtliche Gestalt Jesu nur noch sehr gebrochen spiegeln. Während die Konturen in der Persönlichkeit Jesu verschwimmen, tritt das sog. »Kerygma« an ihre Stelle. Wir haben Jesus, so heißt es jetzt, nicht unmittelbar, sondern nur »im Zeugnis der Hl. Schrift«, d. h. in historischen Dokumenten, die sehr stark durch den subjektiven Glauben ihrer Verfasser bestimmt sind. Praktisch bedeutet das den Verzicht auf eine klare Erkenntnis der Gestalt Jesu und damit auf die den Glauben entzündende und tragende Macht. Soll das an die Stelle davon getretene Kerygma als Ersatz gelten, so muß es mit einer formalen Autorität ausgestattet werden, die den Glauben in Unterwerfung und Gehorsam verwandelt und die Kirche als Träger und Garanten dieser Forderung versteht, So erscheint die Absolutheit des Christentums auf eine äußerlich formalistische Art wieder stabilisiert, die durch die Ergebnisse der religionsgeschichtlichen Forschung und die kritischen Analysen der Formgeschichte in der bisherigen Weise nicht mehr zu halten war. Bei allen derartigen Methoden bleibt es ebenso unklar wie bei D. Fr. Strauß, weshalb ausgerechnet Jesus der Kristallisationspunkt für die im Christentum erfolgte religiöse Gedankenbildung geworden ist und nicht etwa Simon Magus in der samaritanischen Sekte oder der Lehrer der Gerechtigkeit bei seinen

Verehrern am Toten Meer. Und noch ist keine zureichende Begründung dafür gefunden, daß die Übertragung der gleichen gnostischen Mythen dort keine geschichtliche Wirkung hervorgebracht hat. Das schwere Gebrechen dieser Art Betrachtung, der alten religionsgeschichtlich liberalen wie der modernen formgeschichtlichen, ist daher ihre Unfähigkeit, es verständlich zu machen, *warum es gerade die Gestalt Jesu von Nazareth war und nicht irgendeine beliebige andere*, die Ausgangspunkt in diesem Prozeß geworden ist. Es ist die Schwäche der mit wirrem Material arbeitenden religionsgeschichtlichen Forschung, daß sie der Willkür des Zufalls zuviel zutraut und daß ihr der Sinn fehlt für das Besondere in den geschichtlichen Erscheinungen, das starken Eindruck macht und worin das Eigentümliche steckt.

Die zweite nicht beantwortete Frage aber lautet, warum gerade das Christentum in dem großen Konkurrenzkampf mit den zeitgenössischen Religionen der ausgehenden Antike gesiegt hat und nicht die Mithrasreligion oder der Manichäismus. Auch hier konnte die religionsgeschichtliche Forschung keine Antwort geben. Und es war bezeichnend, daß beide Fragen kaum richtig in den Gesichtskreis traten, geschweige denn eine Lösung fanden.

2. Hier setzt Holl ein. Er stellt diese letzte Frage mit aller Schärfe dadurch, daß er zunächst einmal die These von dem Christentum als einer »synkretistischen Religion« als möglicherweise richtig hypothetisch voraussetzt. Die daraus unabweisbar entspringende Frage lautet dann aber:

»*Wodurch hat denn dann eigentlich das Christentum über die andern Religionen gesiegt?*« (II, 7)

Es ist klar, daß eine Religion fremde Religionen nicht durch solche Elemente überwindet, die sie mit ihnen gemeinsam besitzt, sondern durch das ihr Eigentümliche, wodurch sie sich von ihnen unterscheidet. Was ist das? fragt Holl und gibt die Antwort: *Es ist das Gottesbild, das durch Jesus verkündigt wird*. Die Eigenart dieses Gottesbildes besteht darin, daß es in paradoxer Weise höchste sittliche Forderung und erbarmende Güte miteinander verbindet, so daß es ethisch-willentlich und gnadenhaft zugleich bestimmt ist. Dieser Gottesgedanke ist neu und so überraschend, daß eine unerhörte Kühnheit dazu gehört haben muß, ihn erstmalig überzeugend zu vertreten, und zwar deshalb, weil er aller religiösen Logik ebenso wie jedem ernsten sittlichen Denken widerspricht. Daß Gott den Sünder liebt und den Gerechten verwirft, ist für den Juden ebenso unannehmbar wie für das antike Heidentum. Aber ebenso erstaunlich ist dann die Art und Weise, in der Jesus diesen Gottesbegriff mit der Ethik verbindet. In der Begegnung mit diesem Gott wird der Mensch gewandelt. Die Dankbarkeit für empfangene Güte erneuert sein Herz und wird Motiv für das sittliche Handeln. Auf der einen Seite wird damit ein Gottesbild von sich einbohrender, das Gemüt packender Gewalt hingestellt, welches beinahe die konzentrierte Unbegreiflichkeit ist; auf der andern Seite aber bauen sich auf diesen Eindruck große und einfache Gedanken, die in ihrem Ernst und in ihrer Größe für sich selbst sprechen. Sie vermögen den Menschen innerlich zu gewinnen, weil sie sich dem Gewissen als Wahrheit bezeugen und trotz ihrer Paradoxien und Widersprüche einen in sich geschlossenen Sinn darstellen. Dieser Gottesgedanke, die durch ihn begründete Gottesgemeinschaft und das aus ihm quellende neue Leben sind das Neue gewesen, das dem Christentum zum Sieg über die andern Religionen verholfen hat[2]. Dieses Neue aber ist gebunden an Wort und Person des geschichtlichen Jesus.

Ebenso begrenzt eine vorurteilsfreie Analyse der Gedanken des *Paulus* seine Abhängigkeit von der hellenistischen Mysterienreligiosität auf sekundäre Randerscheinungen. Denn im Gegensatz zu den mythischen Gestalten der Mysterienkulte handelt es sich im Christentum um eine *geschichtliche Persönlichkeit*; und gegenüber der sittlichen Indifferenz der Mysterienfrömmigkeit überwindet es den Menschen durch die *Majestät des unendlichen Ethos*, die in dieser Persönlichkeit verkörpert ist. Auch hier ist es letztlich wieder der Gottesgedanke, der die Eigenart des paulinischen Denkens am deutlichsten ausdrückt. Er ist erwachsen aus seiner Auseinandersetzung mit dem Kreuz Christi. Als ehemaliger Pharisäer besaß Paulus, anders als die andern Jünger des Herrn, bessere Voraussetzungen zur Erfassung der hier sich auftuenden Antinomie. Schärfer als die Männer der Urgemeinde erkannte er den Widerspruch zwischen einem Gott als Geber und Hüter des Gesetzes und einem Gott, der

---

[2] Einem Hörer von Holls Kolleg verdanke ich folgende mündliche Mitteilung: Bei der Darstellung des Ganges, den das Christentum durch das Römerreich nahm, habe er zugegeben, daß die heidnisch-synkretistischen Mysterienreligionen an Stimmungskraft dem Christentum wahrscheinlich überlegen waren. Es müsse etwas Bezauberndes, Hinnehmendes von ihnen ausgegangen sein. Aber wenn der Rausch verflogen gewesen wäre, dann sei auch nichts weiter im Menschen zurückgeblieben, so daß die stimmungsreichste Religion im Grunde genommen die kraftloseste gewesen sei. Holl war aesthetisch lebendig genug, um das zu empfinden; aber er verachtete solche Bewegungen, wenn nichts Positiv-Konkretes daraus wurde.

den Menschen das Heil durch den Sühnetod Christi am Kreuz zuteil werden läßt[3].

Hier, wo die Urgemeinde in unklaren Halbheiten und Kompromissen steckenblieb, hat Paulus rücksichtslos die letzten Konsequenzen gezogen. Nicht das Gesetz, sondern die Gnade ist Gottes letzter und eigentlicher Wille, wodurch jenes auf eine eigenartige dialektische Voraussetzung zum wahren Verständnis dieser begrenzt wird. Das ist der Sinn des Damaskus-Erlebnisses[4].

Dieses neue Gottesverhältnis aber fordert auch ein neues Handeln, eine Aufgabe, die um so schwieriger zu lösen ist, als nicht mehr die Erfüllung des Gesetzes Maßstab dafür sein kann. Paulus löst diese Aufgabe, indem er die beiden vorgefundenen und von ihm übernommenen Leitbegriffe miteinander verbindet: *Der Herr* und *der Geist*. Er bändigt so den urchristlichen Enthusiasmus, der in den Auferstehungserscheinungen seinen Ursprung hatte, vor dem Überquellen in Chaos und Schwärmerei durch die energische Beziehung auf den geschichtlichen Jesus und entbindet so die Impulse für sittlich Wirkungen[5].

Ganz im Widerspruch zu dem breiten Strom der Forschung, die, den Behauptungen Wredes folgend, eine tiefere Bedeutung des historischen Jesus für Paulus verneint, sieht Holl gerade im Bilde des Geschichtlichen die Voraussetzungen für die paulinische Christologie und Ethik. Im Gegensatz zur Gesetzesethik wird der neue Gehorsam durch die *Freiheit* bestimmt, er erhält in der *Liebe* seinen Inhalt und aus dem *Geist* die sittliche Kraft. Mit diesen Gedanken aber ist nicht etwa, wie die religionsgeschichtliche Forschung zu behaupten nicht müde wurde, ein unüberbrückbarer Gegensatz zwischen Jesus und der Urgemeinde festgestellt, sondern *die paulinischen Gedanken erscheinen als Fortsetzung der Verkündigung Jesu*[6].

Das Ergebnis dieser Untersuchung widerlegt die These vom Christentum als einer synkretistischen Religion, jedenfalls zunächst in bezug auf den Beitrag des Paulus:

> »Selbst wenn alles das zuträfe, was heute von hellenistischer Beeinflussung des Paulus behauptet wird, Paulus wäre darum doch nicht derjenige, der das Christentum an den Hellenismus ausgeliefert hat. Sondern umgekehrt: er war es, der das Christentum vor dem Untergang im Hellenismus bewahrte«. (II, 27)

Durch diese Gedanken und d. h. zusammengefaßt und auf eine Formel gebracht, durch seinen Gottesbegriff hat das Christentum

[3] II, 22   [4] II, 23   [5] II, 26
[6] II, 27

sich durchgesetzt und gesiegt. Aber dieser Gottesbegriff war weder eine Anleihe aus den antiken Religionen noch ein Erbe des Judentums; er stand im Widerspruch zu beiden, so wie der Apostel es selbst empfunden hat: sein Evangelium war den Juden ein Ärgernis und den Heiden eine Torheit: I. Cor. 1, 23.

In einem abschließenden Abschnitt wirft Holl einen Blick auf die weitere kirchengeschichtliche Entwicklung d. h. auf die Entstehung des altkirchlichen Dogmas und des Kultus. Er scheut sich auch hier nicht, in Gegensatz zu den landläufigen Anschauungen zu treten. Wie immer unterscheidet er auch hier das Genuin-Christliche von den begrifflichen Mitteln, in denen es sich ausspricht und verständlich macht. So ist es das Bestreben des Dogmas, gerade die Paradoxie und den logischen Widerspruch, der dem christlichen Glauben zugrundeliegt, kräftig zur Geltung zu bringen. Gerade dadurch hat sich das Christentum gegen den griechisch-antiken Geist behauptet und seine Eigenständigkeit gewahrt. Man spürt hier den Einfluß von F. Chr. Baur, welcher unter Einfluß Hegels die Trinitätslehre zu begreifen gesucht hat als einen zureichenden Ausdruck für dasjenige, was den Theologen des 4. Jahrhunderts wesentliche christliche Erkenntnis war. Die Paradoxie der Trinitätslehre besteht dabei darin, daß sie die Vorstellung von dem auf Erden erscheinenden Gottessohn völlig losgelöst hat von dem Gedanken, daß dieser Gottessohn ein zwischen Gott und Welt vermittelndes Wesen sei. Jede Erleichterung, welche für nichtchristlich-hellenistisches Empfinden darin liegt, daß nicht Gottvater selber, sondern nur sein Sohn erschienen ist, wird durch sie völlig zerstört. Wenn nun aber auf diese Weise der Gedanke eines vermittelnden Wesens zerschnitten wird, bleibt als Gehalt der Trinitätslehre dies übrig, daß Jesus Christus und das Geheimnis des ewigen Gottes in untrennlicher Einheit verbunden sind. Das totale Ja zu Jesus als dem Offenbarer Gottes wird damit so verstanden, daß Jesus in das Geheimnis des Vaters hineingenommen ist und gleichwohl die unüberschreitbare Grenze zwischen Gott und Welt gewahrt bleibt. Man kann schwer übersehen, daß damit Harnacks These kritisiert und modifiziert ist, der das altkirchliche Dogma als Schöpfung des griechischen Geistes auf dem Boden des Evangeliums nachgewiesen zu haben glaubte.

Holl verkennt aber auch nicht die Gefahren, die mit einer solchen Auffassung des Religiösen verbunden sind, einmal das Christliche als das Widervernünftige zu verstehen oder umgekehrt es zu rationalisieren. Beiden Versuchungen ist es so und so immer wieder in bedeutenden Vertretern erlegen, aber es hat auch durch das Neue

Testament die Fähigkeit besessen und wahrgenommen, zu sich selbst zurückzufinden. Es sind also stets zwei Bewegungen, die nebeneinander hergehen und sich gegenseitig verschlingen: ein Sichverlieren an außer- und unterchristliche Einflüsse und ein Sichwiederfinden im Eigentlichen[7]. Aus der Spannung dieser beiden Bewegungen erheben sich die Reformationen als die Knotenpunkte der Entwicklung[8], die das religiöse Leben erneuern. Und solange das Christentum Fähigkeit und Kraft zu derartigen Krisen hat, bleibt es innerlich lebendig und gesund. Hierbei kann auch das Negative, Irrtum und Entstellung als Reizmittel der Entwicklung verstanden und positiv bewertet werden. Unausgesprochen bleibt dabei dieses, daß die Einheit dieser Betrachtung letztlich auch hier auf dem dahinterstehenden christlichen Gottesgedanken ruht, für den auch das Böse seinen Zwecken unterworfen wird und ihm dienen muß.

3. Zwei Jahre nach der Veröffentlichung dieses Vortrages hielt Harnack sechs Gastvorlesungen an der Universität Bonn über »Die Entstehung der christlichen Theologie und des kirchlichen Dogmas«[9]. Dort heißt es[10]:

> »Jüngst ist eine Schrift erschienen, gering in ihrem Umfang (48 S.), aber ihrem Inhalt nach so bedeutend, daß ich nicht anstehe, sie für das Beste zu erklären, was im letzten Menschenalter über eine Hauptfrage der urchristlichen Geschichte erschienen ist — Karl Holl († am 23. Mai 1926): »Urchristentum und Religionsgeschichte.«

Trotz dieser Anerkennung vermag Harnack der Grundthese Holls nur in beschränktem Umfang zuzustimmen. Das exklusive Entweder-Oder (das Christentum entweder etwas Eigenes oder Synkretismus) will er durch ein Sowohl-Als auch ersetzen[11].

Eine Religion wirkt nach Harnack auf die Massen nicht so sehr durch ihr Eigenstes und Bestes, sondern durch sehr irdisch-äußerliche Faktoren und Hilfsmittel. Auch die älteste Kirche hat von Anfang an Seiten gezeigt, die in eine ganz andere als die von Holl gewiesene Richtung weisen. Ausgestattet mit ungewöhnlichen Kräften der Konsumption, der Assimilation, der Produktion und der Organisation hat sie das ihr eigentümlich Neue, den Gottesbegriff des Evangeliums, nur im Verein mit diesen Momenten den andern Konkurrenzreligionen gegenüber durchsetzen können. Freilich

---

[7] II, 30   [8] II, 31
[9] Zuerst 1926 in der »Christlichen Welt« erschienen, 1927 im Leopold Klotz-Verlag als selbständiges Buch herausgegeben.
[10] A.a.O., 17   [11] A.a.O., 18

schwächt Harnack diese Behauptung sofort dadurch ab, daß er »notgedrungen auf einen verborgenen, wirksamen Faktor hier schließen muß« (S. 19) d. h., es ist im Grunde eben doch der eigentümliche Gottesbegriff, der als wirkende und bestimmende Macht im Hintergrund steht und die Ausprägungen und Reaktionen des Christentums bestimmt. Damit verliert die Einschränkung der Erkenntnis Holls eigentlich ihren Sinn, und diese findet eine, wenn auch widerwillige Bestätigung.

Blieb Harnacks Haltung unklar im Schwanken zwischen Anerkennung und Einschränkung, so richtete Bultmann, einer der führenden Vertreter der formgeschichtlichen Schule, einen scharfen Angriff gegen Holls Aufsatz. Indem er die dort vorgetragene Auffassung schroff ablehnte, entwickelte er eine eigene Schau des Urchristentums, welche die von Holl angeblich übersehene Problematik seiner Meinung nach erfaßt und löst. Im Jahre 1930 ließ Bultmann einen Aufsatz unter der gleichen Überschrift wie Holl in der Svensk Teol. Kvartalskrift 6, 299 ff. erscheinen, den er, auf die historisch-kritischen Ausführungen reduziert, in der ThR NF 4, 1 ff. deutsch herausgab. Er ist in gewissem Sinne eine Erwiderung auf die bei Holl übliche scharfe Polemik gegen die dialektische Theologie und die formgeschichtliche Schule.

Bultmann ergreift nun die Partei der religionsgeschichtlichen Schule und findet, daß Holl die von ihr aufgedeckte Problematik ebenso wie die von ihr erarbeiteten Lösungen einfach ignoriert. Den schwersten Fehler Holls erkennt er darin, daß dieser die Existenz der hellenistischen Gemeinden *vor* Paulus nicht berücksichtigt habe, deren Kyrioskult und Theologie Paulus, wie Bultmann meint, nicht nur voraussetzt und übernommen, sondern in der ursprünglichen Tendenz sogar weiterentwickelt und sich damit an der Hellenisierung des Christentums beteiligt habe[12]. Er betont die starke Abhängigkeit des Apostels von den gnostisch-mythologischen Vorstellungen der Umwelt sowohl im Sprachgebrauch wie im Denken und bemängelt, daß die johanneische Schriftengruppe bei Holl unberücksichtigt geblieben ist. Aber wichtiger als diese Beanstandungen ist die Ablehnung des Grundgedankens, daß es überhaupt so etwas wie eine Einheit im Urchristentum gegeben habe, wie sie Holl im Gottes-

---

[12] Hiermit nimmt Bultmann die These aus Bousset, Kyrios Christos 1913, 119 auf, daß die Gemeinde zu Antiochien die erste gewesen sei, welche Jesus als den Kyrios verehrt habe. Diese These dürfte ein längst widerlegter geschichtlicher Irrtum sein. Der Ursprung des Kyriosnamens in den Oster- und Pfingsterfahrungen der Urgemeinde steht außer allem Zweifel.

gedanken Jesu gefunden hatte[13]. Als ein für jede kritische Forschung unbestreitbares Faktum konstatiert Bultmann den Gegensatz zwischen dem geschichtlichen Jesus und der durch seine Auferstehung entstandenen Gemeinde. Nach dieser Behauptung gibt es streng genommen christliche Religion erst seit der Auferstehung, während Jesus selbst als zum Judentum gehörig bezeichnet werden muß.

> »... meine These ist also im äußersten Gegensatz zu der Holls die, daß die Eigenart der christlichen Religion dem Judentum gegenüber gar nicht in der Neuheit ihres Gottesbegriffs liegt, daß es sich also im Urchristentum nicht um eine ideengeschichtliche Wendung handelt.« (a.a.O., 10)
> »Jesu Religion war Judentum, Jesu Glaube jüdischer Glaube«. (a.a.O., 9)
> »Der Gottesbegriff Jesu ist also der gleiche wie der des Alten Testaments und des Judentums ..... Und dieser Gottesbegriff ist auch der des Paulus«. (a.a.O., 14) »Mit alledem steht Jesus im *Rahmen des echten Judentums,* und seine Eigenart besteht .... darin, daß er den Gottesgedanken des Judentums in seiner Reinheit und Konsequenz erfaßt hat«. Jesus 1951, 131[14]

Nach Bultmann sind also sowohl der Gottesgedanke Jesu als auch der des Apostels ebenso wie dessen Ethik nichts Neues gegenüber dem Judentum. Aber was ist denn das Eigene, Neue des Christentums? Versucht man, von Bultmanns Voraussetzungen denkend das Neue zu erfassen, so scheint es darin zu bestehen, daß es das Judentum durch Verzicht auf Beschneidung und Ritualismus bequemer zugänglich gemacht hat und auf diese Weise dem Judentum die Missionsobjekte wegfing, eben dadurch aber der jüdischen Weltmission ein Ende bereitete. Man braucht die Gedanken nur zu formulieren, um ihre Undurchführbarkeit zu begreifen. Bultmann zieht diese Folgerung natürlich nicht, sondern will in der Eschatologie das Wesentliche der neuen Religion erkennen. Bei Jesus bedeutet das die Naherwartung, die eine Entscheidung gegenüber seiner Person einschließt[15].

Der These, daß es hinsichtlich des Gottesbegriffs keinen Unterschied zwischen Jesus und Paulus einerseits und dem Judentum andererseits gebe, wird nun aber die andere Behauptung zur Seite gestellt, daß das Verhältnis Jesu zu seinem größten Apostel das des

---

[13] In welche Schwierigkeiten der Versuch Bultmanns führt, in einer »neue(n) und eigenartige(n) Grundauffassung von der menschlichen Existenz« (»Das Urchristentum« ²1954, 195 ff.) diese Einheit doch nachträglich zu konstruieren, hat Hayo Gerdes in »Das Christusverständnis des jungen Kierkegaard« 1962, 65 ff. gezeigt.
[14] A.a.O., 19. Vgl. auch Theologie des Neuen Testaments 2. Aufl. 1954, 35
[15] A.a.O., 18

Judentums zum Christentum sei. D. h. es gibt allerdings einen und zwar sehr tiefgreifenden Unterschied zwischen Jesus und Paulus[16].

Aber Bultmann ist nicht in der Lage, diese rein formale Relation inhaltlich zu bestimmen. Der Gehalt des paulinischen Christentums reduziert sich bei ihm auf die Behauptung: »Die Wende der Äonen ist schon erfolgt« (ThR, 19). Das von Jesus in der Zukunft Erwartete ist in seinem Tod und seiner Auferstehung geschehen, und damit ist die alttestamentliche Verheißung erfüllt. »Jesus ist das echatologische Heilsfaktum«. Das Paulus und Jesus verbindende Element ist also nach Bultmann die Eschatologie, und in ihr besteht das Neue des Christentums. Den Sinn dieser Eschatologie will Bultmann in einer »Explikation des Seins der Gläubigen in dieser neuen Weltzeit« sehen und glaubt damit auch die Beziehung zur Gegenwart hergestellt zu haben. Die »Explikation des Seins« besteht nach ihm darin, daß dieses ganze irdische Dasein als Sphäre einer widerspruchsvollen Relativität verstanden wird, bedingt und begrenzt durch die göttliche Unbedingtheit. Damit ist auch für ihn die bleibende theologische Aufgabe formuliert, die hiernach darin bestehen soll:

> »das neue Verständnis des Daseins, das mit der Gewißheit der Heilsgegenwart durch Jesus Christus gegeben ist, im einzelnen durchzuführen und so der Predigt die Begriffe zu liefern, in denen sie den Hörer anleitet, sein eigenes konkretes Dasein zu verstehen in Tun und Leiden, in Glauben und Hoffen«. ThR, 21

4. Ist die hier an Holl geübte Kritik berechtigt? Um das zu beantworten, muß geprüft werden,
a) ob sich die These Bultmanns von der Einheit des Gottesbildes Jesu und des Apostels Paulus mit dem AT bestätigen läßt,
b) sodann, ob seine Behauptung von der Entstehung des Christentums durch die Urgemeinde und Paulus zutrifft,
c) und schließlich, ob das Neue und Wesentliche des Christentums in der Eschatologie zu sehen ist.

Nur am Rande sei vorweg bemerkt, daß die Behauptung, es handle sich bei Holl um eine »ideengeschichtliche« Interpretation,

---

[16] Wie weit Bultmann auch hier von Bousset abhängig ist, zeigt ein Blick auf dessen »Kyrios Christos«. Nach ihm besteht der Unterschied zwischen beiden darin, daß Paulus den Gedanken, in Jesus sei das Ende aller Dinge gekommen und die Entscheidung für ihn zugleich die über Heil und Unheil, in die orientalisch-mythische Welt des hellenistischen Synkretismus überführt hat. Jesus denkt jüdisch, Paulus orientalisch. Das beide Verbindende ist die Übernahme der Eschatologie. Vgl. Bousset, a.a.O. 154 f., 173 f. und Bultmann, RGG²IV, 1028, 1038 f.; Glaube und Verstehen I 1933, 245 ff., besonders 266 ff.

weil bei ihm vom »Gottesbegriff« die Rede ist, nur als ein bedauerliches Mißverständnis vonseiten Bultmanns gewertet werden kann. Ebenso irreführend dürfte die Etikettierung Holls als Ritschl-Schüler sein[17]. Daß es sich bei Holl ganz klar um ein Verhältnis Gottes zum Menschen handelt, daß dadurch Gemeinschaft zwischen beiden hergestellt und damit und dadurch dem Menschen ein neues Leben zuteil wird, ist nicht gut zu übersehen. Desgleichen dürfte Holl sich in seinem Leben, kurz vor dessen Ende der Aufsatz erschien, über seine Stellung zu Ritschl hinreichend deutlich ausgesprochen haben, um vor derartigen Fehlurteilen sicher zu sein.

ad a) Wichtiger ist die Frage nach der von Bultmann behaupteten angeblichen unterschiedslosen *Einheit zwischen Jesus und Paulus mit dem AT und dem Judentum.* Man braucht sich hier nicht in Detailuntersuchungen einzulassen, man braucht nur die alles entscheidende Frage aufzuwerfen: Wie erklärt sich die offizielle und feierliche Ablehnung und Verwerfung Jesu durch das Judentum? Zweifellos dürfte es sich hier um eine Tatsache handeln, die, wie Bultmann es formuliert hatte, durch keine kritische Forschung ignoriert werden kann. Allerdings sucht man bei Bultmann vergeblich nach einem Wort über die Bedeutung dieser Tatsache[18]. Und wenn zwischen Paulus und seinen ehemaligen Glaubensgenossen hinsichtlich des Gottesgedankens keinerlei Differenzen vorhanden gewesen sein sollen, wie Bultmann das mit so betontem Nachdruck behauptet, bleibt wiederum der leidenschaftliche Haß unverständlich, mit dem ihn die Judenschaft zeitlebens verfolgt hat. Um den hier nicht wegzuleugnenden Gegensatz zu glätten, versucht Bultmann, den Pharisäismus als Entstellung der alttestamentlichen Frömmigkeit zu erklären, dürfte sich aber gerade damit in Widerspruch zur religionsgeschichtlichen Forschung stellen. Denn nirgends hat die Logik und Tendenz jüdischen Gesetzesgehorsams eine reinere Ausprägung gefunden als im Pharisäismus. Aber ebenso unerklärlich bleibt die

---

[17] Neuerdings hat Paul Althaus gerade in seiner Auseinandersetzung mit Bultmann auf die Verwandtschaft der sog. »existentialen Interpretation« mit dem »Werturteil« der Ritschlschen Theologie hingewiesen; vgl. Das sogenannte Kerygma und der historische Jesus, 1958, 48. Im übrigen darf dazu bemerkt werden, daß es bei Holl keine einzige These oder Formel gibt, die von Albrecht Ritschl übernommen ist.

[18] Gegen die Einnivellierung Jesu in die alttestamentlich-jüdische Gedankenwelt bei Bultmann wendet sich auch Hayo Gerdes in seinem Aufsatz: »Die durch Martin Kählers Kampf gegen den ›historischen Jesus‹ ausgelöste Krise in der evangelischen Theologie und ihre Überwindung« in: NZsystTh 1961 III, 198 f.

andere religionsgeschichtliche Tatsache, daß das Christentum von den ersten Anfängen an sich als etwas Eigenes, Selbständiges und Andersartiges als das Judentum verstanden hat und sich schließlich klar und deutlich von der väterlichen Religion getrennt hat, um von deren Anhängern seit ihrer Entstehung bis weit in die Geschichte der Alten Kirche hinein verfolgt zu werden. Es ist nicht recht einzusehen, warum die neuartige Eschatologie einen Gegensatz von solcher Schärfe zwischen beiden hervorrufen konnte, wie das der Fall war, zumal diese Eschatologie inhaltlich durch den Begriff der »Erfüllung« bestimmt sein soll. Bultmann vermag das alles nicht nur nicht zu erklären; er sieht das nicht einmal.

Der offenkundige Gegensatz Jesu zum Bestehenden entzündet sich auch keineswegs an der sog. Naherwartung, an der Bußforderung, am Ernstmachen mit dem alt-jüdischen Gottesgedanken oder an einem angeblichen neuen Seinsverständnis, sondern an der Auffassung des *Gesetzes*. Wenn Bultmann die Naherwartung als das Eigentümliche des Christentums gegenüber dem Judentum hervorhebt, so wäre darauf hinzuweisen, daß diese der Predigt Johannes des Täufers entstammt. Jedoch ist dieser vom Judentum niemals als Fremder ausgeschieden worden, was u. a. daran sichtbar wird, daß Josephus unbefangen von ihm spricht, Jesus dagegen als einen Ausgestoßenen mit Stillschweigen bedeckt. Der Gegensatz ist vielmehr darin begründet, daß Jesus ein neues Gottesverhältnis verkündigt, lebt und durch seinen Tod bewährt, das zum jüdischen Gottesverhältnis in einem diametralen Widerspruch steht. Es wird nicht bestimmt durch das Gesetz und den äußerlichen Gehorsam, sondern durch das göttliche Erbarmen und den Glauben des Menschen daran. Holl hatte das theologisch so ausgedrückt, daß er bei Jesus das jüdische Verhältnis von Religion und Sittlichkeit umgekehrt fand: Nicht das sittliche Tun ist Bedingung der Gemeinschaft mit Gott, sondern diese in souveräner Freiheit gewährte Gemeinschaft Gottes mit dem sündigen Menschen ist die Voraussetzung für seine innere und damit auch sittliche Erneuerung. Das ist eine so selbstverständliche Tatsache, die jedem schlichten und unbefangenen Leser des Neuen Testaments auffällt, daß man sich nur wundern kann, wenn Bultmann das bestreitet. Die bekanntesten Gleichnisse — die bei Bultmann überhaupt zu kurz kommen — vom Pharisäer und Zöllner, vom verlorenen Sohn und vom Schalksknecht belegen das ebenso wie der ständige Vorwurf der Pharisäer Luc. 5, 30; 15, 2; 19, 7 und Jesu eigenes Verhalten Marc. 2, 5; Marc. 2, 16; Matth. 11, 19 usf. Holl hatte diesen Zug als das Allerbekannteste und Unzweifelhafteste an der Predigt Jesu bezeichnet, »die seinen Volksgenossen am stärksten auffiel und in der Tat das größte Befremden erregen mußte« und der ihm die Bezeichnung »der Zöllner und Sünder Geselle« bei seinen Gegnern eintrug. Nimmt man noch Jesu Haltung zu so markanten Punkten im Gesetz wie zum Sabbath, zur kultischen Reinheit (Marc. 7) und zur Ehescheidung hinzu, so sieht man mit hinreichender Deutlichkeit, daß zwischen Jesu und dem Judentum eine tiefe Kluft befestigt war, die zum Konflikt führen mußte, dessen Ausgang nicht zweifelhaft sein konnte. Auch wenn man nach den kritischen Grundsätzen verfährt, wie Bultmann sie in seinem Jesus-Buch, 15 entwickelt hat, wonach alles, was aus Motiven und Interessen der Gemeinde abgeleitet werden kann, als sekundär auszuscheiden ist, wird man nicht umhin können, sich mit diesem Teil der Überlieferung eingehender auseinanderzusetzen, als Bultmann das für nötig hält. Wenn Jesus aber die Kühnheit besaß, das herkömmliche Verhältnis von Sittlichkeit und Religion umzudrehen, so konnte er das nicht in eigener Verantwortung und subjektiver Autorität. Eben dazu war er zu sehr Jude, um das Frevelhafte eines derartigen Schrittes nicht auf das lebhafteste zu empfinden. Er konnte es nur, wenn er es im Auftrage Gottes tat, weil er eine tiefere und bessere Erkenntnis seines Willens besaß als seine Zeitgenossen. Aber diese Erkenntnis war nicht nur Steigerung und Vertiefung oder Radikalisierung, wie Bultmann meint, sondern sie war Widerspruch und Verneinung. Desgleichen hatte das Judentum ein klares Empfinden für die Unvereinbarkeit dieser Verkündigung mit dem Bisherigen. Holl hat diesen Tatbestand theologisch auf die kürzeste und klarste Formel gebracht, wenn er das Neue in dem von Jesus verkündigten *Gottesbild* sah. Damit ist Bultmanns Kritik in diesem Punkte nicht nur als unberechtigt zurückgewiesen; die Zurückweisung muß sich zugleich mit der Feststellung verbinden, daß die hier vorhandene Problematik von ihm nicht klar erkannt ist, während seine eigene Behauptung von der angeblichen Einheit von Urchristentum und Judentum mit den offenkundigsten Tatsachen in Widerspruch steht und den großartigen Vorgang der Geburt einer neuen Religion nicht verständlich machen kann. Ja, seine Theorie verwandelt das Christentum letztlich in eine Gesetzesreligion, die sich von der alttestamentlich-jüdischen lediglich durch ihre eigentümliche Eschatologie unterscheidet.

ad b) Wie steht es nun mit seiner weiteren Behauptung, daß das Christentum sich nicht auf Jesus zurückführen lasse, sondern eine Schöpfung der Urgemeinde und des Paulus darstelle? Diese These ist keineswegs neu, was indessen nicht ohne weiteres ihre Richtigkeit verbürgt[19]. Bei Bultmann hat man allerdings den Eindruck, daß er zu dieser Theorie seine Zuflucht wohl oder übel nehmen *muß*, weil er gar keine andere Möglichkeit hat. Da nach der von ihm vertretenen formgeschichtlichen Methode von der geschichtlichen Wirklichkeit Jesu so gut wie nichts übrig bleibt, ist er eben dadurch gezwungen, das Christentum mit den auf Jesus folgenden Größen, den palästinensischen und hellenistischen Gemeinden und den Gedanken des Apostels Paulus beginnen zu lassen, denn irgendwo muß es ja seinen Ursprung haben.

Nicht ohne Ironie hat er sich zu Versuchen, das Bild des geschichtlichen Jesus aus der Überlieferung festzustellen und zu sichern, geäußert[20]. Aber irgendwie muß nun doch eine Verbindung zwischen der urchristlichen Gemeinde und der geschichtlichen Wirklichkeit Jesu von Nazareth bestanden haben. Nach Bultmanns Auffassung ist das die Auferstehung.

Nun teilt Bultmann hinsichtlich der Geschichtlichkeit des Auferstehungsvorgangs die Ansicht der historisch-kritischen Theologie, wonach eine raum-zeitliche Faktizität verneint und dafür ein subjektiv-visionäres Erlebnis der Jünger an die Stelle tritt[21]. Gegeben für den Historiker ist daher nicht das Faktum als solches, sondern lediglich seine Auswirkung im Osterglauben der Jünger. Wenn die geschichtliche Gestalt Jesu durch die Kritik derart bis zur Unkenntlichkeit aufgelöst ist und die Auferstehung bei dieser Betrachtung sich auf ein subjektives Erlebnis der Jünger reduziert, so ruht nach dieser Konstruktion das gesamte Christentum auf der Nadelspitze der Subjektivität einiger Menschen, ohne daß eine objektive Grundlage für diese Erlebnisse nachweisbar wäre. Geht man so vor, dann kann man sich der Aufgabe nicht entziehen nachzuweisen, wie es zu solchen Erlebnissen gekommen ist. Nach einer solchen Begründung sucht man bei Bultmann vergeblich. Mit keinem Wort wird in dem Aufsatz selbst darauf eingegangen. Aber auch in dem sonstigen umfangreichen literarischen Werk findet sich darüber nichts, was dem Gewicht der Frage entspräche und eine Antwort auf das vorliegende Problem enthielte. Bultmann vermag die Verbindung zwischen Gestalt und Wirken Jesu und der nach seinem Tode entstan-

---

[19] Als erster hat sie meines Wissens Voltaire vertreten in seinen Dialogues satyriques et philosophiques, XI.
[20] Glaube und Verstehen I, 250 ff.
[21] Theol NT ²1954, 46

denen Urgemeinde nur in der nicht begriffenen Zufälligkeit zu sehen, daß einige Jünger ohne Grund derartige subjektive Erlebnisse hatten. Er verschließt seine Augen vor dem wichtigsten und entscheidenden Vorgang in der Entstehung der christlichen Religion. Wenn Bultmann mit so großem Nachdruck behauptet, daß es christliche Religion erst seit dem Glauben der Jünger an Jesu Auferstehung gebe und diese christliche Religion inhaltlich definiert als ein durch die geschichtliche Person Jesu von Nazareth bestimmtes Gottesverhältnis, so übersieht er den Widerspruch, der darin liegt, daß er ein neues Gottesverhältnis ableiten will aus einer Erscheinung, die dem Judentum gegenüber nichts Neues bot. Er vermag nicht klarzumachen, welche Veranlassung die Urgemeinde gehabt haben soll, auf Grund subjektiv-visionärer Erlebnisse einiger Rabbinenschüler ihr Gottesverhältnis derartig revolutionär umzugestalten, daß es Ausgangspunkt einer mächtigen geschichtlichen Bewegung wurde, wie es das Christentum in der Menschheitsgeschichte geworden ist. Nimmt man noch hinzu, daß nach Bultmann in der Verkündigung Jesu die Eschatologie die Hauptsache darstellt, er aber gerade darin, in der Erwartung des nahen Endes, sich getäuscht hat, dann wird der ganze Vorgang nur noch rätselhafter und die Undurchführbarkeit seiner historischen Konstruktion evident.

Bei Holl dagegen haben die Urgemeinde und Paulus Wort und Schicksal des geschichtlichen Jesus zur Voraussetzung und zwar nicht so, daß ein im einzelnen unerkennbares Geschehen auf unbegreifliche Weise Reflexe entwickelt hätte, die zur Bildung einer religiösen Gemeinschaft geführt haben, sondern so, daß durch die Gestalt Jesu etwas vermittelt wird, was das Gottesverhältnis von Grund auf verwandelt. Was soll dies aber anderes gewesen sein als ein neuer Gottesgedanke, ein neues Bild von Gott, das die Gemeinschaft mit ihm auf eine neue, andere, ja, zu den bisherigen Gotteserfahrungen entgegengesetzte Weise ermöglichte, als das im Judentum der Fall war?

ad c) Die dritte Frage muß sich mit der Behauptung Bultmanns von der *Eschatologie* als dem wesentlich Neuen des Christentums beschäftigen. Die Schwierigkeit der Aufgabe besteht nun darin, daß in der Verwendung dieses Begriffs bei Bultmann historische Analysen mit existenzphilosophischer Interpretation und erbaulichen Wendungen verbunden sind, die nicht klar erkennen lassen, was urchristliches Ideengut und was Bultmanns subjektiv-persönliche Deutung ist. Es muß daher versucht werden, den Sinn der wesentlichen und häufig wiederkehrenden Begriffe und Aussagen zu ermitteln und von daher Bultmanns Grundgedanken zu erfassen. Dabei wird sich zeigen, daß ein Rest von Unklarheit und Widersprüchlichkeit unaufhellbar bleibt und damit wohl charakteristisch für Bultmanns Konzeption sein dürfte.

Was zunächst die beiden für Bultmann wichtigsten Begriffe angeht, »eschatologisch« und »geschichtlich«, so dürfte unschwer erkennbar sein, daß sie nur Umschreibungen der von der alten Theologie vor dem ersten Weltkrieg verwendeten Leitbegriffe »absolut« und »persönlich, personhaft« darstellen. Wenn das Christentum bei Bultmann fast vollständig in Eschatologie verwandelt wird, wenn es sich im christlichen Glauben um »Verkündigung eines eschatologischen Geschehens« handeln soll[22], wenn Jesus selbst als »eschatologisches Phänomen« oder »eschatologisches Ereignis« bezeichnet wird, dann besteht kaum ein Zweifel, daß es sich hier um dasselbe Problem handelt, daß die damalige Theologie mit den Hegelschen Begriffen »absolut«, »Absolutheit« zu lösen unternahm. Sie sah dementsprechend ihre Aufgabe darin, den Absolutheitscharakter des Christentums nachzuweisen. So hatte der Systematiker der religionsgeschichtlichen Schule, Ernst Troeltsch, in seiner programmatischen Schrift »Die Absolutheit des Christentums und die Religionsgeschichte« 1902 das Problem klassisch formuliert und von seinen damaligen Voraussetzungen zu lösen versucht. Wenn es heute heißt, daß das Christentum als »eschatologische Erscheinung« zu verstehen sei, so ist klar, daß hier nur mit einem anderen Begriff derselbe Tatbestand der abschließenden Einmaligkeit und Unüberbietbarkeit zum Ausdruck gebracht werden soll. Dabei schillert der Begriff zwischen einer temporal-futurischen und einer wertmäßig-präsentischen Bedeutung[23], ohne daß Bultmann diese Doppelsinnigkeit geklärt hätte. Ja, bei schärferer Betrachtung erkennt man gelegentlich sogar eine supranaturalistische Färbung, wie denn überhaupt der Supranaturalismus in existentialistischem Gewande bei Bultmann gelegentlich in Erscheinung tritt. Danach würde »eschatologisch« etwa soviel wie »supranatural-transzendent« bedeuten. Es liegt auf der Hand, daß mit einem derartigen Allerweltsbegriff sich alle Probleme durch formelle Scheinlösungen erledigen lassen.

Faßt man nun ins Auge, was Bultmann in seinem Angriff auf Holl unter Eschatologie versteht, so ist man einigermaßen erstaunt zu erfahren, daß dies angeblich Neue nun doch im Grunde

---

[22] Geschichte und Eschatologie 1958, 180 f., 41
[23] Vgl. schon Althaus, Die letzten Dinge⁴ 1933, 17 ff.

genommen das Alte ist. Was z. B. die Verkündigung Jesu angeht, so erklärt Bultmann:

»Er sagt nichts, was nicht schon gesagt ist«[24] (a.a.O., 18).

Das Neue beschränkt sich, näher bestimmt, auf die Naherwartung und läßt sich zusammenfassen in dem Aufruf zur Entscheidung: »Jetzt gilt es!« (a.a.O. ebenda). Im Unterschied zum alttestamentlich-prophetischen Entscheidungsruf bezieht sich die Entscheidung im Neuen Testament nach Bultmann auf eine »Entscheidung angesichts seiner Person (Jesu), in der jetzt das Wort begegnet«. Wenn Bultmann dann anschließend erklärt:

»Nicht die Verkündigung eines neuen Gottesbegriffs also ist das Eigentümliche der Predigt Jesu, sondern die Behauptung, daß sein Kommen die letzte Stunde für die Welt bedeutet, daß die Entscheidung ihm gegenüber die Entscheidung über Heil und Gericht bedeutet« (a.a.O., 18),

so bleibt das eine leere formalistische Behauptung, weil er nicht in der Lage ist anzugeben, *warum* das der Fall ist. Denn daß eine solche Entscheidung erfolgt, hat seinen Grund nicht in einem sinnlosen Willkürakt Gottes, sondern darin, daß ein Sichverschließen des Menschen gegenüber dem Angebot göttlicher Gnade ihn damit überhaupt von Gott scheidet. So ist es nicht die Eschatologie als solche, sondern gerade der in ihr zum Ausdruck kommende Gottesgedanke, der die Eigentümlichkeit und Besonderheit der christlichen Eschatologie ausmacht. Was Bultmann nota bene ausdrücklich selber bestätigt, wenn er seine Gedanken nicht in der Polemik gegen Holl, sondern von sachlichen Gesichtspunkten her entwickelt. Die Verlegenheit, die ihn angesichts der Selbsttäuschung Jesu hinsichtlich der Naherwartung befällt, versucht er so zu bewältigen, daß er nun selbst den Gottesgedanken in der eschatologischen Gedankenwelt Jesu als das Wesentliche bezeichnet.

»Der darin lebendige Gottesgedanke und das darin enthaltene Verständnis der menschlichen Existenz ist das Entscheidende in der eschatologischen Verkündigung, nicht der Glaube an das zeitliche Bevorstehen des Weltendes« (Theol NT², 22).

Aber gerade wenn die Eschatologie das Neue im Urchristentum sein soll, so ist damit von Bultmann selbst schlagend bewiesen, daß es der darin enthaltene Gottesgedanke ist, in dem dieses Neue seinen

---

[24] Vgl. Gesch. und Esch., 41. Denn wie soll man es verstehen, wenn der Tod Jesu im Zusammenhang mit dem Neuen Bund nicht als historisches, sondern als eschatologisches Ereignis verstanden werden soll? Ist diese Art Eschatologie ungeschichtlich? Vgl. auch das beifällig gebrachte Zitat am Schluß S. 182.

eigentlichen Ausdruck gefunden hat, und Bultmann hat sich damit selbst widerlegt.

Doch muß in diesem Zusammenhang noch ein grundsätzlicher Gedanke entwickelt werden, der vom systematischen Denken her die Polemik Bultmanns gegen Holl schon im Ansatz in Frage stellt. Das ist die Tatsache, daß jede religiöse Einzelaussage abhängig ist von dem hinter dem Ganzen stehenden Gottesgedanken, der als Zentrum und Herzstück aller religiösen Gedankenbildung zugrundeliegt. Das ist klassisch formuliert in der Erklärung zum 1. Gebot in Luthers Großem Katechismus, wo Luther Art und Beschaffenheit des Glaubens abhängig macht von dem Gottesbild, das den Glauben hervorruft und auf das der Glaube gerichtet bleibt[25].

Das bedeutet auch, daß jede Veränderung des Gottesbildes sich auf den Glauben überträgt, wie umgekehrt jede Akzentverschiebung im Glauben nicht ohne Auswirkung auf den Gottesbegriff bleiben kann, eine Tatsache, die die religionsgeschichtliche Forschung ebenso wie die Geschichte des Christentums bestätigt. Um nur das nächstliegende Beispiel zu nehmen: Es sind doch nicht nur Einzelbestimmungen der Gnadenlehre, der Sakramentstheorie oder des Kirchenrechts, die das evangelische Christentum vom römischen Katholizismus unterscheiden, sondern es ist ein anderer Gottesgedanke, der jeweils hinter dem Ganzen der Konfession steht. Die epochemachende Bedeutung der Reformation bestand dann darin, daß sie das urchristliche Gottesbild von dem Schutt einer außerchristlichen Tradition befreit und in seiner ursprünglichen Wucht und Majestät wiedererlebt und ans Licht gebracht hat[26].

Schon von daher muß Bultmanns Versuch, das Urchristentum allein von der Eschatologie und Christologie her zu verstehen, notwendigerweise scheitern.

Versucht man, aus Bultmanns Gesamtwerk zu erfassen, was bei ihm als Gottesgedanke dahintersteht, so darf man vielleicht folgendes sagen: Gott erscheint bei ihm als der absolute Herr, der ohne Warum und Wozu eine Grenze setzt, eine verborgene Gewalt, der gegenüber menschliches Dasein sich als Relativität weiß. Und wenn der Glaube als »Qualifizierung der menschlichen Existenz« bezeichnet wird, so heißt das: begrenzt gegenüber einer nicht näher definier-

---

[25] WA 30¹, 132, 32 ff. = BoA 4, 4, 21 ff.
[26] Vgl. darüber den berühmten Aufsatz Holls »Was verstand Luther unter Religion?« I, 1 ff.; dazu Carl Stange, Der christliche Gottesglaube im Sinne der Reformation, Luther-Studien 1928, 238: »In jeder Aussage des Glaubens haben wir es letzten Endes mit bestimmten Vorstellungen von Gott zu tun«.

baren Absolutheit, die dem geschichtlich-irdischen Leben jeden eigenen Sinn zu nehmen droht. Es wäre zu fragen, ob dabei noch ein persönliches Gottesverhältnis möglich ist oder ob damit im Grunde genommen nicht jede echte persönliche Frömmigkeit ihren Halt verliert. Sollte das richtig sein, so wäre der letzte Unterschied zwischen Holl und Bultmann der, daß Bultmann Jesus einen abstrakten, sinnleeren Gottesgedanken zuschreibt, Holl dagegen einen sinntiefen und lebendigen.

2. Kapitel

Der Gegensatz zwischen Paulus und der Urgemeinde im Spiegel des Kirchenbegriffs

1921   Der Kirchenbegriff des Paulus in seinem Verhältnis zu dem der Urgemeinde II, 44—67

1. Neben dem Schriftchen über Urchristentum und Religionsgeschichte ist der vielleicht wichtigste Beitrag Holls zur Geschichte des Urchristentums sein Aufsatz »*Der Kirchenbegriff des Paulus in seinem Verhältnis zu dem der Urgemeinde*« 1921. Hatte er in der eben behandelten Studie die Eigenart und Eigenständigkeit der christlichen Religion in der Originalität ihres Gottesgedankens festgestellt, so entwickelt er hier den im Urchristentum vorhandenen Gegensatz, der die Urgemeinde in Jerusalem von Paulus trennt. Entsprechend der programmatischen Grundthese der religionsgeschichtlichen Schule, wonach das Urchristentum als synkretistische Religion verstanden werden soll, hatte man dort einseitig die Abhängigkeit des Christentums von der religiösen Umwelt betont. Auch Paulus wurde im wesentlichen gedeutet aus der Übernahme und den Anleihen von den bereits vorhandenen hellenistischen Gemeinden einer- und den zeitgenössischen heidnischen Religionsströmungen andererseits, ohne daß seine eigene Leistung ausreichend gewürdigt worden wäre. Holl weist an einem Punkt die Originalität und Selbständigkeit des Apostels auf und zeigt, wie die Realität seiner eigenen Existenz und sein religiöses Würdegefühl ihn in Spannung zur Urgemeinde bringen. Obwohl er hier gewisse Voraussetzungen mit der Urgemeinde teilt, hat er doch eigene Vorstellungen und Ideen, die sich von den dort vorhandenen grund-

sätzlich unterscheiden. Das Neue und Eigentümliche bei Paulus ist diesem gleichsam aus dem Zwang seiner geschichtlichen Lage erwachsen. Als ein unmittelbar von Jesus berufener eigener Auferstehungszeuge stellt er sich neben die Apostel, und die Art und Weise, wie er das Christentum versteht, bringt ihn in sachlichen Gegensatz zur Urgemeinde. Es ist seine Größe, daß er diese aus der religiösen Geschichte sich ergebende Gegensätzlichkeit durchdacht und zu einem neuen Kirchenbegriff entwickelt hat, der sich dem der Urgemeinde entgegenstellt.

Die Veranlassung für diese Untersuchung ist Sohms großes Werk über das Kirchenrecht, nach welcher die erste Zeit bis zum Ende des 1. Jahrhunderts verfassungsgeschichtlich als eine Einheit aufgefaßt werden konnte, wo das religiös-kirchliche Leben ganz dem freien Walten des Geistes überlassen geblieben war. Erst mit dem I. Clemensbrief sei so etwas wie ein göttliches Kirchenrecht entstanden. Dieses sei das entscheidende Element für die Entstehung der katholischen Kirche geworden. Holl trägt als ein von F. Chr. Baur Erzogener im Gegensatz dazu ein scharfes Bewußtsein in sich von der Bedeutung der Kämpfe zwischen Judenchristen und Heidenchristen für das Werden der christlichen Kirche. Er muß daher finden, daß die vorausgesetzte oder behauptete Einheit nicht so einheitlich war, sondern erhebliche Differenzierungen enthielt. Sie aufzuweisen, ist die Aufgabe seines Aufsatzes. Sohm hat das nicht gemerkt, weil Harnack inzwischen nivellierend in diesem Punkt gewirkt hatte. Er hatte für die von ihm vertretene These sich fast ausschließlich auf Paulus berufen. Holl stellt dagegen die Frage:

»Aber ist Paulus die Urchristenheit? Darf man seinen Begriff von ἐκκλησία ohne weiteres mit dem der Urgemeinde gleichsetzen? (II, 45)

In einer scharfsinnigen Analyse des paulinischen Auferstehungsberichtes I. Cor. 15, 5 ff. rekonstruiert Holl den Entstehungsvorgang der urchristlichen Gemeinde und zeigt, wie in den Ostererscheinungen zwei Größen zugleich ans Licht treten, die den Werdegang der jungen Religion auf das nachhaltigste bestimmt haben: *der Enthusiasmus und der Überlieferungsgedanke*[1]. Das bedeutet aber: Die Idee eines göttlichen Kirchenrechts ist nicht erst am Ende der Epoche entstanden, sondern sie ist bereits im Ursprungsvorgang der Religion vorhanden[2].

Aus dieser ihrer Vorzugsstellung als Auferstehungszeugen haben die Apostel auch bestimmte Rechte abgeleitet und durchgesetzt wie

[1] II, 51   [2] II, 54

z. B. das Aufsichts- und Besteuerungsrecht über die neu entstandenen Gemeinden, eine Regelung, die auf dem Apostelkonvent sogar für die Heidenchristen von Paulus ausdrücklich anerkannt wurde.

Damit ist Sohms These an einem entscheidenden Punkt wesentlich eingeschränkt und korrigiert. Es ist nicht nur das charismatische Element, das die Entwicklung in ihrem ersten Abschnitt bestimmt. Von Anfang an hat ihm die Idee des »Apostolischen« als Inbegriff göttlicher Autorität und als Ordnung formende und Recht bildende Macht zur Seite gestanden. Das findet weiter seinen lokalen Ausdruck in der Bedeutung, die Jerusalem von vornherein auch für die heidenchristlichen Gemeinden besitzt. Die Stadt bleibt der geistige Mittelpunkt der von ihr ausgegangenen Bewegung und die Verbindung mit ihr durch die Kollekte das alle einigende und zusammenschließende Band.

Demgegenüber hat Paulus seine eigenen Gedanken entwickelt. Nach seiner Vorstellung ist nicht Petrus, sondern Christus das Fundament der Kirche; und die Apostel werden aus Leitern der Kirche zu Dienern und Gehilfen Christi. Ihre Autorität wird begrenzt zugunsten des in jedem Gläubigen wirkenden Pneuma-Christus. Auch verliert Jerusalem für ihn seinen äußerlichen Primat und wird lediglich Symbol und Hinweis auf das himmlische Jerusalem. Und die von der Jerusalemer Urgemeinde für sich in Anspruch genommene Heiligkeit gilt nach Paulus für alle Glieder heidenchristlicher Gemeinden.

»Das war ein durchgreifender Gegensatz gegen den Kirchenbegriff der Urgemeinde«. (II, 64)

Dieser Gegensatz d. h. diese Umgestaltung bedeutet eine tiefe Vergeistigung der vorpaulinischen Vorstellungen von der Kirche. Das Ergebnis der Untersuchungen Holls bedeutet Sohm gegenüber ein Doppeltes:

Einmal ist Sohms These widerlegt, daß das Urchristentum keine Rechtsordnung gekannt, sondern alles dem freien Walten des Geistes überlassen hätte. Holl zeigt, daß der Autoritäts- und Traditionsgedanke als Idee des »Apostolischen« zugleich mit dem Aufbrechen des Charismatischen vorhanden ist und zwar im Ursprungsphänomen selbst, den Ostererscheinungen, und daß von daher schon in den ersten Anfängen eine feste Ordnung entsteht und sich durchsetzt.

Sodann ist Sohms These präzisiert und erweitert durch den Aufweis der Originalität und Selbstständigkeit, in der Paulus der Urgemeinde und ihren Vorstellungen gegenübersteht. Sein Versuch einer Vergeistigung des vorhandenen Kirchenbegriffs durch Betonung des lebendigen Christus als Fundament der Kirche in der Unmittelbarkeit seiner Wirkungen in jedem Gläubigen zielt auf eine Beseitigung des personalen und lokalen Primats in den Aposteln und in Jerusalem als »Vorort« der Christenheit.

Der Kirchenhistoriker, der den Gang der Entwicklung im Auge behält und nicht Ideen aus der Geschichte destilliert, zeigt sich schließlich in der nüchternen Beurteilung der Folgen dieses paulinischen Versuchs: In seltsamer Dialektik hat sich seine Verneinung des Jerusalemer Primats nur so durchgesetzt, daß diese die Voraussetzung für die Entstehung des römischen Primats geworden ist, während die Idee des »Apostolischen« ihn, Paulus, zurückgeschoben hat zugunsten der Urapostel.

Man darf hinzufügen, daß Holl jener anderen, von dem Gegensatz Paulus-Petrus fast verdeckten Duplizität Petrus-Jakobus nicht gerecht geworden ist. Dem schärfer zuschauenden Blick kann nicht verborgen bleiben, daß die Autorität der Auferstehungszeugen durch die Autorität des Jakobus überformt worden ist. Der Beitrag des Jakobus ist in das von Petrus Erlebte nachträglich hineingelegt worden. Der Unterschied zwischen beiden läßt sich dahingehend bestimmen, daß Pertrus sich als *pneumatischer* Zeuge darstellt, Jakobus dagegen als aus der *Familie* des Nabi stammend. So wird eine ursprünglich pneumatische durch eine traditionalistische Autorität zurückgedrängt und modifiziert. Von hier aus läßt sich der Weg des Petrus nach Antiochien verstehen aus dem Unbehagen des Pneumatikers in der Atmosphäre der autoritären Stifterreligion. Es handelt sich also nicht um zwei, sondern um drei Größen im frühen Christentum: 1. die unter dem gesetzesstrengen Jakobus verholzende Urgemeinde, 2. Paulus mit der pneumatischen Autorität des Christus für alle und 3. zwischen beiden hin und herschwankend Petrus. Gal 2 zeigt, daß wir es bei den Gegnern des Paulus mit zwei Gruppen zu tun haben: den Petrusanhängern und den Jakobusleuten. Dadurch wird das Gesamtbild etwas differenzierter, als Holl es sah.

2. Auch hier ist Holls Ergebnis nicht unangefochten geblieben. Ferdinand Kattenbusch hat es in einem Aufsatz in der »Festgabe für Karl Müller« 1922 unter der Überschrift »Die Vorzugstellung des Petrus und der Charakter der Urgemeinde zu Jerusalem«, 322 ff. einer besonnenen und maßvollen Kritik unterzogen, wobei die Bedeutung und der Wert von Holls Arbeit betont herausgestellt werden:

»Ich halte die Studie von Holl für die bisher wichtigste Auseinandersetzung mit Sohms bekannter These über den Charakter der ursprünglichen christlichen Ekklesia«. (a.a.O., 322)

Kattenbusch setzt mit seiner Kritik ein, indem er Holls Auffassung der Aufzählung der Ostererscheinungen I. Cor. 15 als *zeitliche* Reihenfolge in Frage stellt und den paulinischen Bericht mit den Darstellungen in den Evangelien auszugleichen versucht. Seiner Meinung nach ist die Hervorhebung des Petrus *sachlich* bedingt und seine Stellung am Anfang der Liste beruht auf seiner *vorösterlichen* Auszeichnung Jesu durch das Wort vom Fels, Matth. 16, 18[3]. Eine daraus ableitbare Vorzugsstellung, die Kattenbusch für Petrus grundsätzlich nicht bestreitet, soll dann lediglich charismatischen und keinen rechtlich-ordnungsmäßigen Charakter gehabt haben und in seiner besonderen Redebegabung begründet gewesen sein. Allein diese Vorzugsstellung des Petrus ist ebenso gut und besser verständlich aus der Tatsache, daß er als erster von allen einer Auferstehungserscheinung gewürdigt wurde und damit den Anstoß zur Sammlung der Jüngerschar und dadurch zur weiteren Entwicklung gegeben hat. Kattenbuschs Theorie steht und fällt mit der Echtheit des Jesuswortes Matth. 16, 18. 19. Wenn Kattenbusch dann hinsichtlich der Selbstauffassung der Jerusalemer Urgemeinde aus der Zwölfzahl der Apostel folgert, daß sie sich nicht nur an Israel in ihrer Missionstätigkeit *gehalten* hätten, sondern es zugleich auch *darstellen* und *repräsentieren* wollten, so übersieht er, daß Paulus in diesem Fall durch sein Sendungsbewußtsein an die Heiden diese Auffassung jedenfalls betont verneint hat und bestätigt damit ungewollt den Gegensatz zwischen Paulus und der Urgemeinde gerade im Kirchenbegriff.

Die Gedanken Kattenbuschs hat K. L. Schmidt übernommen und in verschiedenen Arbeiten weitergeführt, wobei sein Beitrag für die Deißmann-Festschrift »Die Kirche des Urchristentums. Eine lexikographische und biblisch-theologische Studie«, 1927 und der Artikel ἐκκλησία im ThWB III, 502 ff. in unserem Zusammenhang von Bedeutung sind. Obwohl Schmidt die Ergebnisse Holls weithin übernimmt, glaubt er sich jedoch gegen ihn abgrenzen zu müssen, wenn dieser eine Verschiedenartigkeit des Kirchenbegriffs zwischen Pau-

---

[3] Inzwischen hat E. Hirsch diesen Zusammenhang umgekehrt gedeutet, indem er das Wort als spätere Gemeindebildung auf Grund der Petrus als erstem zuteil gewordenen Ostererfahrung versteht und so das Wahrheitsmoment in Kattenbuschs Beobachtung mit Holls Erkenntnis verbindet; vgl. Frühgeschichte des Evangeliums 1941 II, 306 f.

lus und der Urgemeinde feststellt. Obwohl er wie Holl den Ursprung der Kirche aus den Ostererscheinungen ableitet, behauptet er dennoch gegen ihn die Gleichartigkeit der von beiden vertretenen Kirchenanschauung[4].

Den allerdings keineswegs ganz wegzuleugnenden Gegensatz zwischen beiden will Schmidt so erklären, daß er hier nur den paulinischen Protest gegen eine dort sich abzeichnendeFehlentwicklung sieht. Paulus wende sich angeblich nur gegen »theokratische Wucherungen« in der Überbetonung »autoritärer Personen (Urjünger!)« und »heiliger Orte (Jerusalem!)«. Soweit er eine Begründung dafür zu geben versucht, erscheint diese jedoch wenig durchschlagend, verwischt gerade den von Holl scharfsinnig festgestellten Unterschied und landet in unverbindlichen Allgemeinheiten und supranaturalen Betrachtungen, ohne sich mit Holls Argumenten im einzelnen auseinanderzusetzen. In dem, was er dann für die Gemeinsamkeit der Anschauungen anführt, wiederholt er von Holl Gesagtes. Indessen, daß z. B. für beide die Entstehung der Kirche in den Ostererscheinungen begründet ist, schließt nicht aus, daß das gleiche Ereignis doch verschieden verstanden und gedeutet wurde. Während die Urgemeinde den Traditions- und Autoritätsgedanken mit seiner schon hier erkennbaren Tendenz zum Apostolischen daraus entwickelt, hat Paulus das charismatische Moment in den Vordergrund gerückt und die persönliche Unmittelbarkeit *ohne* Autoritätenvermittlung für jeden einzelnen Christen geltend gemacht und vertreten. Dieser Unterschied kann nicht bagatellisiert werden; er dürfte der schwerwiegendste überhaupt sein, denn er scheidet die *evangelische* von der *katholischen Auffassung des Christentums*. Schmidt hat sicher recht, wenn er die Bedeutung der Rechtfertigungslehre für den Kirchenbegriff (Deißmann-Festschrift, 315) betont. Um so unverständlicher bleibt es, daß er die daraus zwangsläufig sich ergebenden Verschiedenartigkeiten in der Auffassung von der Kirche nicht erkennt. Denn gerade die unterschiedliche Auffassung der Rechtfertigung hat in Antiochien zu der Kollision zwischen Paulus und Petrus geführt. Gehindert wird er an dieser Wahrnehmung durch die in diesem Zusammenhang von ihm verwandten Begriffe »Verheißung« und »Erfüllung« und die daraus resultierende Unfähigkeit, die Eigenart des Christlichen in seiner Dialektik zur israelisch-jüdischen Glaubenswelt zu erkennen. Denn diese wird durch jenes Begriffspaar nur verwirrt. Daß die neutesta-

---

[4] ThWB III, 510 u. Anm. 13; vgl. auch Deißmann-Festschrift, 310 f.

mentliche »Erfüllung« die alttestamentliche »Verheißung« ebenso verneint wie bestätigt, doch so, daß sie diese im Grunde genommen aufhebt, bleibt Schmidt verborgen. So wird der vorhandene geschichtliche Gegensatz, den auch Schmidt nicht in Abrede stellen kann, zu Stufen einer mehr dogmatisch als historisch konstruierten Gemeinsamkeit abgeschwächt, und die tiefe Erkenntnis Holls wird wieder verdunkelt[5].

Man versteht von hier aus auch die Polemik Schmidts gegen Holls angeblich »psychologisierende Betrachtung« (Deißmann-Festschrift, 311 Anm. 1), die bei ihm durch eine dogmatisierende ersetzt wird, — ohne allerdings durch bessere Ergebnisse zu überzeugen. Hinter dieser historischen Auseinandersetzung steht eine bestimmte ekklesiologische Leitidee, welche die unsichtbare Kirche für einen Fehler hält. Damit sieht K. L. Schmidt sich vor die Aufgabe gestellt, einen protestantischen Begriff der sichtbaren Kirche so aufzubauen, daß damit theokratisch-autoritative Sonderstellungen von Petrus und dem Papst vermieden werden. Was sich dabei ergibt, ist eine mystische Verklärung der sichtbaren Kirche, der Paulus und Petrus nach dieser Auffassung in verschiedenen Nuancen anhängen.

3. Der Wert der geschichtlichen Betrachtung Holls liegt darin, daß er im Rahmen historischer Untersuchungen die Eigenart des Christlichen und d. h. des Evangeliums klar und profiliert herausarbeitet und dabei die unabdingbar damit verbundene Verneinung sichtbar werden läßt. Der Gegensatz, in dem der Gottesgedanke Jesu zum Alten Testament steht, wiederholt sich in neuer Weise in dem Widerspruch, in dem die Auffassung des Apostels Paulus von der Kirche zu derjenigen der Urgemeinde steht. Dieser Gegensatz ist bestimmt durch die Eigentümlichkeit des christlichen Gottesverhältnisses, wie es reflektiert in der Rechtfertigungslehre seinen Ausdruck gefunden hat. Diese besondere Gottesbeziehung webt und lebt indessen schon in jenem Phänomen, das bei Holl unter dem Begriff »Enthusiasmus« erscheint und in seiner Darstellung der Alten Kirche eine bedeutende Rolle spielt. Indem Holl die beiden Seiten dieser Erscheinung in ihrer antinomischen Doppelbedeutung als freie Unmittelbarkeit des Geistes auf der einen und Bindungsforderung an Autoritäten auf der anderen Seite bloßlegt, hat er damit die Grundstruktur der christlichen Religion erfaßt und bereits in ihrem Ursprungserlebnis nachgewiesen[6]. Es ist das Verhältnis von *Glaube und Autorität,* das

---

[5] ThWB III, 511
[6] Wie sich dieser Zustand bis in den Anfang des 2. Jahrhunderts erhalten hat, und dann von einer Epoche ständig wachsenden Einflusses der Führungsauto-

in dieser Doppelgestalt im Selbstverständnis der eigenen Gemeinschaftsgestaltung den Rhythmus der Kirchengeschichte bildet und jeden Kirchenbegriff bestimmt, ja, es ist damit die Wurzel für den Gegensatz in der evangelischen und katholischen Christentumsauffassung, der bereits in diesem ersten Abschnitt der geschichtlichen Entwicklung zu Tage tritt.

Vielleicht widerspricht es dem Bedürfnis der Pietät, sich so unerbittlich klarzumachen, daß das Christentum vom ersten Augenblick seiner Entstehung an in seinen eigenen Führern von es herabziehenden menschlichen Mißverständnissen bedroht worden ist. Solchen Bedenken der Pietät gegenüber wäre daraufhinzuweisen, daß Luther der erste gewesen ist, welcher diese harte Tatsache ans Licht gezogen hat, indem er im Streit mit Eck die Legende von der Einheit der apostolischen Zeit zerstörte. Ohne die Zerstörung dieser Legende werden wir schwerlich evangelische Christen bleiben können. Holl hat einmal diese große kirchengeschichtliche Entdeckung Luthers von dem Gegensatz zwischen Paulus und Petrus wieder neu zu Ehren gebracht und jetzt historisch, nicht mehr dogmatisch dargestellt[7]. Er hat sodann Baurs Einsatzpunkt just an dieser Stelle gerechtfertigt, der aus diesem Gegensatz seine Konstruktion der urchristlichen Zeit entwickelt hat. Er ist damit über die Aporien und Fehllösungen der zeitgenössischen religionsgeschichtlichen Schule hinausgeschritten. Es ist deren Verhängnis gewesen, daß sie von Paul de Lagarde[8] dessen Haß gegen Luther und die Reformation geerbt und damit zugleich seine Antipathie gegen Albrecht Ritschl übernommen hat.

Stets ist das Christentum in Gefahr, sein Wertvollstes zu verlieren, indem es den Glauben durch sekundäre Größen zu sichern sucht. Aber immer wieder ruft dieser Vorgang Reaktionen hervor,

---

ritäten abgelöst wurde, hat Harnack schon in seinen Prolegomena zur Διδαχή 1884 TU nachgewiesen.   [7] III, 134 ff.

[8] Wie stark Lagarde auch auf Ernst Troeltsch gewirkt hat, wird schon äußerlich durch die Tatsache dokumentiert, daß dieser ihm den II. Band seiner Gesammelten Schriften mit warmen Dankesworten gewidmet hat. Es ist mir bei der Abfassung meines Troeltsch-Buches »Neige des Historismus« 1959 noch nicht klar gewesen, in welchem Maß der große Systematiker der religionsgeschichtlichen Schule in diesem Punkt von seinem Lehrer abhängig ist. Troeltsch viel diskutierte These, daß die Reformation im Grunde nichts anderes als Fortsetzung des Mittelalters sei, während erst in der Aufklärung die Moderne begonnen habe, erweist sich als völlig unkritisch von Lagarde übernommen. Vgl. Paul de Lagarde, Über das Verhältnis des deutschen Staates zu Theologie, Kirche und Religion 1873, jetzt Deutsche Schriften 1920, 40 ff.

wo die religiöse Selbständigkeit des einzelnen in der Unmittelbarkeit persönlicher Frömmigkeit alle gesetzlich-autoritativen Zwischenschaltungen durchbricht und das Recht unabhängiger, freier Gemeinschaft mit Gott fordert. Diese Zwischenschaltung als eine das Gottesverhältnis bis ins letzte bestimmende Macht ist im jüdischen Glauben das Gesetz. Es ist das Eigentümliche der pneumatisch-enthusiastischen Erfahrungen der Urgemeinde, daß mit ihnen und durch sie die jüdische Exklusivität und damit die gemeinschaftszerstörende Macht des Gesetzes grundsätzlich zerbrochen und seine Wirkung beseitigt ist. Die Apostelgeschichte spiegelt das in den Berichten über die Samariter-Mission und über die Heidenbekehrung Kapitel 8. Das entscheidende, in den enthusiastischen Phänomenen verborgene religiöse Erlebnis ist also die Überwindung des Gesetzes zur Freiheit der Kindschaft Gottes. Das teilt Paulus mit der Urgemeinde. Die Unterschiede zwischen ihm und ihr erklären sich so, daß jener als Denker alle Konsequenzen aus dieser Tatsache zieht, während die Urgemeinde in Kompromissen und Halbheiten stecken bleibt und daher nicht den Mut findet zu jener Form christlicher Gemeinschaft, wie Paulus sie entwickelt hat, *sondern die Autorität des Gesetzes ersetzt durch die Autorität des Apostolischen.* Dadurch war im Grunde genommen nur ein Wechsel der Autoritäten eingetreten. Von daher werden auch die Unklarheiten in der praktischen Stellungnahme zum Gesetz verständlich. *Die Urgemeinde hat den Geist in diesem Punkt als ein Kirchengesetz aufgefaßt und mißverstanden.* Damit hat die These Sohms ihre grundlegende Korrektur erfahren.

Wie der Autoritätsgedanke auch in veränderter Gestalt dann das Gesetz als καινὸς νόμος doch wieder hervorzog und aufrichtete, zeigt die Entwicklung der Folgezeit. Daran aber, daß hier ein tiefer Gegensatz zwischen Paulus und der Urgemeinde vorhanden war und daß dieser Gegensatz gerade in der Gestaltung und Organisation der christlichen Gemeinschaft seinen Ausdruck gefunden hat, daran kann nach Holls Darlegungen schwerlich gezweifelt werden. Mit vollendeter Klarheit hat E. Hirsch den Sachverhalt formuliert, wenn er schreibt:

»Paulus hat den Kampf für die Freiheit des Heidenchristen vom jüdischen Gesetz so durchgeführt, daß er die von Jerusalem beabsichtigte Bildung einer festen Kirche, die an einer die Vollmacht zu befehlen einschließenden Überordnung der Urgemeinde und ihrer Leiter über die übrigen Gemeinden und Christen ihre in Christus geheiligte Ordnung hatte, für seine heidenchristlichen Gemeinden verhinderte.« (Leitfaden zur christlichen Lehre 1938, 29)

3. Kapitel

Gestaltwandel des Enthusiasmus in der Geschichte der Alten Kirche

1898 Enthusiasmus und Bußgewalt beim griechischen Mönchtum
Über das griechische Mönchtum II, 270—282
1907 Symeon, der neue Theologe II, 403—408
1909 Die allgemeine Entwicklung des Bußwesens, Artikel in: RGG[1] I, 1462—1472
1912 Die schriftstellerische Form des griechischen Heiligenlebens II, 249—269
1913 Die religiösen Grundlagen der russischen Kultur II, 418—432
1914 Die Vorstellung vom Märtyrer und die Märtyrerakte in ihrer geschichtlichen Entwicklung II, 68—102
1916 Der ursprüngliche Sinn des Namens Märtyrer II, 103—109
1917 Ψευδόμαρτυς II, 110—114

1. Ursprung und Wesen des Enthusiasmus

In Holls Bild des Urchristentums ist in unserer bisherigen Wiedergabe eine Erscheinung nur flüchtig gestreift worden, die doch eine Grundkraft der ganzen Alten Kirche gewesen ist: *der Enthusiasmus*. Für Holl ist dies einer der tragenden Leitbegriffe der Entwicklung, der ihre Bewegung bestimmt. Er fand das Wort nicht glücklich, hat es aber, da ein besseres nicht vorhanden war, dabei belassen[1].

Versteht man unter Enthusiasmus eine phantastisch-schwärmerische Erlebnisform ekstatisch-mystischer Art, deren Sinn und Wahrheit für den sie Erlebenden das Berührtwerden mit dem Geheimnis Gottes ist, so steht fest, daß dies nicht an das Christentum gebunden ist und nicht notwendig christlich zu sein braucht. Christlich wird diese Erfahrung allein, wenn sie Träger des in Jesu Wort und Geschichte zu uns sprechenden Gottesbildes wird und den Menschen zu einem neuen Leben in Gotteserkenntnis und Gottesgemeinschaft führt. Dabei ist das Psychologisch-Gefühlsmäßige nur der zufälligäußerliche religionsgeschichtliche und spekulative Wust, der sich um die Sache herumlegt. Die Gefahr dieser Formel besteht also darin,

---

[1] II, 105²

daß man das Wesentliche, nämlich Gott und das eigentlich Christliche, nicht erkennt und nivellierend von dem religionshistorischen und religionspsychologischen Gewand redet und so das Entscheidende verdunkelt.

Holl ist sich über das Verkehrte und Gefährliche der enthusiastischen Phänomene durchaus im klaren gewesen; aber sie waren für ihn nicht der Kern der Sache, sondern die äußere Erscheinungsform, die er als Historiker studierte.

Den Ursprung dieses christlichen Enthusiasmus erkennt er in den Ostererlebnissen des Urchristentums, wo die Jünger den Herrn »im Geist« sehen. Es handelt sich dabei um die Verschmelzung der beiden Größen κύριος und πνεῦμα in einer erlebnishaften Synthese, die Ausdruck einer überschwenglichen und die Grenzen des Alltäglichen sprengenden religiösen Erschütterung ist[2]. Negativ bedeutet das die Freiheit vom Gesetz, positiv eine Unmittelbarkeit und Individualisierung des Gottesverhältnisses. Beides kann nur als Krise und Bruch mit dem alttestamentlich-jüdischen Glauben und Dienst verstanden werden. Um sich das selbst verständlich zu machen, griffen diejenigen, die das erlebten, zu den für sie nächstliegenden Parallelen. Das waren die geheimnisvollen prophetischen Erfahrungen des Wortempfangs und der Geistbegabung im Alten Testament, nun aber nicht mehr beschränkt auf einige wenige auserwählte Persönlichkeiten, sondern bestimmt für alle, die durch das Kontrasterlebnis von Sünde und Begnadigung aus den Banden des Gesetzes in die Freiheit der Gotteskindschaft sich geführt wußten. Diese Erfahrung aber war gebunden an ein bestimmtes historisches Ereignis und eine individuelle geschichtliche Gestalt: In der Kreuzigung Jesu von Nazareth hatte der Gesetzesdienst sich selbst gerichtet. Gott hatte das bestätigt, indem er Jesus aus dem Tod in die Herrlichkeit zu sich erhoben hatte. Seinen Jüngern und Vertrauten wurde durch die Auferstehungserscheinungen der Blick in diese jenseitige Herrlichkeit zuteil und machte sie so zu Zeugen des erhöhten Herrn.

---

[2] Es ist bekannt, daß nach dem Bericht der Apostelgeschichte 2, 16 ff. diese Erfahrung durch Petrus von einer überschwenglichen Joel-Stelle her gedeutet und verstanden wird. Diese Stelle ist vielleicht besonders geeignet, das echte Verhältnis von Weissagung und Erfüllung zu dokumentieren. Der Prophet, der das gesagt hat, spricht aus der inneren Erfahrung, daß der ihn bewegende Gottesgeist tiefere Gottesnähe ist als alle jüdische Religion. Daß jedoch, wenn dieser Geist alle ergreift, die ganze Theokratie und der Mosaismus in die Brüche gehen, ahnt er nicht. Es gibt im Alten Testament noch mehrere Stellen, wo diese Grenzsituation klar wird.

In dem Aufsatz über den paulinischen Kirchenbegriff hatte Holl die zeitliche Begrenzung dieser Erscheinungen als Keim für die Bildung der apostolischen Autorität herausgearbeitet. Diese Letztere wurde ein Begriff von der größten Geschichtsmächtigkeit. Sie ist das entscheidende Element in der Bildung des Frühkatholizismus. *Das andere darin enthaltene Moment ist jedoch genau so wirksam in der Kirchengeschichte gewesen: der Enthusiasmus.* Der Unterschied zwischen beiden kann auch so bestimmt werden, daß in diesen zeitlich begrenzten und abgeschlossenen Ostererscheinungen der »Herr« im Vordergrund steht, und der »Geist« das Element ist, durch das diese religiöse Erfahrung sich vermittelt. In der Folgezeit tritt dann der Geist mehr und mehr an die Stelle des Herrn, wobei Paulus in höchst charakteristischer Weise beide miteinander identifiziert: II. Cor. 3, 17. Der Übergang ist ein fließender gewesen, wie die Stephanus-Vision zeigt; und Holl läßt es dahingestellt, ob die Kette jener ersten Erfahrungen, in denen Christus als der Erhöhte in der Herrlichkeit Gottes geschaut wurde, sich so abschließen läßt, wie die Quellen das behaupten[3]. Man muß die Frage so beantworten, daß man unterscheidet zwischen solchen Geisteserfahrungen, welche ein allgemein kirchengeschichtliches Ereignis sind und solchen, welche allein einer persönlichen Geschichte angehören. Die zweite Gruppe ist nicht abgerissen, die erste dagegen mußte abreißen, wenn das Christentum ein bestimmtes Gesicht haben sollte. Daß ein übergreifender Zusammenhang erhalten geblieben ist, dafür ist die Geschichte der Alten Kirche selbst das lebendigste Zeugnis. Sie ist nichts anderes als eine Reihe immer neuer Durchbrüche und Manifestationen des urchristlichen Enthusiasmus, der stets auch verbunden bleibt mit visionär-optischen Erfahrungen, wobei der vom Geist Ergriffene den Kontakt mit der jenseitigen Welt erlebt. Überblickt man das Ganze dieser Erscheinungen, so darf man wohl sagen, daß in dieser Verbindung von Unmittelbarkeit des Gottesverhältnisses, persönlich-individueller Frömmigkeit und Gewißheit eigener religiöser Erfahrung das eigentliche Herzstück des Christentums zu sehen ist. Daher erscheint die Geschichte der christlichen Religion als eine durch diese seelische Lebendigkeit ausgelöste Bewegung, die gegen alle autoritär-gesetzlichen Zwischenschaltungen, gegen Verkrustung in Institution, Kultus und Sakramentalismus immer wieder leidenschaftlich reagiert und in mehr oder weniger revolutionären Durchbrüchen dagegen protestiert und sich behauptet.

[3] II, 50¹

Dabei wandeln sich Ausdruck und Träger des Enthusiasmus. Das erkannt und aufgehellt zu haben, ist das große Verdienst Holls. Er wendet sich auch hier gegen das allgemein herrschende kirchengeschichtliche Urteil, wonach der Enthusiasmus im wesentlichen auf das Urchristentum beschränkt geblieben sein soll und dann erloschen sei, weil er der Organisation und festen Formen weichen mußte, wie das ja auch Sohms große These war. Harnack hatte zwar, wie Holl selbst betont, als erster auf Wesen und Bedeutung des Charismatischen hingewiesen. Aber er hatte das nicht über die älteste Epoche des Christentums hinaus verfolgt. Hier setzt Holl ein. Seine große Feststellung, die er durch bedeutende und scharfsinnige Untersuchungen erhärtet, lautet: *Der urchristliche Enthusiasmus ist nicht tot nach dem Ende des apostolischen Zeitalters! Er sucht nur Ausdruck in neuen Formen und wechselt seine Träger.* Am Anfang stehen naturgemäß die *Apostel* als die ersten Zeugen der Herrlichkeit des Erhöhten. Nach ihrem Hinscheiden treten die urchristlichen *Propheten* an ihre Stelle. Durch die bald einsetzenden Verfolgungen tritt der *Märtyrer* neben sie und verdrängt sie schließlich. Mit ihm beschäftigt sich Holl eingehend in drei Abhandlungen, von denen die beiden letzten polemische Auseinandersetzungen mit Kritikern darstellen: *»Die Vorstellung vom Märtyrer und die Märtyrerakte in ihrer geschichtlichen Entwicklung«* 1914; *»Der ursprüngliche Sinn des Namens Märtyrer«* 1916 und »Ψευδόμαρτυς« 1917. Als mit der Reichskirche Konstantins das Ende der Verfolgungen gekommen ist, wird der Märtyrer vom *Mönch* abgelöst und ersetzt, der diese Bedeutung bis in die Gegenwart behalten hat. Mit dem griechischen Mönchtum hat Holl sich sehr eingehend beschäftigt und durch eine große Monographie sowie mehrere größere und kleinere Arbeiten ein ganz neues Verständnis für diese vor ihm ziemlich im Hintergrund der offiziellen Kirchengeschichtsschreibung stehende Größe eröffnet. Zeitlich am Anfang steht seine Habilitationsschrift über eine Gestalt, die in gewisser Weise den Abschluß in der Reihe der großen Enthusiasten bildet: Symeon, der neue Theologe († 1036 oder 1040) mit dem Titel: *»Enthusiasmus und Bußgewalt beim griechischen Mönchtum«* 1898. Im gleichen Jahr der Erscheinung dieses Werkes hat Holl die Ergebnisse dieses Buches ohne den gelehrten Apparat in den Preußischen Jahrbüchern unter der Überschrift *»Über das griechische Mönchtum«* zusammengefaßt, während er 1907 über den großen Mönchsheiligen selber den Artikel für die 3. Aufl. der RE schrieb: *»Symeon, der neue Theologe«*. Doch ebenso wie dieser hat ihn der Anfänger und Begründer der Mönchsbewegung gefesselt, Antonius. Schon in der großen Arbeit von 1898 hatte die vita Antonii des Athanasius den Ausgangspunkt der Betrachtung gebildet. Im Jahre 1909 gibt die einseitige und schiefe Interpretation dieser Quelle in der Doktordissertation eines katholischen Philologen die Veranlassung, sich erneut und unter neuen Gesichtspunkten damit zu beschäftigen. Unter der Überschrift *»Die schriftstellerische Form des griechischen Heiligenlebens«* 1912 verbindet Holl eine eindringende Analyse der vita mit der Erörterung literarischer und theologischer Probleme. Der Aufsatz erscheint in den Neuen Jahrbüchern für das klassische Altertum. Die Bedeutung des griechischen Mönchtums in der Geschichte Rußlands wird 1913 in der Studie *»Die religiösen Grundlagen der russischen Kultur«* behandelt.

Es empfiehlt sich, in der Darstellung der sachlichen Chronologie der kirchengeschichtlichen Entwicklung zu folgen d. h. also mit den Untersuchungen über den Märtyrer zu beginnen, die Studie über die vita Antonii anzuschließen, um dann zu Symeon und den ihm gewidmeten Arbeiten überzugehen.

2. *Der Märtyrer als Träger des Enthusiasmus*

Zwischen Märtyrer und Apostel steht eine Gestalt, die gewissermaßen als Übergangserscheinung verstanden werden kann und deren Wirksamkeit mit dem nachapostolischen Zeitalter endet: der urchristliche Prophet. Mit dem Beginn der Verfolgungen tritt neben ihn der Märtyrer, dem der Prophet, nachdem beide eine Weile nebeneinander gestanden haben, schließlich weichen muß, da jener eine bessere Verkörperung des christlichen Ideals darstellt als dieser. In dem Maße, als das Zutrauen zum Propheten schwindet, muß dessen Autorität auf den Märtyrer übergehen. Denn wo und wie sonst soll die Verbindung mit Gott und seinem Willen aufrechterhalten werden zu einer Zeit, in der es jene festen Größen und stabilen Normen der späteren Zeit, Glaubensregel, neutestamentlicher Kanon und Bischofsamt noch nicht gibt? Die Situation fordert einen Geistesträger, der überzeugend und mit Gewißheit Gottes Absicht und Forderung für den Augenblick kundtun kann. Die geschichtliche Entwicklung erzeugt durch die Verfolgungen im Märtyrer jene Instanz, welche die Kirche durch den Wegfall der Propheten benötigt. In ihm ist die Leidenschaft und Intensität der Gottesverbundenheit des urchristlichen Enthusiasmus wieder aufgelebt. Er besitzt den Geist und die Fähigkeit einer Schau der jenseitigen Welt, wie das schon bei Stephanus, dem ersten Vertreter dieser Gruppe, in Erscheinung tritt. So hat der Enthusiasmus im Märtyrer eine Verkörperung gefunden, die ihn über das Ende der apostolischen und nachapostolischen Zeit lebendig erhält[4].

Dieser Vorgang findet seinen Ausdruck einmal in der Wahl des griechischen Wortes für diese Gestalt: μάρτυς = Zeuge. Denn dieser Begriff bestätigt, daß der Märtyrer verstanden wird als einer, der in dem erhöhten Christus die Herrlichkeit Gottes geschaut und dadurch zum Zeugen des göttlichen Handelns in Jesus, also zum »Zeugen Gottes« von Gott selbst gemacht worden ist. Nach Holls Auffassung ist die Übernahme der Wendung μάρτυς τοῦ θεοῦ aus spätjüdischem Sprachgebrauch, wie er sich in Apoc. 11,3 ff. spiegelt, wahrscheinlich. Die hervorragende Bedeutung des Märtyrers, seines Schicksals und seiner religiösen Erfahrung findet in der Entstehung einer neuen literarischen Gattung ihren Niederschlag. Es entsteht die *Märtyrerakte*, und zwar in doppelter Gestalt als *Brief* und als *Verhörprotokoll*. Allerdings haben diese literarischen Formen Vorbilder. Hier wäre darauf hinzuweisen, daß alle Verhörprotokolle sich an Platos Apologie des Sokrates anschließen. Die Übernahme dieser literarischen Form durch das Christentum erklärt sich aus der Tatsache, daß für die spätere griechische Bildungsreligion der Philosoph zum Vertreter eines ethischen Monotheismus gegen Tyrannen wird. Von daher erklärt sich die Hochschätzung des Sokrates bei den Apologeten. Das wird auf den Märtyrer übertragen und findet seine Fortsetzung in den Verhörprotokollen in der hellenistischen Literatur, wo der heidnische Philosoph sich Staat und Gesellschaft gegenüber oft in der gleichen Lage befindet wie der christliche Märtyrer; eine Rolle spielt weiterhin die Brieferzählung in der spätjüdischen Prophetenlegende. Das Interesse für amtliche Dokumentation, wie es sich in der an sich nicht ohne weiteres selbstverständlichen Übernahme der hellenistischen Literaturgattung ausspricht, sieht Holl erwachsen aus der Eigenart der apologetischen Theologie, die auf Anführung wissenschaftlichen Tatsachenmaterials für den Glauben Wert legt. Die Schwäche dieser Darstellungform ergibt sich aus den Mängeln ihrer Theologie: das enthusiastische Element tritt zurück zugunsten logisch-rationaler Beweisführung und rhetorischen Glanzes.

In der dezianischen Verfolgung vergeht der prophetische Charakter des Märtyrers vollends. Selbst der diokletianischen Verfolgung ist es nicht gelungen, den Geist neu zu beleben. Dafür tritt die

---

[4] II, 74

Verehrung der Märtyrer in neuer Weise hervor. Man verbindet ihr Gedächtnis mit dem kultischen Betrieb. Kirchengebäude werden nach ihren Namen genannt, und sie erhalten einen Platz in der Liturgie, wo das Bild des einzelnen nach und nach verblaßt und in einen Allgemeinbegriff aufgeht. Ebenso entsteht eine intensive Reliquienverehrung. Dabei tritt der Märtyrer durch seine lokale Bindung oft in das Vakuum, das durch den Sturz der heidnischen Lokalgottheiten entstanden ist.

Als Auswirkung auf die literarische Gestaltung ist eine wesentlich stärkere Ausmalung der Marter festzustellen, die jetzt an die Stelle der früheren Rede des Blutzeugen tritt und in ihrer Detailschilderung der Grausamkeiten zuweilen pathologisches Gepräge erhält. Indessen macht Holl gerade an dieser abstoßenden Seite der Sache eine wertvolle Entdeckung durch die Beobachtung, daß hinter der Beschreibung der einzelnen Stufen des Martyriums dieselbe Idee steht, die in der Heiligenbiographie das treibende Motiv bildet. Durch immer schwerere Kämpfe hindurch gelangen Mönch und Märtyrer zur Vollkommenheit[5].

Hat man sich das klargemacht, so ist auch die Steigerung der Leiden verständlich, die notwendig wird, um die größere παρρησία des Märtyrers zu veranschaulichen. Eine Ergänzung erhält die Märtyrerakte durch den Hinweis auf die Umstände der Reliquienfindung und eine Sammlung von Wunderberichten, wobei eine Angleichung an die Darstellung des Heiligenlebens sich von selbst ergibt.

Als mit dem Aufhören der Verfolgungen der Märtyrer verschwindet und sein Einfluß mit ihm, teilt er das Schicksal seines Vorgängers in der Reihe der Geistträger, des Propheten. Er macht einer neuen Gestalt Platz, die an seine Stelle tritt, weil sie über das verfügt, was die Gemeinde benötigt und worauf sie nicht verzichten kann: den Geist und die Kraft persönlicher Frömmigkeit. Es ist der Mönch, der den Märtyrer ablöst. Er ist nun Inhaber jener religiösen Kräfte und Gefäß himmlischer Erfahrungen, die bis dahin den Blutzeugen ausgezeichnet haben. Das wird gedanklich begründet durch die Gleichsetzung des blutigen Martyriums mit der Askese. *So wechselt der Enthusiasmus seinen Träger, aber er geht nicht unter.*

Die Bedeutung der Leistung Holls wird am besten klar, wenn man sie mit der umfangreichen Monographie des Hans Freiherrn von Campenhausen über »Die Idee des Märtyrertums in der alten

---

[5] II, 100

Kirche«, 1936 2. Aufl. 1964 vergleicht. Da sie ein instruktives Beispiel für die Art und den Wert der an Holl häufig geübten Kritik darstellt, sei hier näher darauf eingegangen.

Von Campenhausen wendet sich gegen drei Punkte in Holls Auffassung. *Zunächst* bestreitet er die jüdische Wurzel im Märtyrerbegriff und hält die Basis für zu schmal, die Holl in der Verwendung der Bezeichnung μάρτυρές μου für zwei Propheten in dem aus jüdischer Quelle stammenden Abschnitt Apoc. 11, 3 ff. gefunden hat. Er sieht auch sachlich keinen Zusammenhang zwischen dem jüdischen und dem christlichen Martyrium, sondern nur einen unüberbrückbaren Gegensatz. Das Judentum habe keine »geschichtliche Mission und Botschaft« an die Welt besessen wie das Christentum, »für die ein jüdischer ›Märtyrer‹ zu werben und zu sterben hätte« (S. 4). So schwanke auch die Beurteilung des Martyriums zwischen Strafe, Sühne oder Prüfung. *Sodann* kritisiert er die Bedeutung, die Holl den Begriffen μάρτυς und ψευδόμαρτυς gegeben hat. Er übernimmt die Deutung Reitzensteins (Holl II, 103 f.), nach welcher ein ψευδόμαρτυς ein rechtmäßiger Zeuge bleiben kann trotz gelegentlicher Untreue und gelegentlichen Versagens. Und *schließlich* lehnt er die Ableitung des μάρτυς-Begriffs im christlichen Sprachgebrauch aus der dem Märtyrer zuteilgewordenen Schau der jenseitigen Welt und des erhöhten Christus als mit den Quellen angeblich unvereinbar ab. (von Campenhausen, 32 ff.)

Was nun die von Campenhausen so betonte Unterscheidung des christlichen vom jüdischen Martyrium angeht, so muß die Behauptung, daß es dem Judentum an einer geschichtlichen Mission und einer Botschaft gefehlt haben soll, schon angesichts der Gottesknechtssprüche Deuterojesajas (Jes. 49, 6 und 52, 15) ebenso wie im Hinblick auf die weitverzweigte und erfolgreiche jüdische Mission mit einer fest umrissenen Verkündigung des Schöpfergottes und der Offenbarung seines heiligen Willens im Gesetz äußerst seltsam erscheinen. Und wenn von Campenhausen später für den christlichen Märtyrer den Gedanken des »Rechtsstreites Gottes mit der Welt« stark betont (S. 28 Anm. 4), so dürfte gerade damit ein spezifisch alttestamentlich-prophetischer Gedanke ausgesprochen (Jes. 41, 21; 43, 9—13; 44, 7—11; vgl. dazu ThWB IV, 486) und somit die jüdische Wurzel des Märtyrerbegriffs von ihm unbewußt doch anerkannt sein. Einen Zusammenhang zwischen diesen Stellen und Apoc. 11, 3 ff. lehnt er aber ab (S. 3[3]). Man könnte umgekehrt weiter daraufhinweisen, daß die Idee des Märtyrertums auch im späteren Christentum ganz ohne eine ausgesprochene Bezunahme auf »Jesu Auftreten, Predigt und Tod« (S. 5) erörtert wird, wie das z. B. bei Tertullian in seinen Schriften über dieses Thema geschieht (Vgl. Scorpiace cap. 5, wo hinter dem Bild des Martyriums als Heilung auch das einer Strafe und der Sühne für begangene Sünden deutlich hindurchschimmert, oder in cap. 6, wo es ausdrücklich als Prüfung verstanden wird.) Die zahlreichen Belege Holls für die verblüffende Gleichartigkeit bestimmter Züge in den jüdischen und christlichen Martyrien (Holl II, 80 f.) bis in die sprachliche Formulierung hinein finden bei von Campenhausen keine Beachtung und daher auch keine Widerlegung. Den gleichwohl vorhandenen Unterschied zwischen christlichem und jüdischem Martyrium hat Holl klar gesehen, allerdings präziser ausgesprochen als von Campenhausen.

> »Das Christentum bringt jedoch insofern etwas Neues in den Begriff herein, als es eine bestimmte Machttat Gottes — die Auferweckung Jesu — als Gegenstand des Zeugnisses hervorhebt. Infolge davon nähert sich dann der christliche Sinn des Wortes wieder der ursprünglichen Bedeutung = Augenzeuge.« (II, 80¹)

Wenig klar und eindeutig sind die Ausführungen von Campenhausens über den Begriff des ψευδόμαρτυς S. 28 Anm. 4. Er kann in der von Holl ausführlich behandelten Stelle I. Cor. 15, 15 den Gebrauch eines »bestimmten technischen Begriffs des Auferstehungszeugen« nicht erkennen und lehnt daher Schlüsse von hier auf den Sprachgebrauch der Urgemeinde ab[6].

Damit dürfte der Gedankengang des Apostels und die mit ihm verfolgte Absicht aber unzureichend charakterisiert sein. Es geht nicht nur um die Wahrheit der Botschaft in I. Cor. 15, 1 ff., sondern damit zugleich um die Gleichberechtigung und Gleichwertigkeit des Paulus gegenüber den Uraposteln. Paulus begründet diese so, daß er die gleiche Erfahrung, auf der ihre besondere Stellung in der Gemeinde beruht, auch für sich in Anspruch nimmt: Er ist wie sie Zeuge des Auferstandenen und Erhöhten. Wenn dabei zunächst das Wort μάρτυς fehlt, so ist doch die Sache um so deutlicher ausgesprochen. Daß Paulus sich aber auch sprachlich als ein μάρτυς versteht, wird durch seine ausdrückliche Verwendung des Begriffs ψευδόμαρτυς bestätigt. Eben da er nicht ψευδόμαρτυς ist, versteht er sich als echter Zeuge, als wahrer μάρτυς. Daß das Schauen des Erhöhten entscheidend ist für das Apostelamt, wird durch I. Cor. 9, 1 bestätigt. Das Bewußtsein um diesen Zusammenhang,

---

[6] Campenhausen a.a.O., 28 f.

daß die Apostel in diesem Sinne Zeugen der Auferstehung sind, ist noch bei Lukas in der Apostelgeschichte lebendig, wie die von Holl angegebenen Stellen beweisen (II, 70 f.). Wenn der Zeuge aber die Wirklichkeit des erhöhten Herrn bezeugt, dann ist die Bedeutung des Begriffs ψευδόμαρτυς, die von Campenhausen im Widerspruch zu Holl gibt, unhaltbar. Denn es genügt nicht, daß der Zeuge »auf Gottes Seite steht« und sein Amt darin besteht, »für Gott auszusagen« (S. 28 Anm. 4), im übrigen aber sachlich falsche Aussagen über Gott machen darf. Der Versuch von Campenhausens, sozusagen zwischen Amt und Funktion des Zeugen zu unterscheiden, ist undurchführbar. Denn es ist nicht einzusehen, warum ein ψευδόμαρτυς überhaupt so bezeichnet wird, wenn dabei weder »an die objektive Unrichtigkeit der von ihm aufgestellten Behauptungen als solcher gedacht«, noch »seine Behauptung, Gottes Zeuge zu sein« (S. 29 Anm.) in Frage gestellt werden soll, sondern lediglich »das Versagen der Person des Zeugen als Person ..., für Gott zu zeugen« festgestellt werden kann. Man weiß nicht recht, ob ein so beschaffener Zeuge bei einem derartigen Versagen nun als μάρτυς oder als ψευδόμαρτυς zu verstehen ist. Jedenfalls wäre jemand, der eine Auferstehung des gestorbenen und begrabenen Jesus als wirklich geschehen verkündigen würde, ohne daß dies tatsächlich der Fall wäre, ein Betrüger nicht nur in den Augen der Hohenpriester und Pharisäer (Matth. 27, 62—64), sondern auch in denen des Apostels (I. Cor. 15, 15). Gerade ein ungriechischer, personaler Wahrheitsbegriff, den von Campenhausen gegen Holl ins Feld führt, kann daran nichts ändern. Denn eben von Campenhausen versachlicht die personhafte Begegnung des Zeugen mit dem erhöhten Herrn zu einem Defekt im Verhalten des Zeugen. Es ist eine abstrakte und widersprüchliche Konstruktion, die von Campenhausen entwickelt, wenn er sich jemanden als Zeugen Gottes vorstellt, der gleichwohl gegen Gott zeugt. Die Schwäche seiner ganzen Gedankenführung besteht darin, daß ihm der Inhalt fehlt, den der echte Zeuge ebenso wie der falsche Zeuge bezeugt und der sich durch einen personalen Wahrheitsbegriff nicht ersetzen läßt. Damit ist von Campenhausen gerade in das Dilemma geraten, das er am jüdischen Märtyrer festgestellt zu haben glaubte: sein christlicher Märtyrer besitzt keine »geschichtliche Mission und Botschaft, für die (er) zu werben und sterben hätte« (S. 4). Denn da er das Schauen der jenseitigen Welt mit dem erhöhten Christus zur Rechten Gottes als Gegenstand des Zeugnisses ablehnt, muß er sich mit inhaltsarmen und in sich widersprüchlichen Wendungen behelfen. Was man weiter bei von Campenhausen vermißt, sind überzeugende Belege für seine Behauptungen. Die angeführten Zitate aus Augustin und Ignatius (S. 29 Anm.) werfen jedenfalls für die eigentliche Frage nichts ab. Das nimmt um so mehr wunder, als er gegen Holl den Vorwurf zu schmaler Quellenbasis erhebt (S. 3 Anm. 3).

Es ist von seinen Voraussetzungen schließlich auch nur folgerichtig, wenn von Campenhausen die Ableitung des Märtyrers im späteren kirchlichen Sinn aus dem Zeugen für den Erhöhten als hypothetische Konstruktion ablehnt (S. 32). Dabei verengt er gerade das, was bei Holl Moment einer großen Gesamtanschauung bildet. So wird bei ihm die Schau der jenseitigen Herrlichkeit als Realität gegenüber der irdisch-gegenständlichen Welt zur Christusvision. Indem er jene als konstitutiven Bestandteil in der religiösen Erfahrung des Märtyrers nicht wahrzunehmen vermag, will er zwischen dem ursprünglichen Geistbesitz mit seinen pneumatischen Erscheinungen und einer erst später feststellbaren Verbundenheit des Märtyrers mit Christus im Sinne einer mystischen Gemeinschaft unterscheiden, ohne daß damit »an ein Erfahrungs- oder Augenzeugnis, das er mit den Worten ablegen könnte«, gedacht sei (S. 33). Es ist nun unverständlich, daß von Campenhausen die Fülle von Belegen Holls, angefangen von der Erscheinung des Stephanus bis hin zu den späten Zeugnissen des 4. Jahrhunderts, ignoriert. So stehen seine eigenen Aufstellungen in Gefahr, in Widerspruch zu den Quellen zu geraten und seine Kritik Holls erhält den Charakter von Behauptungen, die kaum überzeugen. Die säuberliche Trennung von pneumatischen Phänomenen und Christuserscheinungen ist nämlich schon im Stephanusbericht undurchführbar; denn schon dort ist beides vorhanden: Stephanus wird geschildert als πλήρης πνεύματος ἁγίου und gleichzeitig ἀτενίσας εἰς τὸν οὐρανὸν εἶδεν δόξαν θεοῦ καὶ Ἰησοῦν ἑστῶτα ἐκ δεξιῶν τοῦ θεοῦ. (Apostelgeschichte 7,55) Ähnlich ist es im Mart. Polyc. Neben der Entrückung der Märtyrer zu Christus (II, 2; VI, 2) leuchtet eine überirdische Herrlichkeit auf dem Angesicht des Polycarp (XII, 1). Die von Campenhausen behauptete Unterscheidung zwischen Geistesmanifestationen in der Urzeit und Christusvisionen in der weiteren Entwicklung kann durch Quellen nicht belegt werden. Auch in späteren Zeugnissen stehen beide nebeneinander. Als Beispiel mag Tertullian dienen: Ad martyras 1 (Sämtliche Schriften übersetzt von Heinrich Kellner 1882 I, 105) »Vor allem also, ihr preiswürdigen Märtyrer, wollet nicht den hl. Geist betrüben, der euch in den Kerker begleitet hat! Denn wenn er euch jetzt nicht dorthin begleitet hätte, so wäret ihr heute nicht darin. Und darum gebet euch Mühe, daß er dort bei euch verharre; nur so wird er euch von da zum Herrn (d. h. zum Martyrium) geleiten«, und cap. 3 (I, 107) »So hat denn euer Oberer Jesus Christus, der euch mit dem hl. Geiste gesalbt und auf diesen Kampfplatz geführt hat, ...« Ja, von Campenhausen selbst wird durch die Aussagen im Mart. Lugd. dazu gezwungen, die persönliche Gegenwart Christi und die Kraft des Zeugnisses Christi durch den Geist in ein und demselben Dokument zuzugeben, ohne zu bemerken, daß er damit seine eingangs geäußerte These selber widerlegt. (S. 92 Anm. 4 gegen 32 f.). In dem Bestreben, jedes Gegenwärtigwerden Christi für den Märtyrer nach Möglichkeit abzuschwächen, versucht von Campenhausen entsprechende Aussagen umzubiegen oder abzuwerten. Als Beispiel hierfür sei die berühmte Stelle aus Tertullians Schrift De pudicitia c. 22 herangezogen: Si propterea Christus in martyre est, ut moechos et fornicatores martyr absoluat, occulta cordis edicat, ut ita delicta concedat, et Christus est. Zunächst darf man daraufhinweisen, daß es sich bei dem Gedanken von dem im Frommen lebenden Christus keineswegs um »eine mehr oder weniger volkstümliche Vorstellung« handelt (S. 92), sondern um eine paulinische Aussage (Gal. 2, 20). Von Campenhausen will die Aufforderung Tertullians ironisch verstehen im Gegensatz zu Achelis u. a., d. h. also in dem Sinne, daß diese Annahme des im Gläubigen wirkenden Christus überhaupt ein Irrtum sei. Diese Deutung ist aber unzutreffend, denn aus dem Zusammenhang ergibt sich eindeutig, daß die Ironie sich nicht auf den im Märtyrer gegenwärtigen Christus bezieht, sondern auf die daraus gezogenen Folgerungen, nämlich daß der Märtyrer das Recht der Sündenvergebung für Unzuchtssünder daraus ableitet. Entsprechend übersetzt auch Kellner die Stelle: »Wenn Christus *zu dem Zwecke* in dem Märtyrer ist, *damit* derselbe Hurer und Ehebrecher losspreche, dann ...« (I, 449). (*Hervorhebungen* von mir). Man wird angesichts dieses Sachverhaltes Achelis gegen Campenhausen rechtgeben müssen, wenn er erklärt: »Auch Tertullian De pud. 22 gibt in seiner Polemik gegen die Vorrechte der Märtyrer zu, daß Christus im Märtyrer zugegen ist.«[7] Achelis bringt zudem eine Reihe weiterer Belege, die alle Holls These bestätigen.

Es muß abschließend ausgesprochen werden, daß von Campenhausen gerade auf die beiden Dinge nicht näher eingeht, die für

---

[7] Achelis, Das Christentum in den ersten drei Jahrhunderten, 1912 II, 438.

Holl Grund und Ziel seiner ganzen Untersuchung bilden. Für ihn ist der Märtyrer Träger und Exponent der großen geistig-innerlichen Bewegung des Enthusiasmus, die mit den Ostererlebnissen der Jünger beginnt und im griechischen Mönchtum ihren Abschluß findet. Für den Märtyrer besteht dieser Enthusiasmus in der Schau der jenseitigen Herrlichkeit als einer Realität, deren Lichtglanz sein Antlitz verklärt. Und da der auferstandene und zur Rechten des Vaters thronende Christus für den Christen den Repräsentanten dieser ewigen Herrlichkeit darstellt, erfährt der Märtyrer irgendwie die Gegenwart Christi und ist in diesem Sinne »Zeuge« dieser anderen Welt. Diese Deutung erweist sich als der Schlüssel für alle mit dem Märtyrertum der Alten Kirche gegebenen Probleme und erklärt die Einzelerscheinungen aus einer Grundeinsicht. Eine Kritik Holls hätte daher in eine Auseinandersetzung mit dieser Erkenntnis eintreten müssen. Von Campenhausen hat das nicht getan und sich mit Detailfragen beschäftigt, die für die Beurteilung der Gesamtanschauung wenig austragen und auch wenig austragen würden, selbst wenn sie quellenmäßig besser gestützt werden könnten.

Sodann hat Holl seine These von der lebendigen Macht des Enthusiasmus verbunden mit der Frage nach der besonderen literarischen Form, in welcher diese Geistesbewegung ihren Ausdruck gefunden hat. Denn beides hängt auf das engste zusammen. So kann er die Übernahme und Ausgestaltung der beiden Gattungen des Briefes und des Verhörprotokolls verständlich machen. Auf diese Weise entsteht eine Ganzheitsschau einer bedeutenden kirchengeschichtlichen Erscheinung als ein in sich abgerundetes und geschlossenes Bild, das alle Einzelfragen von einer zentralen Anschauung her löst und auch seine Wandlung durch die Entwicklung verständlich machen kann. In der Fülle des gelehrten Materials dagegen, das von Campenhausen vor dem Leser ausbreitet, sucht man vergeblich nach einer Erörterung dieser mit dem Thema zusammenhängenden Fragen. So wird man urteilen müssen, daß es von Campenhausen nicht gelungen ist, Holls Ergebnisse zu erschüttern.

3. *Enthusiasmus und Seelsorgevollmacht im griechischen Mönchtum*

Mit dem griechischen Mönchtum hat Holl sich oft und eingehend befaßt. Den großen Mönchsheiligen gehörte seine besondere Liebe, weil er in ihnen das verkörpert fand, was für ihn der wesentliche Gehalt des Christentums war: Gewissensernst, Innerlichkeit und persönliche Frömmigkeit; dies alles nur auf dem Wege unaufhörlichen Ringens mit sich selbst. Und man erkennt bei dieser Sympathie schon jetzt, daß der große Augustinermönch in Wittenberg für ihn das Erbe jener Frömmigkeit antreten wird, um es durch seine eigenen schweren Seelenkämpfe zu vertiefen und zu vollenden. Denn Luther ist ohne die im Mönchtum virtuos entwickelte Fähigkeit eigener Selbstbeobachtung und die dadurch möglich werdende Erforschung des Reiches der Seele und des inneren Lebens, wie sie nur in der Sammlung des Sinnes vor Gott möglich ist, nicht zu denken. So wird das griechische Mönchtum zu einer großartigen Vorschule für den Glauben des abendländischen Reformators, der ohne sie im Grunde genommen nicht zu denken ist und ohne den ihrem Ringen der letzte Abschluß fehlen würde.

An dem landläufigen Urteil, welches Luther in engem Zusammenhang mit Augustin sieht, hat Holl damit eine wesentliche Korrektur angebracht. Augustin ist für Holl nur derjenige, welcher mit seiner Gabe theologischer Reflexion und lebendigen Ausdrucks die Ideale des griechischen Mönchtums paulinisch korrigiert in das Abendland überpflanzt hat. Insofern muß, wenn man auf die originale Quelle geht, in mancher Beziehung gesagt werden, daß die eigentliche Vorbereitung der Reformation im griechischen Mönchtum zu sehen ist. Eine genaue Auseinanderrechnung der durch Augustin bloß vermittelten und der von ihm selber stammenden Einwirkungen gehört in die Lutherdarstellung. Bei dieser Betrachtung erscheint der Reformator weit mehr als Fortsetzung und Abschluß jenes Stromes, der in der Ostkirche entsprungen war und dort so große Gestalten hervorgebracht hatte, denn als der Vertreter eines gewandelten und vertieften Augustinismus, als der er gemeinhin angesehen zu werden pflegt.

Die große Habilitationsschrift *Enthusiasmus und Bußgewalt beim griechischen Mönchtum* 1898 ist die Grundlegung für Holls Bild dieser Erscheinung geblieben, die in späteren Arbeiten teils, den Anforderungen enzyklopädischer Sammelwerke entsprechend, zusammengefaßt, teils in der Auseinandersetzung mit anderen Anschauungen detaillierter ausgeführt worden ist. Wir beginnen mit der Studie über den Begründer des Mönchtums und die diesem gewidmete Biographie des Athanasius, die vita Antonii.

In der bereits erwähnten Doktordissertation des katholischen Philologen Hans Mertel wird die Behauptung aufgestellt, daß die vita Antonii keine originelle Schöpfung sei, sondern in starker Abhängigkeit von einem plutarchisch-peripatetischen Vorbild stehe und infolge der erbaulichen Zielsetzung des Verfassers auch jeder inneren Einheit ermangle. Dieser Problemstellung entsprechend verbindet Holl kirchen- und literaturgeschichtliche Untersuchungen mit der Frage nach Wesen und Gehalt der von Antonius verkörperten Frömmigkeit. Dabei ist die Beziehung des Stoffes zu seinem Verfasser Athanasius stark in den Hintergrund geraten. Ergänzt man die Darstellung Holls nach dieser Richtung, so entsteht folgendes Bild: Der vorhandene kultische Meßbetrieb allein befriedigt die Gemeinde in Alexandrien nicht mehr. Sie bedarf eines neuen Fürsprechers, der sie erbaut und ihr hilft. Gott erweckt in der Gestalt des Antonius den Mann, den sie braucht. Athanasius erkennt das mit scharfem Blick und macht diese Gestalt für seine Gemeinde fruchtbar und für die ganze Kirche wirksam durch seine Biographie.

Er vollzieht damit einen Schritt von größter Bedeutung für die gesamte weitere Entwicklung. Schon hier am Anfang wird der Bund zwischen Hierarchie und Mönchtum geschlossen, der diese Bewegung davor bewahrt, in Opposition zur Kirche zu treten. Überall sonst in der Religionsgeschichte haben Mönchsbewegungen zum Bruch mit dem Bestehenden und damit zu neuen Kirchengründungen geführt. Auch in der Geschichte des Christentums bestand diese Gefahr je und dann. Man denke etwa an die Geschichte des Franziskaner-Ordens. In der christlichen Kirchengeschichte ist durch den genialen Griff des Athanasius jenes Bündnis zwischen Mönch und Kirchenfürst entstanden, das den zweifellos auch hier möglichen Gegensatz überwunden und grundsätzlich ausgeschlossen hat.

Holls Aufsatz zerfällt in zwei Teile. Zunächst wird das Kompositionsgesetz der vita untersucht und sodann nach der Herkunft der schriftstellerischen Form gefragt. D. h. es wird festgestellt, ob das Werk auf christlichem Boden erwachsen ist oder fremde Vorbilder besitzt.

Der erste Teil widerlegt Mertels These vollständig, wonach Athanasius es angeblich nicht vermocht habe, ein klar gegliedertes Werk aus einem Guß zu schaffen (II, 249). Holl macht das Gesetz des Aufbaus klar, das die ganze Darstellung der vita beherrscht. Athanasius will die religiöse Entwicklung des Antonius schildern, wie sie von Stufe zu Stufe zur Vollkommenheit steigt. Holl zeigt die einzelnen Cäsuren, die den Beginn eines neuen Abschnitts markieren, und weist sodann nach, daß es *ein Grundgedanke* ist, den die ganze Lebensbeschreibung des Heiligen veranschaulicht. Antonius hat durch einen langen und mühseligen Prozeß der Askese und der religiösen Erkenntnis jene παρρησία erlangt, die ihn als echten himmlischen Fürsprecher ausweist und den Gläubigen die Gewißheit seiner wirkungskräftigen Fürbitte bei Gott gibt. Von daher lassen sich auch die erzählten Wunder begreifen. Es sind keineswegs, wie Mertel irrtümlicherweise meinte, störende Einschiebsel[8], die den fortlaufenden Zusammenhang nur unterbrechen, sondern sie sind als Zeichen und Beweise für den Geistbesitz geradezu unentbehrlich. Die Wunderberichte stellen einen integrierenden Bestandteil des Ganzen dar und fehlen daher auch in keinem späteren Heiligenleben[9].

Das Ringen um die persönliche Heilsgewißheit des Antonius wird dadurch erfolgreich abgeschlossen, daß er die Herrschaft über die Geister und damit seelsorgerliche Vollmacht und die Kraft wirksamer Fürbitte gewinnt. Was die Frage nach dem Aufbau betrifft, so ist das Ergebnis Holls geradezu die Umkehrung der Mertelschen These: In der Strenge des Stils und der Geschlossenheit des Aufbaus steht die vita Antonii in der ganzen antiken Literatur einzig da[10].

Im zweiten Teil seines Aufsatzes untersucht Holl die Frage nach der Herkunft dieser literarischen Form. Ist Athanasius ihr Schöpfer, oder hat er Vorbilder, von denen er abhängig ist? Es ist klar, daß hierbei Form und Inhalt auf das engste zusammenhängen. Die letzte, in Holls Untersuchungen immer wiederkehrende Frage ist, ob das vorhandene christliche Dokument aus christlichen Voraussetzungen erschöpfend erklärt werden kann oder ob außerchristliche Einflüsse unabweisbar sind. Es ist sein Ziel, eine Erklärung allein aus christlichen Motiven zunächst soweit wie möglich durchzuführen. Erst wenn hier die Grenze erreicht ist, sucht er nach anderen Erklärungsmöglichkeiten. Damit hat er die religionsgeschichtliche Methode, die alle christlichen Bilder und Begriffe zuerst aus außerchristlichen Parallelen und Analogien verstehen will, im Grunde genommen umgekehrt, ohne ihr Recht zu bestreiten. Es hängt das mit der Art seiner persönlichen Frömmigkeit zusammen, über die später noch eingehender berichtet werden wird. So verfährt er auch hier.

Das Nächstliegende bei der Klärung der Herkunftsfrage ist ein

---

[8] Mertel ist hier wahrscheinlich durch die Erfahrung des katholischen Geistlichen bestimmt, für den allzu große Wunder zu Störungen seiner seelsorgerlichen Tätigkeit werden können.
[9] II, 89
[10] II, 254

alexandrinischer Name. Im Unterschied zu Harnack sieht er nicht in Origenes, sondern in Clemens[11] die erste christliche Verkörperung des asketischen Lebensideals und wiederholt damit eine schon in seiner Habilitationsschrift von 1898 ausgesprochene Erkenntnis:

> »Clemens als der Schöpfer des Ideals vom vollkommenen Gnostiker hat das erste Recht auf den Namen eines geistigen Vaters des Mönchtums«. (a.a.O., 139)

Man kann in dieser Wendung schwerlich die stillschweigende Korrektur verkennen, die Harnacks Behauptung, Origenes sei als Urheber des Mönchtums anzusehen, erfährt. Indessen auch bei Clemens, so weist Holl nach, handelt es sich nicht um eine christliche Originalschöpfung, sondern um eine Erneuerung des alten griechischen Ideals vom vollkommenen Weisen, das seine erste klassische Verkörperung in Sokrates fand. Einflüsse aus den hellenistischen Mysterienreligionen lassen den Weisen zum Mysten und Heiland werden,

> »der schon in die höhere Welt hineinragt, die Zukunft vorherzusehen und Übernatürliches zu wirken vermag«. (II, 260)

In der mythischen Gestalt des Herakles ist der Held gefunden, dessen Aufstieg zu den Göttern nach mühevollen Kämpfen geschildert wird. Schließlich wird der Schritt von der Göttergestalt zum geschichtlichen Menschen vollzogen. Und damit ist die literarische Gattung gefunden, die für die vita Antonii Vorbild gewesen ist. Die innere Verwandtschaft des christlichen Entwurfs mit den griechischen Vorbildern tritt am deutlichsten in dem einen Zentralgedanken zutage, der den gesamten Aufbau bestimmt: dem Aufstieg eines Menschen zur Unsterblichkeit. Verglichen mit den außerchristlichen Leistungen erscheint das Werk des Athanasius, sowohl was die Geschlossenheit des Aufbaus als auch was die Durch-

---

[11] Harnack, Reden und Aufsätze I 1904, 100. Wenn Holl statt Origenes Clemens nennt, so ist selbstverständlich der unmittelbare Anlaß, daß die tragenden Ideen des Origenes sämtlich aus Clemens entnommen sind. Es liegt aber noch etwas vor. Man kann beobachten, daß Harnack nur solche Persönlichkeiten wirklich begreifen und für groß halten konnte, in denen sich religiöse Motive zu einem geschlossenen Weltbild vereinigten: Marcion, Origenes, Augustin, Leibniz. Für ihn ist nur der Systematiker, der ein Welt- und Geschichtsbild entwickelt, der große Mann. Im Fall des Origenes wird Clemens ein belangloser Vorläufer. Holl hat die Systematiker, die auf Grund von religiösen Motiven ein Geschichtsbild entwerfen, für sekundäre Erscheinungen gehalten. Nicht sie, sondern die Männer, die unter dem Zwang eines ursprünglichen Erlebnisses große Gedanken entwickeln, sind für ihn die wahrhaft Großen. Beide Persönlichkeiten entscheiden sich für das ihnen Wahlverwandte.

führung des Grundgedankens betrifft, als die vollendete Veranschaulichung dieser Idee. Die Überlegenheit seines Werkes über seine Vorbilder dürfte darin zu sehen sein, daß es sich bei der geschilderten Entwicklung nicht um eine nur Äußerlichkeiten schildernde Zufälligkeit handelt, sondern um eine innere, von der Sache her gewiesene Notwendigkeit. Das hat seinen Grund in der größeren Tiefe des christlichen Glaubens. Weit mehr als alle heidnischen und philosophischen Bemühungen konzentriert sich die christliche Religion auf die Welt des inneren Lebens. Das religiöse Denken kreist unaufhörlich um das Ich, aber nicht um irgendwelcher mystischer Erfahrungen willen, sondern mit dem Ziel echter Gotteserkenntnis und wirklicher Gottesgemeinschaft in religiöser Wiedergeburt und sittlicher Erneuerung.

»Der größere Ernst, mit dem die Sache erfaßt wurde, hat die Höherentwicklung der Form bei Athanasius bewirkt«. (II, 268)

Holl faßt das Ergebnis seiner Untersuchung zusammen:

»Athanasius ist nicht Schöpfer einer Literaturgattung gewesen, wohl aber ihr Vollender. Er hat auf den ersten Wurf etwas geschaffen, das seine Nachfolger nicht zu übertreffen, ja kaum zu erreichen vermochten. Seine Vita Antonii stellt das Muster dar, dem man im Orient nacheiferte, solange dort überhaupt Heiligenleben geschrieben wurden«. (ibidem)

Damit hat auch die zweite Frage nach der Herkunft der literarischen Form ihre Antwort gefunden.

Die literarische Form ist jedoch nur Ausdruck für eine Macht, die in der Gestalt des Antonius und durch die Feder des Athanasius einen neuen Ausdruck gefunden hat. *Antonius kann richtig verstanden werden nur als eine Erscheinung, in welcher der urchristliche Enthusiasmus zu neuem Leben erwacht.* Freilich nicht in der bisherigen Form. Gegenüber der kirchlichen, an die Zwecke der Gemeinde gebundenen und ihr dienenden Weise, in welcher er schon in den paulinischen Gemeinden in Erscheinung tritt (I. Cor. 12 u. 14), entsteht nunmehr eine neue Art, die sich von der Gemeinde trennt, weil ihr ein höheres Lebensideal vorschwebt, das sich im Rahmen des vorhandenen kirchlichen Betriebes nicht verwirklichen läßt. Antonius und die ihm nacheifernden Mönche wählen einen andern Weg zum Christsein als die Kirchenchristen. Sie fühlen sich dazu gedrungen, weil die ursprüngliche Unmittelbarkeit des Gottesverhältnisses in der Großkirche verlorengegangen ist oder verlorenzugehen im Begriff ist. Dort ist der Geist erloschen, durch Kult und hierarchisch-priesterliche Organisation verdrängt und erstickt. Man beobachtet dabei das eigenartige Gesetz, daß die unter Verfehmung und Verfolgung stehende christliche Gemeinde eine gewisse Qualität behält, daß aber ein Absinken des Niveaus in dem Augenblick festzustellen ist, wo sie aus der Minorität zur Majorität wird. Für den Frommen verwandelt sie sich in diesem Augenblick zu dem, was er »Welt« nennt. Denn wenn die Welt kirchlich geworden ist, dann ist das Kirchentum ein Stück Welt geworden. Bei Antonius zeigt sich das in der Weise, daß er, nachdem er sich zuerst an die vorhandenen christlichen Asketen wendet, ohne daß sein Drang nach persönlicher Gewißheit bei ihnen zufriedengestellt wird, seinen eigenen Weg geht. Wenn bei ihm der alte Enthusiasmus in neuer Gestalt auflebt, so ist der Kern hierbei sein Wille, diejenige persönliche Heilsgewißheit zu erringen, die Paulus für jeden Christen für selbstverständlich gehalten hat. So entsteht für dieses Streben ein neuer Ausdruck im Mönchtum, indem das paulinische Bild des mit παρρησία ausgerüsteten und mit dem Geist gesalbten Christen erneuert wird. Es ist eine Paradoxie der Geschichte, daß dieser erneuerte Paulinismus gleichzeitig durch seine Gesetzlichkeit den vollkommenen Antipaulinismus darstellt. Erst bei Luther ist der antipaulinische Gehalt in dieser Frömmigkeitsgestalt ausgeschaltet und verzehrt, was nach außen hin durch seinen Austritt aus dem Kloster und durch den Bruch mit dem Mönchtum dokumentiert wird[12]. Gleichwohl bleibt das Mönchtum in einem Punkt mit der Kirche verbunden. Schon Paulus hatte verlangt, daß die Auswirkung der Geistesgaben dem Besten der Gemeinde dienen sollten. Dies wird auch jetzt der Fall, trotz des Rückzuges der Mönche in die Einsamkeit. Denn eben der Geistbesitz qualifiziert den Mönch zum Seelsorger par excellence und führt ihn so zum Dienst an der Gemeide bzw. führt die Glieder der Gemeinde zu ihm in die Einsamkeit zur Beratung und geistlichen Leitung[13].

Das gilt klassisch schon für Antonius, der gerade in der Wüste der große Lehrer und Seelsorger für die Menschen wird, die zu ihm hinausströmen und denen er sich nicht entziehen kann noch soll[14].

---

[12] Daß es sich im griechischen Mönchtum zutiefst um etwas anderes handelt als um »die Selbstgerechtigkeit stolzer Asketen« und deren »Moral selbsterwählter, raffinierter Heiligkeit« (Harnack, Dogmengeschichte[5] 1931, I, 456 f.), hat Harnack nie einsehen können.
[13] II, 425
[14] Als religionsgeschichtlicher Vergleich wäre zu nennen die Wirkung Buddhas, zu dem die Leute auch hinausziehen. Aber richtig zu nahen wagen ihm nur diejenigen, die sich zur mönchischen Lebensweise entschließen. Es ist die Dialektik des urchristlichen Enthusiasmus, daß der Pneumatiker eigentlich nur das

Diese Fähigkeit hat das Mönchtum der Ostkirche bis zur Gegenwart behalten[15].

Der Geist ist nicht tot! Er ist im Mönchtum zu neuem Leben erwacht und in der griechischen Kirche lebendig geblieben bis auf den heutigen Tag.

Bezeichnend für Holl auch an dieser Studie ist eine unanalysierbare Mischung von exakter philologisch-historischer Forschung und persönlicher Frömmigkeit. Obwohl alle Aussagen nur nüchterne Beobachtungen geltend machen und sämtliche Perspektiven und Behauptungen mit Originalquellen belegt sind, ist in dem Ganzen doch ein überwissenschaftliches Geheimnis wirksam. Das ist die Leidenschaft, in die Geschichte einzudringen und die hinter den großen kirchengeschichtlichen Erscheinungen sich verstekende verborgene Seelen- und Glaubensgeschichte zu erkennen. Bei vielen Schriften Holls liegt diese eigenartige Kombination vor: strenge reine Wissenschaftlichkeit wird getragen von letzter religiöser Leidenschaft im Erkennen vergangener Frömmigkeitsgeschichte. Diese Eigenart Holls beruht auf einem Gefühl, daß das Einzige, woraus wir für unsern Weg zu Gott lernen können, der Weg anderer Menschen zu Gott ist. Man wird nicht zuviel sagen, wenn man behauptet, daß hierin das Geheimnis besteht, weshalb Holl mehr gesehen hat als andere.

4. *Die Geschichte des Enthusiasmus in der Alten Kirche*

Die Arbeit, welche in Holls Schaffen am Anfang steht und die Grundlage für seine Anschauung bildet, »*Enthusiasmus und Bußgewalt beim griechischen Mönchtum« 1898,* behandelt in der Geschichte des Enthusiasmus dessen letzten großen Vertreter in der Gestalt Symeons, des neuen Theologen und die Weiterentwicklung dieser Strömung in der Kirchengeschichte. Die Schrift ist ein bezeichnendes Dokument für die übertrieben bescheidenen Formen, in welchen Holl seine Forschungen vorzutragen beliebte. Unmittelbar scheint sie nichts weiter als ein genauer philologisch-historischer Kommentar zu einem Dokument von Symeon, dem neuen Theologen zu sein. In Wahrheit wächst sich dieser Kommentar aus zu einem völlig neuen Aufriß der enthusiastischen Hintergründe und Voraussetzungen, welche eben von den Anfängen der Alten Kirchenge-

---

ist, was im Grunde alle sein sollen, und daß er andererseits doch der besondere Mann bleibt, der aus der Menge herausragt.

[15] II, 280

schichte durch die Jahrhunderte hindurch die Vorstellungen von der Absolutionsgewalt des Beichtvaters bestimmen. Dazu werden in langen historischen Exkursen bisher unbekannte Seiten der Geschichte beleuchtet. Die Bedeutung dieser Schrift für das Verständnis der Alten Kirche hat sich erst langsam durchgesetzt. Es mußte gleichsam erst entdeckt werden, daß sie eine ganze Seite der Alten Kirchengeschichte in einem völlig neuen Aufriß darstellte. Hinderlich ist der Wirkung gewesen, daß sie erst nach der Dogmengeschichte von Harnack erschienen ist. Es wäre zu fragen, ob der Aufriß der alten Dogmengeschichte durch Harnack nicht ganz anders ausgefallen wäre, wenn ihm bei der Niederschrift die Erkenntnisse von Holl vorgelegen hätten. Man kann es als Verhängnis empfinden, daß alles nach Harnacks Dogmengeschichte Geschriebene unter seinem Bann gestanden hat, so daß deshalb keine Korrektur an der Dogmengeschichte von diesem Punkte her vorgenommen worden ist.

Anlaß für diese Schrift bildet die Frage nach der Herkunft eines literarischen Dokuments, auf das Holl im Zusammenhang mit der Herausgabe der Sacra parallela des Johannes Damascenus gestoßen war: die ἐπιστολὴ περὶ ἐξαγορεύσεως, für welche der Damascener bisher allgemein als Autor gegolten hatte. Allerdings nicht ganz unangefochten. Schon der erste Herausgeber des griechischen Dogmatikers der katholische Patristiker Le Quien, hatte Zweifel an seiner Echtheit gehegt, ohne sie indessen zureichend begründen zu können. Dem Hinweis eines griechischen Theologen nachgehend, der diesen Brief Symeon, dem neuen Theologen zuschrieb, führte Holl den Nachweis von der Richtigkeit dieser Vermutung und gab den Brief selbst nach sorgfältiger Untersuchung des Handschriftenmaterials mit einem kritischen Apparat versehen neu heraus, verbunden mit einem biographischen Abriß und einer Skizze der Theologie seines Verfassers.

Die Bedeutung Symeons besteht nun darin, daß er die ideale Verkörperung der Frömmigkeit des griechischen Mönchtums darstellt; und zwar insofern, als er nicht nur eine bestimmte religiöse Erfahrung macht, sondern sich auch geistig darüber Rechenschaft zu geben vermag und seine Erlebnisse gedankenmäßig verarbeitet. Ja, er will mit seinen Erkenntnissen auf seine Umgebung und in seiner Kirche wirken und hat sich zum Autor eines respektablen literarischen Werkes entwickelt. Er ist damit der Gründer einer kirchengeschichtlich bedeutsamen Bewegung in der Geschichte der griechischen Mystik geworden, der Hesychasten, welche bis auf den heutigen Tag Vertreter im griechischen Mönchtum besitzt. Seinen Rang und seine Hochschätzung hat die griechische Kirche durch die Verleihung des ehrenvollen Beinamens »der neue Theologe«, den vor ihm nur noch der große Kappadozier Gregor von Nazianz, ὁ θεόλογος, erhielt, wirkungsvoll zum Ausdruck gebracht.

Die Theologie Symeons beschäftigt sich mit einem bestimmten religiösen Erlebnis, das ihm zuteil geworden ist und das nach seiner Auffassung zum unaufgebbaren Bestandteil lebendigen Christentums gehört. Es ist dies eine Erfahrung, die jeder Christ machen muß und auch machen kann. Im Anschluß an vorangegangene Formen der praktischen Mystik wird die Gottesgemeinschaft als Schau eines wunderbaren, überirdischen Lichtes erlebt. Das Charakteristische dabei ist aber nicht das ekstatisch-visionäre Element d. h. das Erlebnis nach seiner psychologisch-formalen Seite, sondern der religiöse Gehalt, den Symeon durch Reflexion herausläutert. Dieser läßt sich so bestimmen, daß einmal Glaube nur möglich ist als persönlich-individuelle Berührung des Einzelnen mit Gott. Geschieht das nicht, so bleibt er nur eine Wiederholung von Worten und Formeln, in denen andere von ihrer Gottesbegegnung berichtet haben. Bei dieser Lichterscheinung handelt es sich aber nicht um parapsychologische Erscheinungen, sondern um einen Vorgang im Rahmen des wachen Bewußtseins. Die absolute, dabei nicht weiter begründbare Prämisse ist, daß das geschaute Licht das göttliche Licht ist. Kritisch erörtern läßt sich diese Prämisse ebensowenig wie die Gewißheit des Apostels Paulus, in dem ihn vor Damaskus niederwerfenden göttlichen Licht den auferstandenen Christus erkannt zu haben. Entscheidend ist für einen Religionshistoriker wie Holl allein, was der eine solche Erfahrung Erlebende konkret als Inhalt der ihm so widerfahrenen Begegnung mit dem Göttlichen auszudrücken vermag. Ist der Ausdruck reich und echt christlich, so sinkt die Veranlassung für ihn zur Nebensache herab. Auf diese Weise erklärt es sich, daß Holl dem Grunderlebnis der Hesychasten, das vielen als gleichgültiger parapsychologischer Reflex erschienen ist, solch eine ernste Aufmerksamkeit widmen kann[16].

Es steht für Symeon fest, daß religiöse Wahrheit nur geistig angeeignet und festgehalten werden kann. Daher kann auch die Offenbarung der Barmherzigkeit Gottes nur erfolgen als bewußte Erkenntnis eines klaren Gedankens und nicht durch unkontrollierbare

---

[16] Noch heute wird jeder Seelsorger die Freiheit und Liebe aufbringen müssen, mehr auf das zu achten, was eine Sondererfahrung in einem Menschen *auslöst* als auf diese Sondererfahrung selbst.

Einwirkung real-hyperphysischer Kräfte. Damit ist die Idee des kultischen Mysteriums in der griechischen Kirche vergeistigt und vertieft. Zuletzt betont Symeon, daß ein solches Erlebnis Gnade und Geschenk sei, das den, dem es zuteil wird, innerlich erneuert zu einem neuen Leben des Dienstes und des Gehorsams. *Christlicher Glaube erscheint so als persönliche, bewußte und sittliche bestimmte lebendige Gemeinschaft mit Gott.* M. a. W. *die Theologie Symeons erweist sich als die letzte und reifste Gestalt des Enthusiasmus* und als der Höhepunkt in der Geschichte der griechischen Mystik.

Im Zusammenhang dieser Theologie muß nun auch der Brief Symeons gesehen werden, der Anlaß und Ausgangspunkt für die ganze Betrachtung bildet. Es handelt sich in ihm um die Beantwortung der Frage, ob ein Mönch ohne Priesterweihe das Recht zum Binden und zum Lösen besitzt und ausüben darf. In einer grundsätzlichen Erwägung wird hierzu festgestellt, daß ein solches ursprünglich apostolisches Recht nicht denkbar ist ohne den Besitz des Geistes. Dann aber kommen hierfür keineswegs die Vertreter des Amtes, also Bischöfe und Priester, in Frage, sondern allein der wahre Jünger Jesu. Denn nach dieser Auffassung verleiht die Weihe zwar die Fähigkeit zum Vollzug heiliger Handlungen; sie reicht aber nicht aus zur Wahrnehmung der Bußgewalt und enthält nicht die Vollmacht zur Sündenvergebung. Dazu bedarf es einer persönlichen Befähigung, und *diese ist der Geistbesitz. Träger dieses Geistes aber ist der Mönch*[17].

Aus diesem Tatbestand ergeben sich zwei Fragen:

Einmal: gehört das Binde- und Löserecht ursprünglich und wesenhaft zum Charakter und den Befugnissen des Mönchtums, oder ist es vielleicht erst später dazu gekommen?

und sodann: Wenn jene Vollmacht spezifisch für das Mönchtum ist, wie hat sie sich im Laufe der Zeit entwickelt, und wie ist es zu dem in dem Brief geschilderten Zustand der Bußdisziplin gekommen?

Die beiden Fragen entstehen aus der bei Symeon gemachten Feststellung, daß die Binde- und Lösegewalt vom Geistbesitz abhängig gemacht bzw. durch ihn begründet wird. Weil der Mönch als der ἄνθρωπος πνευματικός (vgl. I. Cor. 2,15) angesehen wird, besitzt er das Recht der Sündenvergebung. *Das bedeutet aber,* — und darin besteht recht eigentlich die geniale Entdeckung Holls — *daß ein Zug urchristlicher Frömmigkeit und Glaubens hier lebendig geblieben ist*

---

[17] Enthusiasmus, 137

und weitergepflegt wird, der in der Großkirche erloschen war: der Enthusiasmus. Das Ergebnis seiner Untersuchung vorwegnehmend formuliert Holl im Vorwort seines Buches seine Erkenntnis:

> »Es ist mir erst an dieser Schrift (scil. der Sacra Parallela des Joh. Damascenus) klar geworden, welche Bedeutung der Enthusiasmus für das Mönchtum und das Mönchtum für die Fortpflanzung des Enthusiasmus gehabt hat. Der Gegensatz zwischen Amt und Geist ist nicht verschwunden, als sich die festen Formen einer Verfassung in der Kirche herausbildeten. Das Mönchtum hat ihn neu belebt und die Kirche hat ihn verewigt, indem sie das Mönchtum anerkannte. Die Reibung zwischen dem selbständigen Geist im Mönchtum und der Ordnung der Kirche ist eines der wichtigsten Momente in der inneren Entwicklung der Kirche.« (Enthusiasmus, III)

Holl beginnt zunächst mit der zweiten Frage und verfolgt das Phänomen des Enthusiasmus im griechischen Mönchtum durch vier Abschnitte. Ausgangspunkt ist wiederum die vita Antonii, wo das Ideal des Mönchtums nach drei Seiten hin bestimmt wird. Neben der *sittlichen* Forderung der Herzensreinheit, der die Seligpreisung der Bergpredigt die Schau Gottes verheißt und die nur durch strenge Selbstzucht möglich ist, steht das *religiöse* Ideal eines inneren Kraftgewinns aus Gott, der sich in Vision und Wundern[18] offenbart. Hinzu kommt schließlich die *Seelsorge* an den in der Welt Gebliebenen, die nun in großer Zahl zum Mönch kommen, um Anleitung, Weisung und Hilfe zu erbitten.

Faßt man das alles zusammen, so kann man die Entstehung, Verwirklichung und Durchsetzung eines solchen Ideals nur als Durchbruch des alten urchristlichen Enthusiasmus in neuer Form verstehen. Es begegnet uns ein Christentum als persönliche und erlebte Gottesgemeinschaft und Gottesgewißheit, begleitet von den entsprechenden Erscheinungen und Manifestationen religiöser Kraftäußerungen, Wunderwirkungen und Erfahrungen himmlischer Visionen und Auditionen wie im Urchristentum (vgl. AG 7,55; 22, 17—21; II. Cor. 12,9), zunächst konzentriert auf den individuell begrenzten Erlebniskreis einer scharf profilierten Persönlichkeit.

---

[18] Holl unterscheidet jedoch sehr klar zwischen den Wundern als solchen und dem Glauben des Mönchtums und der Massen daran.
> »Um die Wirklichkeit der vollbrachten Wunder handelt es sich nicht, sondern um das Bewußtsein des Mönchtums, übernatürliche Dinge schauen und wirken zu können, und um das Vertrauen, das man ihm in dieser Hinsicht entgegenbrachte. Dieses Bewußtsein ist ein mächtiger geschichtlicher Faktor, als einzelne Wundertaten und es mußte entstehen gleich in dem Augenblick, als das Mönchtum sich das Ziel setzte, im Kampf mit der feindlichen Geisterwelt das Himmelreich zu erobern.« a.a.O., 151 f.

Dieses Ideal und seine Verwirklichung in der geschichtlichen Gestalt des Antonius sowie sein literarischer Niederschlag in der vita Antonii durch Athanasius haben weitergewirkt[19].

Im zweiten Abschnitt verfolgt Holl die Wandlung dieser Erscheinung bei *Basilius,* der die isolierte, auf sich selbst gestellte Einsamkeit des Anachoreten ersetzt durch das könobitische Ideal des Zusammenschlusses der Mönche zu einem gemeinsamen Leben. Auch hier wird an das Urchristentum angeknüpft. Wie der Anachoret den Apostel, so spiegelt die klösterliche Gemeinschaft die Urgemeinde der Apostelgeschichte. Dabei entnimmt Basilius dem paulinischen Gedankenkreis die Idee des Leibes Christi, wobei allerdings in sehr bezeichnender Weise Christus als das Haupt ersetzt wird durch den die einzelnen Glieder belebenden und zusammenschließenden Geist. Nichts als diese Wendung könnte deutlicher zeigen, daß es sich hier um eine neue Gestalt des Enthusiasmus handelt. Gegenüber Antonius erscheint diese Gestalt mönchischen Ideals herabgestimmt. Die außerordentlichen Wirkungen treten zurück hinter jenen Tätigkeiten, welche der Förderung der Gesamtheit dienen. Sodann ist eine gewisse Abschwächung unverkennbar, wie sie sich durch die Verwirklichung eines Ideals in einer Gemeinschaft notwendigerweise ergibt.

Der dritte Abschnitt schildert den Verlauf der Dinge in Palästina, wohin der Schwerpunkt der Entwicklung durch das Aufkommen des Wallfahrtswesens zu den heiligen Stätten sich verlegt. Seltsamerweise hat es keine Auseinandersetzung zwischen den beiden monastischen Idealen des Könobitentums und der Anachoreten gegeben. Sie verstanden sich vielmehr als Stufen desselben Weges, wobei jenes diesem als dem Ziel der wahren Vollkommenheit untergeordnet war. Auch hier auf palästinensischem Boden bleibt der Enthusiasmus lebendig. Die großen Mönchsheiligen haben es verstanden, was an sich keineswegs selbstverständlich war, das alte Ideal auf derselben Höhe zu halten. Die Überzeugung von der bevorzugten Sonderstellung des Mönchs bei Gott ist ein fester Bestandteil des Volksglaubens geworden, was gelegentlich selbst soweit geht, daß noch lebende Zeitgenossen als Heilige verehrt werden. Das entscheidende Kriterium für diese Auszeichnung ist der Besitz der παρρησία, der jedoch nicht eindeutig festgestellt werden kann. Eben in dieser Unsicherheit spricht sich der Ernst der sittlichen Ver-

---

[19] A.a.O., 153

antwortung aus, den derjenige auf sich nimmt, der Führer zu Gott und Fürsprecher bei ihm zu sein beansprucht.

Selbst in den Jahrhunderten nach der Araberinvasion, denen sich Holl im vierten Abschnitt zuwendet, hat sich nicht nur das Mönchtum behauptet, auch der Enthusiasmus ist mit ihm lebendig geblieben, wenn er auch durch den Einfluß des Dionysius Areopagita eine andere Färbung gewinnt. Jetzt bekommt die Mönchsweihe den Charakter einer zweiten Taufe mit sündentilgender Macht. Es ist ersichtlich, daß diese Auffassung die Vorstellung eines damit verbundenen Geistempfangs nach Analogie der Taufe nahelegte[20].

Die Kehrseite dieser Stellung ist die Unterordnung des Mönchsstandes unter den Priester mit der eigenartigen Begründung, daß der Mönch nicht berufen sei, andere zu leiten. Gleichwohl ließ sich das Mönchtum das Recht zum seelsorgerlichen Wirken dadurch nicht nehmen. Eine gewisse Anfälligkeit gegenüber einer quietistischen Devotion und einer stark gegenständlich gebundenen Kultusmystik, wie sie aus der Stimmung der areopagitischen Frömmigkeit sich übertrug, kann allerdings nicht geleugnet werden. Holl übersieht das nicht; um so nachdrücklicher betont er, daß das Mönchtum zuviel lebendige Kraft besaß, um dieser Frömmigkeit ganz zu erliegen.

Hier erscheint nun jener Mann, dem eigentlich die ganze Monographie gewidmet ist: Symeon, der neue Theologe. Seine Bedeutung besteht darin, daß er die religiöse Erfahrung des Enthusiasmus individualisiert, wenn er auch Vorgänger in der Erlebnisart jener geheimnisvollen Lichtschau gehabt haben mag.

> »In der Geschichte des Enthusiasmus hat Symeon die Bedeutung, daß er dem Ringen um Gott ein bestimmtes Ziel gegeben hat: das Schauen des Lichts, ein konkretes Erlebnis, in dem das Gefühl ausruhen und Kraft schöpfen kann, soll den Gegenstand des Trachtens bilden.« (a.a.O., 213)

Aber auch hier bleibt diese mystische Erfahrung mit dem tätigen Leben im Dienst an den andern auf das engste verbunden.

Nach dem Tode Symeons scheint auch die Geschichte des Enthusiasmus ihr Ende erreicht zu haben; aber es scheint nur so. Mit den Hesychasten des 14. Jahrhunderts erlebt er eine eigenartige Fortsetzung, in der nicht nur eine dogmatisch eingehende Begründung jener religiösen Erfahrung der Lichtschau geliefert, sondern darüber hinaus eine bestimmte Technik zu ihrer Gewinnung entwickelt wird. Interessant ist die geschichtliche Rechtfertigung, die Holl dieser uns

---

[20] A.a.O., 208 f.

heute recht fremd anmutenden Seite der Sache zuteil werden läßt. Er weist nach, daß von der Voraussetzung des mönchischen Enthusiasmus, wonach eine solche mystische Gottesbegegnung im Grunde genommen zum vollkommenen Christenglauben gehört, auch ein Weg gefunden werden muß, auf dem das für jeden verwirklicht werden kann. So wird das Hesychastentum die letzte Konsequenz des mönchischen Enthusiasmus[21].

Wenn die griechische Kirche in dem daraus sich entwickelnden Streit gegen die abendländische Kritik energisch auf die Seite der Hesychasten tritt, so ist damit die Überzeugung zum Ausdruck gebracht,

> »daß Gottes Geist immer noch, so gut wie in der Zeit der Apostel, in der Kirche lebendig sei, und (so) kämpft man für das Recht, ja für die Unentbehrlichkeit einer selbständigen Religiosität in der Kirche.« (a.a.O., 221)

Die Stellungnahme der griechischen Kirche ist auch insofern bedeutsam, als der Enthusiasmus im Mönchtum seine offizielle Anerkennung und Bestätigung erhält[22]. Insofern könnte man hier von einem gewissen Abschluß sprechen, als die Bewegung ihr Ziel erreicht hat. Dieses Ergebnis ist deshalb von grundsätzlicher Bedeutung, weil nur auf diesem Wege eine besonders empfindliche Seite des Christentums sich erhalten hat und wirkkräftig geblieben ist: die freie, persönliche, lebendige Frömmigkeit[23] ohne welche die christliche Religion erstarrt.

Hat damit die zweite Frage der Untersuchung ihre Beantwortung gefunden, wie sich jener Zustand entwickelt hat, den der Brief des Symeon widerspiegelt, so bedarf nunmehr die erste Frage nach dem *Ursprung* jener geistlichen Vollmacht und Bußgewalt des Mönchtums einer Klärung. Es war schon in der bisherigen Darstellung zum Ausdruck gekommen, daß das Mönchtum von seiner geistlichen Vollmacht den Weltchristen gegenüber Gebrauch gemacht hat. Es handelte sich dabei nicht nur um eine Seelsorge allgemeiner Art, sondern um das bedeutsame Recht zu binden und zu lösen, das ursprünglich nach den bekannten Auseinandersetzungen des 3. Jahrhunderts auf die Bischöfe beschränkt, dann auch auf die Priester ausgedehnt wurde. Beides, die Schlüsselgewalt und der Geistbesitz, hängen aufs engste miteinander zusammen; denn nur, wer in so enger Gemeinschaft mit Gott lebt, daß er seines Willens jederzeit sicher und gewiß ist, darf das Recht beanspruchen, im Namen Gottes die Vergebung auszusprechen. Holl zeigt, daß dieses Recht eben

---

[21] A.a.O., 219   [22] ibidem, 222   [23] ibidem, 223

nicht nur den Priestern, sondern auch dem Mönchtum zugestanden wurde. Die daraus erwachsende historische Frage ist die nach dem Ursprung dieses Rechtes im Mönchtum. Die Beantwortung dieser Frage muß in den weiteren Rahmen gestellt werden, der auch die Anfänge der Idee der Schlüsselgewalt berücksichtigt.

In der Eigenart der östlichen Kirche waren insofern Anknüpfungspunkte für ein Wirksamwerden des Mönchtums gegeben, als der Christ seit Clemens und Origenes nicht so sehr als ein Fertiger, Vollkommener, sondern als ein im Werden Begriffener verstanden wurde, womit die Idee eines sittlichen Fortschreitens ebenso wie die Notwendigkeit eines Führers auf diesem Wege verbunden war. Dabei ist, und das ist das Bezeichnende, keineswegs nur an eine von amtswegen dazu berufene Persönlichkeit gedacht, sondern jeder durch persönliche Vorzüge hervorragende Christ ist dafür geeignet, wobei die großen Alexandriner den vollkommenen Gnostiker im Sinn haben. Das Ziel dieser seelsorgerlichen Pädagogik ist dann die Überwindung der Sünde nicht nur als Schuld, sondern als reale Macht. Daran anknüpfend fordert Origenes, daß derjenige, der die apostolische Befugnis der Binde- und Lösegewalt ausübt, ein sogenannter πνευματικός sein muß, m. a. W. die Schlüsselgewalt wird von einer persönlichen Befähigung abhängig gemacht, und diese Befähigung wird allein im Besitz des Geistes gesehen. Damit sind die Priester nicht grundsätzlich ausgeschlossen, aber sie kommen auch nicht nur allein in Frage. Wenn für sie lediglich die schweren Fälle reserviert bleiben, wo es sich um Todsünden handelt, so ist dem einzelnen doch die Entscheidung überlassen, ob er es mit einer Todsünde zu tun hat oder nicht.

Die hiermit gegebenen Gedanken haben die Handhabung der Bußzucht in der orientalischen Kirche auf verschiedene Weise bestimmt. Der allgemeine Mangel dieser Praxis war die durch die Teilung in Tod- und läßliche Sünden entstandene ungenügende Berücksichtigung der gewöhnlichen Sünden. Hier hat das Mönchtum eingegriffen, die sittlichen Anschauungen vertieft und dementsprechend die herrschende Praxis umgestaltet[24]. Im Gegensatz zur Vulgärauffassung sieht das Mönchtum, indem es von der Bergpredigt ausgeht, nicht in den einzelnen Handlungen, sondern in der bösen Grundverfassung des Herzens und den daraus hervorgehenden Leidenschaften und Trieben die wahren Todsünden, die täglich neu bekämpft werden müssen. So wird der neue Begriff der Tod-

---

[24] RGG¹I, 1464 ff.

sünde mit der Idee einer täglichen Buße verbunden, zugleich aber ergänzt durch die Vorstellung von dem Geist, den Gott dem ernsthaft Ringenden nicht vorenthält. So versteht sich das Mönchtum anders als die Weltchristenheit als Stand der *Buße,* es fühlt sich im Besitz des *Geistes* und eben dadurch bevollmächtigt zur Ausübung der *Schlüsselgewalt*[25].

Aus einer Fülle von Beispielen aus der Hagiographie und der Andachtsliteratur weist Holl nach, daß das Mönchtum von der Binde- und Lösegewalt als einem ihm zustehenden Privilegium in der Tat in vollem Umfang Gebrauch gemacht hat[26].

So hat das Mönchtum die Veranlassung für eine tiefgreifende Beeinflussung der Frömmigkeit und der Bußzucht in der griechischen Kirche gegeben. Eine neue Stimmung sittlichen Ernstes, die zu strenger Selbstkontrolle und ständiger Buße führt, breitet sich nach und nach auch unter den Weltchristen aus, wobei das Mönchtum die Führung übernimmt, ohne daß Einspruch vonseiten der offiziellen Kirche erhoben worden wäre. Das, was die Anziehungskraft und Hochschätzung des Mönchtums in den Kreisen des Volkes und der Kirche erzeugte, ist im Grunde nicht anderes *als ein im Ernst gelebtes persönliches Christentum.* Die Endstation dieser Entwicklung ist dann die epistola de confessione Symeons des neuen Theologen, in welcher der Übergang der Binde- und Lösegewalt von den Priestern auf die Mönche als bestehende und unangefochtene Tatsache festgestellt wird. Die Quellen legen es nahe, den Bilderstreit als den Zeitpunkt dieser Wende anzusehen. Indem die Beichte auf diese Weise langsam an die Stelle der öffentlichen Buße getreten ist, *hat sich die Autorität der Bußgewalt vom Priester auf den Mönch verschoben*[27].

Der Widerspruch gegen dieses Recht setzt bei dem byzantinischen Kanonisten Balsamon gegen Ende des 12. Jahrhunderts, also erst spät ein. Aber selbst wenn hier das Recht des Amtes gegen das ungebundene, freie Walten des Geistes ausgespielt wird, so wird doch gleichzeitig nicht in Frage gestellt, daß die Ausübung der Schlüsselgewalt von der persönlichen Befähigung abhängig bleibt, ein Widerspruch, der ebenso unlösbar wie bezeichnend ist. Wirklich gebrochen wird das Vorrecht des Mönchtums erst durch die Auswirkung des Konzils von Lyon 1274, das trotz des gescheiterten Unionsversuches der Ostkirche die abendländische Siebenzahl der Sakramente gebracht hat. War aber die Buße als Sakrament verstanden, so war auch allein

[25] Enthusiasmus, 311   [26] ibidem, 317 f., 325   [27] RGG¹I, 1466

der Priester zuständig, sie zu verwalten. Dennoch hat sich die Verehrung des Mönchtums gehalten, und zwar in Rußland bis auf den heutigen Tag, eine Verehrung, welche diejenige des Priesters überragt, weil sie aus dem Eindruck religiöser Kraft und sittlichen Ernstes entstanden ist, die kein Amt verleihen oder ersetzen kann. Wie in den früheren Jahrhunderten äußert sich diese Hochschätzung durch die Inanspruchnahme der seelsorgerlichen Beratung durch die Mönche.

>Noch heute ist es in Rußland so wie vor Jahrhunderten, daß man in allen Fällen, wo persönliches Vertrauen erforderlich ist, sich nicht an den Priester, sondern an den Mönch (bzw. den Priestermönch) wendet.« (II, 425)

Eine knappe Zusammenfassung dieser Gedanken und einen Überblick über die Weiterentwicklung der Buße im Abendland, ihre sakramentale Institutionalisierung, die dort entwickelte Unterscheidung von Sünden und Sündenstrafen, das Aufkommen der Ablässe und über Luthers neues Verständnis von Buße und Gnade aufgrund der Neuentdeckung des Evangeliums schildert ein Artikel in der 1. Auflage der RGG I, 1462 ff. unter dem Stichwort »Bußwesen« mit der Überschrift: Allgemeine Entwicklung des Bußwesens. Dieser Beitrag kann als Beispiel dienen für die Prägnanz und Klarheit Holls in der Darstellung eines außerordentlich komplizierten und verzweigten Vorgangs. Man bedauert angesichts dieses Artikels, daß Holl nicht mehrere dieser Art für die RGG beigesteuert hat.

4. Kapitel

Die Erweiterung des 2. Artikels im Apostolicum

1919   Zur Auslegung des 2. Artikels des sogenannten apostolischen Glaubensbekenntnisses II, 115—128

Als junger Repetent in Tübingen hat Holl 1891/92 den »Fall Schrempf« miterlebt, wo der württembergische Pfarrer und ehemalige Tübinger Stiftsrepetent sich aus Gewissensgründen weigerte, das apostolische Glaubensbekenntnis in Taufhandlung und Gottesdienst seiner Gemeinde weiter zu benutzen. Schrempf war durch die historisch-kritische Theologie, besonders von Carl Weizsäcker, beeinflußt und hielt die durch die kirchliche Praxis geforderte

Verwendung des Apostolicums für unvereinbar mit seinem wissenschaftlichen Wahrheitsbewußtsein[1]. Holl hatte Schrempf während dessen Repetentenzeit kennengelernt und ihm zeitlebens eine gewisse Achtung bewahrt[2]. Den schrankenlosen Individualismus Schrempfs hat er verurteilt, ohne je gegen ihn zu polemisieren. Wie mir aus mündlicher Tradition bekannt ist, hat Holl wissen lassen, Schrempf habe ihn aus diesem Grunde zu den »Halben« gerechnet.

Im Jahre 1919 hat Holl indirekt zu dem Problem Stellung genommen, als er eine Beobachtung über das Apostolicum in der Berliner Akademie der Wissenschaften vortrug. In diesem Zusammenhang wird zwar ebenfalls nicht auf den Fall Schrempf Bezug genommen, aber die Berührung mit der Frage, wenn auch im Gewand einer kirchengeschichtlichen Untersuchung, ist unverkennbar. Die historische Betrachtung ist für Holl bei dieser Gelegenheit Veranlassung geworden, ein kurzes Wort auch über diesen Punkt zu sagen. Ja, eigentlich dient die ganze Untersuchung, wie die Überschrift es deutlich ausspricht, letztlich diesem Ziel. In ganz anderem Sinn als von Holl erwartet ist indessen seine neue historische Erkenntnis bedeutsam geworden in der Symbolforschung.

Holl betont, daß er keinen neuen Stoff bringt. Er beschränkt sich auf den textus receptus des vorhandenen römischen Symbols und zwar auf den 2. Artikel, untersucht dessen Aufbau und erläutert die darin zum Ausdruck kommende Theologie. Ihm ist ein Tatbestand aufgefallen, der trotz aller auf diesen Stoff verwandten Mühe bisher nicht genügend beachtet worden ist. Das ist die starke Erweiterung des 2. Artikels gegenüber den beiden anderen Aussagegruppen. Diese Erweiterung nun, so stellt Holl fest, ist nicht zufällig oder willkürlich, sondern erklärt sich als Erläuterung der beiden vorangestellten Stichworte »eingeborener Sohn« und »unsern Herrn«. Er weist nach, daß die beiden Bibelstellen Luc. 1, 35 und Phil. 2, 6 ff. den Stoff für diese Weiterbildung geliefert haben. Damit wird die Gottessohnschaft Jesu durch die Geburt aus dem hl. Geist und der Jungfrau begründet, während seine Herrenvollmacht

---

[1] Ob es dieses Motiv allein war, ja, ob es das entscheidende bei seinem Schritt gewesen ist, wird zweifelhaft, wenn man seine eigenen Aussagen darüber liest: »Ich wollte vor 20 Jahren den Krieg, den richtigen Krieg eröffnen. Deshalb habe ich nicht gewartet, daß ich ... einen Fall bekomme, sondern habe von mir aus den Gebrauch eines liturgischen Formulars verweigert, das ich nur mit einer reservatio mentalis gebrauchen konnte.« Christoph Schrempf, Ausgewählte Werke, herausgegeben von Otto Engel 1960 I, 44.

[2] Vgl. seine anerkennende Bezugnahme auf Schrempf I, 38⁰ und 533.

auf der Kreuzeserniedrigung und seinem Aufstieg in die Herrlichkeit zur Rechten des Vaters beruht. Wir haben also ein gegliedertes christologisches Lehrstück vor uns, das Holl auf dieses Weise absolut sicher analysiert hat. In ihm spricht sich eine klar bestimmte Christologie aus. Holl bestreitet damit die These, die den spezifisch theologischen Charakter des Symbols in Abrede stellt und hier nur die unreflektierte Aufzählung von Heilstatsachen sehen will. In den knappen Aussagen hat er Beziehungen aufgedeckt, die sie mehr werden lassen als eine Aufzählung aneinander gereihter Ereignisse[3].

In diesem Satz ist ausgesprochen, daß jene Erweiterung die Aufgabe lösen wollte, für die christologischen Prädikate »eingeborener Sohn« und »Herr« eine Begründung zu liefern mit dem Hinweis auf die wunderbare Geburt und den Lebensweg Jesu an das Kreuz und in die Herrlichkeit des himmlischen Vaters. Durch diese Verknüpfung ist das apostolische Bekenntnis vorbildlich geworden für alle weiteren christologischen Lehrbildungen. Denn eine Behauptung allein vermag nicht zu überzeugen; sie kann höchstens gedankenlose Anerkennung fordern, ohne den Fragenden von sich und d. h. von innen heraus zur eigenen Zustimmung zu bewegen.

Die hier zum Ausdruck kommende Christologie ist so klar und eindeutig, daß mit ihr auch die Zeit feststeht, in der sie entstanden ist. Sie nimmt nämlich, wie Holl zeigt, ihren Platz ein zwischen jener Vorstellung, die in der Geistbegabung durch die Taufe die Erhebung Jesu zum Gottessohn sah und der später epochemachenden Logoschristologie. Denn diese ist bei der Abfassung der Erweiterung des 2. Artikels noch unbekannt und jene andere bereits vergessen. Berücksichtigt man weiterhin den über Paulus hinausgehenden Sprachgebrauch in den Aussagen über Auferstehung und Himmelfahrt, wonach Jesus nicht bloß als die Erhöhung empfangend gedacht, sondern als selbsttätig handelnd vorgestellt wird, dann wird man an das Ende der nachapostolischen Zeit geführt. Aber das ist zugleich die Ära, in der die Logoschristologie entsteht, der die Zukunft gehört. Die Logoschristologie verändert die Betrachtung erheblich. Nach ihr nämlich entsteht die Gottessohnschaft nicht in der Zeit durch die Geburt des Erlösers, sondern sie ist die Voraussetzung für seine Menschwerdung. Der Logos lebt in der Präexistenz in der gleichen himmlischen Sphäre mit dem Vatergott. Das ist ein Zustand der Vollkommenheit, der durch Kreuz und Erhöhung kaum noch gesteigert werden kann. Macht man sich das klar,

---

[3] II, 119

»so möchte man fast sagen: unser Bekenntnis war bereits veraltet, als es kaum entworfen wurde.« (II, 121)

Das ist eine sehr bedeutsame Feststellung, die keineswegs für die Entstehung des Apostolicums gilt, sondern einen Widerspruch bloßlegt, der jede Bekenntnisbildung belastet. Denn die Zeit ist nicht nur über dieses älteste Bekenntnis der Alten Kirche hinweggeschritten, das ist das Schicksal jeder Bekenntnisbildung. Denn für jedes Bekenntnis kommt der Augenblick, wo es aufhört, aktuell zu sein. Die Probleme und Kämpfe, aus denen es geboren ist, bewegen die Christen nicht mehr, weil andere an ihre Stelle getreten sind. Es soll eine Erkenntnis festgeschlagen werden, aber nach einiger Zeit weiß kein Mensch mehr, was die Formel im Grunde meint, die festgeschlagen wurde. Sie verliert ihren Wahrheitswert, weil ihre Aussagen und Beziehungen sich verdunkeln. Das Bekenntnis ist begrifflich formulierter Ausdruck des Glaubens; aber der Glaube ist etwas lebendig Bewegtes und sucht immer neuen Ausdruck im Wandel der Zeit. Damit dürfte festgestellt sein, daß eine Kirche durch Bekenntnisbildung das korrekte Verhältnis zur Wahrheit sich nicht sichern kann. Neues Leben muß sich in neuen Formen ausdrücken. Und nicht das Bekenntnis trägt die Kirche, sondern umgekehrt ist die Kirche Grund des Bekenntnisses. Das Schicksal des Apostolicums ist ein instruktives Beispiel dafür. Holl macht das am Apostolicum unwidersprechlich klar[4].

Er weist auf die Aussage des 3. Artikels von der Vergebung der Sünden hin, deren heutiges Verständnis bei allen Kirchen in schärfstem Widerspruch zum ursprünglichen Sinn steht. Denn nach der eigenen Auffassung des Symbols bezieht sich diese allein auf die Taufe, wie Holl durch zahlreiche Belege nachweist, in denen Taufe, Buße und Sündenvergebung als ein einmaliger Akt zu verstehen sind. Anders wäre der rund ein Jahrhundert von 150—250 währende Streit um die sogenannte zweite Buße völlig unverständlich.

Deshalb ist aber nicht die Produktion neuer Bekenntnisse gefordert, welche an die Stelle der alten zu treten hätten, denn sie würden dasselbe Schicksal erleiden; sondern die alten Formeln müssen der neuen Zeit entsprechend *interpretiert werden*[5].

Damit hat sich Holl zugleich gegen Schrempf abgegrenzt. Dieser hatte Kraft und Willen zur Umdeutung nicht aufgebracht, sondern ebenso wie die Orthodoxie am Buchstaben festgehalten. Daher mußte es für ihn mit der Kirchenleitung zum Bruch kommen, wenn

[4] II, 121   [5] II, 122

er den Buchstaben aus Gewissensgründen nicht mehr gelten lassen konnte, die Kirchenbehörde aber auf diesem Buchstaben bestand. Holl zeigte mit der Möglichkeit einer Neuinterpretation dagegen einen Weg, der dem Wahrheitsbewußtsein eines ernsten Gewissens ebenso gerecht werden kann wie dem letzten Sinn des Evangeliums, für welches jedes Bekenntnis nur ein relativ-endlicher Ausdruck sein darf. Diese Umdeutung braucht nicht im Widerspruch zur Sache d. h. zum Evangelium zu stehen, sondern kann gerade auf diese Weise eine Tiefenschicht erfassen, die dem bisherigen Verständnis verschlossen geblieben ist. Denn wer wollte leugnen, daß die Vorstellung einer jederzeit offenstehenden Sündenvergebung im Sinn der Erklärung Luthers im 3. Artikel dem letzten Sinn des Evangeliums besser entspricht als die Beschränkung der göttlichen Gnade auf die einmalige Buße bei der Taufe.

Man müßte bei dieser Gelegenheit allerdings auch daraufhinweisen, daß das Apostolicum Aussagen über beglaubigte geschichtliche Fakten mit solchen mythologischer Art zu einer Einheit verbindet, wie sie für das damalige Weltbild selbstverständlich war, für uns aber nicht mehr nachvollziehbar ist. Und das ist der Punkt, an dem sich der Widerspruch aus intellektueller Redlichkeit stets aufs neue entzündet und der Streit ausbricht. Die hier erwachsenen Schwierigkeiten rühren an den Grund der Krise des heutigen Protestantismus, ja, der Stellung des Christentums in der modernen Welt überhaupt. Dadurch wird auch das Problem, diese Widersprüche durch Umdeutungen zu bewältigen, schwieriger, als es bei Holl den Anschein haben konnte. Denn jede Neuinterpretation bleibt mit der Forderung verbunden, dabei nicht die Substanz preiszugeben.

Aus diesen Gründen müssen bei allen derartigen Versuchen folgende beiden Forderungen erhoben werden. Einmal: weil jede Sicherung der christlichen Wahrheit durch die zeitbedingte begriffliche Formel relativ bleiben und diese u. U. sogar ihrem Wortlaut widersprechend interpretiert werden muß, ist es notwendig, *daß die Kirche das offen anerkennt und ausspricht.* Die damit gegebene Unsicherheit muß getragen werden. Das ist ehrlicher, redlicher und letztlich auch verheißungsvoller als die Verschleierung dieses Tatbestandes oder gar das Bestehen auf dem Wortlaut in der irrigen Meinung, in der Bildung an das Bekenntnis einen haltbaren Damm gegen die Erschütterung durch Kritik und Säkularismus aufrichten zu können. Nur das offene Eingeständnis der theologischen Armut ist die Voraussetzung für einen freien Gebrauch der alten geschichtlichen Lehrbildungen. Das aber war gerade im Fall Schrempf von seiten der Kirche *nicht* geschehen. Im Gegenteil! Sie duldete stillschweigend eine solche freie Interpretation, obwohl sie nach ihrer offiziellen amtlichen Auffassung über Wahrheit und Autorität des Bekenntnisses etwas dagegen hätte unternehmen müssen. Sie unternahm jedoch nichts, weil ein derartiger Schritt bei der großen Zahl historisch-kritisch erzogener und denkender Pfarrer praktisch undurchführbar gewesen wäre. Nur da, wo ein Einzelner rückhaltlos den tiefen Graben zwischen dem eigenen wissenschaftlichen Wahrheitsbewußtsein und der konservierten Lehrgestalt sichtbar machte, glaubte sie einschreiten zu müssen. In der ihm eigenen rücksichtslosen Schärfe hat Schrempf die geistige Situation jener Zeit charakterisiert:

> »Und es ist für ein evangelisches Kirchenregiment doch ein starkes Stück, geradeheraus zu erklären: ›wir können den kritischen Theologen verwenden, wenn er heuchelt; wenn er nicht heuchelt, können wir ihn nicht verwenden.‹ Die Heuchelei wird dadurch doch nicht besser, daß sie in Unterwerfung unter die kirchliche Ordnung umgetauft wird.« (Schrempf I, 44)

Diese Lage, die sich bis heute steigend verschärft hat, besitzt jedoch, wenn sie in dem geschilderten Sinn anerkannt wird, den Vorteil, daß sie der falschen unevangelischen Unbedingtsetzung der Bekenntnisse ein Ende macht[6]. Sodann bleibt die Berechtigung für eine solche freie Handhabung der Bekenntnisse allein das Bewußtsein und der Wille, *mit der wesentlichen zugrundeliegenden Absicht des jeweiligen Bekenntnisses einig zu sein* und mit dem sachlichen Gehalt des von ihm Gemeinten im letzten Sinn sich in Übereinstimmung zu wissen. Die Freiheit im Gebrauch historischer Lehrformeln kann nicht als Rechtfertigung verstanden werden für religiöse Flachheiten, wie sie heute produziert und verbreitet werden. Hier müßte man wohl hinzufügen, daß sich eine Kirche auch durch Duldung solcher Experimente zum Tode verurteilen kann.

Es ist notwendig, abschließend noch einen kurzen Blick auf die Auswirkungen zu werfen, die Holls Erkenntnisse in der theologischen Wissenschaft gezeitigt haben. Hier muß nun festgestellt werden, daß der kurze Aufsatz von Holl ein entscheidender Impuls für die wissenschaftliche Symbolforschung geworden ist. Überblickt

---

[6] Die Richtigkeit dieser Erkenntnis wird heute am eindrucksvollsten bestätigt durch die Art und Weise, wie die Väter und ursprünglichen Verfechter des Barmer Bekenntnisses sich inzwischen von seinem Gehalt und Wortlaut getrennt haben. Allerdings wird hier eine Umdeutung gar nicht mehr versucht.

man seine Entdeckung mit diesen Folgeerscheinungen, so wundert man sich, daß Holl bei seiner Detailbeobachtung stehengeblieben ist und aus ihr die naheliegenden Folgerungen für das ganze Bekenntnis nicht gezogen hat. Gehindert daran hat ihn offenbar die Vorstellung von der einheitlichen Autorschaft des ganzen Symbols.

»Der Verfasser — von einem solchen muß man reden; das ›allgemeine Bewußtsein‹ bringt derartige Kunstwerke nicht hervor — hat aus einem ihm zugeflossenen Stoff *ausgewählt*.« (II, 115²)

Das ist zweifellos insofern richtig, als es für die Erweiterung des 2. Artikels gilt; es ist aber nicht zutreffend, wenn damit gesagt sein soll, daß das ganze Bekenntnis ursprünglich zusammen mit diesem Zusatz als ein Ganzes geschaffen worden ist.

In einem Nachwort zu Holls Abhandlung[7] hat Harnack die Erkenntnis Holls weitergeführt, indem er näher ins Auge faßt, was übrig bleibt, wenn man die Erweiterung des 2. Artikels als späteren Zusatz wegstreicht. Dann ergibt sich nämlich eine symmetrische Formel von drei Artikeln zu je drei Gliedern. Daß diese Dreigliederung dem ganzen weiteren Aufbau zugrundegelegen hat, folgt mit hoher Wahrscheinlichkeit aus dem entsprechend aufgebauten Taufbefehl des Matthäus-Evangeliums 28, 19, wenn es auch im Urchristentum zunächst die Taufe nur auf den Namen Jesu gegeben hat. Damit war die Aufgabe gestellt, eine solche neungliedrige Formel als geschichtlich vorhanden tatsächlich nachzuweisen und sodann eine Erklärung über die Herkunft der nachträglich vorgenommenen Erweiterung zu finden. Diese Doppelaufgabe hat Hans Lietzmann gelöst[8]. Er hat in der Tat Belege für diese hypothetisch erschlossene Urform des Apostolicums in einer neungliedrigen Gestalt ohne die Erläuterungssätze des 2. Artikels in Ägypten gefunden und den Nachweis geliefert, daß die von Holl analysierte Erweiterung einem für sich bestehenden christologischen Kerygma entnommen war, das u. a. seinen Niederschlag in der Präfation der Abendmahlsliturgie der ältesten Zeit gefunden hat.

»Das Taufsymbol ist ein Teil der Liturgie und aus den Gesetzen des liturgischen Geschehens zu begreifen.« (Lietzmann, Kleine Schriften III, 1962, 188)

Damit ist Holls Prämisse, daß nur ein Einzelner einen so durchdachten Aussagenzusammenhang wie das Apostolische Symbol schaffen konnte, reduziert auf die Auswahl von zwei entscheidenden

---

[7] Sitzungsbericht der Preuß. Akademie der Wissenschaften, phil.-histor. Klasse, Berlin 1919, 112 ff.
[8] Hans Lietzmann, Kleine Schriften III 1962, 163 ff., 182 ff.

christologischen Aussagen aus einem allgemeinen Kerygma bzw. aus dessen Niederschlag im Eucharistiegebet und deren Verknüpfung mit dem vorhandenen neunfach gegliederten Taufschema. Daß dies nur der bewußte und wohlüberlegte Akt eines Einzelnen sein konnte und sich nicht aus einem anonymen Allgemeinbewußtsein erklärt, dürfte auf der Hand liegen. Insofern ist damit nur bestätigt, was Holl am Eingang seiner eigenen Untersuchung ausgesprochen hatte[9].

Es wäre dies eine der ersten großen Entscheidungen, die wie alle späteren großen Eingriffe und Reformen der Liturgie immer einen klaren zielbewußten Einzelwillen voraussetzen. Und daß dies ein römischer Wille war, ist wohl kaum zu bezweifeln.

Das Ganze veranschaulicht, wie fruchtbar eine Einzelbeobachtung Holls sich in der kirchengeschichtlichen Forschung auswirkte, aber sie zeigt auch wieder, wie Holl stehenbleibt, ohne die Konsequenzen aus der gewonnenen Einsicht zu ziehen.

5. Kapitel

Ursprung und Entwicklung des Epiphanienfestes

1917 Der Ursprung des Epiphanienfestes II, 123—154

Ein besonderes interessantes Beispiel für die Arbeitsweise Holls ist sein Aufsatz über den *Ursprung des Epiphanienfestes, 1917.* Es ist eine scharf begrenzte Fragestellung, worauf die Aufmerksamkeit während der ganzen Untersuchung beschränkt bleibt und nicht eher endet, als bis sie deutlich, einleuchtend und erschöpfend in allen Einzelheiten beantwortet ist, so daß der ganze Zusammenhang erhellt und jedes Detail in seiner Beziehung zum Ganzen klar erkennbar vor Augen steht. Die Frage, um die es geht, ist das Verständnis des Epiphanienfestes. Wie erklärt sich die Vielzahl seiner so verschiedenartigen Themen, die durchaus nicht auf einen Nenner zu bringen oder aus einer Idee abzuleiten sind: die Jordantaufe und die Geburt Jesu, die Hochzeit zu Kana und die Huldigung der Magier, dazu die eigenartige Sitte des Wasserschöpfens und die Feier zur Nachtzeit? Holl knüpft dabei äußerlich an das Buch von

---

[9] II, 115^2

Usener, Das Weihnachtsfest 2. Aufl. 1911, an; aber seine Arbeit ist doch ganz selbständig. Usener hat das mit dem Epiphanienfest verbundene Rätsel und die damit gestellte Aufgabe gesehen und auch in Angriff nehmen wollen, wie das Holl ausdrücklich bestätigt.

»Der Tod hat ihn jedoch verhindert, diese Absicht auszuführen[1].«

Zur Lösung dieses Problems war daher bei Usener nichts zu finden; hier mußte ganz selbständig neu angesetzt werden. Auch die sonst noch vorhandenen Beiträge zu dem Komplex »Geburtsfest Jesu und Epiphanie«, die Holl selbstverständlich aufzählt[2], helfen nicht weiter. So muß Holl eigene Wege gehen.

Doch empfiehlt es sich, zum Verständnis seiner Leistung mit Useners Arbeit und ihren Ergebnissen einzusetzen, zumal dieser in der Benutzung der Liturgie methodisch Hinweise gegeben hat, die Holl aufnimmt und verwertet. Usener stellt fest, daß es sich beim Weihnachtsfest um die Verselbständigung eines Motivs handelt, das mit dem ursprünglichen Thema als identisch empfunden wurde, d. h. ursprünglich hat es nur *ein* Fest gegeben: das Epiphanienfest. Dieses war Feier der Geburt des Heilandes, die nach ältester judenchristlicher und gnostischer Vorstellung als Taufe Jesu durch den göttlichen Geist verstanden wurde, was die alte Lesart des Codex D im Lucasevangelium 3, 22 und verschiedene Kirchenväterzitate bestätigen. Die göttliche Geburt ist die Taufe. Aber mit dem Anwachsen des griechischen Elements in der Kirche entsteht das Bedürfnis nach einer anderen Darstellung der Geburt, wie sie nach Analogie heidnisch-mythischer Vorstellungen von der Geburt eines Gottessohnes in der Geburtsgeschichte Luc. 2 ihren Niederschlag gefunden hat. Usener erklärt das Nebeneinander der beiden Erzählungen durch eine »Zuwachstheorie«, wodurch die dogmatische Forderung eine entsprechende Legendenbildung ausgelöst habe. Die zweite sozusagen »moderne« Geschichte gewann nun das Übergewicht über die altertümliche Vorstellung und drängte zu einer Abspaltung von der bisherigen Epiphanienfeier. So entstand gleichsam ein zweites Geburtsfest Jesu, für das der 25. Dezember als Fest des römischen Sonnengottes sol invictus sich anbot durch die Parallelität der Symbolik (auch Christus die »Sonne«, wobei eine Maleachi-Stelle 3, 20 in der Vulgata-Fassung sol justitiae liturgisch eine bedeutsame Rolle spielt). Dieses Fest ist dann 354 offiziell in

---
[1] II, 123
[2] II, 123 Anm. 1.2.3.4

Rom durch den Bischof Liberius eingeführt worden[3], und hat dann auch in der östlichen Reichshälfte Eingang gefunden.

Holl geht nun so vor, daß er den gesamten liturgiegeschichtlichen Stoff sammelt und die entscheidenden Daten interpretiert. Er macht zunächst klar, was das Epiphanienfest bedeutet. Das Merkwürdige am Epiphanienfest ist zunächst sein Name, der nur aus Titus 2, 11 zu erklären ist und zweifellos das Erscheinen des göttlichen Logos auf Erden bedeutet: Ἐπεφάνη γὰρ ἡ χάρις τοῦ θεοῦ σωτήριος πᾶσιν ἀνθρώποις. Das Rätsel besteht darin, daß der im Anschluß an diese Textstelle entstandene Name nur für das Weihnachtsfest paßt, so daß das Hinzukommen der drei andern Geschichten, mit denen die Festliturgie verbunden ist, ungeklärt bleibt. Immerhin lassen sich bei schärferem Zusehen Beziehungen zur Epiphanie im Sinne der Titusstelle feststellen: Die Jordantaufe ist das Bekenntnis Gottes zu Christus, die Hochzeit zu Kana ist das erste Zeichen, durch das der göttliche Logos seine Herrlichkeit offenbart, und an der Magieranbetung wird die Erkenntnis der Erlösung durch fremde Völker deutlich. Man hat also drei Geschichten gesetzt, die alle drei mit dem Erscheinen des Logos kombiniert werden können. Aber warum gleich drei? Es liegt nahe, daß hier ein Tatbestand liturgisch verdunkelt ist. Relativ einfach ist die Beziehung zur Taufe erhellt. Hier liegt das Fest einer gnostischen Sekte zugrunde, welche die Verbindung des Logos mit dem Menschen Jesus in der Taufe als seine eigentliche Erscheinung verstanden hat. Aber damit wird das Ganze nur noch rätselhafter. Denn was kann die Kirche bewogen haben, das Fest einer häretischen und im übrigen bekämpften gnostischen Sekte zu übernehmen? Und sodann: Warum wurde gerade der 6. Januar dafür gewählt? Und wie ist die Verbindung von Jordantaufe mit der Hochzeit zu Kana zu erklären? Wie ist Licht in diese Dunkelheit zu bringen?

Useners Buch hat das nicht vermocht, weil er die Frage nach der Entstehung des Epiphanienfestes zunächst ausgeklammert und einer späteren Bearbeitung vorbehalten hatte. So beschränkt er sich auf die Feststellung der Tatsache, daß Weihnachten aus dem Epiphanienfest herausgebrochen und verselbständigt worden ist. »Aber das Epiphanienfest war nicht nur ein Durchgangspunkt der Entwicklung« (II, 123), wie Holl feststellt. Die besondere Schwierigkeit besteht nun darin, daß uns unmittelbare Quellenzeugnisse für die Zeit *vor* diesem Vorgang der Abspaltung des Weihnachtsfestes nicht

---

[3] Amphilochius von Ikonium, 107 ff.

vorliegen, so daß man nur durch indirekte Schlüsse sich dem ursprünglichen Sachverhalt nähern kann.

Holl beginnt damit, daß er sich den *Festbrauch* und den *Inhalt des Epiphanienfestes* klarmacht. Daß bei dieser Gelegenheit die Katechumenen getauft werden, erklärt sich ohne weiteres aus der Erinnerung an die Taufe Jesu. Aber daß diese Feier *nachts* stattfindet, erscheint rätselhaft, denn Jesus ist doch nicht nachts getauft worden. Ebenso seltsam ist die Sitte des *Wasserschöpfens,* das als besonders volkstümliche und beliebte Handlung stets damit verbunden ist. Was den Inhalt anbetrifft, so bleibt es unbegreiflich, weshalb die Kirche an diesem Tage eine derartige Fülle von vier ganz verschiedenen Geschichten zusammengehäuft hat. Als relativ spätes Moment kann dabei die Magieranbetung ausgeschieden werden, welche die römische Kirche heranzog, um dem Fest vom 6. Januar einen entsprechenden Inhalt zu geben, nachdem Weihnachten am 25. Dezember als selbständiges Fest eingeführt war und das alte Epiphanienfest verdrängen sollte. Die Magieranbetung wird somit erkannt als nachträgliche Hinzufügung zum ursprünglichen Festinhalt, die als Duodezimale — nicht Oktave, weil gebunden an das feststehende Datum des 6. Januar — den Abschluß der Gedenkzeit der Geburt Jesu zu bilden hatte und dadurch den Charakter einer Ersatz- und Nachfeier erhält. Damit gerät diese Geschichte für die Behandlung unserer Frage in Wegfall. Wenn die römische Kirche aber aus der Kombination: Geburt — Taufe Jesu — Hochzeit zu Kana nur die Geburt herausgenommen hat, so ist damit bewiesen, daß diese Kombination ursprünglich war, was durch zahlreiche Belege für den Westen, am eindrucksvollsten durch ein Zeugnis des Ambrosius, bestätigt wird. Die Taufgeschichte konnte zu diesem Zeitpunkt — 4. Jahrhundert — nicht mehr das alte Interesse finden, da die in ihr zum Ausdruck kommende Christologie zu diesem Zeitpunkt bereits abgestorben war, so daß die Erscheinung des Logos als Herabkommen in Gestalt einer Taube als Motiv eines christlichen Festes nicht mehr in Frage kam. So kam auch die Taufe der Katechumenen am Epiphanienfest in Fortfall und wurde auf den Karsamstag gelegt zusammen mit der alten Sitte des Wasserschöpfens. Und die Hochzeit zu Kana bot als Einzelgeschichte für sich allein genommen keine Veranlassung zu einer festlichen Begehung. Ist aber die Taufe ihrem alten Verständnis entsprechend mit der Geburt identisch, so bleiben nach der Ausschaltung der Magieranbetung als späterer Zusatz die Kombination von Geburt/Taufe und Kanawunder als dem ursprünglichen Epiphanienfest zugehörig übrig. Diese Kombination ist nur erklärbar, wenn hier ein vorhandes Fest außerhalb des christlichen Glaubens übernommen und christlich umgeformt worden ist. Wo ist ein entsprechendes heidnisches Fest zu finden, das für diesen Zweck in Frage kommen könnte[4]?

Ein solches Fest nun schildert Epiphanius in seinem Panarion in Haer. 51, 22, wo in Alexandrien in der Nacht vom 5./6. Januar die Geburt eines Gottes Aion aus der Jungfrau (κόρη) im κορεῖον gefeiert wird. Damit wäre allerdings nur das Motiv der Jungfrauengeburt belegt. Aber Holl findet in einer wenig später folgenden und bisher übersehenen Notiz des Epiphanius Haer. 51, 30 mit einer Mitteilung über die ägyptische Sitte, am 6. Januar Nilwasser zu schöpfen und aufzubewahren in dem Glauben an eine Verwandlung dieses geschöpften Nilwassers in Wein eine weitere eindrucksvolle Bestätigung seiner Vermutung, daß es sich beim Epiphanienfest um die Übernahme eines vorgefundenen heidnischen Festes handelt. Da nach ägyptischer Vorstellung der Nil mit dem Gott Osiris identisch ist, dieser aber im Hellenismus mit Dionysos gleichgesetzt wird, so bedeutet das Wasserschöpfen nichts anderes als das Finden des Gottes, und die Gleichsetzung mit Dionysos erklärt den damit verbundenen Verwandlungsglauben. Der Zufall wollte es, daß beides, die Geburt des Aion und die Wasserzeremonie, am 6. Januar begangen wurden. Von hier aus ist es ohne weiteres verständlich, wie es im christlichen Epiphanienfest zu der seltsamen Verbindung der drei Geschichten kam: Der Geburt des Aion aus der Jungfrau entsprach die Geburt Jesu aus Maria, während in der Geschichte zu Kana das Wasserschöpfen und das Wandlungswunder wiederkehren. Bei der Christianisierung Ägyptens übernahm die Kirche dieses Fest und ersetzte die heidnischen durch christliche Inhalte. Die Anhäufung der Festmotive war daher eine zwingende Notwendigkeit. Nur wenn es gelang, ein christliches Gegenstück zu schaffen, das in allen Einzelzügen dem vorhandenen heidnischen Fest entsprach, ohne daß Wesentliches ausfiel, war die Aussicht auf erfolgreichen Ersatz durch das neue Epiphanienfest gegeben. Man könnte die vorhandene Parallele um einen weiteren Zug vermehren, den Holl nicht ausdrücklich erwähnt. Im christlichen Fest verwandelt sich das Finden des Gottes Osiris in das Hinaussteigen Jesu aus dem Wasser. Und damit wäre auch die Jordantaufe erklärt. Soweit die Darstellung Holls.

---

[4] II, 143

Auch hier steht hinter der Fülle von Einzelbeobachtungen, Quellenbelegen und scharfsinnigen Kombinationen, wobei eine ungeheure Fülle von kirchen- und liturgiegeschichtlichem Material verarbeitet wird, wieder die Arbeitshypothese eines letztlich einfachen und klaren Tatbestandes, der dem Ganzen zugrundeliegt und aus dem sich alle Einzelheiten und Verwicklungen erklären lassen. Versucht man von hieraus jetzt den Gang der geschichtlichen Entwicklung zu konstruieren, so ergibt sich folgendes Bild: Aus einem alten heidnischen Fest in Alexandria am 6. Januar, das die Geburt des Gottes Aion aus der Jungfrau mit gleichzeitiger Nilwasserzeremonie begeht, übernehmen Gnostiker einzelne Motive und machen daraus ein Fest der Taufe Christi. Indessen wird dieses gnostische Fest entbehrlich durch den Akt der Übernahme und Verwandlung des ägyptischen Doppelfestes durch die Kirche in ein christliches Fest, das für die einzelnen Motive neutestamentliche Entsprechungen liefert: für die Geburt des Gottes Aion die Weihnachtsgeschichte, für die Nilwasserbräuche die Taufe Jesu und die Hochzeit zu Kana mit Übernahme der Zeremonien in christlicher Umdeutung und Beibehaltung der Nachtfeier. So verbreitet sich das Epiphanienfest im Osten. Bei seinem Gang nach Westen wird 354 bzw. 336 von Rom die Weihnachtsgeschichte herausgebrochen, verselbständigt und auf den 25. Dezember verlegt, um die heidnischen Saturnalien zu verdrängen. Dabei wird die Erinnerung an die Taufe Jesu auf den Karsamstag verlegt, während die Hochzeit zu Kana mit der Weihnachtsgeschichte locker verbunden bleibt. Dem Epiphanienfest aber wird die Aufgabe zuteil, den Weihnachtskreis abzuschließen, wofür es die Geschichte der Magieranbetung erhält. Damit ist der Prozeß im Westen abgeschlossen. Von dort wird das Weihnachtsfest durch Basilius im Osten eingeführt und zwar nicht in Konstantinopel, wie Usener meinte, sondern zuerst in Kappadozien und verbreitet sich von dort weiter nach Antiochien und später auch nach Konstantinopel. Der 6. Januar bleibt für den Osten Gedächtnis der Taufe Jesu und Einsetzung des Taufsakraments mit nächtlicher Feier und dem Brauch des Wasserschöpfens neben dem Weihnachtsfest.

So ist ein bedeutender kirchengeschichtlicher Vorgang in seinen einzelnen Entwicklungsphasen so gut wie lückenlos aufgehellt und beschrieben. Indessen wird diese Leistung von Holl insofern um seine Wirkung gebracht, als er nicht das Ergebnis darstellt, sondern sich darauf beschränkt, lediglich die mathematischen Formeln vorzuführen, die das Resultat zur Folge haben. Vergleicht man seine

Arbeit mit derjenigen Useners, so wird klar, daß er mit größerem Nachdruck und d. h. auch mit noch weiter ausgreifender Materialkenntnis und Stoffbeherrschung den empirischen Vorgang klarzumachen versucht. Doch nimmt er seiner Arbeit die Wucht dadurch, daß er nur die Rechnungen vorlegt und den Schluß in wenigen dürren Worten ausspricht. Auf diese Weise kommt eine phantastische Fülle kirchengeschichtlicher Einsichten eigentlich nicht zur Wirkung, die sie verdient. Vielleicht kann man sagen, daß etwas fehlt von jener lebendigen Einbildungskraft, die Geschichte als Vergangenes gegenwärtig werden zu lassen vermag.

6. Kapitel

Frömmigkeit und Lebensideal bei Augustin

1922   Augustins innere Entwicklung III, 54—116

Die intensive Beschäftigung mit Luther hat Holl auch zu einer grundsätzlichen Auseinandersetzung mit Augustin genötigt. Den Anstoß dazu gaben verschiedene französische Veröffentlichungen über den großen Kirchenvater, in denen neue Entdeckungen über den Manichäismus auf Grund der Turfanfunde ausgewertet worden waren. Den Ergebnissen konnte Holl nicht zustimmen. Schon methodisch sah er eine Gefahr in der Beschränkung der Untersuchung auf den manichäischen Einfluß bei Augustin.

Da es sich bei einem so komplizierten Charakter wie Augustin um eine Vielzahl von Einwirkungen handelt, muß man stets das Ganze seiner Persönlichkeit im Auge haben[1].

Indessen sind diese neuen Entdeckungen und Stellungnahmen nur das auslösende Moment für eine Auseinandersetzung mit der gesamten bisherigen Augustin-Forschung, die in Harnack ihren bedeutendsten und beredtesten Vertreter gefunden hatte. So entstand im Jahre 1922 der Aufsatz »*Augustins innere Entwicklung*«. Im gleichen Jahr ließ Harnack eine Sammlung von Augustin-Worten unter dem Titel »Augustin, Reflexionen und Maximen« folgen[2], die mit einem Vorwort und mit einer Einführung versehen (insgesamt 17 Seiten) am Schluß die schwerwiegenden Worte enthält, in

---

[1] III, 54   [2] Vgl. Holls eigenen Hinweis III, 54²

denen Harnack noch einmal sein leidenschaftliches Bekenntnis zu Augustin zusammenfaßt. Er kann sich ein Christentum der Zukunft nur als ein augustinisches Christentum vorstellen, ohne dabei ein Wort über die Reformation zu verlieren.

»Anders werden aber kann es nur, wenn in demselben Umfang, in welchem heute die Zivilisation herrscht, ein neuer Augustinismus zur Herrschaft gelangt, in welchem die Ehrfurcht vor Gott als der Quelle aller hohen Güter die Erkenntnis und die Gesinnungen der Menschen durchdringt, die wahre Freiheit begründet und einen Bund der Gerechtigkeit und des Friedens schafft. Dieser Bund wird christlich-augustinisch sein oder er wird überhaupt nicht sein.« (Harnack, a.a.O., XXIII)

Holls Aufsatz bedeutet einen Umbruch in der wissenschaftlichen Augustin-Forschung, durch den die bisherigen Urteile und Thesen unhaltbar werden. Es sind im wesentlichen zwei Punkte, an denen Holl neue Ergebnisse erarbeitet: die Beurteilung seiner Bekehrung für Augustins geistige Entwicklung und die Bedeutung des Paulinismus für seine Theologie.

1. Die Bekehrung

Bezeichnend ist der Einsatzpunkt Holls im Unterschied zu Harnack. Zwar geben beide einen Gesamtüberblick über Persönlichkeit und geistige Leistung Augustins. Aber im Gegensatz zu den allgemein gehaltenen Zusammenfassungen Harnacks setzt Holl mit einer konkreten, zugespitzten Detailfrage ein:

»Was bedeutet eigentlich diese Bekehrung? In welchem Verhältnis steht sie zu dem, was bei Augustin vorherging und was auf sie folgte?« (III, 61)

Entsprechend dieser Fragestellung zeichnet Holl die Abschnitte, die dem großen Umbruch vorausgehen (Manichäismus, Skeptizismus, Neuplatonismus, Ambrosius), analysiert die Bekehrung selbst und ihre Bedeutung und zeigt dann, wie der vorhandene geistigreligiöse Besitz durch die Begegnung und Beschäftigung mit Paulus verändert und vertieft wird. Die bisherige protestantische Augustin-Forschung vertrat mit fast einhelliger Übereinstimmung die These, daß die Bekehrung *nicht* den Bruch bedeute, wie Augustin das in seinen Confessiones darstellt. Die unmittelbar danach abgefaßten Schriften ließen es nach dieser Auffassung deutlich erkennen, so wurde erklärt, daß Augustin auch nach seiner Bekehrung ein christlicher Platoniker geblieben sei, nach der Abwendung von Skeptizismus und Manichäismus im Neuplatonismus eine neue geistige Heimat gefunden habe und daß daher das große Erlebnis mehr eine Konversion zu dieser Philosophie als zum Evangelium gewesen sei. Erst viel später nach der Priesterweihe 391 durch das Hineinwachsen in die kirchliche Arbeit sei er im echten Sinne des Wortes Christ geworden[3].

Als Quellenzeugnisse für diese Theorie werden die unmittelbar nach der Bekehrung in Cassisiacum geschriebenen Schriften angeführt. Sie belegen diese angeblich »mit urkundlicher Deutlichkeit«, wie Loofs behauptet (DG[5], 278).

Holl blickt tiefer. Daß Augustin auch nach seiner Bekehrung als christlicher Platoniker philosophiert, stimmt nur äußerlich, *entscheidend ist der Standpunkt, von dem aus er philosophiert und dieses ist der kirchliche.* Dann ist alle Reflexion darüber nur die denkende Rechenschaft über das Erlebte. Genauer formuliert: mit dem Standpunkt ist eigentlich nicht sein eigenes religiöses Erlebnis und ihr Ertrag gemeint, sondern der Gehalt der Weltanschauung, der er sich nunmehr zugewandt hat. Und das ist der römische Katholizismus. Hier hat der abendländische Katholizismus einen neuen beredten und leidenschaftlichen Vertreter gewonnen und zwar den bedeutendsten, den die Antike besessen hat. Aber es ist der Vulgärkatholizismus mit all seinen Mängeln und Unzulänglichkeiten, der in ihm seine großartige Rechtfertigung gefunden hat.

Aber was hat diesen Schritt ausgelöst? Gewiß war er vorbereitet durch eine lang andauernde geistige Auseinandersetzung. Ein solcher Vorgang braucht seine Zeit. Aber der letzte Anstoß ist nicht die Einsicht gewesen in die geistige Überlegenheit des Christentums, die Erkenntnis von der Auflösung bisher unlösbar erschienener Probleme, also weder intellektueller Klarheit, noch religiöses Überwältigtwerden, *sondern die kritische Zuspitzung seiner persönlichen Situation durch eine Krankheit, die das Ende seiner beruflichen Laufbahn erzwang. Augustin ist Christ geworden, weil er durch das Brustleiden nicht mehr länger Lehrer der Beredsamkeit bleiben konnte*[4].

In dieser Krise entdeckte er, daß das Christentum durch seine Forderung der Weltverleugnung und der Gottesliebe ihm noch eine Möglichkeit der Lebensbewältigung bot. Der Entschluß, sie zu ergreifen, ist der letzte eigentliche Kern seiner Bekehrung.

Schonungsloser konnte man den leuchtenden Goldglanz von dem Gemälde, das Augustin selber entworfen hatte, nicht wegätzen.

---

[3] Loofs, DG[5], 278, 280, 285; Otto Scheel RGG[1] I, 796
[4] III, 65 f.

Nicht religiöses Suchen, nicht philosophischer Erkenntnisdrang, nicht Ewigkeitssehnsucht waren die Wurzeln dieses Vorgangs, sondern der Selbstbehauptungstrieb hatte angesichts einer hoffnungslosen Situation in religiöser Verkleidung sich manifestiert und durchgesetzt. Es wird noch zu prüfen sein, ob damit wirklich alles über die Sache gesagt ist[5].

Indem Holl den Selbsterhaltungstrieb als das entscheidende Motiv im Bekehrungsvorgang Augustins enthüllt, hat er den Punkt getroffen, an dem er stets außerordentlich empfindlich reagiert. Er sieht hier eine Verderbnis des christlichen Glaubens, die diesen entwertet zu einem Wunschtraum des menschlichen Herzens. Nicht nur wird das Gottesverhältnis auf diese Weise seines sittlichen Ernstes entkleidet, es verliert auch alle Realität und verflüchtigt den Gottesgedanken zu einem Erzeugnis der menschlichen Sehnsucht. Auf diesem Wege wird der christliche Glaube wehrlos gegen die Religionskritik Feuerbachs. Der religiöse Eudämonismus kehrt das Verhältnis um und entwürdigt Gott zum Garanten und Erfüller menschlichen Verlangens. Das ist der heidnische Urtrieb aller Religion, und es bedeutet einen Rückfall ins Heidentum, wenn man ihn auf das Christentum überträgt. Das aber tut Augustin, indem er die Religion auf das Seligkeitsverlangen des menschlichen Herzens gründet und die vita beata als Leitbegriff dafür prägt. *Dieser religiöse Eudämonismus ist die Grundstimmung der augustinischen Frömmigkeit und Ethik.* Holl hat sein ablehnendes Urteil folgendermaßen ausgesprochen:

»Das Ziel, nach dem Augustin strebt, ist ein nie sich erschöpfender Genuß. Demgemäß erscheint dann *die Bekehrung im Grunde nur als ein Wechsel des Geschmacks*: an Stelle der Lust am irdischen Gut tritt die süßere am himmlischen. ... Augustin nimmt keinen Anstand auszusprechen, daß in der Gottesliebe, wie er sie schildert, zugleich die *Selbstliebe* am besten auf ihre Rechnung kommt.« (III, 85)

»Es kommt darauf an, daß der Mensch für das ihn natürlicherweise immer beherrschende Glücksstreben den richtigen Gegenstand findet, daß er im Geistigen, im Ewigen, in Gott die Quelle des wahren, des allein bleibenden Genusses erkennt.« (III, 107)

---

[5] Daß Augustins Erlebnis diesen Charakter besaß, hatte schon Scheel richtig erkannt. Auch die Bedeutung der Krankheit ist von ihm entsprechend gewürdigt worden: »Vielleicht ist (sie) sogar entscheidend gewesen.« RGG[1] I, 797. Wenn jedoch das Ganze auf den Entschluß zusammenschrumpft, durch die Einflüsse eines »negativen philosophischen Lebensideals« und des Mönchtums bestimmt ein eheloses Leben zu führen, so erscheint das nicht ausreichend und wird dem Kern der Sache noch weniger gerecht als Holls prosaische Analyse.

M. a. W. es ist eine feine, sublimierte, aber darum um so raffiniertere Erotik, die hinter dieser Frömmigkeit steckt. Leicht vergröbert hätte ein boshafter zeitgenössischer Gegner Augustins als guter Kenner seines Privatlebens nach seiner Bekehrung sagen können, daß er nunmehr im Grunde genommen nur den Gegenstand seiner Liebe gewechselt habe: an die Stelle des Weibes ist die Gottheit als höchstes Gut getreten. Und er hätte damit gar nicht so unrecht gehabt. Aber es ist kein Zeitgenosse gewesen, sondern gerade sein größter Verehrer in unserer Zeit, eben Adolf von Harnack, der diesen Gedanken in einem Augustin-Aufsatz freilich nur so nebenher äußert und seine Berechtigung für den großen Kirchenvater zumindest mit Vorbehalten versieht. Holl hat die Vorbehalte aufgelöst und dieses Urteil mit andern Worten als berechtigt erwiesen. Harnack spricht von der Unzulänglichkeit der Askese und ihrer Überwindung durch Luther, um dann fortzufahren:

> »... von Luther und der protestantischen Ethik kann man nicht sagen, daß sie die eine Erotik durch die andere vertauscht habe, die niedere durch die Gotteserotik. Selbst von Augustin läßt sich das nicht sagen. Zwar schwingen einige Töne der Gotteserotik bei ihm zeitlebens mit; aber sie sind nur Untertöne: Glaube, Liebe und Hoffnung, in eine Einheit zusammengefaßt, bilden den Kern seines inneren Lebens, und sie haben nichts Erotisches.« (Harnack, Aus der Friedens- und Kriegsarbeit 1916, 93 f.)

Holl hat unwiderleglich gezeigt, daß das nicht zutrifft. Um im Musikalischen zu bleiben: Es waren nicht Unter- und Obertöne, die für die eigentliche Melodie belanglos blieben, es war ein sehr deutlich vernehmbarer Orgelpunkt, das akustische Fundament, über dem die großartige Partitur der augustinischen Theologie sich erhob. Indessen soll nicht verschwiegen werden, daß auch Harnack um die Grenzen der augustinischen Theologie gewußt hat. In seiner Dogmengeschichte hat er eine ausführliche Kritik geliefert und ihre Gefahren offen geschildert (DG[5] III, 73 ff.). Aber er wertet sie als Randerscheinungen, die letztlich durch positive Kräfte überwunden oder zumindest neutralisiert werden und erkennt nicht, daß die Grundidee des Glücksseligkeitsverlangens und die Selbstliebe zwangsläufig dazu führen müssen. Die eudämonistische Grundkonzeption der Religion und ihre erotische Färbung lähmen das Gewissen und verdecken den letzten Ernst, der im Gottesverhältnis liegt. Was Augustin fürchtet, ist nicht der Zorn Gottes; sondern den Verlust ungestörten Genusses. Das alles wird offenbar, wenn man mit einem an Luther geschärften Auge Augustin kritisch betrachtet.

Es widerspricht dem auch nicht, sondern bestätigt das Gesagte, wenn Augustin nunmehr nach seiner Bekehrung und d. h. nach seiner Abkehr von der irdischen Lust sich der Askese verschreibt. So ist ihm die Bekehrung eine Entscheidung zum monastischen Leben geworden. Sie hat ihn in die Lage versetzt, seiner Sinnlichkeit Herr zu werden. Es ist also nicht das Allgemein-Christliche, was ihn erfaßt, sondern diese Gestalt des radikalen lebensverneinenden, weltabgewandten Christentums, wie sie als etwas bis dahin völlig Neues aus dem Osten in den weströmischen Raum übergriff. Schon von daher muß die These Harnack-Loofs' von der Bekehrung zum Neuplatonismus zweifelhaft erscheinen. Es ist wenig wahrscheinlich, daß abstrakte Seinsspekulationen Augustins leidenschaftliche Sinnlichkeit zu zügeln vermocht hätten[6]. Was er benötigte, war die Kraft eines *neuen Willens,* nicht nur die Beschwichtigung intellektueller Zweifel. Das lieferte ihm das katholische Christentum. Unterstrichen wird das durch die Rolle, welche Antonius als Begründer der monastischen Bewegung in diesem Zusammenhang spielt. Die Begegnung mit ihm hat die Entscheidung herbeigeführt in dem schon lange währenden Ringen in seiner Seele. Die Schilderung in den Confessiones ist der sprechende Beleg dafür, daß es nicht Theorien und Ideen gewesen sind, die den letzten Ausschlag gegeben haben, sondern die Kraft des lebendigen anschaulichen Beispiels. Was Augustin beeindruckt, ist die Erzählung des Pontitian von den beiden Freunden, die nach dem Verlassen der Vorstellung im kaiserlichen Amphitheater in Trier auf die Hütten mit den Einsiedlern stoßen, dort die vita Antonii finden und sich an Ort und Stelle

---

[6] Bei Scheel werden die beiden Momente der Bekehrung als unverbundene und beziehungslose Größen nebeneinandergestellt, wenn er sie auf ein »negatives philosophisches Lebensideal« RGG¹ I, 797 einer- und auf die Bekanntschaft mit dem Mönchtum andererseits zurückführt. In dem Nebeneinander der beiden Motive steckt das Eingeständnis, daß der Vorgang weder aus dem einen noch aus dem andern vollständig abgeleitet werden kann und somit letztlich unbegriffen bleibt. Denn wenn das »negative philosophische Lebensideal« das geleistet hätte, worauf es Augustin in dieser Stunde seines Lebens ankam, nämlich mit den eigenen moralischen Schwankungen fertigzuwerden, dann hätte es nicht des Mönchtums bedurft. In diesem Augenblick handelt es sich um eine letzte Lebens- und Schicksalsfrage, um einen neuen Lebenssinn und einen neuen Lebensweg. Das konnte weder die platonische Philosophie noch die monastische Bewegung für sich allein genommen liefern, sondern nur eine Geistesmacht, die das Ganze seiner Existenz erfaßte und wandelte und die beides zugleich zu geben verstand: geistige Klarheit in der weltanschaulichen Auseinandersetzung und sittliche Kraft zur Besiegung seiner sexuellen Haltlosigkeit.

zur Nachahmung dieser Lebensführung entschließen. Es ist bezeichnend, was Augustin darauf als zu sich selbst gesagt entgegnet: Nempe tu dicebas propter incertum verum nolle te abicere sarcinam vanitatis. Ecce jam certum est, et illa te adhuc premit umerisque liberioribus pinnas recipiunt, qui neque ita in quaerendo adtriti sunt nec decennio et amplius ista meditati. (Conf. VIII 7; Knöll 1909, 156 f.) Daraus geht hervor, daß die intellektuellen Unklarheiten zweifellos durch die neuplatonische Philosophie schon vorher beseitigt waren, ohne daß dies zu einer Bekehrung geführt hätte. In Augustins poetischer Rhetorik: Er hatte keine Flügel empfangen, um sich von der erdgebundenen Sinnlichkeit zu lösen. Im folgenden Kapitel bezeichnet er diese ganze Gelehrsamkeit sehr treffend als doctrina sine corde und fragt verzweifelt: An quia praecesserunt (scil. indocti), pudet sequi et non pudet nec saltem sequi? (VIII, 8; Knöll, 157). Auch wenn die Schilderung der Konfessionen in der Selbstbeurteilung Augustins im Hinblick auf seine Bekehrung bezweifelt wird, so besteht doch kein Zweifel über das tatsächlich Gegebene, in diesem Fall das Auftreten des Pontitian und das durch ihn vermittelte Bild und dessen praktische Auswirkung auf die beiden Freunde. Dann ist aber damit erwiesen, daß es sich bei der Bekehrung um mehr als eine Hinwendung zu einer philosophischen Schulrichtung gehandelt haben muß. Was sich hier vollzieht, ist nicht nur eine theoretisch-akademische Angelegenheit.

Steht das fest, so fällt auch Licht auf den Anschluß Augustins an den Neuplatonismus. Er liegt zeitlich *vor* der Bekehrung und diese setzt ihn voraus, aber er erweist seine Unfähigkeit, den Willen Augustins zu ergreifen und eine sittliche Erneuerung seines Lebens herbeizuführen[7].

Noch eine andere Seite am Bekehrungserlebnis, die typisch für die Haltung und das theologische Denken Augustins geblieben ist, hat Holl scharf herausgearbeitet. Das ist die Unterwerfung unter eine Autorität; auch hier in diametralem Gegensatz zu Harnack hinsichtlich der Beurteilung dieses Tatbestandes. Es nimmt nicht wunder, daß Holl gerade diese Seite kritisch heraushebt, wenn man im Auge behält, daß der ganze Augustin-Aufsatz eine Auseinandersetzung mit dem lateinischen Kirchenvater vom Standpunkt des reformatorischen Glaubens darstellt, wie er sich in Luther mani-

---

[7] III, 68. Der von Holl dort beigebrachte Beleg aus de vera religione (III, 68[3]) entspricht sachlich dem oben angeführten Zitat aus confessiones VIII, 8, wo seine philosophischen Kenntnisse als doctrina sine corde bezeichnet werden.

festiert. Das ist der Maßstab, mit dem Holl arbeitet und bei dessen Handhabung für ihn abgewandelt auch das Wort Jesu gilt, daß niemand seiner Länge eine Elle zusetzen kann.

Die Bekehrung ist ein persönliches Erlebnis von unvertauschbarer Originalität, aber es unterscheidet sich auch darüber hinaus grundsätzlich und fundamental von dem gleichartigen Erlebnis Luthers. Beide Male handelt es sich zwar um das Überwältigtwerden von der Macht des Göttlichen; aber die Instanz, in der sich dies Göttliche manifestiert, ist bei beiden eine andere. Bei Luther ist es die durch das Bibelwort vermittelte göttliche Anrede, bei Augustin die geschichtlich-empirische Kirche. Für Luther wird man hinzufügen müssen, daß er sich mit dem durch die göttliche Anrede Vernommenen *gegen* diese vorhandene Kirche behaupten mußte. Während Luther dadurch in eine isolierte Einsamkeit geführt und dabei völlig auf sich selbst zurückgeworfen wird und so als Einzelner zum Widerspruch nicht nur zur kirchlichen Gemeinschaft sondern schließlich zu seinem ganzen Zeitalter gezwungen wird, bejaht Augustin die große Gemeinschaft, in deren Schutz er sich geborgen fühlt und die ihm schon durch ihre numerische Überlegenheit die Wahrheit ihrer Anschauungen verbürgt. Diese Überlegung hat schon den Schritt seiner Bekehrung bestimmt[8].

Holl gibt noch eine weitere interessante Begründung für diesen Schritt: das ist die Dankbarkeit für den Dienst, den sie ihm erwiesen hat, indem sie dem in der Welt Gescheiterten eine andere, und man wird hinzufügen müssen, eine höhere und bessere Möglichkeit der Lebenserfüllung eröffnet in der Hingabe an das Geistige und in der Gottesliebe. An diese Autorität hat er sich gebunden gewußt sein ganzes Leben hindurch, ja sie hat sich für ihn im Laufe der Zeit ständig versteift und verhärtet. Das wird besonders deutlich an seiner Haltung im Donatistenstreit. Die Inanspruchnahme staatlicher Zwangsgewalt gegen die Widerstrebenden ergibt sich logisch aus seinem Prinzip[9].

Das war ein Punkt in der Kritik Augustins, den Harnack nicht gelten lassen konnte. In seiner Darstellung des großen Kirchenvaters in seiner Dogmengeschichte hat er die Notwendigkeit und religiöse Berechtigung der Autorität ausführlich begründet. Er macht geltend, daß es ohne eine zwischengeschaltete Autorität überhaupt keine Religion für den Durchschnittsmenschen gäbe — er nennt ihn

[8] III, 63   [9] III, 92

vornehm den »nicht-spiritualen Christen« —, weil dieser nicht in der Lage sei, den religiösen Besitz selbsttätig zu produzieren.

> »Noch hat es in der Welt keinen starken religiösen Glauben gegeben, der nicht an irgend einem *entscheidenden* Punkt sich auf eine *äußere Autorität* berufen hätte. . . .
> Vor allem kann der Gottesgedanke, der Gedanke der Liebe Gottes, nie eine unerschütterliche Gewißheit erhalten, ohne daß er getragen wird von einer äußeren Autorität.« (Harnack, DG⁵ III, 81)

Als Beispiele für diesen Grundsatz werden Luther, der sich auf das geschriebene Wort Gottes und Jesus, der sich auf das Alte Testament berufen hat, angeführt.

Was die unerschütterliche Gewißheit angeht, so wird man dem gerade Augustin entgegenhalten dürfen, der mit seiner äußeren Autorität es gerade deswegen nie zu einer letzten Gewißheit brachte, wie Holl nachgewiesen hat. Es ist aber auch sehr zu fragen, ob das für Luther zutrifft. Auf jeden Fall scheint hier ein sehr viel komplizierterer Sachverhalt auf unzulässige Weise vereinfacht worden zu sein. Sicherlich handelt es sich bei Luther in seinem Verhältnis zur hl. Schrift nicht um eine blinde Unterwerfung unter eine formale Autorität. Auch ist das Verhältnis Kirche und hl. Schrift anders bestimmt; der Gaube muß in einem Akt freier Einsicht sich von der Wahrheit des Schriftwortes überzeugen. Er muß von der Wahrheit des Evangelium und d. h. von dem in ihm redenden Gott durch das geschichtlich bedingte, in Menschenwort gefaßte Schriftwort innerlich überwunden werden[10]. Damit ist sowohl eine säkularisierte

---

[10] Im Vorgriff auf die später im Zusammenhang mit der Luther-Darstellung Holls eingehender zu behandelnde Frage der Schriftauslegung mag schon jetzt auf die leider nicht zum Abschluß gekommene Arbeit von E. Hirsch über das Gewissen in Luthers Theologie »Drei Kapitel zu Luthers Lehre vom Gewissen« Luther-Studien I, 1954 hingewiesen werden, wo die Frage der Selbständigkeit und Eigenverantwortlichkeit der religiösen Erkenntnis und des persönlichen Glaubens eindringlich behandelt wird. Hirsch hat hier auch Augustin einen Abschnitt gewidmet und kommt zu gleichen Ergebnissen wie Holl. Vgl. Luther-Studien I, 65: »(Das Gewissen) gibt nach ihm (= Augustin) keine rechte Hoffnung zu Gott, die nicht eine letzte Unsicherheit, eine letzte Furcht vor der Verdammnis in sich hat.« Hirsch führte diese Grenze auf die Grundidee in der Frömmigkeit Augustins zurück: das eudämonistisch verstandene frui deo. Bei Luther würde allein der Hinweis auf die Eingangsworte der ersten Invocavit-Predigt von 1522 genügen, um den Unterschied klarzumachen. (WA X, 3, 1, 5 ff. = BoA 7, 363, 15 ff.) Vgl. auch Hirsch, Luther-Studien I, 210. Harnack hat auf diesen Punkt lediglich in einer bei dem Umfang seiner Augustin-Darstellung erstaunlich kurzen Anmerkung hingewiesen. DG⁵ III, 89¹.

Autonomie wie ein äußerlicher Autoritätsglaube abgelehnt. Daß der Gehalt des christlichen Glaubens passiv empfangen wird, schließt zwar alle eigene Erzeugung aus, fordert aber, daß er durch einen geistigen Akt persönlicher Aneignung und innerer Bejahung in die subjektive Einsicht überführt werden muß. Wo das Letztere zu kurz kommt oder ganz wegfällt, verlieren Glaube und Christentum ihren reformatorischen Charakter. Trotz seiner kritischen Verwahrungen und Abgrenzungen muß man es aussprechen, daß Harnack hier offensichtlich unter dem Einfluß Augustins das reformatorische Christentum zu verleugnen Gefahr läuft. Und mit ihm alle, welche die Kirche als äußere Autorität auch im Protestantismus wiedereinschmuggeln wollen. Die Bedeutung dieser Fragen für Luther wird im letzten Kapitel des II. Teils dieser Arbeit ausführlicher behandelt werden.

2. Paulinismus und Prädestination

Es muß schließlich noch etwas gesagt werden über die Rolle, die Paulus in der Entwicklung Augustins gespielt hat. In dem Kapitel über Antonius und das griechische Mönchtum war gezeigt worden, wie sich hier ein Stück urchristlicher Religion wieder emporringt und neu behauptet. Die schon im nachapostolischen Zeitalter verlorengegangene unmittelbare Heilsgewißheit des einzelnen Christen aus dem Erlebnis persönlicher Gottesgemeinschaft erfährt in den großen griechischen Mönchsheiligen eine plötzliche Wiederbelebung, die ein neues christliches Lebensideal erzeugt und eine große religiöse Bewegung hervorruft. Der Einbruch dieser Bewegung in das westliche Imperium hat zu einer wesentlichen Vertiefung des abendländischen Christentums geführt. Es war gezeigt worden, daß die Bekehrung Augustins eine Hinwendung zur mönchischen Askese gewesen ist. Hier ist jetzt der Punkt, außerdem festzustellen, daß diese monastische Erweckung ihm die Begegnung mit Paulus vermittelt hat, wie sich das auch in der Schilderung seiner Bekehrung spiegelt. Durch Augustin ist der Paulinismus ein wesentliches und weiterwirkendes Element in der abendländischen Kirche geworden, das immer wieder Menschen und Herzen ergriffen und neue Impulse ausgelöst hat. So hat Harnack Augustin als Reformator der Frömmigkeit verstanden, wenn er seinen Einfluß auf Paulus zurückführt[11].

---

[11] Harnack, DG⁵ III, 72²

Holl untersucht, wie es um diesen sogenannten Paulinismus bei Augustin bestellt ist, d. h. *was* er von Paulus übernommen und *wie* er es für sich verwendet hat.

> »Aber es gilt doch, ... schärfer zuzusehen, was *tatsächlich* dabei als *sein* ›Paulinismus‹ herausgekommen ist.« (III, 94)

Was Augustin von Paulus übernimmt, ist die Gnadenlehre und mit ihr die Idee der Prädestination. Was hat ihn dazu bewegt, zumal sie seinen Vorstellungen vom freien Willen und vom Verdienst widersprachen, die er doch so nötig für die Widerlegung des Manichäismus brauchte? Man wird es vielleicht so ausdrücken dürfen: Augustin erkennt als erster den wunden Punkt in der östlichen Frömmigkeitsgeschichte, er entdeckt nämlich, daß die platonisierende Theologie und die personale ethische Religion des Mönchtums in einer Disharmonie stehen. Er hat das Empfinden, daß das von ihm in der Bekehrung Erlebte nur gesichert werden kann, wenn er in den verschwommenen Neuplatonismus den harten Keil der Prädestinationslehre einhaut. Nur so wird der christliche Gottesbegriff vor der Auflösung in Spekulation und Metaphysik gesichert und kommt das lebendig Bewegte, Affektgeladene im biblischen Gottesbild zur Wirkung[12].

Man kann ohne Übertreibung sagen, daß dadurch der ganze Reichtum und Tiefsinn der augustinischen Gedanken gerettet worden ist, denn jetzt erst haben sie den ganzen biblischen Ernst gewonnen, der über dem christlichen Gottesverhältnis waltet und der durch die platonisierende Reflexion ernsthaft bedroht war.

Diese Bedeutung der Prädestination für Augustins Entwicklung hat Harnack nicht erkannt[13]. In seiner Darstellung Augustins selbst wird sie nur kurz gestreift[14] und dann in einer zusammenfassenden Beurteilung des Augustinismus negativ gewertet.

Es scheint Harnack hier entgangen zu sein, daß er sich mit dieser Kritik jedenfalls gegen das *paulinische Evangelium* erklärt hat: denn dem sind sie bei Augustin entnommen. Ebenso scheint übersehen, daß Augustin seine Prädestinationstheorie durchaus auch mit einem Freiheitsgefühl hat verbinden können. Als gleichartig gestimmte Natur empfindet Harnack die Wahlverwandtschaft mit dem Neuplatoniker Augustin. Die Grenze seines Augustin-Verständnisses tritt aber in der Unfähigkeit zu Tage, die Berechtigung

---

[12] III, 96
[13] Harnack, DG⁵ III, 217 Beurteilung des Augustinismus
[14] A.a.O., 205

der Prädestination im Ganzen seines Systems zu begreifen und die Notwendigkeit der Ergänzung einer ausschließlich oder überwiegend kontemplativ-ästhetischen Betrachtung zu erkennen. Nimmt man nämlich dieses Ja zu dem prädestinatianischen Gott des Neuen Testamentes aus Augustin weg d. h. beseitigt man die Brechung des neuplatonischen Gottesbegriffs durch den biblischen, so bleibt nur übrig, was die mittelalterliche Kirche von ihm übernommen hat: der Sakramentalismus und das Papsttum. Damit aber wird dieser originelle und tiefe Geist, dessen Größe Harnack zu rühmen nicht müde wird, gerade um sein Eigenstes gebracht. Dogmengeschichtlich könnte man sagen, daß so gesehen Petrus Lombardus als der richtige Interpret Augustins anzusehen sei.

Dieser durch die Prädestination vertiefte Gottesbegriff hat Augustins Blickfeld geweitet und ihn auf die Bedeutung der Geschichte geführt. Auch hier hat er die unmittelbare Anregung durch Paulus empfangen, der als Erster die Welt- und Menschheitsgeschichte in den Kreis seiner Betrachtung gezogen und in seiner Entgegensetzung von Adam und Christus den ersten Entwurf einer christlichen Geschichtsbetrachtung geliefert und diese damit eröffnet hat. Augustins großes Werk über den Gottesstaat ist als Fortsetzung dieser Linie epochemachend für das abendländische Geschichtsdenken geworden[15].

Auch dies war eine Korrektur und Ergänzung in Harnacks Augustin-Bild, wo eine Würdigung seiner Leistung als Geschichtsdenker völlig fehlt. De civitate dei ist nur in seinen Beziehungen zum Kirchenbegriff ausgewertet, und die Neigung Augustins, über die metaphysische und psychologische zur geschichtlichen Betrachtung der Zusammenhänge fortzuschreiten, nur negativ beurteilt[16].

Aber Holl beschränkt sich nicht auf die Registrierung der feststellbaren Einflüsse des Apostels Paulus auf Augustin, er mißt auch Augustin an Paulus d. h. er beurteilt das Übernommene kritisch, indem er es mit dem Ursprünglichen vergleicht. Dabei ergibt sich folgendes.

Augustin hat zwar ein Stück Paulinismus übernommen und hat dadurch immer wieder anregend und beunruhigend in der Kirche gewirkt. Aber er hat durch zwei entscheidende Vorbehalte diesen Schritt letztlich entwertet und in Frage gestellt. Er hat den Widerspruch der paulinischen Elemente mit dem Vulgärkatholizismus nicht empfunden und beides unausgeglichen nebeneinander stehen

[15] III, 98   [16] DG⁵ III, 220

lassen, ohne für das Feindselige des Widerspruchs einen Sinn zu haben. Jene Seite des Katholizismus, die von seinen protestantischen Bewunderern und Lobrednern gern ignoriert oder verschwiegen wird, die Religion zweiter Klasse, das Heidentum und der Aberglaube, all das steht ungestört und unangefochten und neben den sublimen Gedanken über die Gnade und die Erwählung. Augustin hat keine Veranlassung gesehen, die bestehende Frömmigkeit kritisch zu reformieren, ja, er hat sie (z. B. die Märtyrerverehrung und den Fegfeuerglauben) sogar gefördert. Die von Harnack mit soviel Leidenschaft vertretene These von Augustin als dem Reformator der christlichen Frömmigkeit (DG^5 III, 59—92) erleidet durch Holl eine empfindliche Einschränkung. Wenn dieses ungestörte Nebeneinander von persönlicher Herzensfrömmigkeit und äußerlicher Superstition charakteristisch geblieben ist für den römischen Katholizismus bis auf den heutigen Tag, dann ist Augustin auch hier der Kirchenvater für *beide* Seiten in dieser complexio oppositorum.

Durch diesen Mangel an Polemik gegen das Unterchristliche dieser Religiosität unterscheidet sich Augustin unvorteilhaft von den späteren Vertretern seiner Theologie wie Gottschalk, Wiclif, Hus, Luther und den Jansenisten, die jeder in seiner Art ein unerbittlich leidenschaftliches Nein! zu den Gestalten verderbter Religion ausgesprochen haben[17].

Noch stärker als in der Frömmigkeit wird in der *Ethik* die Grenze Augustins offenbar. Hier sind die Gedanken Augustins verhängnisvoll für die Folgezeit geworden und haben jene Korruption zur Folge gehabt, die erst durch Luther überwunden ist. Indem Augustin die Selbstliebe zur Voraussetzung der Gottesliebe macht, bestätigt er, daß das Glücksstreben Grundlage und Ziel seines Handelns bleiben. Seit der Bekehrung hat sich nichts daran geändert, daß der Eudämonismus den Untergrund seiner Lebensanschauung und Frömmigkeit bildet. Was Holl bei der Analyse dieses entscheidenden Vorgangs festgestellt hatte, wird durch die spätere Entwicklung nur bestätigt. Mit dem Christwerden hat sich nur der Gegenstand des Glücksstrebens gewandelt, aber das letzte und höchste sittliche Verhalten Gott gegenüber ist nicht jener schöpferische Glaubensgehorsam, für den die Liebe als Selbstverleugnung und Hingabe des Gesetzes Erfüllung im Sinne von Röm. 13 und I. Cor. 13 darstellt wie bei Paulus, sondern der nie endende Genuß

---

[17] III, 107

Gottes als des höchsten Gutes, der allen irdischen Genüssen weit überlegen ist. Frui deo ist daher die Formel, mit welcher am deutlichsten dieser Zustand beschrieben wird.

»Augustin hat damit die *eudämonistische Auffassung des sittlichen Gebots*, die Zurückführung seiner Verbindlichkeit auf ein durch die Befolgung zu gewinnendes *Glück*, vom philosophischen Boden aus bestätigt und die katholische Anschauung dauernd in diesem Sinn festgelegt. Er hat aber auch kein Bedenken getragen, den *Egoismus*, der in dem Glücksstreben immer mit enthalten ist, ausdrücklich als berechtigt anzuerkennen. *Richtig sich selbst lieben, heißt Gott lieben*.« (I, 161)

»(Augustin) meinte unbefangen, daß gerade in einer derartigen Gottesliebe die Selbstliebe am besten auf ihre Rechnung käme.« (I, 53)

Es bestätigt sich,

»*daß der Einfluß des Paulus nicht bis in die letzten Tiefen* bei Augustin *hinabgereicht* hat. Unberührt ist geblieben der *eudämonistische* Grundzug seiner Ethik und — trotz allen Redens von der caritas — die Einstellung des ganzen Strebens auf das eigene *Selbst*.« (III, 111)

Es ist also nur *ein stark verkürzter Paulinismus*, den Augustin übernimmt. Die Grundstruktur seiner Religionsphilosophie und Ethik war davon nicht betroffen.

So leuchtet Holl hinter die glänzende Fassade von Rhetorik und Pathos und trifft auf einen sehr unpathetischen Tatbestand. Der Troubadour Gottes wandelt sich bei dieser Betrachtung in den »Verderber der christlichen Sittlichkeit«, wie Holl ihn immer wieder gebrandmarkt hat[18]. »Auch in diesem Stück« d. h. er ist es doch wohl auch in andern. Erst Luther hat den Eudämonismus, den Augustin in die Betrachtung des Sittlichen eingeführt hatte, endgültig überwunden und beseitigt. Darauf wird im II. Teil dieser Untersuchung näher einzugehen sein. Er konnte das, weil er mehr von Paulus gelernt hatte als Augustin.

Noch an einer dritten Stelle zeigt sich, daß es sich um einen stark verkümmerten Paulinismus handelt, den Augustin übernimmt. Es fehlt die Krone des Ganzen, jene siegesgewisse, weltüberlegene *Gottesgewißheit*, wie sie aus Römer 8 strahlt und wie sie Luthers Glaube ziert. Diesen letzten Schritt hat er trotz Prädestination und gratia irresistibilis nie gewagt, weil er ein unselbständiger Geist war, der auf eigenen Füßen nicht zu stehen vermochte. Eine letzte Unsicherheit in seinem Gottesverhältnis hat er nie überwunden, und als ein wirklich Begnadeter hat er sich niemals fühlen können, wie das seine Theorie vom donum perseverantiae bestätigt.

Eine Situation wie die Luthers in Worms wäre für ihn unvorstell-

---

[18] I, 165

bar gewesen. Ein eigenes Urteil gegen die Masse, die Mehrheit, die Kirche, das hätte er nie gewagt. Aber schon im Vergleich mit den ihm geschichtlich viel näher stehenden Alexandrinern und dem griechischen Mönchtum kann er nicht bestehen. Deshalb vermag er ohne religiöse Krücken nicht leben. Die Autorität der Kirche und die Vernunft der Philosophie sind unentbehrlich für eine Haltung, für welche die urchristliche Heilsgewißheit aus der Unmittelbarkeit persönlicher Gottesgemeinschaft ohne Hilfestellung und Zwischenschaltungen unerschwinglich bleibt[19].

Hat man das erkannt, dann beschränkt sich der augustinische Paulinismus im Grunde genommen auf eine bestimmte Sicht, eine Perspektive, eine Betrachtungsweise. Deshalb bleibt seine Auswirkung gehemmt und begrenzt. Er ist in gewissem Sinne *eine Ergänzung des Neuplatonismus,* und die mit der Bekehrung erfolgte Begegnung mit dem Apostel hat eine fortgesetzte Beschäftigung mit ihm zur Folge gehabt, aber sie hat ihn niemals zu einem radikalen Pauliner gemacht wie Luther.

> »Überlegt man sich dies alles, dann scheint der ganze Paulinismus Augustins zu einer *bloßen Betrachtungsweise* herabzusinken, zu einer Beleuchtung der Dinge und Vorgänge von einem jenseitigen Standpunkt her, die doch auf das tatsächliche Verhalten kaum einen Einfluß ausübte.« (III, 115)

Das ist das abschließende Urteil Holls über den Paulinismus Augustins. Es bleibt in seiner Negativität jedoch nicht ohne Einschränkung. Es gehört zur Eigenart Augustins und bildet den Reiz seiner Theologie, daß sie eine Synthese aus verschiedenen Elementen darstellt. Jedes große geistige Erlebnis in seiner Entwicklung hat seinen bleibenden Niederschlag gefunden. Der manichäische Dualismus spiegelt sich deutlich genug in den Gegensätzen der civitas terrena und civitas dei in dem opus magnum des Bischofs von Hippo, der neuplatonische Gottesbegriff und die damit verbundenen Seinsspekulationen sind nicht wegzudenken aus dem Ganzen, weil sie ihm den Schein einer ästhetischen Harmonie geben, die Berührung mit der mönchischen Frömmigkeit des Ostens hat seine praktische Lebensführung sowie sein sittliches Denken bestimmt, und die Bibel, vorab Paulus, hat seinen Gottesbegriff und seine Frömmigkeit vertieft und bereichert. Es sind divergierende Gedankenmassen, und Augustin hat sie nie untereinander ausgeglichen. Zum Kummer Harnacks, der trotz aller Verehrung für den großen Kirchenvater diesen Mangel schmerzlich empfand. Holl sah schärfer. Er fand

---

[19] III, 112

diese Widersprüchlichkeit in der religiösen Veranlagung Augustins verankert, die ein Schwanken zwischen äußerer Autorität und persönlicher Frömmigkeit, zwischen der unwiderstehlichen Gnade und dem Verdienstgedanken, zwischen der göttlichen Erwählung und bleibenden Unsicherheit mit der Bitte um die Gabe der Beständigkeit, zwischen dem numerus praedestinatorum und der Identität von Reich Gottes und empirisch-römischer Kirche zwangsläufig zur Folge hatte. So wird Augustins Frömmigkeit ein Oszillieren zwischen zwei Polen, und erst in dieser Bewegung von dem schweifenden Suchen zum ausruhenden Gefundenhaben und von einem neuen Umgetriebenwerden zum Wiederinnewerden einer seligen Geborgenheit liegt das Eigentümliche seines Wesens. Ein starkes Ruhebedürfnis verbindet sich mit einer lebhaften Unruhe und verhindert das Ausharren bei einem einmal gewonnenen Ziel[20]. Gerade dieser Umstand ist die Ursache für die zahlreichen und vielfältigen Anregungen, die im Laufe der Kirchengeschichte von Augustin ausgegangen sind. Revolutionäre und Konservative, Scholastiker und Reformatoren haben ihre Ideen mit ihm gerechtfertigt. Aber im Grunde genommen hat ihn doch die katholische Kirche am besten verstanden.

Die Erkenntnisse Holls sind in vielem unwiderleglich und haben einen Umbruch in der Augustin-Forschung bedeutet. Aber sie sind mit den Augen des Hasses gesehen, und das ist ihre Grenze. Freilich sieht auch der Haß scharf, vielleicht noch schärfer als die Liebe. Aber er sieht einseitig, und ihm fehlt eine entscheidende Voraussetzung für die letzte geschichtliche Erkenntnis, die liebende Versenkung in das fremde Leben und eine geheimnisvoll innere Verbundenheit mit ihm. Das begrenzt sein Verständnis auf die Wahrnehmung der schwachen Punkte bei Augustin. Und auf diese kommt es ihm an. Es ist nicht nur biographisches Interesse an einem besseren Augustin-Bild, es ist die Verneinung einer bestimmten Frömmigkeit, einer religiös-ethischen Haltung, die nach seiner Auffassung das Gottesverhältnis ebenso wie die Sittlichkeit verdirbt und die als Gefahr für das Christentum im Grunde jedes Menschenherzens lauert. Der religiöse Eudämonismus d. h. das menschliche Glücksstreben, das sich auch das Religiöse dienstbar macht und das Verhalten zum Nächsten bestimmt, bedroht den Glauben, und Augustin ist das klassische Beispiel dafür, wie ein großer Geist mit seinem weitgespannten Empfindungsreichtum und seiner scharfen Intellek-

---

[20] III, 115 f.

tualität diesem religiösem Eudämonismus erliegt. Das sind nicht nur kleine Schönheitsfehler im System, sondern das ist ein Grundgebrechen, das in der seelischen Struktur seiner Persönlichkeit verankert liegt und daher schon den Ansatz seines Denkens bestimmt. Auch Harnack ist nicht völlig blind dafür gewesen. Aber seine diesbezüglichen Ausführungen haben den Charakter von Zugeständnissen, zu denen er sich gleichsam widerwillig gezwungen sieht. Im Grunde genommen empfindet er sich mit Augustin wahlverwandt, während Holl sich getrennt weiß. Die Ursachen hierfür liegen tiefer. Bei Holl ist es die strenge Zucht durch Luther und die herbe Strenge des reformatorischen Evangeliums, die ihm für das Gebrechen in Augustins Frömmigkeit die Augen weiter geöffnet hatten als Harnack. Eine Erneuerung des bestehenden Christentums durch eine Wiederbelebung Augustins, wie Harnack das gefordert und erstrebt hatte, wäre für ihn völlig unannehmbar gewesen. Die Harnacksche Formel müßte für ihn umgeprägt werden: Das neue Christentum der Zukunft wird reformatorisch sein oder es wird überhaupt nicht sein!

Doch hat auch Holls Kritik ihre Schwäche; sie gerät in Gefahr, kleinlich-moralistisch zu werden und läßt den Sinn für die bleibende Größe Augustins vermissen, die trotz egozentrischer Frömmigkeit und trotz dadurch entstandener Schäden in der Kirchengeschichte nicht geleugnet werden kann. Wenn er das Brustleiden als den eigentlichen Anstoß für die Bekehrung bezeichnet und damit eins der größten Ereignisse in der Geschichte der Alten Kirche und in der Geschichte des menschlichen Seelenlebens erklärt zu haben glaubt, so verkennt er die vielfältigen Möglichkeiten, durch die das Herz Gottes Willen erfährt. Es steht der göttlichen Gnade frei, auch Brustleiden zu gebrauchen, um Menschen dadurch auf den richtigen Weg zu führen. Es kommt auf den Menschen an und auf das, was er aus dem Vorgang macht. Schwerlich wird sich der Betrachter bei Augustin der Ehrfurcht vor dem Vorgang entziehen, die jeden Tadel dieser Art zurückweist.

7. Kapitel

Holl als Herausgeber des Epiphanius

1910 Die handschriftliche Überlieferung des Epiphanius, Texte und Untersuchungen 36, 2
1915 Epiphanius I: Ancoratus und Panarion haer. 1—33
1916 Die Schriften des Epiphanius gegen die Bilderverehrung, II, 351—387
1922 II: Panarion haer. 34—64 in: Die griechischen christlichen Schriftsteller der ersten drei Jahrhunderte Bd. 25 und 31
1927 Ein Bruchstück aus einem bisher unbekannten Brief des Epiphanius, II, 204—224

Agnes v. Zahn-Harnack hat in der Biographie über ihren Vater Adolf v. Harnack berichtet, wie es im Jahre 1891 zur Gründung der Kirchenväter-Kommission der Preußischen Akademie der Wissenschaften kam[1]. Diese stellte sich die Aufgabe, die griechischen Kirchenväter der vorkonstantinischen Zeit neu herauszugeben. Zu ihrer Leitung wurde Harnack berufen. Er legte zunächst in seiner monumentalen »Geschichte der altchristlichen Literatur bis Eusebius« I 1893 II, 1 1897 II, 2 1904 eine Übersicht über den gesamten zu bewältigenden Stoff vor. Im Jahre 1894 berief er den damals 28-jährigen Karl Holl aus Tübingen nach dessen dreijähriger Repetentenzeit als wissenschaftlichen Hilfsarbeiter in die Kirchenväter-Kommission nach Berlin[2].

Die Berufung machte sich bezahlt. Holl stellte seine außergewöhnliche philologische Begabung und seine ausgedehnten patristischen Kenntnisse durch die musterhafte Herausgabe von zwei besonders schwierigen Werken unter Beweis. Im Jahre 1897 veröffentlichte er die Sacra parallela des Johannes Damascenus, ein gewaltiges Sammelwerk von Zitaten sowie größeren und kleineren Exzerpten aus kirchlichen und weltlichen Autoren. Hier war die philologische Aufgabe, aus den verschiedenen Handschriften eine dem Urtext am nächsten kommende Rezension zu erarbeiten, verbunden mit der Frage nach den verschiedenen Quellen, aus denen diese riesige Materialsammlung sich zusammensetzte. Holl löste die Aufgabe

---

[1] Agnes von Zahn-Harnack, Adolf von Harnack, 2. Aufl. 1951, 193 ff.
[2] III, 568

glänzend. Zwei Jahre danach, 1899, konnte er eine Sammlung von Zitaten vornicänischer Kirchenväter, die in der Zusammenstellung des Damascenus enthalten war, geschlossen herausgeben. Über diese beiden Ausgaben schreibt Lietzmann:

> »Wer Augen hatte zu sehen, konnte schon jetzt erkennen, daß der junge Hilfsarbeiter der Akademie eine angeborene und glänzend ausgebildete philologische Begabung besaß, die ihn zu den schwierigsten Editionsleistungen befähigte.« (III, 569)

Das war um so höher zu bewerten, als Holl niemals eine methodische Einführung und Anleitung für diese Arbeit empfangen hatte, also vollständig Autodidakt war. Lietzmann fährt daher fort:

> »..., was er konnte, verdankte er ausschließlich eigener Arbeit: durch eine philologische Schule ist er nie gegangen.«

So besaß er die Voraussetzungen für eins der schwierigsten Unternehmen der Kirchenväter-Kommission, die Herausgabe des Epiphanius, eines griechischen Theologen des 4. Jahrhunderts. Neben Holls Beiträgen zur Geschichte des Mönchtums und der griechischen Liturgie zählt Lietzmann dieses Editionswerk zu seiner dritten großen Leistung auf dem Gebiet der Alten Kirche. Die Arbeit daran hat sich über sein ganzes Gelehrtenleben bis zu seinem Tod hin erstreckt, ohne daß er sie hat beenden können. Zum Abschluß gebracht hat sie Lietzmann. Holl hat die an diesem Werk zugebrachten Stunden zu den glücklichsten seines Lebens gezählt.

Die Schwierigkeiten dieses Unternehmens liegen in den besonders verwickelten Textverhältnissen. Holl prüft zunächst das gesamte Handschriftenmaterial, unterscheidet eine ältere und eine jüngere Handschriftengruppe und untersucht das gegenseitige Abhängigkeitsverhältnis. Den Gang seiner Untersuchung sowie das Ergebnis hat er in den von Harnack und Carl Schmidt herausgegebenen »Texten und Untersuchungen zur Geschichte der altchristlichen Literatur« 36, 2 unter dem Titel *»Die handschriftliche Überlieferung des Epiphanius (Ancoratus und Panarion)«* 1910 veröffentlicht. Holl gibt dort zunächst eine Übersicht über die Geschichte der Ausgaben von der ersten noch im Reformationsjahrhundert unter Oporinus veranstalteten über die des Jesuiten Petavius im 17. Jahrhundert, die der Migne-Reihe zugrundegelegt ist, bis zu den beiden fast gleichzeitig erschienenen Ausgaben des 19. Jahrhunderts von Franz Öhler 1859—61 und Wilhelm Dindorf 1859—62, welch letztere Holl als Druckvorlage benutzt hat. Dann läßt er eine Beschreibung der einzelnen Handschriften folgen und untersucht schließlich deren gegenseitiges Abhängigkeitsverhältnis. Dabei stellt sich heraus, daß sowohl in der Gruppe der älteren als auch der jüngeren Handschriften je nur ein selbständiger Zeuge übrigbleibt, die beide auf *einen* gemeinsamen Archetypus zurückgehen, den Vaticanus 503. Dieser indessen weist Spuren mehrfacher Bearbeitung auf, welche auf die Bedeutung von zwei für uns heute verlorengegangene Epiphanius-Handschriften schließen lassen. Danach muß schon die dem jetzigen Vaticanus 503 zugrundeliegende Urfassung eine erhebliche Verfälschung und Verschlechterung des Textes dargestellt haben. Denn dieser ist durch zwei attische Korrekturen bearbeitet worden, die zweite davon unter Benutzung der nicht mehr erhaltenen andern beiden Handschriften. Holl gibt ihm das Sigel »V corr.«. In seiner Untersuchung erbringt er den Nachweis, daß alle andern 8 Codices Abschriften davon sind. Diese ganze Untersuchung vereinigt einen geradezu kriminalistischen Scharfsinn mit einer unerhörten Kenntnis des gesamten Textes. Kann man das Erste als Begabung verstehen, so ist das Zweite erwachsen aus einem eisernen Fleiß.

Im übrigen tritt hier eine bezeichnende Seite an Holls ganzer gelehrter Arbeit heraus. Er hatte den Glauben, daß im Grunde alle Dinge einfach liegen und daß es die Aufgabe des Gelehrten sei, erstens den gesamten empirischen Stoff vollständig zu erfassen, sodann aber über das so Erfaßte unter ständigem scharfen Vergleichen nachzudenken mit dem Ziel, die einfachen Grundtatsachen zu finden. Das zeigt sich bei ihm darin, daß ein großer Wust von Handschriften auf eine einzige Handschrift und deren Korrekturen zurückgeführt wird, so daß die Editionsaufgabe nicht die wird, das jeweils Beste auszusuchen, sondern aus einer einzigen Handschrift die als verderbt erkannt worden ist, *den richtigen Text durch Konjekturalkritik zuwege zu bringen.*

Das ist bei Holl mehr als eine besondere wissenschaftliche Methodik. Dahinter steht ein bestimmtes Welt- und Gottesbild. Es ist der Glaube und die Leidenschaft, daß im Grunde die Welt und der Gang der Dinge einfach sind. Damit verbunden ist die Neigung, auch die großen Persönlichkeiten von einem ganz eigentümlichen Grunderlebnis zu verstehen, wobei die differenzierten Gestalten meist schlecht wegkommen.

Durch die intensive Beschäftigung mit dem gesamten Handschriftenmaterial war Holl das erschreckende Maß der Verderbtheit des Textes offenbar geworden. Im Gegensatz zu den früheren Herausgebern, die sich offenbar zufriedengegeben hatten, wenn ein Satz überhaupt irgendwie noch übersetzbar erschien, hat er nach dem

Prinzip gearbeitet: Ein Autor denkt sich etwas bei dem, was er schreibt. Er war der Ansicht, daß, obwohl Epiphanius ein theologischer Barbar und naiver Phantast gewesen ist, der die Dinge zumeist gröblich mißverstanden hat, ihm doch nicht jede Dummheit schlechthin zugetraut werden kann. Gerade solche beschränkten Geister wie Epiphanius pflegen zumindest gewissenhaft abzuschreiben. Holl ging daher methodisch davon aus, daß die Verderbnisse in diesen abgeschriebenen Texten nicht als Zeugnisse anderer Textformen, sondern als Fehler der späteren Abschreiber zu werten seien. Von daher war der Umfang zu ermessen, der allein durch Konjekturalkritik gebessert werden konnte. Dabei stellte sich heraus, daß der Text außerdem durch zahllose Weglassungen, oft bis zur Sinnlosigkeit, entstellt war, von denen einzelne schon dem katholischen Herausgeber des 17. Jahrhunderts, Petavius, aufgefallen waren. Doch niemals hatte jemand den grundlegenden Versuch gewagt, hier Ordnung hineinzubringen. Die Lage schien so hoffnungslos, daß sowohl Dindorf als auch Oehler lediglich den überlieferten Text wieder abgedruckt hatten.

Holl geht so vor, daß er zunächst fragt, an welcher Stelle des sinnlosen Textes eine Lücke anzunehmen sei. Das setzt in jedem Fall sowohl die vollständige Beherrschung des gesamten schriftstellerischen Werkes des Autors als auch ein scharfes Auge voraus, d. h. die Lücke muß als solche entdeckt werden. Aber dann muß diese gefundene Lücke ausgefüllt und der Text ergänzt werden. Die Erkenntnis dessen, was Epiphanius hat sagen wollen, muß verbunden werden mit einer umfassenden Kenntnis der stilistischen Eigenart des Verfassers. Zu diesem Zweck hatte Holl eine umfangreiche Vorarbeit geleistet. Er hatte auf Grund seiner einzigartigen Vertrautheit mit diesem »sonst kaum von einem Menschen im Zusammenhang gelesenen Schriftsteller« (so Lietzmann in der Gedächtnisrede III, 572) sich Tabellen nach den verschiedensten Gesichtspunkten, besonders hinsichtlich des Sprachgebrauchs, angelegt bis hin zu der Verwendung von Partikeln und anderer stilistischer Eigentümlichkeiten, welche es ihm erlaubten, die Konjekturen stets dem von Epiphanius verwendeten Sprach- und Ausdrucksschatz direkt zu entnehmen oder entsprechend zu bilden. Lietzmann hat diese Arbeitsweise folgendermaßen charakterisiert:

> »Nachdem er einmal erkannt hatte, daß unsere gesamte Überlieferung auf ein überaus nachlässig geschriebenes und durch zahlreiche Lücken und gröbste äußerliche Fehler entstelltes Exemplar zurückgeht, bewies er auch den Mut, ohne ängstlichen Respekt vor dem überlieferten Buchstaben durch Konjek-

turen und Ergänzungen den Text in souveräner Weise zu rekonstruieren.« (III, 572)

Mitten im ersten Weltkrieg erschien der I. Band 1915; 1922 folgte der II. Den III. Band hat Lietzmann nach dem Tode Holls herausgegeben.

Wer sich in diese Arbeit Holls vertieft, wird stets aufs neue überrascht sein, wie sinnlose oder völlig sinnentstellte Satzgebilde durch seine Hand Sinn und Gehalt empfangen. Der gefundene Sinn, der unverständliche Satztrümmer in verständige Aussagen verwandelt, führt den Beweis seiner Richtigkeit durch sich selbst. Die einleuchtende Evidenz der gefundenen Konjektur verbindet sich mit der Bewunderung vor der eleganten Lösung eines seit Jahrhunderten unlösbar geschienenen Problems. Epiphanius konnte mit seinem Herausgeber zufrieden sein[3]. Der Leiter der Kirchenväter-Kommission, Adolf Harnack, hat sein Urteil so ausgesprochen:

»H o l l aber hat in seiner Epiphaniusausgabe, die er mit einem exquisiten Kommentar ausgestattet hat, ein Musterwerk geschaffen, das bei jeder näheren Prüfung die dankbare Bewunderung steigert.« (Harnack, Aus der Werkstatt des Vollendeten 1930, 243)

Um dem Leser einen Einblick in Holls Arbeit zu verschaffen, welche ihn in die Lage versetzt, die Größe und den Wert dieser Leistung selber zu beurteilen, seien einige Beispiele angeführt.

In dem ersten der beiden umfangreichen christologischen Abschnitte (c. 27—38) des Ancoratus behandelt Epiphanius Einwände gegen die volle uneingeschränkte Gottheit des Sohnes. Die trinitarischen Streitigkeiten mit dem Stichwort ὁμοούσιος stehen zwar im wesentlichen abgeschlossen im Hintergrund, aber die Leidenschaft ist noch keineswegs abgeklungen. Gelegentlich wird sogar Arius beschworen und zur besseren Einsicht aufgerufen (c. 28, 4). Gegen die von den Gegnern angeführten Schriftstellen, welche nach deren Auslegung die volle Gottheit des Sohnes in Frage stellen, unterscheidet Epiphanius zwischen solchen, die von menschlichen Affekten und Bedürfnissen sprechen und sich daher nur auf die menschliche Natur des Erlösers beziehen können, und anderen Aussagen, die von der Herrlichkeit und Majestät des Sohnes handeln, in denen sich die Gottheit des ewigen Logos äußert. Dabei bleibt der Logos trotz aller Absage an den Doketismus die sozusagen tonangebende Größe in der Persönlichkeit Jesu. Unerschütterlich ist

---

[3] Vgl. Holls eigene Aussage über seine wachsende Sicherheit bei dieser Arbeit in Briefen an Schlatter in ZThK 1967/2, 192 und 206; 211

für Epiphanius die unausgesprochene Voraussetzung alles griechischen Denkens, daß der göttliche Logos auch nach seiner Verbindung mit der Menschennatur leidensunfähig bleibt. An einem aus Johannes 1, 41 und 45 gebildeten Schriftwort versucht Epiphanius, diesen Zusammenhang zu verdeutlichen: »Wir haben den Messias gefunden, von dem Mose geschrieben hat.« (c. 36, 4 = Holl I, 46, 6) An dieser Stelle ist der Text nun besonders verderbt. Epiphanius zählt die natürlichen Reaktionen der menschlichen Natur Jesu auf, um jedem Doketismus zu wehren und erklärt:

> ἔδει γὰρ τὴν σάρκα κοπιάσαι, ἵνα μὴ δοκήσει νομίζεται, ἀλλ' ἀληθείᾳ· καὶ τὰ ἄλλα ὅσαπερ τοιαύτην ἔχει δύναμιν, τὸ νυστάξαι, τὸ ὑπνῶσαι, ἀνθρώπου ἐστὶν ὑποφαντικὰ καὶ τὸ ὑπὸ ἀφὴν ... (Holl I, 46, 3)

Es ist klar, daß sich an ἀφὴν noch ein Infinitiv angeschlossen haben muß oder vielleicht sogar mehrere. Bei der Suche danach findet Holl einige Seiten vorher das Wort in einem ganz gleichartigen Sinnzusammenhang. Die Stelle zeigt, mit welchen Assoziationen diese Vorstellung der Berührungsmöglichkeit des Logos bei Epiphanius verbunden ist.

> οὐ μόνον γὰρ τὰ ἡμῶν βάρη ἀνεδέξατο ὑπὲρ ἡμῶν ἐλθὼν ὁ ἅγιος Λόγος, ἀλλὰ καὶ ὑπὸ ἀφὴν ἐγένετο καὶ σάρκα ἔλαβε καὶ ἄνθρωπος εὑρέθη καὶ ὑπὸ τῶν γραμματέων συνελήφθη ... (Holl, I, 40, 6 ff.)

In der Gefangennahme durch die Schriftgelehrten also ist für ihn deutlich, daß und auf welche Weise der Logos von Menschenhand berührt werden konnte und tatsächlich angetastet worden ist. Anschließend erwähnt Epiphanius auch das Weinen als hierher gehörig. Nach der schriftstellerischen Eigenart des Epiphanius, sich mit denselben Begriffen zu wiederholen, haben mit großer Wahrscheinlichkeit diese beiden Verben συλλαμβάνεσθαι und κλαίειν auch an dieser Stelle in der Verbindung mit ἀφή gestanden. Um seinem Kirchenvater ein klein wenig stilistische Eleganz zu geben, ersetzt Holl das farblose γενέσθαι durch das anschaulichere πίπτειν und gewinnt damit folgenden Abschluß für die verstümmelte Periode:

> ... καὶ τὸ ὑπὸ ἀφὴν πίπτειν καὶ συλλαμβάνεσθαι καὶ κλαίειν ὡσαύτως. (Holl I, 46 Fußnote)
> Denn er mußte dem Fleische nach ermüden, damit man nicht meine, es geschähe nur dem Schein nach, sondern tatsächlich; und das Andere in gleicher Weise, wie er das Vermögen dazu besaß: das Einschlummern, das Schlafen als Kennzeichen (sinngemäß zu ergänzen: wahren) Menschseins, und die Möglichkeit des Berührtwerdens, der Gefangennahme und ebenso des Weinens.

Daß aber unter diesen Erscheinungen der irdischen Menschlichkeit Jesu der leidensunfähige Logos verborgen ist, beweist Epiphanius

mit dem erwähnten Zitat aus Johannes 1, das nun folgt und dem Holl ein φησιν hinzufügt, um es in den Kontext einzuknüpfen.
    Der folgende Satz ist ein sinnloser Trümmerhaufen.
    οἱ δὲ εὑρόντες αὐτὸν διὰ τῆς ἀκαταλήπτου φύσεως, τουτέστι τῆς ἐνσάρκου
    Die ihn aber fanden infolge seiner unbegreiflichen Natur, das ist seines leiblichen Wesens. (Holl I, 46, 7)
Einen ersten Anhaltspunkt bietet der folgende Satz
    ἐπειδὴ γὰρ ἐπὶ τῇ ἀκαταληψίᾳ οὐχ ηὑρίσκετο ...
    Denn da er nicht gefunden wurde aufgrund seiner unbegreiflichen Natur ...
    (Holl I, 46, 8)
Daraus ergibt sich, daß zwischen αὐτὸν und διὰ τῆς ἀκαταλήπτου φύσεως eine Verneinung ausgefallen sein muß, denn die unbegreifliche Seite in der Person Jesu verhindert ja gerade seine Auffindung. Sodann muß vor τουτέστιν etwas verlorengegangen sein, so daß hier eine zweite Lücke anzunehmen ist. Das Schriftwort spricht von einem tatsächlichen Finden durch die Jünger. Das kann dann aber nach Ansicht des Epiphanius nur durch das sinnenfällige Wesen Jesu in seiner menschlich-irdischen Gestalt möglich gewesen sein. Auf diese Erscheinungsweise und das dadurch mögliche Finden muß sich das τουτέστιν τῆς ἐνσάρκου bezogen haben. Dann ist klar, daß es sich in der ganzen Aussage um einen Gegenstand gehandelt haben muß, der die den natürlichen Sinnen unzugängliche, verborgene Herrlichkeit des Logos der sinnlich wahrnehmbaren äußeren Erscheinung gegenüberstellt. Jene schließt, weil unsichtbar und verborgen, ein Finden aus; diese, weil äußerlich zu erkennen, vermag Gegenstand menschlicher Begegnung zu werden. In diesem Sinne muß Epiphanius das Johanneswort verstanden haben.
    In die erste Lücke gehört daher eine Aussage, welche das Finden aufgrund der unbegreiflichen Weise Jesu d. h. nach seiner Gottheit verneint, während der Zusatz am Schluß hinter der zweiten Lücke auf ein Erkennen des Sichtbar-Begreiflichen an Jesus bezogen gewesen sein muß. Holl schlägt daher als Konjekturen vor: οὐχ εὗρον αὐτὸν und ἀλλὰ διὰ τῆς καταληπτικῆς. Der so ergänzte Satz lautet nunmehr:
    οἱ δὲ εὑρόντες αὐτόν, οὐχ εὗρον αὐτὸν διὰ τῆς ἀκαταλήπτου φύσεως, ἀλλὰ διὰ τῆς καταληπτικῆς τουτέστι τῆς ἐνσάρκου.
    Die ihn aber fanden, fanden ihn nicht infolge seiner unbegreiflichen Natur, sondern aufgrund seiner begreiflichen das heißt der des Fleischgewordenen. (Holl I, 46, 7)
Aus den Trümmern ist durch zwei Einschaltungen eine sinnvolle Periode geworden. Wer sich in den größeren Zug der Gedanken-

führung des Epiphanius in diesen Kapiteln vertieft, wird zugeben müssen, daß dieser so gewonnene Sinn des Satzes sich in den Gesamtzusammenhang seiner Argumentation glatt und wie selbstverständlich einfügt[4].

[4] Es mag hier ein Wort über die Übersetzung des Epiphanius in der »Bibliothek der Kirchenväter« Band 38 1919 von Joseph Hörmann ausgesprochen werden. Hörmann benutzt den I. Band der Holl-Ausgabe und kennt auch seine Voruntersuchung in TU Band 36, 2, 1910, macht aber einen eigenartigen Gebrauch davon. Zunächst wird man seine Übersetzung als recht willkürlich bezeichnen müssen, insofern er sie nach dogmatischen Postulaten zurechtstutzt. Ein Beispiel dafür aus Panarion »Christentum« 1, 4 = Holl I, 228, 6 = Hörmann 196 f. Epiphanius gibt nach der Behandlung von 20 vorchristlichen Häresien einen Überblick über das, was wir heute »Wesen des Christentums« nennen würden, natürlich in seiner Auffassung, um dann mit der Beschreibung der Irrlehren und Sektenbildungen fortzufahren, wie sie sich aus dem christlichen Glauben entwickelt haben. In derartigen Darstellungen, wie sie im Panarion mehrfach wiederkehren, bringt Epiphanius hochinteressante Einzelheiten über die Geschichte Jesu, die von der Überlieferung erheblich abweichen wie z. B. die seltsame Zeitberechnung in den Geburts- und Kindheitsgeschichten in Panarion haer. 51, 9 = Holl II, 259 oder den griechischen Vornamen des Großvaters Jesu »Panther« in Panarion haer. 78, 7 = Holl III, 457 u. a. In der oben erwähnten Stelle berichtet Epiphanius z. B., daß Jesus unmittelbar nach der Geburt in der Höhle zu Bethlehem beschnitten sei. Es heißt dort:
γεγεννημένον τε ἐν Βηθλεέμ, περιτμηθέντα ἐν τῷ σπηλαίῳ, προσενεχθέντα ἐν Ἱεροσολύμοις. (Holl I, 228, 6)
In Luc. 2, 21 ist zwar nichts über den Ort der Beschneidung angegeben. Deshalb glaubt Hörmann, die Ortsangabe der Höhle auch weglassen zu sollen. Wenige Zeilen weiter erzählt Epiphanius, daß die Magier das Kind im zweiten Jahr besucht haben
κἀκεῖσε τῷ δευτέρῳ ἔτει τῆς αὐτοῦ γεννήσεως κατοπτευθέντα ὑπὸ τῶν μάγων προσκυνηθέντα δῶρα λαβόντα ... (Holl I, 228, 15)
Hörmann streicht die Zeitgabe vollständig und übersetzt
»..., wurde er von den Magiern besucht und reich beschenkt.« (Hörmann 197)
Und so geht es fort mit Weglassungen, Streichungen und Kürzungen, um so weit wie möglich noch eine Harmonie des Kirchenvaters mit der Überlieferung herzustellen. Daß das trotz dieser Praktiken nicht gelingen kann, empfindet auch Hörmann und erklärt deshalb in einer Fußnote:
»Epiphanius gibt hier und Haer. 51, 11; 78, 10 eine eigene Chronologie der Kindheitsgeschichte, in die sich indessen andere Ereignisse, speziell der Tod des Herodes, nicht widerspruchslos einarbeiten lassen.« (197[1])
Holls Konjekturen benutzt er, wo es ihm gefällt, freilich ohne den Namen zu nennen. Bei der oben ausführlich behandelten Stelle aus dem Ancoratus 36, 3.4 erklärt er in einer Anmerkung:
Hörmann 63[1] »Der folgende Satz ist sinngemäß ergänzt.« Daß er diese Ergänzung von Holl übernommen hat, vergißt er hinzuzufügen. In anderen Fällen zieht er es vor, Holls Vorschläge zu ignorieren und dem vorhandenen

Noch ein drittes Beispiel mag die Textverderbnis und die Mühe seiner Wiederherstellung durch Konjekturalkritik veranschaulichen. Es ist dem nächsten Kapitel des Ancoratus entnommen und fügt sich so auf das Einfachste in den Gedankenzusammenhang ein. Epiphanius setzt seine Erörterung über die Unterscheidung der Manifestationen des göttlichen Logos von den Lebensäußerungen der irdisch-menschlichen Natur Jesu fort. Dabei behandelt er auch die Stelle, wo nach dem Gethsemanebericht des Lucas der Engel erscheint, der den betenden Jesus stärkt (Luc. 22, 43 f.). Er verkehrt jedoch den Sinn dieser Erscheinung in das Gegenteil[5], indem er unter Berufung auf Stellen wie Deut. 32, 43 und Apc. 5, 12—13 darin eine Anbetung vonseiten des Engels sieht, der vor den Augen der Jünger seinem und aller Engel Herrn huldigt. Das Wort »stärken« im

Text durch Veränderung gewaltsam einen Sinn abzupressen, ohne das überhaupt zu erwähnen, geschweige denn zu begründen. Als Beispiel mag wieder eine Stelle aus der erwähnten Darstellung des Christentums zwischen den vorchristlichen und den aus dem Christentum entsprungenen Häresien im Panarion dienen. Epiphanius gibt eine Schilderung dessen, was Jesus nach seiner Auferstehung tat:
παιδεύων τε ἐδίδαξε βασιλείαν οὐρανῶν κηρύσσειν ἐν ἀληθείᾳ τὸ μέγα καὶ κορυφαιότατον σημαίνων τοῖς μαθηταῖς καὶ λέγων... (Holl I, 231, 6 ff.)
Holl erkennt eine Lücke zwischen κορυφαιότατον und σημαίνων und ergänzt sie im Hinblick auf das Folgende, wo von der Offenbarung der Trinität im Taufbefehl die Rede ist, mit dem Wort μυστήριον.
So ergibt sich bei ihm:
Indem er (dem Sinne nach und dem Zusammenhang entsprechend zu ergänzen: die Jünger) erzog, lehrte er (sie), das Himmelreich zu predigen und zeigte ihnen (im Deutschen zu ergänzen: dabei oder auf diese Weise) in Wahrheit das große und wichtige (Geheimnis Holl cj.) ...
Hörmann ändert das Partizip des Präsens einfach in den Genetiv des Plurals von σημεῖον, liest σημείων und bezieht dieses so geschaffene Substantiv auf das vorangehende κηρύσσειν.
Heraus kommt bei ihm daraufhin:
»Als Meister lehrte er das Himmelreich, verkündete in Wahrheit das Größte und Wichtigste der Wunderzeichen den Jüngern.« (Hörmann, 199)
Beispiele dieser Art finden sich fast auf jeder zweiten Seite.

[5] Die Vorstellung des Epiphanius von der Leidensunfähigkeit des Logos und von seiner Erhabenheit über die menschliche Natur hat ihn in Kapitel 34 des Ancoratus zu einer tollen Umdeutung der Gethsemanegeschichte geführt. Danach ist das dort gesprochene Gebet gar nicht ernst gemeint gewesen, sondern soll nur der bewußten Irreführung des Teufels gedient haben. Hierzu muß selbst Hörmann feststellen: »Uns kann diese Deutung, welche das ergreifendste Gebet, das je zum Himmel drang, zum Scheinmanöver macht, um den Satan zu täuschen, nur befremden.« a.a.O., 60

Lukasbericht will er dementsprechend verstehen als Übergabe der eigenen Stärke des Engels an den Welterlöser. (Holl I, 47, 12 f.)

In diesem Zusammenhang macht Epiphanius eine hermeneutische Bemerkung über das Mißverständnis derartiger Textstellen. Der überlieferte Textbestand lautet:

> τὰ βαθύτερα δὲ τῶν λόγων ὡς εἰώθαμεν λέγειν καὶ τὰ ἀναγκαῖα, οἱ μὴ τὴν δύναμιν νοοῦντες, ἀντὶ ἀγαθῶν τῇ κακίᾳ ἀνατρέπουσιν ἑαυτούς.
> Gerade die tiefsten Schriftworte, wie wir zu sagen pflegen, und die wichtigsten diejenigen, welche den Sinn nicht verstehen, indem sie zum Bösen statt zum Guten, verderben sie sich selbst. (Holl I, 46, 25)

Daß hier einiges in Unordnung geraten ist, liegt auf der Hand. Zunächst muß auffallen, daß das am Schluß stehende Verbum nicht als Prädikat zur zweiten Satzhälfte paßt, obwohl es sich sachlich auf dasselbe Subjekt für die ganze Periode bezieht: die Menschen, die den Text der hl. Schrift mißverstehen = οἱ μὴ τὴν δύναμιν νοοῦντες, sondern zu einer Schlußfolgerung gehört haben muß, die etwas über die Wirkung dieses falschen Verständnisses ausdrücken will: indem sie so verfahren, richten sie sich selbst zugrunde. Das bedeutet, daß zwischen κακίᾳ und ἀνατρέπουσιν eine größere Lücke zu sehen ist. Holl benutzt eine stilistische Eigenart des Epiphanius, durch Komposita mit gleicher Grundwurzel und veränderten Vorsilben Wortspiele zu bilden. So wiederholt er das Subjekt οἱ μὴ νοοῦντες durch ἀγνοοῦντες und setzt dem ἀνατρέπουσιν ein παρατρέπουσιν = sie verdrehen entgegen, dem er ein προσεδρεύοντες beifügt. Setzt man die so gewonnene Konjektur in die Lücke, so lautet der Satz nunmehr:

> τὰ βαθύτερα δὲ τῶν λόγων ὡς εἰώθαμεν λέγειν καὶ τὰ ἀναγκαῖα οἱ μὴ τὴν δύναμιν νοοῦντες, ἀντὶ ἀγαθῶν τῇ κακίᾳ προσεδρεύοντες παρατρέπουσιν· ἀγνοοῦντες δὲ ἀνατρέπουσιν ἑαυτούς.
> Gerade die tiefsten Schriftworte, wie wir zu sagen pflegen, und die wichtigsten verdrehen diejenigen, die den Sinn nicht begreifen, wenn sie anstatt zu ihrem eigenen Segen zu ihrem Unheil darüber brüten. Indem sie das verkennen, richten sie sich selbst zugrunde. (Holl I, 46, 25)

Die angeführten Beispiele zeigen, welche umfangreichen Überlegungen für jeden einzelnen Konjekturvorschlag angestellt werden müssen. Nur ein Mann, der Philologe und Dogmenhistoriker in Personalunion war, konnte die Voraussetzungen für ein derartiges Unternehmen besitzen. Macht man sich klar, daß durchschnittlich drei bis sechs Konjekturen dieser Art je Seite notwendig sind und daß die beiden von Holl herausgegebenen Bände rund 1000 Seiten umfassen (I: 464; II: 523), dann ermißt man in etwa die Leistung, die in diesem Werk Holls steckt. Holl hat seine Epiphanius-Ausgabe außerdem mit einem Kommentar ausgestattet, für den Harnack die Bezeichnung »exquisit« fand (vgl. oben S. 99). Mit seinen kurzen Verweisen auf den zu der jeweiligen Stelle gehörigen patristischen Stoff und seinen knappen Erläuterungen enthüllt er bei näherem Zusehen eine geradezu märchenhafte Allwissenheit auf dem Gebiet der Alten Kirche und stellt eine bis heute unerschöpfliche Fundgrube für jede dogmengeschichtliche Forschung dar. Die Betrachtung mag mit der Würdigung Lietzmanns abgeschlossen werden, die er in seiner Gedächtnisrede auf Karl Holl seiner Epiphanius-Ausgabe zuteil werden läßt.

»Es ist ein billiges Vergnügen für einen hinter Holls Schriften hertrottenden Kritiker, Holls Vorschläge zu modifizieren und mit wissenschaftlicher Miene noch schönere Konjekturen vorzuschlagen. Was man in erster Linie aus Holls Textbehandlung lernen soll, ist die Erkenntnis, daß an einer ungeahnt großen Fülle von Stellen der Text des Epiphanius unheilbar zerstört ist, und Holls weiteres Verdienst ist, an den meisten Stellen auch gezeigt zu haben, was der Autor hat sagen wollen: und das drückt er auf griechisch aus, wobei kein Verständiger auf den Gedanken kommen wird, buchstäbliche Wiederherstellung des Verlorenen zu erwarten. Nimmt man noch hinzu den in der Form von Parallelnachweisen beigegebenen umfangreichen Kommentar, der aus der reichen Fülle des Hollschen Gesamtwissens gespeist wird, so zeigt sich diese Epiphaniusausgabe als eine philologische Glanzleistung ersten Ranges — und ich weiß, was es bedeutet, wenn ich ein solches Urteil in diesem Kreise ausspreche.« (III, 572)

II. Teil

LUTHER

1. Kapitel

Die Krise in der Lutherforschung

Will man Holls Bedeutung für die Lutherforschung würdigen, so muß man damit beginnen, daß er als erster den Übergang von der Erlanger zur Weimarer Ausgabe vollzogen hat. Diese hatte 1883 begonnen und war, als Holl sich mit Luther zu beschäftigen anfing — der erste Aufsatz in der großen Reihe ist 1906 erschienen[1] —, soweit vorangeschritten, daß Luthers Entwicklung auf Grund der neuen kritisch bearbeiteten Quellenmasse bis ca. 1530 überschaubar geworden war. Die 1908 von Johannes Ficker unabhängig davon herausgegebene Römerbriefvorlesung wurde sofort Gegenstand seines aufmerksamen Studiums, dessen Frucht der Aufsatz über »*Die Rechtfertigungslehre in Luthers Vorlesung über den Römerbrief mit besonderer Rücksicht auf die Frage der Heilsgewißheit*«, 1910 wurde. Sehnsüchtig hat er auf die Veröffentlichung der Hebräerbriefvorlesung gewartet, ohne welche er abschließende Aussagen über Luthers Christologie nicht wagte. Leider hat er sie nicht mehr erlebt.[2] Man wird sagen dürfen, daß er der erste Mann war, der mit der Weimarer Ausgabe fertig geworden ist. Dabei hat er mit der ehernen Strenge des Philologen folgende Grundsätze als unabdingbare Voraussetzung für jedes Lutherstudium von wissenschaftlichem Wert proklamiert: Verwendet werden für die Erhebung der Gedanken Luthers dürfen 1. nur die von ihm selbst literarisch für den Druck geformten Schriften, 2. die von ihm selbst geschriebenen Handschriften und

---

[1] Der 1903 gehaltene Vortrag: »Luthers Urteile über sich selbst« umfaßte ursprünglich knapp 5 Seiten und wurde dem Lutherband, auf 38 Seiten erweitert, erst in der 2. Aufl. beigefügt.

[2] Vgl. Heinrich Bornkamm, Christus und das 1. Gebot in der Anfechtung bei Luther, ZsystTh V. Jahrg. 1927, 453¹ f. »Es ist seit langem Holls Absicht gewesen, Luthers Christusglauben zu untersuchen. Er mußte diesen Plan aber zurückstellen, da er schmerzlich auf die seit 1908 von J. Ficker versprochene Herausgabe der Hebräerbriefvorlesung Luthers hoffte, von der er auf Grund bestimmter Anschauungen über die Entwicklung Luthers neue Aufschlüsse erwartete. Leider ist er darüber hinweggestorben.« — Über die Verwendung der Weimarer Ausgabe vgl. die instruktiven Ausführungen von E. Hirsch in ThLZ 1927, 41.

3. die Originalnachschriften der Schüler. Auszuscheiden sind 1. alle Bearbeitungen der Schüler, damit alle Predigten und Postillen, die Schüler auf Grund von Predigten angefertigt haben, 2. alle Vorlesungen, von denen wir nicht die Originalhandschriften besitzen. Er hat damit eingebläut, daß die Bearbeitung eines Schülers nicht gilt. Auf diese Weise hat er mit gewaltigem und genialem Griff die Übernahme dieser methodischen Grundsätze in der wissenschaftlichen Lutherforschung erzwungen. Ein kleines Beispiel für das, was das bedeutet, ist Luthers Verhältnis zur Prädestinationslehre. Theodosius Harnack konnte in seiner Darstellung von Luthers Theologie noch Stellen anführen, welche scheinbar bewiesen, daß Luther in späteren Jahren von seiner in De servo arbitrio ausgesprochenen Überzeugung abgerückt sei und sich der vorsichtigen melanchthonischen Fassung angeschlossen habe. Alle diese Belegstellen erweisen sich, sobald man mit Holl den angegebenen methodischen Kanon zugrundelegt, als Eintragung fremder melanchthonischer Gedanken in Äußerungen Luthers. Wir müssen heute im Gegensatz zu Theodosius Harnack sagen, daß Luther niemals ein Jota von seiner Prädestinationslehre zurückgenommen hat.

Um die Situation in der Lutherforschung und die mit ihr gestellten Aufgaben richtig zu würdigen, wird es notwendig sein, einen kurzen Blick auf ihre Etappen im 19. Jahrhundert zu werfen. Dabei erweisen sich einige scharf bestimmte Fragestellungen mit bestimmten Namen und Persönlichkeiten verbunden.

Um mit *F. Chr. Baur* zu beginnen, so steht fest, daß die Darstellung der reformatorischen Theologie als das Schwächste in seiner Leistung und seinem Lebenswerk angesehen werden muß. Am deutlichsten wird das in seiner Monographie über: *Die christliche Lehre von der Versöhnung*, 1838, wo in einem Werk von 764 Seiten der Behandlung Luthers etwas mehr als vier Zeilen gewidmet sind, noch dazu ohne Namensnennung. Sachlich tritt das Gebrechen dadurch zu Tage, daß Baur zwischen Rechtfertigung und Satisfaktion nicht klar zu unterscheiden vermag. Man mag das z. T. damit entschuldigen, daß Baur noch die notwendigen Quellen gefehlt haben; es fehlte ihm aber auch das Gefühl dafür, daß in der überlieferten dogmatischen Schulgestalt der Lehre gegenüber Luther etwas nicht in Ordnung war.

Der erste, der das entdeckte, war der Erlanger Theologe *von Hofmann*. In dem Streit um die von ihm entwickelte neue Gestalt der Versöhnungslehre berief er sich auf Luther und erbrachte erstmalig den Nachweis, daß Luther eine reichere, tiefere und umfassendere Auffassung besessen hatte als Melanchthon und die Orthodoxie. Gegen den Vorwurf eines Abfalls vom Luthertum vonseiten seiner Kollegen belegt er im 2. Band seiner »Schutzschriften für eine neue Weise, alte Wahrheit zu lehren« 1859, 83 ff. seine Thesen schlagend durch eine Reihe von Lutherzitaten. Es zeigt sich, daß Luther im Gegensatz zu dem erneuerten Anselmismus Melanchthons, nach dem Christus die Sühnung unserer Sünden durch seinen vollkommenen Gehorsam als eine Ersatzleistung vollzogen hat, Christus in seiner ganzen Sendung als Ausdruck des *Liebeswillens Gottes* versteht[3]. Er übernimmt nicht die Strafe für fremde Schuld, sondern überwindet die Anfechtung, die ihn in seinem Sohnesgehorsam irremachen will, und gewinnt damit den Sieg über alle uns von Gott scheidenden Mächte. Entsprechend wandelt sich die Rolle des *Teufels* von einem Vollstrecker des Strafgerichts an einem Unschuldigen zu dem Versucher, der Christus in seinem Sterben am Kreuz in seiner Liebe zum Vater und in seiner Verbundenheit mit den Menschen irremachen will, aber durch Christi unerschütterlichen Sohnesgehorsam entmachtet und besiegt wird[4]. Erstmalig in der Geschichte des Luthertums und der Lutherforschung wird damit der Gegensatz zwischen Luther einer- und der durch Melanchthon geprägten Orthodoxie andererseits offenbar. Diese Erkenntnis ist nicht mehr verlorengegangen[5].

Es war vorauszusehen, daß die Vertreter des Luthertums dies nicht unwidersprochen hinnehmen würden. Die Überzeugung, sich gerade in diesem Punkt der lutherischen Schulorthodoxie auch auf Luther berufen zu können, führte den Erlanger Kollegen Hofmanns, *Theodosius Harnack*, dazu, einen Gesamtentwurf der Theologie Luthers mit besonderer Hervorhebung der Lehre von der Versöhnung und Erlösung zu entwickeln: *Luthers Theologie mit besonderer Beziehung auf seine Versöhnungs- und Erlösungslehre* I, 1862; II 1886. Er wollte damit zugleich den Göttinger Theologen *Albrecht Ritschl* treffen, der das Erbe der Hofmannschen Entdeckung sowohl hinsichtlich der wahren Versöhnungslehre Luthers als auch in Bezug auf die Differenzierung von Luther und Luthertum angetreten hatte. In dessen großem seit 1870 in mehreren Auflagen erschienenen dreibändigen Werk mit dem bezeichnenden Titel *»Rechtfertigung und Versöhnung«* wird das

---

[3] Schutzschriften II, 79   [4] A.a.O., 74; 61
[5] Vgl. E. Hirsch, Geschichte der neueren evangelischen Theologie, Bd. V, 427 f.

gleiche Thema behandelt wie in Harnacks Luthermonographie. Dabei bildet der erste der drei Bände eine Art dogmengeschichtlicher Prolegomena für die Darstellung der eigenen Gedanken im 3. Band. In unserem Zusammenhang ist nur der 1. Band von Interesse, in dem einige Kapitel Luther gewidmet sind.

In den Werken der beiden Männer tritt ein Problem ans Licht, das zwischen ihnen nicht erledigt werden kann. Es ist die Frage, welche Rolle der Zorn Gottes im theologischen Denken Luthers spielt. Hier erscheinen der Erlanger und der Göttinger Theologe als Vertreter diametral entgegengesetzter Standpunkte, von denen jeder ein isoliertes Wahrheitsmoment der Theologie Luthers geltend macht, das in dieser Einseitigkeit schief und irreführend wird. Dabei wird Harnacks Werk schon methodisch durch zwei schwerwiegende Mängel belastet, die seinen Wert erheblich mindern. Das ist einmal seine Quellenbenutzung und sodann seine Methode[6]. Harnack verwendet die Ausgabe von Walch in der 1. Auflage und mit ihr bedenkenlos die Bearbeitungen von Lutherschülern als Quellen. Wer weiß, wie weitgehend diese Bearbeitungen Luthers ursprüngliche Gedanken — meist im Sinne Melanchthons — verändern, kann ermessen, wie unsicher dadurch die quellenmäßige Fundamentierung der Darstellung werden muß[7]. Eine kritische Prüfung der zahllosen Lutherzitate ergibt, daß das Gebäude der Harnackschen Lutherinterpretation »auf Moorgrund steht« (Hirsch, ThLZ, 41). Der zweite Mangel zeigt sich in der von Harnack gehandhabten Methode in doppelter Hinsicht. *Zunächst* fehlt bei Theodosius Harnack jede Spur historischer Entwicklung in Luthers Gedankenwelt. Sie wird einflächig als ein undifferenziertes, logische Widersprüche ausschließendes System angesehen, dem man beliebig und ohne Berücksichtigung der verschiedenen Zeitabschnitte Zitate und Belege entnehmen kann. Hier hat Holl durch die Anwendung der genetischen Methode den Werdeprozeß in Luthers Erkenntnissen und Gedanken erhellt und damit ein besseres Verständnis Luthers ermöglicht. Insbesondere hat er wohl als erster die Bedeutung der Frühschriften für die Entstehung der Gedankenwelt Luthers erkannt und systematisch ausgewertet[8]. *Sodann* ist es ein undialektischer Dualis-

---

[6] Vgl. zum ersteren Hirschs Besprechung der Neuauflage 1927 in der ThLZ 1927 Nr. 2 Sp. 39 ff.

[7] Vgl. dazu Hirschs instruktive Ausführungen in dem Predigtband der BoA Bd. 7, 39 f., 56, 69 und die dort gegebenen Beispiele.

[8] Vgl. E. Vogelsang, Die Anfänge von Luthers Christologie nach der ersten Psalmenvorlesung, 1929, 2 f.

mus, der Harnacks gesamte Gliederung und Begriffsbildung bestimmt. So zerlegt er jedes Problem in zwei gegensätzliche Teile und sieht in ihrer beziehungslosen Nebeneinanderstellung die jeweilige Lösung. Man wird von vornherein sagen können, daß ein so reiches und bewegtes, in seinen letzten Tiefen immer antinomisches Denken wie das Luthers einer Erfassung durch dieses Verfahren sich entzieht. Die immer weiter entwickelten Doppeldistinktionen können nicht verhindern, daß das ganze Unternehmen in Aporien auseinanderbricht.

Sachlich gesehen ist das Ziel Harnacks klar. Er will das majestätische Recht und die sittliche Notwendigkeit des göttlichen Zornes sichern. Aber weder gelingt es ihm, das richtige Verhältnis zwischen Zorn und Liebe herzustellen, noch vermag er die Einheit des Gottesgedankens aufrechtzuerhalten. So verwickelt er sich in Widersprüche, denen er durch immer neue Begriffsbildungen zu entgehen versucht. Er hat nicht gesehen, daß die Unterscheidung von Gottes fremdem und eigenem Werk in einer allerletzten Betrachtung den Zorn Gottes zu einem Erweis seiner heiligen Liebe macht, indem er den Glauben durch eine Schreckmaske auf die Probe stellt. Erst bei Holl ist die Unterscheidung zwischen Gottes fremdem und eigenem Werk zu einer Zusammenfassung von paradoxer Gegensätzlichkeit in Luthers Gottesbild geworden.

In der Lutherdeutung *Albrecht Ritschls* haben wir das genaue Gegenstück zu derjenigen von Theodosius Harnack. Ist nach dem Erlanger Theologen der Zorn Gottes die große Wirklichkeit in Luthers Denken, welche sowohl den Gottesbegriff als auch die Versöhnungstheorie bestimmt, so wird der Zorn Gottes in Ritschls Lutherinterpretation ein nur subjektiv bedingter Schein in der Vorstellung des Menschen, die der zum Glauben gelangte Christ als Irrtum durchschaut und als der Liebe Gottes nicht würdig hinter sich läßt[9]. Allenfalls kann er ein pädagogisches Mittel darin sehen, das aber auch nur durch die Liebe motiviert ist. Es liegt auf der Hand, daß diese gegensätzlichen Darstellungen sich gegenseitig widerlegen und damit nur offenbar machen, daß über eins der schwierigsten Probleme der Lutherforschung das letzte Wort bis dahin nicht gefunden ist. Weder die Betrachtung vom Standpunkt des traditionellen Luthertums bei Theodosius Harnack, noch die starke Modernisierung nach kantischen Gesichtspunkten bei Ritschl sind in der Lage, die historische Frage nach der Rolle und Bedeu-

---

[9] RV I, 222 ff.

tung des Zornes Gottes in der Theologie Luthers zufriedenstellend zu beantworten. Für Holl entsteht daraus die Aufgabe zu zeigen, daß Luther einen anderen Weg gegangen ist, den Zorn Gottes zu überwinden, als Theodosius Harnack es zu zeigen vermocht hatte, und dennoch zugleich das letzte Recht Albrecht Ritschls so sicherzustellen, daß dessen Flachheit vermieden blieb. Es mußten die Wahrheitsmomente in dem Lutherbild der beiden Männer miteinander verbunden werden.

Noch ein weiteres ungelöstes Problem belastete die Lutherforschung. Es war durch die katholische Theologie gestellt und machte ein schweres Gebrechen der Rechtfertigungslehre in der Schulfassung der lutherischen Orthodoxie offenbar, wie sie durch Melanchthon und die Konkordienformel geprägt war. Man kann den Mangel dieser Auffassung darin sehen, daß die *Rechtfertigung* des Sünders nicht organisch mit seiner *Gerechtmachung* verbunden werden kann. Die rein forensische Fassung des Rechtfertigungsvorgangs mit der Übertragung der Gerechtigkeit Christi auf den Sünder bleibt aber unverständlich, weil dafür ein überzeugendes Motiv weder bei Gott angegeben werden kann noch im Verhalten des Menschen. Holl hat auf dieses Dilemma in seinem Aufsatz *»Die Rechtfertigungslehre im Lichte der Geschichte des Protestantismus«*, 1. Aufl. 1906, jetzt III, 535 ff. hingewiesen. Entweder Gottes Entscheidung wird reine Willkür, wenn der Sünder durch Imputation die Gerechtigkeit Christi wie einen Mantel umgehängt bekommt, oder, wenn der Glaube als zureichender Grund verstanden werden soll, verwandelt er sich eben dadurch in ein Verdienst. Der andere Fehler, der sich daraus ergibt, ist die fehlende Verbindung der Rechtfertigung mit der Wiedergeburt und Erneuerung des Menschen. Ohne inneren Zusammenhang mit dem Geschehen der Rechtfertigung soll der hl. Geist als Folgeerscheinung die sogenannten novi motus entbinden, die das sittliche Leben des Christen bestimmen. Damit zerfällt der Rechtfertigungsvorgang in zwei getrennte Kreise ohne innere Verbindung. Demgegenüber erscheint die katholische Auffassung, nach welcher die rechtfertigende oder heiligmachende Gnade innerlich eins ist mit der Eingießung der drei theologischen Haupttugenden, als ein in sich weit geschlossenerer Gedankengang. Im Vergleich zu Luther erkennt man, daß Melanchthon die Vorstellung Luthers von dem im Herzen des Gläubigen wohnenden Christus gestrichen und damit Christus vom heiligen Geist getrennt hat. Man kann beider Werk am Gläubigen nach Melanchthon so verstehen, daß zunächst Christus die satisfactio beschafft und der hl. Geist anschließend die sittliche Umwandlung hervorruft; m. a. W. Melanchthon hat sich Luthers Lehre vom Christus efficax niemals angeeignet. An seine Stelle tritt bei ihm die satisfactio. Ist bei Luther die Rechtfertigung des Ergriffenwerden von der Liebe Gottes, die am Menschen wirkt, so ist sie bei Melanchthon zu einer juristischen Prozedur geworden, welche das decretum damnationis durch das decretum justificationis ersetzt und damit für Gott die Voraussetzung schafft, daß nunmehr der hl. Geist sein Werk beginnen kann[10].

Die Unzulänglichkeiten einer so gefaßten Rechtfertigungslehre wurden in maßloser Übertreibung in der katholischen Lutherforschung durch den Dominikanerpater Heinrich *Denifle* in seinem Buch »*Luther und Luthertum in der ersten Entwicklung quellenmäßig dargestellt*«, I, 1 1904; weitergeführt von A. M. Weiß I, 2 1906 und II, 1909 angeprangert. Von katholischen Voraussetzungen, nach welchen die Rechtfertigung eine innere reale Gerechtmachung des Menschen bedeutet als Bedingung und Ermöglichung guter Werke, mußte eine so einseitig forensisch-imputativ gefaßte Rechtfertigungslehre mißverständlich und irreführend wirken. Zumal wenn Luther die concupiscentia als unüberwindlich auch im Gläubigen und Gerechtfertigten bezeichnete, konnte es sich bei einer solchen Rechtfertigung nach Denifles Meinung nur um einen Schein handeln, dem im Menschen keine Wirklichkeit entspricht. Was er als lutherische Rechtfertigungslehre angriff und geißelte, war indessen eine Karikatur. Aber gerade als Karikatur bezeichnend! Die Rechtfertigung des Sünders wird in seinen Augen ein Selbstbetrug Gottes: Gott erklärt einen Sünder für gerecht, ohne daß dieser es tatsächlich ist.

»Luther macht Gott zu einem Heuchler der ärgsten Sorte: äußerlich stellt der Luthersche Gott sich gleichgültig duldend, ein Auge zudrückend, gegenüber demjenigen, was er in seinem Innern haßt.«[11]

Es war offenbar, daß Denifle zwar nicht Luther traf, wohl aber, daß die Rechtfertigungslehre in der melanchthonischen Fassung von katholischen Voraussetzungen aus so mißverstanden werden

---

[10] Vgl. E. Hirsch, Die Theologie des Andreas Osiander, 1919, 228 ff.; dazu Albert Herrlinger, Die Theologie Melanchthons, 1879, 49; 63 f.; dort auch das folgende Melanchthon-Zitat: vestit nos Christus justitia sua i. e. primum nobis dat remissionem peccatorum ... deinde efficit in nobis justitiam novam CR 24, 81. Otto Ritschl, Dogmengeschichte des Protestantismus, II 1912, 249 f.; 266 f.; 279.

[11] Denifle, Luther und Luthertum, I, 1, 267

konnte. Das Eindrucksvollste in Denifles Polemik beruht z. T. darauf, daß die protestantische Lutherforschung im 19. Jahrhundert völlig unbefangen die Aussagen der Predigten des Johann Mathesius über Luthers Leben[12] und verunechtete Tischreden als bare Münze genommen hatte. Denifle hat demgegenüber die große Frage gestellt, wie sich Luthers Aussagen über seine religiöse und kirchliche Erziehung verhalten zum Kirchentum und Mönchtum am Anfang des 16. Jahrhunderts. Dabei ist es ihm in der Tat gelungen, der protestantischen Lutherforschung — besonders Kolde gegenüber — zahlreiche Fehler nachzuweisen. Es entstand somit eine nach der äußerlichen Seite durch Otto Scheel[13], nach der wesentlichen Seite von Holl gelöste Aufgabe der Lutherforschung, Luthers Selbstaussagen an der tatsächlich bestehenden theologischen Lehre und den gültigen und praktizierten mönchischen Ordnungen zu verifizieren. Dadurch fielen viele bis dahin übliche Naivitäten, die nur halb wahr waren, dahin. Es hat sich bei dieser Prüfung allerdings auch ergeben, daß Denifles Vorwürfe z. T. Blendwerk waren, die darauf beruhten, daß er statt der nominalistischen Theologie der Lutherzeit die thomistische katholische Normaltheologie voraussetzt und dabei Luthers Aussagen hinsichtlich der nominalistischen Theologie wegen ihres Widerspruchs zum Thomismus als Lüge erklärt. Als ob Luther verpflichtet gewesen wäre, auf Grund einer besonderen Offenbarung zu wissen, daß der Thomismus Normallehre der katholischen Kirche werden würde.

Der andere Fehler ist der, daß Denifle seinen eigenen Dominikaner-Orden an die Stelle der Augustiner-Eremiten gesetzt hat. Erklärbar ist das allein aus seiner Bequemlichkeit und Leichtfertigkeit, die er den protestantischen Forschern fortgesetzt vorwirft. Die Lutherdarstellung Holls unterscheidet sich von den exakten Widerlegungen der historisch unrichtigen Aussagen Denifles von seiten Scheels und Böhmers[14] dadurch, daß Holl sich völlig den zentralen Fragen zukehrt. Es ist seine Größe, daß er sich nicht wie andere Forscher hat ablocken lassen auf das Feld der Berichtigung von Detailirrtümern. Es ist geradezu eine Eigentümlichkeit an Holl, daß er zu einer gelehrten Streitfrage niemals die Detailfrage, sondern stets die Zentralfrage zum eigentlichen Kriterium gemacht hat. Die

---

[12] Neu herausgegeben von K. Büchsel: M. Johann Mathesius, Dr. Martin Luthers Leben. In 17 Predigten dargestellt. 3. Aufl. 1883.
[13] Otto Scheel, Martin Luther. Vom Katholizismus zur Reformation, I³ 1921 II³,⁴ 1930.
[14] Heinrich Böhmer, Luther im Lichte der neueren Forschung⁵, 1918.

Detailfragen werden dabei gleichsam nebenher in den Anmerkungen erledigt, dort allerdings meist vernichtend für den Gegner und oft nicht ohne Sarkasmus[15].

Unter den Männern, die der Lutherforschung neue Impulse vermittelt haben, muß an letzter Stelle hier *Ernst Troeltsch* genannt werden. Aus dem Versuch, die gegenwärtige Lage und d. h. den tiefen Gegensatz zwischen der überkommenen Gestalt des christlichen Glaubens und den Mächten des modernen Lebens zu verstehen, ist Troeltsch durch umfassende historische Analysen mit z. T. neuen, von ihm erstmalig angewandten Forschungsmethoden auch zu einer Beschäftigung und Auseinandersetzung mit der Reformation und Luther geführt worden. Dabei hat er ein in wesentlichen Punkten neues Lutherbild entworfen, das von den bisherigen Vorstellungen vielfach erheblich abwich. In den großen historischen Gesamtdarstellungen *»Protestantisches Christentum und Kirche in der Neuzeit«* 1906, 2. Aufl. 1909 und *»Die Soziallehren der christlichen Kirchen und Gruppen«*, 1912 sowie in einer Bilanz über die Einwirkung reformatorischer Ideen auf die neuzeitliche Kultur in: *»Die Bedeutung des Protestantismus für die Entstehung der modernen Welt«* 1906, 5. Aufl. 1928 und in zahlreichen Aufsätzen (jetzt zusammengefaßt in: Gesammelte Schriften IV, 1925) ist das ausgesprochen und entwickelt.

Ein Mangel dieser Darstellungen ist die schwache quellenmäßige Fundamentierung der vorgebrachten Thesen. Troeltsch stützt sich fast vollständig auf Sekundärliteratur. Dabei werden Arbeiten verwendet, die in der Fachforschung als längst überholt und veraltet gelten wie z. B. Luthardt »Die Ethik Luthers in ihren Grundzügen dargestellt«, 1867 (vgl. Soziallehren, 475^{216}). Von der neuen Weimarer Lutherausgabe macht Troeltsch keinen Gebrauch, sondern benutzt hauptsächlich die für weitere Leserkreise gedachte sogenannte Berliner Ausgabe. Die verwickelten Quellenverhältnisse mancher Lutherschriften bleiben unberücksichtigt[16]. In Bezug auf Luther, die Reformation und das Luthertum läßt sich Troeltschs Betrachtung etwa folgendermaßen zusammenfassen[17].

---

[15] Man vergleiche z. B. I, 199^1 und 569^5 f.

[16] So z. B. bei der Berufung der unter Luthers Namen gehenden »Auslegung der Bergpredigt«, 1530/1532, die Troeltsch als Beleg für seine von ihm bei Luther beobachtete Haltung eines ergebungsseligen Gehorsams gegenüber der politisch-staatlichen Ordnung verstehen will. Soziallehren, 495^0 ff. Vgl. dazu Holl, I, 249^0.

[17] Eine Verteidigung der Position von Troeltsch gegen Holl hat Hermann Fischer

Der ursprünglich rein spiritualistische Kirchenbegriff Luthers hat sich in der harten Wirklichkeit nicht durchsetzen können. Ohne kräftige Nachhilfe des Staates und eine damit verbundene obrigkeitlich geleitete christliche uniforme »Zwangskultur« war auch in den Ländern der Reformation eine kirchliche Neuordnung nicht möglich. Ähnlich ergeht es Luther angeblich mit der Sittlichkeit, die in ihrer ursprünglichen neutestamentlichen Fassung als reiner Liebesradikalismus mit der unter dem Gesetz der Selbstbehauptung stehenden Welt in Konflikt gerät und daher durch eine demütige Unterwerfung unter die gegebenen profanen Ordnungen und den bedingungslosen Gehorsam aller Obrigkeit gegenüber ersetzt wird. Die mittelalterliche Stufentheorie wird dabei umgewandelt in eine Kompromißethik der doppelten Moral. Dem Leben im natürlichen Bereich entspricht jetzt bei Luther das relativ christliche Handeln im Amt, und an die Stelle der aus der sakramentalen Gnade quellenden übernatürlichen Verdienstsittlichkeit tritt die reine christliche Liebesgesinnung.

Besonders charakteristisch erscheint für Troeltsch bei Luther und im Luthertum die Haltung der Passivität und Ergebenheit gegenüber der politisch-gesellschaftlichen Wirklichkeit. Troeltsch sieht hier einen Bruch in der Entwicklung Luthers, der auf Grund seiner negativen Erfahrungen mit Schwärmern und Bauern sein ursprüngliches Reformprogramm, wie er es in seiner Schrift »An den christlichen Adel..« entworfen hatte, ersetzt durch eine Predigt der Unterordnung und des Gehorsams.

Die Polemik, die nach Troeltsch gegen Luther getrieben wurde, reizte Holl nach der ganzen Sachlage in gar keiner Weise, Troeltschs Lutherbild r e l i g i ö s zu korrigieren, weil hier nichts zu korrigieren war. Wohl aber traf sie bei Holl auf einen Punkt, der ihn zum Nachdenken zwang. Sie stellte ihn vor die Frage nach dem Verhältnis Luthers zur modernen ethisch-sozialen Entwicklung. Ohne diesen Anstoß wäre es wohl nicht dazu gekommen, daß Holl Luthers Neubau der Sittlichkeit dargestellt und jenen großen Aufsatz über »*Die Kulturbedeutung der Reformation*«, 1918 (I, 468—543) geschrieben hätte, um zu zeigen, daß unsere ganze moderne Kultur von Ideen Luthers durchtränkt ist. Auch seine Untersuchung über »*Luther und die Schwärmer*« 1922 (I, 420—467) dürfte auf den Einfluß der Troeltsch'schen Ideen zurückgehen. Wenn die bei

---

in seinem Aufsatz »Luther und seine Reformation in der Sicht Ernst Troeltschs« in NZsystTh V 1963, 132 ff. geliefert.

Troeltsch sichtbar werdende moderne Abwendung von Luther die Schwärmer als die tieferen Geister auf den Thron hob, sah sich Holl genötigt, dies zu berichten. Dabei sah sich Holl auch vor die Notwendigkeit gestellt, ein Fehlurteil Albrecht Ritschls zurechtzurükken, wie es nicht nur bei Troeltsch, sondern auch in Barges Karlstadt-Biographie[18] sichtbar wurde. Ritschl hatte die Entstehung der Schwärmer aus Resten des mittelalterlichen katholischen, besonders des franziskanischen Christentums erklärt, welche wie alle derartigen Gemeinschaftsbildungen das Ideal menschlicher Vollkommenheit darstellen wollten[19]. Holl hat nachgewiesen, daß sämtliche Schwärmer einen darüber hinausgehenden radikalen Zug besitzen, der nur von Luther her erklärt werden kann[20].

Es sieht nach alledem so aus, als ob in Bezug auf Luther am Anfang des 20. Jahrhunderts sich von verschiedenen Seiten ein Haufe ungelöster Einzelprobleme zusammengefunden hätte. Allein dieser Eindruck gibt den wahren Sachverhalt nicht ganz zutreffend wieder. Es handelt sich hier um mehr als um wissenschaftliche Probleme der Lutherforschung. Eine innere Unruhe über die Richtigkeit des empfangenen Lutherbildes stößt zusammen mit dem Versuch sowohl des katholischen Geistes als auch des radikalen Sozialismus sowie der skeptisch gebildeten Moderne, das im deutschen Volk bis dahin geltende Bild von Luther als dem größten deutschen Mann zu zerstören. Man muß hinter den zufälligen Momenten und Persönlichkeiten die größere Krise und Entscheidungsfrage sehen. Das deutsche Volk war im Laufe des 19. Jahrhunderts aus der selbstverständlichen inneren Verbindung der politisch führenden Gewalten geistig höherer Bildung mit lutherischer Christlichkeit herausgeglitten. Überall in Deutschland waren unter dem Druck der neuen Weltanschauung und im Zusammenhang mit der veränderten wirtschaftlichen Lage und Gesellschaftskrise Ideen aufgetreten, die dem alten Protestantismus und der von ihm bestimmten Geistigkeit, die in Luther ihr Symbol sah, fremd gegenübergestanden. Diese Entfremdung mußte zu einer Krise des Verhältnisses zu Luther führen, und das um so unentrinnlicher, als seit 1880 nach der Aussöhnung mit Leo XIII. und dem Zentrum klar wurde, daß das neue Deutsche Reich bei dem Eingang in die große Gesellschaftskrise der weißen

---

[18] Hermann Barge, Andreas Bodenstein von Karlstadt, I/II 1905.
[19] A. Ritschl, Geschichte des Pietismus, I 1880, 22—36.
[20] I, 425² »A. Ritschls Versuch, die Täufer nur als eine Fortsetzung der mittelalterlichen Sekten aufzufassen, darf heute wohl als überwunden gelten.« Vgl. auch I, 219².

Völker noch einmal vor die *Entscheidungsfrage* Protestantismus oder Katholizismus gestellt werden würde. So bekamen diese Tendenzen eine verschärfte Gewalt. Hinter der Lutherfeindschaft der verschiedenen Gruppen erhob sich daher die tiefere Frage, *ob das deutsche Volk noch weiterhin das Volk Martin Luthers bleiben sollte.* Man sieht, daß alle Zufälle zusammenklangen zu einer großen Schicksalsfrage. Diese Lage fand die Gunst vor, daß einmal in der Weimarer Ausgabe die urkundlichen Unterlagen für eine echte Lutherforschung heranwuchsen und daß sodann in Karl Holl ein Mann die tiefe Bedeutung dieser Frage erkannte. Die folgenden Kapitel sind der Versuch zu zeigen, wie dieses neue Lutherbild sich gestaltete.

2. Kapitel

Das neue Verständnis der Rechtfertigung

1903   Luthers Urteile über sich selbst. I, 381—419

1906   Die Rechtfertigungslehre im Licht der Geschichte des Protestantismus. III, 525—557

1907   Was hat die Rechtfertigungslehre dem modernen Menschen zu sagen? III, 558—567

1910   Die Rechtfertigungslehre in Luthers Vorlesung über den Römerbrief mit besonderer Rücksicht auf die Frage der Heilsgewißheit. I, 111—154

1917   Was verstand Luther unter Religion? I, 1—110

1920   Der Streit zwischen Petrus und Paulus zu Antiochien in seiner Bedeutung für Luthers innere Entwicklung. III, 134—146.

1921   Die justitia dei in der vorlutherischen Bibelauslegung des Abendlandes. III, 171—188

1923   Zur Verständigung über Luthers Rechtfertigungslehre. Neue Kirchliche Zeitschrift 34, 165—183; jetzt: KlSchr., 45—49

1924   Das Ergebnis der Auseinandersetzung über die Rechtfertigungslehre. Neue Kirchliche Zeitschrift 35, 47 f.; jetzt: KlSchr., 60 f.

1924   Gogartens Lutherauffassung. Eine Erwiderung. III, 244 bis 253.

Bevor wir uns mit den Einzelzügen von Holls Lutherbild beschäftigen, ist es notwendig, sich drei Prämissen seiner Arbeit klarzumachen.

a) Die historisch-kritische Methode

Mit der eisernen Konsequenz des großen Philologen hat Holl die Methoden und Grundsätze der *historischen Kritik* auf die Lutherforschung übertragen. Seine umfangreichen praktischen Erfahrungen auf dem Gebiet der Editionstechnik der griechischen Kirchenväter, insbesondere seine fortgesetzte und unermüdliche Arbeit an der Herausgabe des Epiphanius im Auftrage der Kirchenväterkommission der Preußischen Akademie der Wissenschaften leisteten ihm dabei die wertvollsten Dienste. Möglich war das allerdings nur, seitdem die Weimarer Ausgabe die ungeheuren Textmassen in kritischer Sichtung und Bearbeitung herausgab und so die Voraussetzungen dafür bot. Wie dem Verfasser durch E. Hirsch mitgeteilt, bedeutet dies nicht, daß Holl die im einzelnen in der Weimarer Ausgabe angewandte Editionstechnik immer für philologisch zureichend gehalten hätte. Er konnte privatim über unnütze Scheingelehrsamkeit und zufällige Unbedachtsamkeit lebhaft Klage führen, fügte aber hinzu, daß dies ein Nebenpunkt sei angesichts der Tatsache, daß man in vielen Fällen die ursprünglichen Texte, wenn auch in Vorlesungsnachschriften, vorliegen habe. Er hat kritische Gedanken gehabt, sie aber um der Dankbarkeit willen gegenüber dem Wertvollen der Weimarer Ausgabe in der Öffentlichkeit nie ausgesprochen.

Das schwerste Problem stellt dabei die späte Genesisvorlesung dar, bei welcher sicherlich die Predigten Luthers über verschiedene Bücher Mose in den zwanziger Jahren (Predigten über das 1. Buch Mose 1523/24, Vorlesungen über das Deuteronomium 1523/24, Predigten über das 2. Buch Mose 1524—28, in Genesin Declamationes 1527, Predigten über das 3. und 4. Buch Mose 1527/28), Nachschriften aus der Genesisvorlesung selbst und phantastisch umfangreiche Zusätze von Schülern auf unerkennbare Weise zusammengesetzt sind. Holl hielt diesen Mischmasch für so undurchsichtig, daß er es nicht gewagt hat, hier Belege zu entnehmen. Er stand dabei auf dem philologisch unanfechtbaren Standpunkt, daß eine Kombination aus armen und dürftigen Quellen stets den Vorzug verdient gegenüber einer Darstellung aus einer Fülle unzuverlässiger Texte. Ein Benutzungsrecht war für ihn in diesem Fall nur dann gegeben, wenn ein Parallelbeleg aus einer echten Quelle daneben gestellt werden konnte. So entsteht die Paradoxie, daß Holls Lutherbild auf schmaleren Grundlagen steht, als es sonst vielfach der Fall ist in der Lutherforschung, und daß es gleichwohl auf einem festeren Sockel ruht, als bei mancher gegen ihn gerichteten Polemik. Daß auch damit nicht in jedem Fall endgültige Entscheidungen gefallen zu sein brauchten, liegt im Wesen der historischen Wissenschaft, die auch bei strengster Objektivität stets eine Verbindung von Sach- und Sinnwahrheit bleibt und damit die Aufgabe des historischen Verstehens immer wieder neu stellt. Das aber dürfte seit Holl feststehen, daß nur noch jene Beiträge zur Lutherforschung Wert und Gewicht besitzen, die ihre Thesen durch den Nachweis aus Luthers eigenen Worten begründen. Dadurch wurde nicht nur das verwaschene erbauliche Lutherbild des vulgären Luthertums, sondern auch das anscheinend kritische Lutherbild von Troeltsch empfindlich getroffen.

Der andere methodische Grundsatz Holls ist die *genetische Methode*. Er arbeitet als Historiker, für den das Werden die entscheidende Kategorie darstellt. Daher konzentriert sich sein Interesse besonders auf den Ursprung der neuen Gedanken bei Luther. Es geht nicht an, wie Theodosius Harnack und weithin auch die übrige Lutherforschung es gemacht haben, Einzelaussagen Luthers aus allen Abschnitten seines Lebens beliebig nebeneinander zu setzen und so ein Flächenbild seiner Theologie zu liefern. Daß allerdings auch auf diesem problematischen Wege wertvolle Einführungen in Luther möglich sind, zeigen die Schriften von Paul Althaus über Luther[1]. Das Wertvolle dabei ist die Autopsie, das Problematische alles Auftragen auf eine Fläche. Will man das Eigene und Besondere und d.h. das Neue an Luther gegenüber der spätscholastischen Theologie erkennen, so muß man den Einsatzpunkt finden, den Quellort der neuen Erkenntnis, wo erstmalig dieses Neue aufspringt und bewußt wird. Es handelt sich also um die *Entstehung* der neuen Erkenntnisse, dogmengeschichtlich gesprochen: um die Festlegung des Punktes bzw. des Vorgangs, durch den Luther von einem spätscholastischen Theologen nominalistischer Prägung zu einem reformatorischen Bibeltheologen im Sinne des Paulinismus wird. Hier steht die wohl nie endgültige und abschließend zu lösende Aufgabe vor dem Forscher, die Bedeutung der fremden Einflüsse auf die Entwicklung Luthers zu fixieren, die Rolle des Augustinismus und des No-

---

[1] Paul Althaus, Paulus und Luther über den Menschen², 1951; Die Theologie Martin Luthers, 1962; Die Ethik Martin Luthers 1965.

minalismus, der Mystik und des Humanismus gegeneinander abzuwägen und demgegenüber das Eigene, Schöpferische, Neue bei Luther zu erkennen. Man pflegt dieses Problem mit dem Begriff des Initium der Theologie Luthers zu bezeichnen. Da dieser Übergang langsam und gleitend sich vollzogen hat, die späteren Selbstzeugnisse des Reformators aber ein abruptes, punktuelles Erlebnis sehen wollen, steht die Forschung vor Schwierigkeiten und Widersprüchen, die bis auf den heutigen Tag nicht gelöst werden konnten. Zustatten kam Holl dabei in besonderer Weise die unabhängig von dem Gang der Weimarer Ausgabe gefundenen Frühvorlesungen Luthers, insbesondere diejenige über den Römerbrief von 1515/16, die Ficker 1908 veröffentlichte, und über den Galaterbrief 1516/17, die Hans von Schubert 1918 herausgab. Die sehnlich erwartete über den Hebräerbrief hat er nicht mehr erlebt. Seit Holl dürfte daher unwiderruflich feststehen, daß wissenschaftlichen Wert nur eine Darstellung Luthers besitzt, die *Entstehung* und *Entwicklung* seiner Gedanken berücksichtigt.

Eine Folge dieser Methode, die in diesem Zusammenhang erwähnt werden muß, ist die Erkenntnis von dem tiefgreifenden Unterschied zwischen Luther und Melanchthon. Die Weimarer Ausgabe ermöglichte den Nachweis, daß die späteren Ausgaben von Predigten und Vorlesungen fast immer durch Melanchthonschüler bearbeitet sind, die Luthers Gedanken im Sinne Melanchthons umgebogen und verändert haben. In dieser Brechung haben sie dann in der Geschichte des Luthertums gewirkt. Holl führt so systematisch durch, was schon Albrecht Ritschl gewittert hatte, und löst Luther von Melanchthon und der durch diesen bestimmten Orthodoxie[2].

b) Das Nein wider den Eudämonismus

Neben der methodischen steht eine religionsphilosophisch-systematische Grundvoraussetzung für Holls gesamtes Denken. Es handelt sich dabei um einen letzten Beurteilungsmaßstab für alle religiösen Erscheinungen überhaupt. Er ist erwachsen aus dem tiefen Gegensatz zwischen humaner und christlicher Religiosität. Holl erkennt in allen Gestaltungen und Bildungen menschlicher Frömmigkeit als letztes, oft verborgenes und getarntes Motiv einen Trieb als den Willen zur Behauptung, Steigerung und Erhöhung des

---

[2] Holl bekennt z. B., daß ihm mit dem Fortschreiten der Weimarer Ausgabe die Belegstellen für die melanchthonische Formel von der »Aneignung der Gerechtigkeit Christi« dahinschwinden, vgl. I, 118[2].

eigenen Lebens. Damit wird die Religion in den Dienst dieses Strebens gestellt, entweder um über die dem Menschen gesetzte Grenze seiner Lebendigkeit hinauszugelangen oder um das innerweltliche Lebensziel in der Unsicherheit der Daseinsbedrohung doch zu erreichen. Im ersten Fall wird der Ewigkeitsglaube nur Mittel, um die Lebensgier über die Todesgrenze hinaus zu befriedigen. Im zweiten Fall wird der Gottesglaube mißbraucht, um höchste irdische Güter zu erreichen. Mit scharfen Augen beurteilt Holl die großen Geister der Kirchengeschichte nach diesem Kriterium. Daß Augustin vor allem dabei schlecht abschneidet, ist bereits erwähnt worden. Er muß, an diesem Maßstab gemessen, als »Verderber der christlichen Sittlichkeit« (I, 165) erscheinen. Denn er ist es, der durch seine Autorität die Scholastik dazu bewegt, seinen Grundsatz von der Berechtigung der Selbstliebe zum Ausgangspunkt der Ethik zu machen (I, 252). Holl zeigt die Ablehnung dieser Frömmigkeit überall bei Luther. Dieses Nein zum religiösen Eudämonismus bestimmt das Gottesverhältnis des Reformators und sie macht ihn zum Erneuerer der Sittlichkeit.

Es ist dies der Punkt, wo Holl sich mit den Motiven und Interessen der Dialektischen Theologie berührt. Zugleich unterscheidet er sich gerade hier von ihr am tiefsten. Denn es ist nicht die grundsätzliche schematische Verneinung aller Religion überhaupt, die auf jener Seite nur als Ausdruck der Hybris des Menschen gegenüber Gott verstanden wird, um die es geht, sondern es handelt sich um die Unterscheidung von *falscher* und *echter* Religion[3]. Schon der erste

[3] Von daher sind auch Ernst Wolfs Ausführungen über Luthers Religionsverständnis in Peregrinatio, I², 1963², 9 ff. zu beurteilen. Wenn dort behauptet wird, daß das vom natürlichen Gottesbewußtsein entworfene Gottesbild eine Erdichtung des menschlichen Herzens sei (a.a.O., S. 15), so muß Wolf auf der nächsten Seite sich selbst berichtigen und erklären, daß Luther weder die (aus der Aufklärung stammende) Bezeichnung »natürliche Religion« kennt, noch daß es sich dabei um eine Erdichtung handelt, dem keine Wirklichkeit entspricht, denn er muß zugeben, daß Luther hier die cognitio legalis als Erkenntnis Gottes aus dem Gesetz im Auge hat (a.a.O., S. 16). Diese aber hat es mit einer sehr ernsten Realität zu tun, denn der fordernde Wille ist doch wohl alles andere als ein figmentum.

Dann ist aber Wolfs Grundthese, daß die Religion des Menschen von Gott her gesehen Sünde und das Evangelium die Krisis aller Religion sei, in dieser Fassung nicht haltbar. Nicht darin besteht nach Luthers Auffassung die Sünde, daß der Mensch überhaupt eine natürliche Gottesbeziehung besitzt und von Gott weiß, sondern daß er ihn sich nur im Gesetzesverhältnis vorstellen kann und ihn so mißverstehen muß. In dem von Wolf als Beleg herangezogenen Lutherzitat aus der Römerbriefvorlesung bejaht Luther gerade mit aller

große Aufsatz, mit dem Holl sein Lutherbuch eröffnet, zeigt diesen Gegensatz in der Themafassung »Was verstand Luther unter Religion?« Damit ist das Recht der Religion und d. h. einer menschlichen Gottesbeziehung bejaht. Es ist nur näher zu bestimmen. Und da steht alle Religiosität und alles Frommsein immer in der Gefahr, vom Menschen als Lebenssteigerung im mystischen oder moralischen Sinne mißverstanden und mißbraucht zu werden. Holl zeigt sehr deutlich, wie Luther ein neues vertieftes Verständnis von Religion gewinnt und wie dementsprechend sich das Gottesverhältnis verwirklicht. Diese Vertiefung besteht darin, daß er als Kern der Religion ein *Sollen* sieht, das den Menschen mit dem Ewigen konfrontiert. Daher wird das *Gewissen* für ihn der Ort, wo er Gottes inne wird. Der Begriff von Gewissen, den Holl aus Luther entnimmt, ist also *primär religiös* und bedeutet nicht etwa ein Bewußtsein von der Gültigkeit eines rationalen Gesetzeskodex. Das Verhältnis des Gewissens zu den elementaren Geboten der natürlichen Vernunft wäre bei Luther nach Holl wohl am besten so zu bestimmen, daß Herz und Gewissen des Menschen zu einem ihm vorgehaltenen schlichten sittlichen Gebot notgedrungen ein Ja sagen. Dabei ist die Meinung nicht die, daß die so bejahten natürlichen Gebote ein wirklich umfassendes Bild des Guten geben. Das entsteht bei Luther stets erst durch seine Erleuchtung des Gewissens durch den hl. Geist, der uns über die elementaren Einsichten zu tieferen hinausführt. Grundbestimmung ist die Fähigkeit des Menschen, die Stimme des lebendigen Gottes in sich zu vernehmen und durch sie sich zu einem das Irdische sprengenden tieferen Verständnis des Guten leiten zu lassen. Wer in Holls Gewissensreligion die natürliche moralische Religion der aufgeklärten Vernunft hineinlegt, mißversteht Holls Lutherinterpretation auf eine Weise, die bei Holl schlechthin

wünschenswerten Deutlichkeit das Vorhandensein und das Recht der Syntheresis als einer unauslöschlichen und schöpfungsbedingten Gegebenheit auf dem Grunde der menschlichen Seele: hec syntheresis theologica est inobscurabilis in omnibus, (Römerbriefvorl. WA 56, 177, 15); und das ist alles andere als ein Fiktion. Das Evangelium ist auch nicht das Gericht an diesem »trügerischen Gottesverhältnis« (a.a.O., S. 19), sondern bestätigt es ausdrücklich als die unverzichtbare Voraussetzung für die dialektische Antithetik in der Enthüllung der göttlichen Gnade, die auf dem Grunde der Vergebung und Wiedergeburt des Menschen ein neues und tieferes Gottesverhältnis setzt.

Daß eine von dieser Position erfolgende Polemik gegen Holl sich nicht auf ein besseres Lutherverständnis berufen kann, dürfte auf der Hand liegen. (a.a.O., 24)

Entsetzen erregt hätte. Das Sollen fordert dann dasselbe, was Jesus dem Menschen in der Bergpredigt zugemutet hat (Matth. 5, 48): Du sollst werden wie Gott, ein Erbe des ewigen Lebens. Durch dieses Sollen will Gott gerade die Erkenntnis in uns lebendig werden lassen im Gewissen, daß wir dem nicht genügen können und so das Schuldgefühl in uns wecken. So wird diese Berührung mit Gott für den Menschen die große Krise, denn sie enthüllt seinen irdischen, ichbezogenen Sinn und zeigt ihm den Abstand, der ihn von dem Heiligen trennt. Es ist klar, daß es sich hier um mehr handelt, als in den schematisch-abstrakten Aussagen einer formalen Entgegensetzung von Gott und Mensch zum Ausdruck gebracht werden kann, noch dazu unter höchst fragwürdiger Verwendung des von Kierkegaard entlehnten Begriffes des »unendlich qualitativen Abstandes«. Dieser rein theoretisch konstruierte Kontrast tritt bei der Dialektischen Theologie an die Stelle einer inneren Erfahrung, die nach Luthers Auffassung allgemeingültigen Charakter beanspruchen darf, weil sie jedem zugänglich ist, ja, weil sie sich jedem aufnötigt, der sich Gott zu nähern versucht. Bei Luther hat diese Gestalt der Religion ihre tiefste und reinste Ausprägung gefunden. Hier ist der Gegensatz zwischen Gott und Mensch zu seiner letzten Schärfe gesteigert, aber zugleich auch überwunden. Und das Gewissen ist der Ort, wo dieser Vorgang sich vollzieht. So gewinnt Holl die Bezeichnung, mit welcher er das Religionsverständnis Luthers auf einen Begriff zusammenfaßt: Luthers Religion ist *Gewissensreligion*.

Damit ist die an sich richtige Einsicht der Dialektischen Theologie von dem negativen Urteil über das natürliche Gottesverhältnis in dreifacher Hinsicht korrigiert und vertieft: Nicht die Endlichkeit und Kreatürlichkeit des Menschen bedingt das Gericht Gottes, sondern sein verkehrter, ichbezogener Wille. Sodann wird dieser Gegensatz nicht bloß konstatiert und als letztes theologisches Prinzip stabilisiert, sondern überwunden. Religion heißt *Gemeinschaft mit Gott*. Es ist die Größe von Luthers Religionsauffassung oder, weniger mißverständlich ausgedrückt, von Luthers Glaube, daß er zeigt, wie diese Gemeinschaft verwirklicht wird. Denn Glaube heißt Gottesgemeinschaft, oder er ist nicht Glaube im Sinne Luthers. Und schließlich handelt es sich hierbei nicht um eine abstrakte Konstruktion, sondern um eine lebendige Erfahrung in der Tiefe des Gewissens. Es handelt sich um erfahrbare Wirklichkeiten, die jedem offenstehen, der sich auf sie einläßt.

c) Religion als Sollen

In dem unbefangenen Gebrauch des Wortes »Religion« und in der Tatsache, daß es ein tragender Leitbegriff seiner Theologie sowohl wie seiner Lutherdeutung wurde, zeigt sich, daß Holl der Theologengeneration angehörte, die in ihrer Geistigkeit in der Zeit vor dem ersten Weltkrieg verwurzelt ist. Hier ist er dann auch von der folgenden jüngeren Generation am meisten mißverstanden und angegriffen worden. Das hat ihn veranlaßt, in der Replik mit präziser Schärfe das von ihm Gemeinte zu formulieren. In der Erwiderung auf Gogartens Polemik hat er sich dabei nicht nur gegen die Fehldeutungen der Dialektischen Theologie, sondern ebenso gegen eine andere Auffassung abgegrenzt, die unter dem Einfluß von Rudolf Otto das Numinose und damit das irrational Unbegreifliche als das Wesentliche der Religion bei Luther verstand[4]. Noch klarer ist das mit Einbeziehung der christologischen Komponente in der Abgrenzung gegen alle anderen Werte der Kultur ausgesprochen[5]. Aus dem Verhältnis, in dem der Mensch Gott gegenübersteht, ergibt sich, daß es bei der Gemeinschaft zwischen beiden sich nicht um das Miteinander Gleichgestellter handeln kann. Gott ist als Schöpfer immerdar der Geber und der Mensch der Empfangende. Das gilt grundsätzlich auch für das christliche Gottesverhältnis, wie es durch Glaube und Vergeben bestimmt ist, d. h. der Mensch kann sich nur als Geschöpf vor seinem Herrn verstehen. Dennoch wäre es falsch charakterisiert, wollte man es nach der Analogie des irdischen Verhältnisses Herr-Knecht verstehen. Dieses wird durch Leistung und Lohn bestimmt, während es Gott gegenüber nur die Passivität reiner Empfänglichkeit geben kann. Die postum veröffentlichten Andachten Holls zeigen, daß er das Wort Jesu Luc. 17, 10: »Wir sind unnütze Knecht« geliebt hat[6]. Dies ist kein Widerspruch hierzu, weil in diesen Worten das Wort »Knecht« nur das Abstandsgefühl ausdrückt, welches durch die Unendlichkeit des Sollens entsteht. Denn jemand, der so spricht, ist gerade nicht Knecht im vulgären Sinn, sondern kann sich nur als ein von dem unendlichen Sollen Gepackter und von der Gnade Gottes Gezogener auf dem Wege zur Gotteskindschaft verstehen. Das Wort »Knecht« wird damit Symbol für die Eigenart der christlichen Gottesgemeinschaft. Daher wird nicht in erster Linie der Gehorsam, sondern die Dankbarkeit Wurzel eines Gefühls und

---

[4] III, 246² [5] I, 470
[6] Christliche Reden, 1926, herausgegeben von E. Hirsch, 186 ff.

einer Haltung, die dem Sollen entspricht. Aus mündlicher Überlieferung ist die Aussage Holls bekannt, daß die tiefere ethische Beziehung der Kinder zu den Eltern rein aus der Dankbarkeit erwächst und eben damit ein Gleichnis des Gottesverhältnisses wird. Hier sind Dankbarkeit und Sollen auf das engste gekoppelt. Die Dankbarkeit der Kinder gegenüber den Eltern macht das Sollen verständlich und innerlich notwendig. Mit seiner Gabe — und dazu gehört die ganze geschöpfliche Lebendigkeit, das Sichempfangen aus Gottes Hand — verbindet Gott schon die Absicht, mit dem Menschen in Verbindung zu treten. Er soll ihn als den Geber alles Guten und aller Güter anerkennen. Von daher ergibt sich eine Pflicht zur Dankbarkeit, und insofern ist die Religion ein Sollen, nicht als ein äußeres Gesetz mit einer von außen an den Menschen herangebrachten Forderung, sondern als eine innere Nötigung, die ihn innerlich verpflichtet. Der Ort, wo der Mensch sich dessen bewußt wird, ist das Gewissen. So aber, daß Gott gibt und der Mensch empfängt und aus der Gabe den Geber erkennt und ehrt, entsteht die Gemeinschaft zwischen Gott und dem Menschen. Man könnte sagen, daß hier theologisch reflexionsmäßig gesprochen eine Art kosmologischer Schluß vorliegt. Da ich erschaffen bin, habe ich den Willen des Schöpfers zu erkennen und das in ihm für den Menschen darin enthaltene Soll zu ehren. Einfach gesprochen: ich soll Gott die Ehre geben. So wird das Sollen im antikantischen Sinne die Grundlage des Glaubens.

Daß damit Luthers Anschauung in letzter Vereinfachung und größter gedanklicher Klarheit zum Ausdruck gebracht ist, wird derjenige schwer leugnen können, der im Kleinen Katechismus die kürzeste Zusammenfassung dessen sieht, was der Reformator selbst unter Glauben verstand. Es ist bezeichnend, daß die Erklärungen zum 1. Gebot und zur Anrede des Vaterunsers gerade mit diesen Worten aussprechen, daß Gottes Wille uns innerlich zu einem Sollen nötigt: »Wir *sollen* Gott über alle Dinge fürchten, lieben und vertrauen«, »Gott will uns damit locken, daß wir glauben *sollen*, er sei ....« Ebenso ergänzt der Schluß der Erklärung des 1. Artikels diesen Sachverhalt mit aller wünschenswerten Deutlichkeit, wenn es dort heißt: ».... des alles ich ihm zu danken und zu loben, zu dienen und dafür gehorsam zu sein *schuldig bin*«. Damit ist klar geworden, daß auch der Glaube an das Evangelium aus einem solchen Sollen erwächst. Der Mensch *soll glauben* an den gnädigen Gott; es ist nicht in sein Belieben oder seine Willkür gestellt. Gott fordert diesen Glauben mit höchstem Ernst. Und zwar aus dem sehr einsichtigen Grund, daß der Inhalt des Evangeliums alles andere als selbstverständlich ist.

Denn auf Grund einer aufrichtigen Selbstbeurteilung müßte der Mensch mit dem Zorn Gottes rechnen und nicht mit seiner Liebe. Wenn daher im Evangelium eine gänzlich andere Seite an Gott offenbar wird, die der ersten direkt widerspricht, dann wird der Mensch ihr nur mit Mißtrauen gegenüberstehen. Ja, Welt und Gewissen werden zugleich Zeugen *gegen* die Wahrheit des Evangeliums, und der Mensch muß den Verdacht hegen, hier einen Wunschtraum erzeugt zu haben, welcher der bisher erfahrenen Wirklichkeit Gottes im Gesetz widerspricht. Er *darf* nicht glauben, daß Gott verzeihende Güte ist, weil Schicksal und eigenes Selbstgefühl, ja, Gott selbst im Gesetz diese Annahme widerlegen. Wenn er das dennoch glauben soll, so muß Gott selber ihm das *befehlen*. Nur wenn er das glauben *soll*, daß Gott ihm gnädig ist, *obwohl* er den Zorn Gottes verdient hat, darf er es wagen. Es wäre sonst frivole Vermessenheit. Nur so wird die im Gesetz sich offenbarende Heiligkeit Gottes durch die noch mächtigere göttliche Liebe überwunden. Um die Heiligkeit Gottes und den Abstand von ihm weiß jedes menschliche Herz. Die Gnade, die den Abstand überwindet, kann nur erfahren werden als etwas, zu dem dieses Herz durch Gott förmlich überredet und überwunden werden muß. Dieses ist die eigentliche Wahrheit über Gott. Diese letzte Wahrheit ist so unwahrscheinlich, daß der Mensch ohne diesen ausdrücklichen Befehl Gottes selbst nicht die Kühnheit besäße und auch nicht besitzen dürfte, um sie sich anzueignen.

Nun braucht man nur wenig von Luther gelesen zu haben, um zu wissen, wie sehr gerade *dieser Zug* für seinen Glauben spezifisch ist. Darin ehrt die Seele Gott, daß sie ihn für wahrhaftig und nicht für einen Lügner hält, daß sie die im Grunde unvorstellbare Zusage und Verheißung Gottes dennoch glaubt[7]. Ja, das ist gerade die Eigenart des Glaubens, zu glauben *wider* den Schein, wider den Schein nicht nur der äußeren, gegenständlichen Wirklichkeit in Natur und Geschichte[8], sondern auch gegen den Schein des zornigen Gottes im Gesetz. Er muß also an Gott gegen Gott glauben. Zwei Gottesbilder ringen miteinander, und das zweite soll das erste überwinden, ohne es jemals zu verdrängen, so daß es sich in Nichts d. h. in Schein und Irrtum auflöste. Deshalb behält das Sollen seine Gültigkeit. Denn

---

[7] Statt vieler Belege verweise ich nur auf die klassische Stelle in der »Freiheit eines Christenmenschen« WA 7, 25, 9 ff. = BoA 2, 15, 10 ff.
[8] Man denke nur an die berühmte Stelle in De servo arbitrio: Ecce sic Deus administrat mundum istum corporalem.... WA 18, 784, 36 ff. = BoA 3, 290, 7 ff.

an den gnädigen Gott zu glauben ist niemals eine Selbstverständlichkeit. Aber gerade dies gibt dem Glauben Luthers seine unerschöpfliche, quellende Lebendigkeit, weil er eine Bewegung in Herz und Gewissen entbindet, die unabschließbar bleibt. Die hier webende religiöse Urantinomie jeder Gottesbeziehung in dem Widereinander von Abgestoßen- und Angezogenwerden wird auf eine letzte einfache durchreflektierte Formel gebracht. Karl Holl ist es gewesen, der mit der Beobachtungsgabe und Sehschärfe des Historikers, ungetrübt durch Vorurteile und dogmatische Voreingenommenheit, diesen Tatbestand bei Luther entdeckt und ausgesprochen hat.

Dieser Religionsauffassung entspricht auf Seiten des Menschen das *Pflichtbewußtsein*. Nur ist es nicht die kantische Pflicht als formale gesetzliche Forderung im Widerspruch zur Neigung, sondern ein inneres Überwundensein. Holl weist nach[9], daß Luthers Selbstbeurteilung durch diese Auffassung bestimmt ist. Nach Veranlagung und Jugendentwicklung durchaus nicht zur Führungsgestalt prädestiniert, hat der Reformator auch Zeit seines Lebens mit Depressionen und Anwandlungen, den Lauf der Dinge sich selbst zu überlassen, zu kämpfen gehabt. Was ihn gehalten hat in dieser Anfechtung, ist das Verantwortungsgefühl einer ihm persönlich von Gott gestellten Aufgabe. Er weiß sich von Gott selbst berufen und durch das ihm ungesucht zugewiesene Doktorat in das Amt eines kirchlichen Lehrers gesetzt. Er hat nichts anderes getan, als die Pflichten seines Amtes wahrgenommen. Wenn Gott durch ihn eine geschichtliche Wirkung hervorgerufen hat, so hat er ihn als Werkzeug benutzt. Dieses Bewußtsein, als Werkzeug im Dienste Gottes verwendet zu werden, gibt ihm Halt und Vollmacht. Der Gedanke, Gottes Werkzeug zu sein, unterscheidet sich von dem Vollmachtsbewußtsein anderer großer Männer unserer Geschichte dadurch, daß Luther niemals die Wirkungen seines Tuns als von sich ausgehend empfunden hat. In seiner Schrift »Eine treue Vermahnung zu allen Christen, sich zu hüten vor Aufruhr und Empörung« 1522 spricht er mit einer gewissen Verwunderung von der weltgeschichtlichen Bewegung, die er ausgelöst hat: »Eyn ander man ist's der das redle treybt / den sehen die Papisten nit / vnd gebens vnß schult.« WA 8, 683, 24 f. = BoA 2, 306, 28 f. Es ist ein Selbstgefühl, das gar nicht auf sich selbst bezogen ist, sondern ganz und gar der Sache hingegeben bleibt. Aber diese beiden Seiten, die selbstkritische Verurteilung angesichts der

---

[9] I, 381 ff. Luthers Urteile über sich selbst.

Größe des göttlichen Auftrags und das kraftvolle Selbstgefühl, als Werkzeug Gottes zu dienen, fallen nicht auseinander oder lösen sich als Stimmungen ab, sondern sind verbunden in der Einheit des Selbstgefühls. Sie spiegeln in ihrem gleichzeitigen Widereinander die antinomische Struktur seines Rechtfertigungsglaubens[10].

So ist Luther selber in seiner Person und in seinem Selbstbewußtsein die lebendigste Veranschaulichung dessen, was er, um mit Holl zu sprechen, unter Religion verstand; anders ausgedrückt: was er glaubte und lehrte. Und sicher ist dies das Geheimnis seiner Persönlichkeit, daß wir in Luther einen Menschen vor uns haben, bei dem sich Sache und Person restlos decken. Er hat gelebt, was er geglaubt hat; und sein Glaube bildet die Grundlage seiner Persönlichkeit. Um sich klarzumachen, was das bedeutet, braucht man nur die Gestalt des Erasmus daneben zu stellen. Holl zeigt, daß Luther in diesen beiden Momenten seiner Selbstempfindung, dem hochgespannten Berufungsbewußtsein und der demütigen Selbstkritik, die beiden Lebensideale seiner Zeit zur Einheit eines Personlebens miteinander verbunden hat[11].

Im Jahre 1906 erhielt Holl die zweite kirchengeschichtliche Professur in Berlin neben Harnack (vgl. RGG² II, 1994) und veröffentlichte seine erste Luther und der Reformation gewidmete größere Schrift *»Die Rechtfertigungslehre im Lichte der Geschichte des Protestantismus«*[12]. Es war dasselbe Jahr, in dem Troeltschs Werk »Protestantisches Christentum und Kirche in der Neuzeit« erschien. Im nächsten Jahr zeigte er, daß dieser von Theologen, Historikern und Philosophen totgesagte Glaubensartikel, der dem modernen Menschen angeblich unverständlich und fremd geblieben war, in Wahrheit die eindringendste und tiefste Erhellung seiner Psyche darstellte, indem er den Aufsatz schrieb *»Was hat die Rechtfertigungslehre dem modernen Menschen zu sagen?«* 1907. In der in dem dann folgenden Jahr 1908 von J. Ficker herausgegebenen Römerbriefvorlesung Luthers fand Holl seine bisherige These durch eins der bedeutsamsten Dokumente aus Luthers Frühzeit auf das eindrucksvollste bestätigt. Das Ergebnis seiner Beschäftigung mit diesem Werk ist der Aufsatz über *»Die Rechtfertigungslehre in Luthers Vorlesung über den Römerbrief mit besonderer Rücksicht auf die Frage der Heilsgewißheit«*, 1910.

---

[10] I, 418; 396; 393
[11] I, 418
[12] Zeitlich vorangegangen war der 1903 in Tübingen gehaltene Vortrag: Luthers Urteil über sich selbst I, 381—419; vgl. Anm. 1

So setzte Holl mit der Rechtfertigung ein in der klaren Erkenntnis, daß hier das Ganze des christlichen Gottesverhältnisses bei Luther seinen reflektierten Ausdruck gefunden hat. Hier traf alles zusammen: *der Gottesbegriff,* der jeder Religion das Gepräge gibt; das Bild vom *Menschen* in seinem Wert und Unwert vor Gott; die *religiöse Urantinomie* von Flucht und Sehnsucht, tremendum und fascinosum; das Verständnis von *Gnade und Gericht;* der Ausgangspunkt und Ansatz für das *Handeln in der Welt* und der Maßstab für die Bildung und Gestaltung der *Gemeinschaft.* Hier konnte die vorhandene Unsicherheit über die Bedeutung des *Zornes Gottes* bei Luther geklärt werden. Es konnten Lagardes Kritik geprüft und Denifles Angriffe untersucht werden. Und es ließ sich feststellen, wo und inwiefern Luther sich von Melanchthon unterschied[13].

Das Folgende ist ein Versuch, die neue Deutung der Rechtfertigungslehre Luthers unabhängig von den Einsichten und Erkenntnissen der einzelnen Aufsätze als Einheit zu verstehen und das in ihr gefundene Neue gegenüber den bisherigen Fehlinterpretationen und Aporien aufzuzeigen.

1. Zorn und Gnade

Es war unklar geblieben in der Kontroverse zwischen Theodosius Harnack und Albrecht Ritschl, welche Bedeutung der Zorn Gottes bei Luther besaß. Daß Ritschl mit der Behauptung eines nur scheinbaren Zornes in Gott dem Glauben und Denken des Reformators nicht gerecht wurde, lag ebenso auf der Hand, wie der glatte Dualismus Theodosius Harnacks mit der Unterscheidung zwischen dem Gott außer und in Christus, also eines zornigen und eines liebenden Gottes, eine Auflösung des christlichen Gottesgedankens in zwei sich

---

[13] An einem zeigt sich hier bei Holl eine seltsame Vorwegnahme einer nach dem Zusammenbruch 1918 in der theologischen Jugend hochkommenden Stimmung. Er arbeitet heraus, daß die Römerbriefvorlesung nur eine ringende Heilsgewißheit kennt hart am Rande des Infernums. (I, 148 ff.) Damit ist Holl der erste Theologe, welcher eine Lieblingsmeinung aller theologischen Richtungen des 19. Jahrhunderts, daß nur eine fröhliche, unangefochtene Heilsgewißheit Zeichen des christlichen Glaubens sei, korrigiert hat. Der Gedanke ist dann von der Dialektischen Theologie sofort übernommen und stark betont worden, freilich ohne daß man des Urhebers dieses neuen Verständnisses evangelischer Heilsgewißheit dabei zu gedenken für nötig fand. Die hier bei Holl sichtbar werdende neue Einstellung zur Heilsgewißheit macht es verständlich, daß gerade ein Schüler Holls, Emanuel Hirsch, sich die Kierkegaard-Forschung zur Lebensaufgabe gewählt hat.

gegenseitig aufhebende Momente darstellte. Zweierlei durfte für Luther als feststehend angesehen werden: einmal die *Wirklichkeit* des göttlichen Zornes und sodann seine *Überwindung*. Die Frage war, wie man so von Gott reden konnte, daß die Einheit des Gottesbildes in Zorn und Liebe gewahrt blieb und dabei die religiöse Flachheit eines nur scheinbaren und somit nicht wirklich vorhandenen Zornes vermieden wurde.

Holl hat die Wirklichkeit des Zornes Gottes mit großem Nachdruck hervorgehoben. Es gibt keinen Heiligen oder halbwegs Gerechten, dem dieser Zorn nicht gilt, denn es gibt bei Gott kein Mittelding zwischen Ja und Nein[14]. Das bedeutet eine Korrektur nicht nur gegenüber Augustin, der den Zorn Gottes abgeschwächt hatte, sondern ebenso auch gegenüber der Mystik, welche die Selbständigkeit der Welt in Frage stellte, und gegenüber dem Neuplatonismus, der aus seiner ästhetischen Weltbetrachtung das Böse als das nicht vorhandene Gute verflüchtigte. Luther gewinnt diese Einsicht durch die Erneuerung des urchristlichen Ethos mit dem Unbedingtheitscharakter seiner ethischen Normen und dem daraus folgenden Gerichtsgedanken.

Aber die entscheidende Frage ist doch, wie sich Zorn und Liebe in *einem* Gottesbild zusammenfügen, d. h. wie der Zorn durch die Liebe überwunden wird, aber weder so, daß er vom Menschen als Schein verkannt wird, noch so, daß er einfach durch die andere Wirklichkeit der göttlichen Liebe abgelöst wird, d. h. durch eine christlich verklärte, im Grunde aber heidnische Versöhnungstheorie. Hier liegt Holls neue Entdeckung bei Luther. Er gewinnt sie, indem er den Anfechtungen Luthers nachgeht und dabei erkennt, daß es einen Augenblick in Luthers Entwicklung gegeben hat, in dem ihm die Ahnung dämmerte, die ihm später zur Gewißheit wurde, daß Gott mit diesen Erfahrungen im Grunde ein über sie hinausliegendes positives Ziel anstrebt. Luther macht sich das klar, indem er zwei biblische Begriffe darauf anwendet (Jesaja 28, 21 nach der Vulgata) und den Zorn Gottes als opus alienum von seinem eigentlichen Werk, dem opus proprium, unterscheidet. So ist er in der Lage, den Zorn Gottes nicht zu verharmlosen und ihn dennoch als das »uneigentliche« Werk dem eigentlichen Werk der Erlösung unterzuordnen. *Der Zorn steht im Dienst der Liebe.* Er ist im Grunde genommen auch Liebe, nur in einer andern, ihr scheinbar geradezu entgegengesetzten Gestalt. Insofern und in dieser Begrenzung kann die Betrachtung

---

[14] I, 40

Ritschls ein relatives Recht beanspruchen. Aus der Perspektive des Menschen gesehen muß der Zorn als Gegensatz zur göttlichen Liebe erscheinen; von Gott her gesehen dient er dem Ziel, den Menschen zu sich zu führen, ein Ziel, das eben nur über den Umweg gelingt. Damit ist der Gedanke ausgesprochen, der sich für die ganze Theologie Luthers von größter Bedeutung erweist[15].

Die Aufschlüsselung des Gottesbildes von der Unterscheidung des opus alienum und opus proprium muß als eine der zentralen Entdeckungen Holls in seinem Lutherbilde bewertet werden. Holl war sich dabei bewußt, wie dem Verfasser aus mündlicher Tradition bekannt geworden ist, daß in der rein abstrakten theoretischen Betrachtung das unmittelbare Zermahltwerden durch den göttlichen Zorn und die theoretische Erkenntnis von dem Charakter dieses Zornes als eines eigentlich Gott fremden Werkes in rein intellektuellen Naturen zur Zerstörung eines echten Erlebnisses des Zornes Gottes führen mußte. Er selber sah am Beispiel Luthers aber die Realität der religiösen Erfahrung gerade darin sich bewähren, daß die rein intellektuelle Einsicht vom fremden Charakter des Zornes Gottes niemals selbstverständlicher geistig-seelischer Besitz sein konnte, sondern immer wieder in persönlichen Kämpfen errungen werden mußte. Einwände hiergegen bedeuten daher, daß die solche Einwände erhebenden Theologen sich damit selbst als rein intellektuelle Naturen demaskierten, welchen ein unmittelbar personhaftes Erleben der Gotteswirklichkeit gar nicht oder nur schwach bekannt ist.

Damit wird ein weiterer charakteristischer Zug im Gottesverhältnis Luthers sichtbar, der auch für die folgenden Aussagen eine wesentliche Voraussetzung bildet. Es kann nicht als ruhende Gegebenheit verstanden werden, sondern ist unaufhörlich in stürmischer Bewegung begriffen. Das versetzt den Menschen in eine ständige Unruhe. Daß dogmengeschichtlich damit nominalistischer Einfluß bei Luther vorliegt, dürfte feststehen. Denn in dem Augenblick, wo Gott nicht mehr als das höchste Sein oder das höchste Gut verstanden wird, sondern als wirkender Wille, gerät damit auch das Gottesverhältnis in die Zone der Erschütterung und Bewegung. Von der nominalistischen Gottesvorstellung unterscheidet sich Luther jedoch dadurch, daß es nicht irrationale Willkür ist, sondern zielstrebige Pädagogik, die Gottes Handeln bestimmt. Gott hat ein Ziel. Er sucht die Gemeinschaft mit den Menschen. Aber er weiß, daß der Mensch, so wie er ist, für diese Gottesgemeinschaft unempfänglich

---

[15] I, 41 f.

bleibt, Gott muß diese Verschlossenheit entriegeln. Er tut das, indem er den Menschen in seiner Selbstzufriedenheit und in seinem natürlichen Glücksbegehren erschüttert. Er tritt ihm gegenüber als der Zürnende, indem er ihm im Gewissen das Glückseligkeitsverlangen als Egoismus und seine moralische Selbstrechtfertigung als Selbsttäuschung enthüllt. Wenn er dem Menschen so als der Heilige begegnet und ihn zum Schuldigen macht, schafft er damit die Voraussetzungen für sein eigentliches Werk, sein opus proprium, d. h. die Erlösung, die Verwirklichung der Gemeinschaft mit ihm. Die Überlegenheit und größere Tiefe von Luthers Gottesanschauung gegenüber dem scholastischen Nominalismus kommt darin zum Ausdruck, daß für Luther das göttliche Handeln in sich sinnvoll erscheint. Es stellt einen Erziehungsvorgang dar, der den Zögling durch planvolle Methodik zum Ziel führt. Der Mensch wird so — und nur so — emporgeläutert durch Selbstgericht und Buße und bereitet für das Höchste und Letzte, den Glauben an die unwandelbare göttliche Liebe. Dieses Letzte aber kann der Mensch erst richtig würdigen und verstehen, wenn er durch die Schule der Anfechtung und Zorneserfahrung gegangen ist. Ein anderes von Luther für das Wirken Gottes am Menschenherzen gebrauchtes Bild ist das von Künstler und seinem Werk. Die Meisterschaft Gottes besteht darin, daß er durch das Vollkommene, das er schafft, nicht nur die andern in Erstaunen versetzt, sondern — und damit verschiebt sich das Bild bezeichnenderweise — daß er den Menschen selbst zu gleicher Vollkommenheit emporführt[16]. Holl weist auf den Zusammenhang mit der Aufklärung hin, die Gott unter dem gleichen Bild schaute, aber den bezeichnenden Zug der schöpferischen Liebe, der Bild und Analogie bei Luther entsprang, vergessen hatte[17].

Die Beobachtung Holls, welche eine Beziehung der Aufklärung auf dieses Gottesbild feststellt, darf vielleicht noch in einem Punkt ergänzt werden durch den Hinweis auf Lessing. Es scheint so, als habe dieser in seiner »Erziehung des Menschengeschlechts« die Idee der göttlichen Pädagogik aus der individuellen Sphäre der religiösen Entwicklung des Einzelnen auf die Menschheitsgeschichte übertragen. Es fehlt bei ihm allerdings — und das entspricht ganz dem Zeitgeist —, daß die negativen Erfahrungen, vor allem das Schulderlebnis und die Begegnung mit dem zürnenden Gott, die bei Luther positiv als unumgänglich notwendige Stufen oder Momente der göttlichen Erziehung verstanden werden, eine Rolle spie-

---

[16] I, 42 f.   [17] I, 43¹; 44

len. In Luthers Worten ausgedrückt: Es gibt bei Lessing kein opus alienum, es ist alles opus proprium. Es fehlt sodann die Transzendenzbeziehung. Die Erziehung des Menschengeschlechts ist ein vollständig innerweltlicher Vorgang. Indem Lessing die Offenbarung mit der Erziehung in eins setzt, gewinnt er eine von allem Supranaturalismus befreite, rein immanente Vorstellung von dem Handeln Gottes mit der Menschheit. Bezeichnend aber an den Gedanken Lessings ist nun noch ein Zug, der mit einer von Holl stark betonten und einer ebenso oft angefochtenen Seite seines Verständnisses der Rechtfertigungslehre zusammentrifft. Das ist die Gewißheit der Vollendung der Erziehung, die das ihr gesteckte Ziel erreicht[18]. Daher empfindet Lessing den Gedanken, Gott könne seine letzte Absicht, den Menschen so weit zu fördern, daß er die Tugend nicht um des Lohnes oder der Strafe willen, sondern nur um ihrer selbst willen liebt, nicht verwirklichen, als Lästerung.

> »Laß mich diese Lästerung nicht denken, Allgütiger! — Die Erziehung hat ihr *Ziel*, bei dem Geschlechte nicht weniger als bei dem Einzelnen. Was erzogen wird, wird zu *etwas* erzogen.« (Lessing, § 82)
> »Nein, sie wird kommen, sie wird gewiß kommen, die Zeit der Vollendung, da der Mensch ... das Gute tun wird, weil es das Gute ist, nicht weil willkürliche Belohnungen darauf gesetzt sind ...« (§ 85)

Es sind also Zielsetzung und die Macht, das Ziel zu erreichen, in Lessings Gottesgedanken verbunden, genau wie bei Luther[19]. Gerade diese Gewißheit, die für das Verständnis des Rechtfertigungsvorgangs bei Luther für Holl von größter Bedeutung war, kehrt hier in einer halb säkularisierten Gestalt bei Lessing wieder. Hält man Holls Deutung der lutherischen Rechtfertigungslehre für zutreffend, dann wird man bei Lessing eine interessante Umformung der Gedanken Luthers finden.

---

[18] Lessing tritt damit aus der dem Luthertum eigentümlichen pessimistischen Auffassung der Menschheitsgeschichte, wonach diese eine ständige Tendenz zum Niedergleiten zeigt (vgl. die Magdeburger Zenturien des Matthias Flacius), in die entgegengesetzte für Idealismus und Romantik bezeichnend gewordene hinüber, nach der die Menschheitsgeschichte auch geistig-religiös einen Aufstieg darstellt. Lessing zeigt, wie der Optimismus der Aufklärung die individuelle Betrachtung auf das Generelle überträgt. Letzter Ursprung dieser neuen Ansicht ist die Leibnizsche Philosophie. Lessing ist dadurch der Urheber dessen geworden, was man die Palingenesie in der deutschen Romantik zu nennen pflegt. Sie besagt, daß der Mensch so oft auf die Erde zurückkehrt, bis er die Vollendung erreicht hat. Dieser Gedanke ist maßgeblich geworden für Kants Auffassung der Unsterblichkeitsidee, nur daß Kant diese Unsterblichkeit nicht an die Erde gebunden hat.

[19] I, 44

Luthers Gottesbild erweist sich also als einheitlich und allein durch die Liebe bestimmt. Gott ist Liebe und nichts als Liebe. Aber diese Liebe ist vielgestaltig. Sie ist außerdem allmächtige Liebe insofern, als sie in unbegrenzter Möglichkeit alle Mittel für diesen Zweck verwendet, so daß auch scheinbar Entgegengesetztes ihrem Ziel dient[20]. Verständlich ist das freilich nur aus der göttlichen Perspektive. Der Mensch kann es innerhalb seiner innerweltlichen Möglichkeiten und Grenzen nicht erkennen, sondern muß es oft gegen den Schein glauben. Holl entdeckt erstmalig diese doppelte Perspektive in der Rechtfertigungslehre Luthers[21]. Es ist ein Unterschied, ob der ganze Vorgang aus der Sicht Gottes oder vom Standpunkt des Menschen erscheint. Das ist auch in einer andern Hinsicht von Bedeutung, von der weiter unten gehandelt wird. Damit unterscheidet sich der Begriff der göttlichen Liebe auch von dem, was menschlicherseits darunter verstanden wird. Gerade daß Gott den Menschen in Anfechtung und innere Unruhe stürzt, ist Ausdruck der göttlichen Liebe. Es ist der Beginn der ernsthaften Beschäftigung Gottes mit dem Menschen, die ihn nicht sich selbst überlassen und damit zugrundegehen lassen will, sondern dadurch die Voraussetzungen schafft für die eigentliche Gemeinschaft. Es ist genau dieses Verständnis von Liebe, das uns noch in der Ethik Luthers begegnen wird als das, was auch das Handeln des Christen in der Welt bestimmt.

Die dadurch erreichte Geschlossenheit des Gottesgedankens ist größer als eine Deutung, die nur bei der Feststellung einer formellen Einheit in Gegensätzen in Luthers Denken stehenbleibt. Gegenüber derartigen formellen Bestimmungen besitzt Luthers Gottesbild bei Holl einen konkreten Inhalt, der in den mannigfaltigen und wechselnden Widersprüchen sich stets als mit sich identisch manifestiert. Holl hat gewußt, daß die menschliche Unbegreiflichkeit einer unter den herkömmlichen Bildern und Begriffen vorgestellten Vergebung auch Ausdruck des Mysteriums der grundlosen göttlichen Liebe sein kann. Er hat für seine Person, wie dem Verfasser aus mündlicher Tradition bekannt geworden ist, eine ausgeprägte Vorliebe für Matthias Flacius gehabt, bei dem diese Betrachtung sehr stark entwickelt ist, welche die Paradoxie des Stellvertretungsgedankens u. U. zu unvergleichlich eindrucksvollen Bildern der uns zuteil werdenden Gnade gestalten konnte. Der Fehler aber der lutherischen Orthodoxie besteht darin, daß sie die innere Rechtfertigung

---

[20] III, 533   [21] Vgl. I, 113

dieser grundlos sich des Sünders annehmenden Liebe Gottes nur in den reflektierten moralisch-juridischen Kategorien eines Stellvertretungsgedankens ausdrücken konnte, welcher dem Verstande, den er befriedigte, wiederum neue Anstöße bot. Es war Holl klar, daß der von Hofmann und A. Ritschl unternommene Versuch, hier eine tiefere und reinere Durchleuchtung der göttlichen Wunderliebe zu geben, eine notwendige Aufgabe für die Theologie bezeichnete. Es war ihm ebenso klar, daß Hofmann und Ritschl diese Aufgabe noch nicht gelöst hatten. Hier liegt das Motiv für seine neue, tiefe Durchgrübelung der Rechtfertigungslehre. Die Aufgabe, die sich ihm stellte, kann am besten veranschaulicht werden an dem Kontrast der beiden Aussagen der Schmalkaldischen Artikel über die Rechtfertigung. Neben der ganzen Härte der Paradoxien im II. Teil steht im III. Teil Artikel XIII eine gegen die rein forensische Rechtfertigung polemische Darlegung, welche Rechtfertigung und Sinnesverwandlung zusammenschließt. Die Frage Holls könnte auch so ausgedrückt werden: Warum war es für Luther nötig, die beiden formell in Kontrast zueinander stehenden Aussagen nebeneinanderzustellen[22]?

2. *Der sittlich vertretbare Gottesbegriff*

Holls Darstellung der Rechtfertigungslehre Luthers hat ihre ursprüngliche Wurzel in der Notwendigkeit einer Antwort auf die Angriffe von katholischer Seite, besonders von Denifle. Es sei Selbstbetrug Gottes, so hatte man dort immer wieder behauptet, wenn Gott einen Sünder gerechtspreche, der es gar nicht sei. Denn entweder werde der Sünder bekehrt, und das heißt zu einem Gott Gehorsamen und damit Gerechten umgewandelt; dann aber sei die Rechtfertigung ein Vorgang, der eine Veränderung des Willens hervorgerufen habe, und dies sei die Voraussetzung für die Gerechtsprechung Gottes.

---

[22] Es verfälscht den theologischen Tatbestand, wenn man meint, Holl sei der einzige lutherische Theologe, welcher die grundlos vergebende Wunderliebe Gottes in einer nachträglichen geistig-theologischen Reflexion als in sich sinnvoll und unsern ethisch-religiösen Begriffen auf paradoxe Weise gerechtwerdend zu verstehen gesucht habe. Im Grunde ist die orthodoxe Lehre von der satisfactio vicaria gleichfalls eine rational-menschliche Konstruktion, die sich in der gleichen Richtung betätigt. Der Unterschied zu Holl ist lediglich der, daß ihre rationalen Konstruktionen den für unser heutiges Denken in jeder Hinsicht widervernünftigen und sittlich anstößigen Charakter damals noch nicht besaßen. Die heute noch die satisfactio vicaria vertretenden Theologen wissen oft nicht mehr, daß im 16. und 17. Jahrhundert erhebliche Teile dieser Lehre als rational äußerst befriedigend gegolten haben.

Oder aber, er bleibe weiterhin Sünder und tarne diese Tatsache, indem er sich bildlich gesprochen hinter dem gekreuzigten Christus verstecke; reflektiert formuliert, indem ihm die Gerechtigkeit Christi als eine fremde zugerechnet werde. Dann aber sei seine Gerechterklärung des Sünders, der ja ein Sünder bleibt, eine Täuschung, die dem objektiven Tatbestand nicht entspricht.

Es ist nicht zu leugnen, daß die lutherische Rechtfertigungslehre in der schulmäßigen, durch Melanchthon bestimmten Fassung wehrlos ist gegen diesen schwerwiegenden Einwand. Bei der herkömmlichen Gestalt der Rechtfertigungslehre bleibt es nämlich unverständlich, wie die Sündenvergebung zum sittlichen Handeln weiterführt. Und die verwirrenden dogmatischen Kämpfe der lutherischen Epigonen zeigen mit hinreichender Deutlichkeit, daß an diesem Punkt etwas nicht in Ordnung sein muß. Es muß hier daraufhingewiesen werden, daß das von Holl gezeichnete Gottesbild Luthers nur eine feiner durchgeführte Variante des Gottesbildes Jesu ist, wie er es in »Urchristentum und Religionsgeschichte« gezeichnet hat. Die entscheidende These Holls, daß die Reformation Erneuerung des Urchristentums sei, hat also noch eine tiefere Wurzel als die Tatsache, daß Paulus für Luther der größte theologische Lehrmeister gewesen ist. Außerdem steht latent bei allen Äußerungen Holls über das Gottesbild eine eigenartige neue Begründung der religiösen Gewißheit im Hintergrund. Es ist das Gefühl, daß auch edelste menschliche Idealität dieses paradoxe und antinomische Gottesbild niemals aus eigener Reflexion hätte erzeugen können. Die Wahrheit des Gottesbildes Jesu, die auch aus Luthers Aussagen über Gott spricht, hat für Holl die Bedeutung gehabt, daß ein jenseits des Menschlichen stehendes Urgeheimnis mit überzeugender Gewalt in das menschlich-geschichtliche Dasein hineinbricht. Es liegt an der verschwiegenen Art dieses Mannes, daß sich diese Gedanken immer nur angedeutet finden. Die Macht dieses Gottesbildes über Holl ist der letzte Kommentar zu allen Ablehnungen des Eudämonismus.

Es stellte sich somit die Aufgabe nachzuprüfen, ob die traditionelle Gestalt der Rechtfertigungslehre auch den ursprünglichen Ideen und Absichten Luthers entsprach oder etwa durch Melanchthon modifiziert worden war. Es mußte geprüft werden, ob Luthers Rechtfertigungslehre in dem ihm eigenen Verständnis jene Mängel und wunden Punkte besaß, auf welche die katholische Forschung aufmerksam gemacht hatte.

Nachdem Holl erstmalig in dem bereits erwähnten Aufsatz über *Die Rechtfertigungslehre im Licht der Geschichte des Protestantis-*

mus, 1906 die Reflexionsgestalt dieses Artikels stantis et cadentis ecclesiae auf das Rechtfertigungs*erlebnis* Luthers zurückgeführt und dieses einer scharfsinnigen Analyse unterzogen hatte, fanden seine dort niedergelegten Beobachtungen eine unerwartete Bestätigung durch die Auffindung und Herausgabe der Römerbriefvorlesung 1908, so daß er in dem Aufsatz über *Die Rechtfertigungslehre in Luthers Vorlesung über den Römerbrief mit besonderer Rücksicht auf die Frage der Heilsgewißheit*, 1910 seine Skizze von 1906 hatte erheblich erweitern und vertiefen können.

Holl versteht die Rechtfertigung bei Luther als Ausdruck seiner eigenen religiösen Erfahrung, insbesondere seiner Klosterkämpfe. Sie ist der reflexionsmäßige Niederschlag eines inneren Vorgangs, der niemals einen endgültigen Abschluß in Luthers Entwicklung erfahren hat. Denn Anfechtungen haben ihn begleitet bis an sein Lebensende. Sie gehören zu jedem Christenglauben, ja, sie sind das untrügliche Zeichen, daß Gott sich mit dem Menschen beschäftigt. Das Schlimmste wäre es, wenn der Mensch überhaupt keine innere Unruhe empfinden würde. Da es sich also um einen Vorgang des inneren Lebens handelt, noch dazu um einen sich stets wiederholenden, damit also um eine Erkenntnis, die nicht als einmal gewonnene Einsicht feststeht und vom Bewußtsein angeeignet werden kann, sondern um eine Gewißheit, die aus Unsicherheit und Zweifel sich immer wieder gebären muß, so ist der Ausdruck dafür entsprechend vielgestaltig. Zudem ist Luther von einer ungeheuren Freiheit und Lebendigkeit des Ausdrucks, die einer schulmäßigen Reglementierung die größten Schwierigkeiten bereitet. Ihm kommt es auf die Sache an. Man darf vielleicht noch mehr sagen. Sein Bewußtsein von dem antinomischen Gepräge menschlicher Aussagen über das göttliche Geheimnis läßt ihn die seelsorgerliche Augenblicksrichtigkeit in den Vordergrund stellen und dann rücksichtslos die eine gerade jetzt seelsorgerlich notwendige Seite einer Paradoxie hervorheben[23]. Er hat diese Freiheit höher geschätzt als den vorsichtigen, alles Extreme vermeidenden Ausdruck. Man kann aus Luther in vielen Fragen ein Sic et Non einander gegenüberstellen. So hat er, wenn er an das im Gesetz verstrickte Gewissen dachte, dem Herzen die Aufgabe stellen können, gegen das Gewissen zu glauben; ebenso aber, wenn er das Gewissen rein als

---

[23] Ein klassisches Beispiel dafür ist Luthers Wort an Melanchton: »Esto peccator et pecca fortiter!« WABr 2, 372, 84 ff. = BoA 6, 53, 24 ff. Dieses ausgesprochen seelsorgerliche Wort Luthers ist wahrhaftig nicht die Normalaussage, die er der Sünde entgegenhält. Vgl. dazu Holls instruktive Ausführungen I, 235³ f.

innerliche Gotteserfahrung nahm, den Satz prägen können, daß es den Menschen von Gott scheide, gegen sein Gewissen zu glauben und zu handeln. Diese seine Unbekümmertheit bringt es mit sich, daß pedantische Theologen immer in Schwierigkeiten geraten, wenn sie sich an Lutherlektüre wagen. Sie vergessen, daß sie bei einseitig undialektischer Betonung bestimmter Aussagegruppen Luthers eine Selbstanzeige vollziehen über den Mangel an innerer Lebendigkeit[24].

In dieser Situation gibt es keinen andern Weg als den der historisch-kritischen Methode, d. h. der Analyse der Texte und der daraus sich ergebenden Rekonstruktion der inneren Entwicklung Luthers. Diesen Weg hat Holl mit strenger Konsequenz beschritten. Hinsichtlich der Rechtfertigung unterscheidet er zwischen *Rechtfertigungsfrage* und *Rechtfertigungslehre*. Letztlich hatte die Rechtfertigungsfrage Luther ins Kloster geführt, welches die Stätte der intensivsten Frömmigkeitspflege gemäß den überlieferten Anschauungen war. Zu einer Lebenskrise wird sie für ihn durch ein Erlebnis des Sittlichen. Eine Verschärfung des Maßstabes zur Selbstbeurteilung erweist die Unfähigkeit der die Grundsätze überlieferter Frömmigkeit einübenden Mönchserziehung, diesen Konflikt zu lösen. Holl versteht das als Neuaufbrechen des urchristlichen Gerichtsgedankens und damit verbunden als eine tiefere Erfahrung der Heiligkeit Gottes. Damit wird der mittelalterliche Katholizismus auch in seiner strengsten Möglichkeit durchschaut als das, was er im Grunde ist: eine Verbindung von gesetzlichen und gnadenhaften Elementen in einer synkretistischen Mischgestalt, eine Verbindung von Paulinismus und Kirchengesetzlichkeit. Es handelt sich um ein System des Ausgleichs, in dem alle religiöse Bewegung durch kirchliche Kontrolle und Einflußnahme ausgependelt wird und nur durch diese Vermittlung im Gleichgewicht bleibt. Durch Furcht und Hoffnung wird die Seele zwar in Unruhe gehalten, aber dabei auch vor Extremen bewahrt. Der kirchlich-sakramentale Apparat erzeugt im Einzelnen immer wieder ein Sündengefühl, bietet ihm aber auch unendliche Gnadenhilfen und schützt ihn gleicherweise vor Sicherheit und Verzweiflung. Das letzte Ziel dieser kirchlichen Pädagogik ist es, eine bleibende Unsicherheit beim

---

[24] Im Unterschied zur späteren terminologischen Theorie ist z. B. bei Luther »Heiligung« (sanctificatio) allermeist schlichtes Synonym zu Rechtfertigung (iustificatio). Die in den paulinischen Briefen sich findende Anrede an die »Heiligen Gottes zu ...« hat er stets rein auf den als Heiligung bezeichneten Rechtfertigungsakt bezogen. Erst später ist das schulmäßig differenziert worden. Indessen ist diese Differenzierung für Luther schwierig, wie seine Erklärung zum 3. Artikel im Kleinen Katechismus zeigt.

Menschen über sein Schicksal zu erhalten, so daß das Herz in fragender Unruhe bleibt. Denn nur so konnten die kirchlichen Sakramente und Anweisungen wirksame Antworten bilden.

Von daher gesehen ist der Fall Luther zu verstehen als ein Mißlingen dieser Frömmigkeitspraxis. Bei ihm ist das gestörte Gleichgewicht nicht wiederherzustellen. Nur eine Seite gelingt: nämlich ihn aus der Sicherheit in die Unruhe der Selbstbeobachtung und des Fragens zu stürzen. Die andere Seite, d. h. der Versuch, durch die kirchlichen Gnadenmittel die Beschwichtigung der ersten Stimmung herbeizuführen, scheitert. Bei der Erkenntnis der Undurchführbarkeit der bisherigen Frömmigkeitspraxis und der Haltlosigkeit ihrer dogmatischen Begründung muß Luther sich einen neuen Weg bahnen. Der Halt in dieser Krise bleibt für ihn allein die Stimme seines eigenen Gewissens. Holl sagt von dem Mönch Luther:

> »Ihm blieb in aller seiner Verwirrung sein Gewissen allein der unverrückte Maßstab, nach dem er sein Verhältnis zu Gott beurteilte und den er in keinem Sinn außer Kraft zu setzen gewillt war«. (I, 27 f.)

Das heißt aber, daß er das Gottesverhältnis personalistisch verstand. Es war das Gegenüber zu einem Du, nicht eine Mischung von teils bewußten, teils unbewußten Vorgängen außerhalb des wachen Bewußtseins. Dieses göttliche Du aber konnte Luther nur als einen das Höchste fordernden lebendigen Willen, nicht als abstraktes Sein verstehen. So stellte sich das Gegenüber zu Gott als ein Gegenüber von zwei Willen dar, und Luther mußte erfahren, daß sie in Widerspruch zueinander standen. Die Beziehung von zwei Willen zueinander ist nach Holls Sprachgebrauch eine *sittliche Beziehung*, weil es sich dabei um die Frage nach der *Möglichkeit einer Gemeinschaft* handelt. Damit ist die Religion keineswegs ethisiert, wie kurzsichtige Kritiker immer wieder behaupten, sondern sie wird vielmehr auf ihren tiefsten und letzten Kern zurückgeführt. Da ein derartiges Mißverständnis bei dem heutigen Sprachgebrauch des Wortes »sittlich« über Holls ganzer Lutherinterpretation schwebt, sei in diesem Zusammenhang auf seine eigene Feststellung hingewiesen.

> »Meinerseits sehe ich das Reformatorische bei Luther nicht darin, daß er eine *sittliche* Religion wiederhergestellt hat . . ., sondern darin, daß er die Religion *als Religion* vertieft hat . . . Ich verstehe unter Religion . . . die *Gemeinschaft* mit Gott und erblicke die ›Ethisierung‹ der Religion bei Luther darin, daß er das Eingehen auf das Gottesverhältnis streng als ein Sollen verstanden hat.« (III, 246[2])

Damit bringt Holl einen unleugbar bei Luther vorhandenen Tatbestand zum Ausdruck. Denn es handelt sich bei diesem in seiner Gottesbeziehung nicht um ontologische Bestimmungen und Kategorien und noch weniger um Rauscherlebnisse und Stimmungen, sondern um ein Willensverhältnis. Man könnte das wieder dogmengeschichtlich von seiner theologischen Herkunft aus dem occamistischen Nominalismus verstehen. Wichtiger ist es wohl, den biblischen Gottesbegriff als den eigentlichen Grund dafür anzusehen. Denn das biblische Gottesbild ist stets voluntaristisch bestimmt. Es ist auch hier biblisches Gedankengut, das Luther in den Gegensatz zur Tradition führt. Seine theologische Schule ist ihm dabei eine Hilfe gewesen.

Hinsichtlich der zeitlichen Fixierung und des Ablaufs kommt Holl nach sorgfältiger Prüfung der Dokumente zu folgendem Ergebnis: Mit der Rechtfertigungs*frage* ist Luther schon 1509 intensiv beschäftigt. Aber diese Entwicklung läuft nicht stetig weiter, sondern führt ihn in die große Krise. Die Ursache hierfür ist jene erwähnte Verschärfung der Selbstbeurteilung durch gesteigerte sittliche Maßstäbe. Diese entstehen als Reflex auf eine Gotteserfahrung, in welcher Gottes Heiligkeit ihm zum Gericht wird[25]. Die genaue Festlegung, *wann* der Durchbruch zu der neuen Erkenntnis erfolgt ist, bleibt schwierig. Greifbar ist nur der Punkt, wo die Rechtfertigungs*lehre* in ihren Grundzügen als Überwindung der Krise vorliegt. Dies ist nach Holl in der Psalmenvorlesung 1513-15 der Fall. Durch einen Rückschluß läßt sich ein Zeitraum von $1^3/_4$ Jahr eingrenzen. Eine weitere Präzision scheint nicht möglich[26]. In dieser Schau sind Rechtfertigungsglaube, ethischer Ernst, Religion und Ethos auf das strengste aufeinander bezogen und miteinander verbunden. Dadurch werden die Anfechtungen Luthers nicht als Erfahrungen des Numinosen charakterisiert, als Schauer vor einem mysterium tremendum, sondern als Schulderlebnis des Gewissens vor der Heiligkeit dessen, der allein gut ist. Die ganze Problematik reduziert sich auf die Frage, wie Gemeinschaft möglich ist zwischen dem sündigen Menschen und

---

[25] I, 193 [26] Die Frage der zeitlichen Fixierung des reformatorischen Erlebnisses hat eine unübersehbare Literatur und eine Fülle sich gegenseitig ausschließender Zeitpunkte erzeugt. Es erübrigt sich, in diesem Zusammenhang hier darauf einzugehen, zumal das Entscheidende von Holls Lutherinterpretation dadurch nicht berührt wird. Nur dieses sei hier noch angemerkt: Holl setzt bei diesen Bestimmungen voraus, daß die Anfänge des uns überlieferten Manuskripts der Psalmenvorlesung wirklich vor oder zu Beginn der Vorlesung niedergeschrieben sind. Diese Voraussetzung darf heute zumindest als umstritten gelten. (Vgl. Hirsch, Initium theologiae Lutheri in: Lutherstudien, II, 23; Boehmer, Luthers erste Vorlesung, 1924, 34 ff.; Vogelsang, Die Anfänge von Luthers Christologie, 6 f.) Die dadurch entstehende Möglichkeit einer zeitlichen Verschiebung bleibt jedoch gering.

dem heiligen Gott. Daß diese Frage nur dialektisch beantwortet werden kann, ist klar. Ihre Schwierigkeit besteht darin, daß sie beiden Seiten der menschlichen Gottesbeziehung gerecht werden muß, sowohl der negativen des Schuldbewußtseins als der bejahenden der Vergebung. Luthers Größe besteht darin, daß seine Antwort beide Erfahrungen so miteinander verknüpft, daß damit sowohl ein bei aller Paradoxie des Ganzen dennoch sinnvolles Geschehen als auch ein einheitliches Gottesbild und ein zielbestimmtes göttliches Handeln gewahrt bleibt. Es ist Holls Verdienst, dies erstmalig klar erkannt und ausgesprochen zu haben. Über seine nähere Vorstellung von der ihn umwendenden, die Einheit von Zorn und Liebe ergreifenden Liebe Gottes erwähne ich wieder die Schilderung des Augenblicks in Luthers Klosterkämpfen, wo ihm ein tiefer, positiver Sinn in seinen Anfechtungen aufleuchtet.

> »Es muß einen Augenblick gegeben haben, wo ihn inmitten seiner Qual die Ahnung durchzuckte, *daß Gott durch eben diese Pein ihn sucht und zu sich heranzieht.* Dieser Gedanke wurde seine Rettung. In ihm verstand er Gott. Er begriff Gott jetzt durch seinen Schmerz hindurch als Güte.« (I, 29)

Wie bereits erwähnt[27], unterscheidet Holl in der Analyse der Rechtfertigungslehre bei Luther *zwei Perspektiven*. Zunächst handelt es sich um eine religiöse Erfahrung, d. h. um eine Erkenntnis des Menschen.[28] Zugleich erfährt aber der Mensch dies alles als Wirken Gottes an seinem Herzen. Luther hat beide Seiten der Rechtfertigungserfassung in der nachträglich sich Rechenschaft gebenden Reflexion getrennt. Holl zeigt das an der Römerbriefvorlesung[29]. Er behandelt Luthers Vorstellungen von der Rechtfertigung aus der Perspektive des Menschen nach drei Punkten, indem er zunächst den *Glauben,* dann die Kraft zum *neuen Leben* und schließlich die Frage nach der *Vollendungsgewißheit* untersucht.

Daß das Religiöse aufs engste mit dem Sittlichen verschwistert ist, erfährt in der Römerbriefvorlesung seine Bestätigung. Hier wird die Abgrenzung gegenüber der scholastischen Theologie zu einer scharfen Polemik gegen diese. Sie richtet sich gerade gegen die gebrochenen Maßstäbe, welche dem menschlichen Vermögen Fähigkeiten zuschreiben, die der Wille nicht besitzt. Wird der Mensch dagegen vor die wahre Unerbittlichkeit der göttlichen Forderung gestellt, die sich nicht mit der äußeren Handlung zufrieden gibt, sondern auf die Gesinnung sieht, dann wird deutlich, daß »der Mensch Sünder ist und

---

[27] Vgl. oben S. 137 und Anm. 21
[28] I, 129   [29] I, 113

nur Sünder« (I, 130). Aber damit ist nur die eine Seite des Vorgangs beschrieben. Für Luther gehören Buße und Glaube zusammen, beide bleiben untrennbar, weil jene die Voraussetzung für diesen bildet, dieser aber durch die Sünde immer wieder in die Buße geführt wird. Eben in dem Oszillieren zwischen diesen beiden Polen besteht die Eigenart des lutherischen Rechtfertigungsglaubens, eben darin auch seine Lebendigkeit und Tiefe. Allerdings ist dies nicht als haltloses Schwanken zwischen verschiedenen Stimmungen zu verstehen. Vielmehr gehört zum Glauben dies, daß er Gottes Wahrhaftigkeit auch im Vergebungswort des Evangeliums als ernst gemeint annehmen soll. Wir haben hier wieder jenen Zug, der die Religion als Sollen versteht. Gott bietet dem Menschen ein neues Verhältnis auf der Grundlage der Vergebung an, auf das der Mensch einzugehen mit gutem Grund zögert. Aber der Mensch *soll* darauf eingehen. Hier wird es verständlich, wenn nach Holl Luther »das Eingehen auf das Gottesverhältnis streng als ein Sollen verstanden hat« (III, 246²). Das gilt erst recht für das Evangelium. Allerdings — und das verdient besonders hervorgehoben zu werden — handelt es sich hierbei nicht um eine gedankenlose Unterwerfung, sondern um den unbegreiflichen aus Gott geborenen Mut, dem Wunder der Vergebung des Allerhöchsten zu trauen. Dadurch wird der Glaube an die Wahrhaftigkeit eine persönliche Erfahrung. Es ist Luthers Größe, daß er diese Erfahrung als Aneignung des von ihm durch das Schriftwort erkannten göttlichen Willens dem offiziellen zeitgenössischen Kirchentum und der gesamten Tradition entgegenzusetzen wagte und sich in dieser Entgegensetzung behaupten konnte[30].

Aber zu diesen Erfahrungen gehört nun auch, daß die Begegnung mit Gott, wie sie sich im Glauben vollzieht, den Willen umwandelt. Was die scholastischen Theorien mit ihrer Habituslehre, dem Kompromiß von Gnaden und Verdiensten und ihrer Kombination von Sakramentalismus und Moralismus versucht hatten, ohne zu überzeugen, wird hier bei Luther in einem klaren Zusammenhang durchsichtig. Die in der Vergebung erfahrene Güte Gottes erweckt die Liebe zu Gott, die aus der Dankbarkeit für das Empfangene seinen Willen nunmehr aus freiem, freudigen Antrieb zu erfüllen sucht. Wenn in der lutherischen Theologie dem Beispiel Luthers folgend von der Dankbarkeit als einer Lebenserneuerung gesprochen wird, entsteht oft der falsche Schein, als ob die Dankbarkeit der allererste Anfang der Herzensverwandlung sei. Nach Luther hingegen (vgl.

---

[30] I, 29; 34

die Schmalkaldischen Artikel Teil III Artikel XIII) ist der Glaube selbst als eine Verwandlung des Gottesverhältnisses ein neuer Sinn und verleiht ein reines Herz. Die Verbindung, welche die Dankbarkeit zwischen dem Glauben als reiner Herzensmacht und seinem Tun und Schaffen in der Welt setzt, ist also nur eine Brücke zwischen dem Inneren und dem Äußeren. Falls die Dankbarkeit selbst erst das neue Leben erzeugte, wäre der Glaube eine tote, am Herzen unmittelbar nichts ausrichtende und verwandelnde Reflexion.

Auf dieser Sachlage beruht es, daß Holl bei der Betrachtung rein von Gott aus den allen Melanchthonianern unheimlichen Satz: Gott rechnet den Glauben selber zur Gerechtigkeit an, sich unbefangen aneignen konnte. Der Glaube selber ist die Liebe Gottes über alle Dinge, die Dankbarkeit ein Sekundärphänomen. (Vgl. I, 85 ff.) Damit erwachsen dem Menschen auch neue Maßstäbe für das Handeln in der Welt, das keinen andern Inhalt benötigt, als die Aufgaben seines Berufes dem Einzelnen stellen. Allerdings stehen diese Impulse in Spannung zu der bleibenden Sünde als einer das Leben auch ferner bestimmenden und nie ganz überwindbaren Macht. Unter dem Begriff der concupiscentia versteht Luther im Gegensatz zur Scholastik nicht den fomes paccati, sondern eine als Sünde zu beurteilende Realität, die als Glücksbegehren und Selbstliebe unter den verschiedensten Erscheinungsformen selbst in dem scheinbar edelsten Verhalten des Menschen wirksam ist.[31] Diese Spannung bestätigt, daß die Feststellung partieller sittlicher Fortschritte an der totalen Selbstbeurteilung des Menschen als Sünder nichts ändern kann. Auch das neue Leben wird trotz aller sittlichen Aktivität empfangen aus der Gnade Gottes. Insofern gilt für Luther: »Das neue Leben ist kein Gegenstand der Erfahrung« (WA 56, 58, 15 f.; vgl. I, 139). Daher muß die Rechtfertigungsgewißheit immer neu erworben werden[32] und das Christenleben, wie Luther es in der ersten der 95 Thesen formuliert, ist im Gegensatz zu den sakramentalen Akten der Scholastik eine ständige Buße, zugleich aber auch ein stets erneutes Ergreifen der göttlichen Verheißung. Aus dieser Situation heraus wird die Bewegung des Herzens zu Gott eine Notwendigkeit, und Holl beweist mit einer Reihe von Zitaten, daß der Glaube an die unerschütterliche Gültigkeit der göttlichen Gnade zur Pflicht wird. Er *soll* immer wieder neu an die Verheißung glauben[33]. Also ob Sünder oder Glaubender, stets bestimmt ein Sollen das ganze Gottesverhältnis. Holl macht in diesem Zusam-

---

[31] I, 137   [32] I, 136   [33] I, 144

menhang auf die Verwendung des Wortes debet aufmerksam, wo Luther auch licet hätte sagen können, und weist den von Ficker und Loofs verwandten Begriff »postulieren« für die Heilsgewißheit zurück.

Als Letztes erhebt sich aus dem Bisherigen die Frage, ob der Mensch der Vollendung des von Gott in ihm Angefangenen gewiß sein könne. Dabei ist bezeichnend, daß Luther im Unterschied zur Scholastik unter Vollendung nicht die höchste Stufe des Glücks, sondern die völlige Einigung des Willens mit Gott versteht. Ist das Gottesverhältnis durch den Willenswiderspruch bestimmt, so kann es Gemeinschaft nur so geben, daß der Mensch den Willen Gottes anerkennt und ihn sich zu eigen macht. Das geschieht in diesem Leben immer nur gebrochen, so daß eine vollkommene Willensgemeinschaft erst in der Ewigkeit möglich ist. Damit ist die Frage weitergehend präzisiert, ob die Rechtfertigungsgewißheit mit der Erwählungsgewißheit wesenmäßig und notwendig verbunden ist[34]. Holl erkennt, daß Luther, ähnlich wie weiter unten beim Gottesbild zu zeigen sein wird, hier in Stufen denkt. In einer Bewußtseinsschicht, wie sie bestimmend ist für die Frömmigkeit des Durchschnittschristen, soll der Glaubende sich für erwählt halten. Es gibt allerdings eine Tiefenschicht, wo diese naive Gewißheit zweifelhaft wird und der Fromme u. U. auch mit der Verwerfung Gottes rechnen muß. Da das Ziel der Rechtfertigung die Herstellung der Willensgemeinschaft mit Gott bleibt, so würde das auch das Ja zur Verwerfung miteinschließen, wenn Gott das so will. Aber da dann auch die Verdammten mit Gott innerlich verbunden bleiben, weil sie seinen Willen über sich bejahen, so wäre die Hölle damit aufgehoben. Denn mit Gott geeint sein, das ist überall und immer Seligkeit und Frieden. Es zeigt sich, daß dies die Probe ist auf die völlige Läuterung des Glaubens von allen eudämonistischen Elementen. Später hat Luther beim praktischen Neubau

---

[34] Der Satz Holls, daß Luther eine reflektierte Steigerung der Heilsgewißheit des Glaubens zur Erwählungsgewißheit nicht für das mit dem religiösen Soll jedem Christen Gebotene erklärt, ist auch abgesehen davon, daß hier einer der Unterschiede zwischen der lutherischen und reformierten Konfession entsteht, für die Gegenwart bedeutsam. Erwählungsgewißheit ist unter den heutigen Verhältnissen für die meisten Menschen eine unvollziehbare Überspannung der religiösen Reflexion. Diejenigen, welche die Überspannung fertigbekommen, verfallen meistens dem Wahn, daß ihr Glaube für sie ein unverlierbarer Besitz geworden sei, auf den sie sich schlafen legen können. Für Holl war es dagegen wichtig, daß seine Heilsgewißheit wie bei Luther immer eine ringende blieb und nie in einer Erwählungsgewißheit zur totalen Ruhe kam.

der Kirche mit Rücksicht auf das Durchschnittschristentum diesen Gesichtspunkt allerdings zurückgestellt und hat gemeint, dem seines Heils gewissen Christen die Frage nach der Erwählung ersparen zu können. Nur bei Angefochtenen hat er Heilsgewißheit, meistens in vorsichtiger Form, als Erwählungsgewißheit in sich tragend bezeichnet[35].

Aber nun steht die andere Seite der Aufgabe vor ihm, den ganzen Rechtfertigungsvorgang als Tat Gottes zu begreifen. Worauf es Holl ankommt, zeigt die jetzt auftauchende Wendung von dem *»einheitlichen, vom sittlichen Boden aus vertretbaren Gottesbegriff«* (I, 113 f.). Der sittliche Standpunkt, den Holl hier meint, ist nicht der einer humanen Ethik. Holl meint vielmehr, daß man als Christ im Glauben Gott unentrinnlich als den verstehen müsse, in welchem das unbedingte Gute, das er uns selber als seinen Willen ins Herz schreibt, in seiner ganzen unendlichen Fülle und Vollkommenheit wirklich sei. Ein Gott, der in diesem Sinn wirklich unendlich gut ist, ist aber die Wahrheit und Wahrhaftigkeit selber. Holl will mit seiner Formel, daß der theologische Gottesbegriff vom sittlichen Standpunkt aus vertretbar sein müsse, lediglich sagen, daß wir uns Gott nicht unlauterer und im Verhalten zur Wahrheit zweideutiger vorstellen dürfen und können, als wir selbst es sind (bzw. sein sollen), sofern der hl. Geist uns regiert. Was soll ich mit einem Gott anfangen, der dem Leben nicht genügt, das sein hl. Geist in mir entzündet hat. Mit den platten Gedankenbildungen, welche das Walten der göttlichen Vorsehung ungerecht und anstößig finden, hat das, was Holl meint, überhaupt nichts zu tun. Deshalb ist diese Formel in erster Linie gegen den Vorwurf der katholischen Lutherforschung gerichtet, in der Rechtfertigung Luthers wirke ein Gott, der entweder aus Willkür und Laune handle oder sich selbst über den wahren Tatbestand täusche. Denn Gott kann nur mit dem Gerechten Gemeinschaft eingehen. Deshalb muß der Sünder nach katholischer Auffassung zunächst gerecht gemacht werden, wobei auf seine eigene Beteiligung nicht verzichtet werden kann. Durch die Aufbesserung der religiös-moralischen Qualität infolge eingeflößter Gnadenkräfte wird der Mensch dann befähigt zu übernatürlichen guten Werken. Daß dabei auch die bisherigen Sünden vergeben und deren Strafen erlassen werden, versteht sich. Indessen ist hierbei die gnadenhafte Seite der gesetzlich-moralistischen letztlich untergeordnet durch den Gedanken der *Disposition* d. h. der eigenen Vorbereitung und der als Folge unentbehr-

---

[35] Vgl. I, 150 ff.

lichen *Verdienste*. Die Gnade hat dabei eigentlich nur die Aufgabe, die bisherigen Anstöße in Gottes Augen wegzuräumen und die Voraussetzungen für eigene sittliche Leistungen zu schaffen. In der katholischen Frömmigkeit heißt die Rechtfertigungsgnade auch heiligmachende Gnade, und die katholischen Christen haben durch sie das Gefühl eines heiligmäßigen Schimmers, in den sie getaucht sind. Sieht man aber näher zu, so entdeckt man, daß hinter diesem Schimmer eben nur das Bewußtsein steht, durch die Gnade zum Erwerb besonderer Verdienste befähigt zu sein. Die Unechtheit der heiligmachenden Gnade zeigt sich entscheidend darin, daß der vom freien Willen abhängige willkürliche Gebrauch der neuen Gnadenkräfte auch Unterschiede im ewigen Leben schafft, je nach dem, wie man die Gnadenkräfte in der Welt gebraucht. Das Verhalten auf seiten des Menschen wird durch diese Betrachtung in unzusammenhängende einzelne Akte zersplittert. Schwerwiegender noch ist das Schwankende des Gottesbildes, dem die Einheitlichkeit in Gesinnung und Handeln mangelt. Die Gesinnung Gottes wechselt zwischen Zorn und Gnade je nach der Aufführung des Menschen, und entsprechend bleibt sein Begnadigen oder Verdammen abhängig von dessen Verhalten. Jeden Augenblick kann er durch eine Todsünde aus der Gnade fallen und muß sie sich durch das Bußsakrament erneuern lassen.

Man kann sagen, daß Gnade und Verdienst in einem kunstvollen System so miteinander ausgeglichen sind, daß die Rechtsordnung das eigentlich Gültige bleibt und das Gottesverhältnis bestimmt, während die Gnade die von Fall zu Fall gewährte Ausnahmemöglichkeit darstellt. Es entsteht für einen evangelisch Erzogenen auf diese Weise ein unentrinnbarer Mischmasch von Rechtsordnung und Gnadenordnung, in welchem er sich schwer zurechtfindet. Vielleicht entspricht sein Urteil, daß gemäß dem Urteil des Paulus (Römer 11, 6) Gnade nicht mehr Gnade ist, wenn sie verdient wird, nicht dem religiösen Empfinden des Katholiken. Es wird aber wohl bei dem von Holl dargestellten Urteil Luthers bleiben, daß, wer wirklich weiß, was Gnade ist, hier nur einen schwachen, trügerischen Abglanz derselben finden kann. Es ist verständlich, daß von diesen Voraussetzungen Luthers Rechtfertigungslehre anstößig empfunden werden mußte, zumal sie im Protestantismus in der melanchthonischen Fassung vertreten wurde, die als Brille wirkte, auch wenn man Luthers Aussagen las. Wenn es sich in der Religion um eine persönliche Gemeinschaft zwischen Gott und Mensch handelt, dann ist das keine Möglichkeit im Rahmen des natürlichen Daseins, denn die Urtatsache aller religiösen Selbstbesinnung ist die Entzweiung des Menschen mit Gott. Wenn Gott daher mit dem Menschen in Verbindung tritt, dann kann der Mensch nicht bleiben, wie er ist. Mit dem Sünder, der Sünder bleiben will, kann Gott nichts zu tun haben. Endgültige Aufnahme in Gottes Gemeinschaft kann nur der Reine und Gerechte finden. Auch darin stimmen katholische und lutherische Auffassung überein, daß der Sünder zu einem Gerechten *werden* und *nicht* nur zu einem solchen *erklärt werden* muß. Nur in dem Wie gibt es Differenzen. Nach katholischer Auffassung kann das nicht ohne Beteiligung des Sünders geschehen; nach Luthers Überzeugung schließt die Situation des Menschen vor Gott jede derartige Beteiligung gerade aus. Die Lösung, die Luther findet, ist im Grunde genommen die einfachste und, von den Voraussetzungen eines geistig-personhaften Gottesverhältnisses gesehen, die natürlichste. Eben dadurch, daß Gott überhaupt den Menschen der Gemeinschaft mit sich würdigt, ist er rein. Es ist ein schöpferisches Handeln, wenn Gott den Menschen durch die Berührung mit sich zu einem neuen Leben erweckt[36].

Damit ist die Rechtfertigung mehr, als der Begriff auszusagen vermag. Es ist begriffsgeschichtlich dieselbe Situation wie im Ur-

[36] Klar ausgesprochen hat Schleiermacher das in der Glaubenslehre II § 109 Zif. 216—218, »Erlösung oder Neuschöpfung der menschlichen Natur«. Ja, Schleiermacher geht soweit, daß er erst durch die mit der Rechtfertigung gegebenen Gottesbegegnung die eigentliche Personbildung des Menschen erfolgen läßt. Erst der christliche Gottesglaube vollendet den Menschen zur Person. Vorher ist der Einzelne »für Gott gar keine Person . . ., sondern nur ein Teil der Masse, aus welcher erst durch die Fortwirkung des schöpferischen Aktes, aus dem der Erlöser hervorging, Personen werden«. Der Hinweis auf diese Beziehung will den tiefen Gegensatz zur Rechtfertigungslehre Luthers, wie Holl sie verstanden hat, nicht verdecken. Denn nach Schleiermacher ist die Rechtfertigung als eine nur durch die Begegnung mit Christus bedingte Neuwerdung des Menschen zu denken (Glbl. § 109 Zif. 212), bei der die Sündenvergebung keine wesentliche Rolle spielt. Sie tritt nur auf als Folge und Begleiterscheinung. Für Holl hingegen ist es entscheidend, daß die den Glauben weckende Vergebung der Sünden selber der schöpferische Akt ist, durch welchen die in der Ewigkeit vollendete Neuwerdung des Menschen eingeleitet wird. Nach mündlicher Überlieferung hat Holl bei der Schleiermacher-Darstellung im Kolleg stets mit großem Zorn von der Entstellung der Rechtfertigungslehre durch Schleiermacher gesprochen. Außerdem tadelte er an Schleiermachers Sündenlehre dies, daß auch dort die Übermacht des Fleisches über den Geist der Hauptgesichtspunkt sei und damit nicht die durch das Mißtrauen entstehende Entzweiung mit Gott als die wahre Grundlage der Sünde erkannt sei. An einem Punkte hat Holl allerdings Schleiermacher seine Anerkennung ausgesprochen, da er der einzige Theologe gewesen sei, der sich getraut habe, Gott als den Urheber der Sünde anzusehen. (I, 48 Anm. 2 und III, 551 Anm. 1)

christentum, als Paulus den aus der Sphäre der jüdischen Gesetzesreligion stammenden Begriff mit ganz und gar antigesetzlichen Inhalt füllt und ihn damit im Grunde genommen zerbricht. Wenn Gott den Sünder ohne Leistung grundlos zum Kinde annimmt, dann ist damit eben jene Rechtfertigung verneint, welche die Annahme bei Gott von der Erfüllung des Gesetzes abhängig macht. Will man das noch Rechtfertigung nennen, so bekommt das Wort den entgegengesetzten Sinn als bisher und wird eine Paradoxie, die das bisherige Verständnis verneint. M. a. W. es wird ein Begriff aus der Gesetzesreligion dazu verwendet, um antithetisch eine religiöse Erfahrung entgegengesetzter Art auszudrücken. Man darf es vielleicht als ein Gesetz der Religionsgeschichte bezeichnen, daß eine religiöse Erkenntnis nur klar und bestimmt wird durch eine Antithese. Bekannt sind die zahllosen Beispiele aus Luther, in denen er Glaube und Ethos, wie sie aus dem Evangelium geboren sind, der katholischen Frömmigkeit gegenüberstellt; so wenn er die Arbeit der Mutter und der Magd als heiliger bezeichnet denn aller Nonnen Leben, oder wenn die Tatsache, daß wir vor Gott keine satisfactio leisten und keine merita verdienen können, durch die antithetische Aussage ausgesprochen wird, daß Christi Sterben die einzige satisfactio und das einzige Verdienst darstellen. Das zeigt sich auch darin, daß alle mit dem Begriff Rechtfertigung bisher verbundenen Vorstellungen und Bilder aufgelöst bzw. in ihr Gegenteil verkehrt werden. Die *forensische Situation* wird illusorisch und verliert ihren Sinn, wenn der Richter nicht Recht spricht, sondern gegen das Recht entscheidet und den Schuldigen freispricht nicht etwa wegen erwiesener Unschuld oder Mangel an Beweisen, sondern gerade auf Grund seiner erwiesenen und eingestandenen Schuld. Nirgends wird das deutlicher als in Jesu Gleichnis vom Pharisäer und Zöllner, wenn es gegen alle Erwartung der Gesetzesreligion heißt: »Dieser ging hinab gerechtfertigt«. Dennoch eignet sich kein Begriff besser zur Veranschaulichung des Gemeinten als dieser, indem er die Gesetzesreligion von ihren eigenen Voraussetzungen aus ad absurdum führt.

Auf der andern Seite wohnt solchen Begriffen die eigene frühere Schwerkraft inne. Sie behalten die Tendenz, über das Gottesverhältnis doch wieder durch die in ihnen ruhenden Bestimmungen und Vorstellungselemente Gewalt zu gewinnen. Im Laufe des Gebrauchs verblaßt der antithetisch-polemische Sinn, der allein die Berechtigung zu ihrer Verwendung gegeben hatte, und der ursprünglich juridisch-moralische Sinn gewinnt wieder die Oberhand und verdunkelt das mit ihm Ausgedrückte und verkehrt es sogar in sein

Gegenteil. Die Gesetzesreligion behauptet sich an Hand ihres ureigenen Begriffs gegen die Gnadenreligion des Evangeliums und verkehrt diese wiederum in eine neue Gesetzlichkeit, die dann mehr oder weniger gnadenhaft getarnt und erweicht das Christliche als Synthese beider religiöser Möglichkeiten darstellt. Dieser Prozeß hat einen Bundesgenossen in dem natürlichen religiösen Empfinden des Menschen, dem eine derartige Verbindung gesetzlicher und gnadenhafter Elemente weit mehr einleuchtet als die radikalen Urteile der Gnadenreligion. Sittlich vertretbar scheint daher nur ein Handeln Gottes zu sein, daß der Gerechtigkeit im Sinne der Moralität ihr Recht bestätigt. Aber damit wird die Gnade die Ausnahme, und die sittliche Ordnung ist selbstverständliche Grundlage. Indem Luther die Gottesbegegnung als Erneuerung des Menschen und damit als eine Fortsetzung der Schöpfung versteht, gewinnt er die Freiheit, den Begriff der Rechtfertigung mit dem Sinn wieder zu erfüllen, den das Urchristentum in Jesus und Paulus ihm gegenüber hatten. Dadurch wird er zum durchsichtigsten Begriff für das Evangelium.

Wenn daher Holl von einem sittlich vertretbaren Gottesbegriff spricht, so bedeutet das gerade nicht, wie es zunächst scheinen könnte und mehrfach mißverstanden worden ist, daß der Gottesbegriff den Grundsätzen der Moral entsprechen und daher die Gnade der Sittlichkeit untergeordnet werden müßte, sondern daß umgekehrt Gott eine Beziehung zum Menschen aufnimmt und eine persönliche Gemeinschaft herstellt, die allein durch ihn und sein Tun bestimmt ist und in welcher der Mensch nichts als ein das göttliche Tun Erleidender bleibt.

Damit ist schon gesagt, daß Gott keine dinglichen Gnaden verleiht, nicht etwas von sich oder außer sich, sondern sich selbst. Das bringt Luther in der nicht von ihm geprägten Wendung des »Gott haben« zum Ausdruck[37]. Das ganze Gottesverhältnis ist der Rechtssphäre entnommen. Die forensische Fassung mit ihren Formeln bleibt nur *eine* Möglichkeit, *in eigener Reflexion* sich Rechenschaft über das Erlebte zu geben, wenn auch die klarste und gedanklich zugespitzteste. Luther gebraucht gerade in der Römerbriefvorlesung andere Bilder, die das Gemeinte veranschaulichen. Seine Begegnung mit dem Menschen ist *Selbstmitteilung*. Gott gibt sich, und er gibt sich ganz. Aber dieser Akt bedeutet für den Menschen *Umschaffung* und *Erneuerung*. Das ist Ziel, Absicht und Sinn der Gottesbegegnung, dem Menschen eine höhere Stufe des Lebens mitzuteilen als diejenige, auf welcher der Mensch sich als kreatürliches Wesen befindet. Man könnte das auch

---

[37] I, 84[4]

so verstehen, daß Gott sein Schöpfungswerk gleichsam in zwei Akten vollzieht. Erst indem er ihn aus der Sphäre natürlicher Lebendigkeit mit ihrer Selbstbehauptung und ihrem Glücksverlangen und den damit gegebenen gebrochenen ethischen Maßstäben durch eine Gewissenskrise in sich selbst vertieft und ihn damit vorbereitet für den Empfang eines höheren Lebens aus und in Gott, führt er ihn zum Ziel seiner Bestimmung.

Es ist klar, daß dieser Vorgang durch Begriffe und Kategorien, die dem Rechtsleben entnommen sind, nicht völlig zutreffend dargestellt werden kann. Es handelt sich dabei um mehr als um eine Gerechtsprechung. Darin stimmt jedenfalls Luther mit der Scholastik überein, daß der Mensch gerecht*gemacht* werden muß. Er begründet das nur tiefer und überzeugender. Dabei verbindet Luther mehrere Züge im Gottesbild zu einer geschlossenen Einheit und begründet damit den Vorgang der Gerechtmachung des Sünders. Zunächst: Gott ist *Liebe;* dies ist die letzte für den Menschen faßbare Wirklichkeit. Liebe versteht Luther in diesem Zusammenhang als Liebeswille, der die Gemeinschaft des andern sucht und sich ihm mitteilt. Als Wille ist Gott der rastlos *Tätige* und Lebendige, nicht wie in der thomistischen Scholastik der sich selbst Beschauende und Genießende, überhaupt nicht in erster Linie Denken, sondern Wille und Tat. Als der Tätige ist er der alles in allem Wirkende. Luther kann sich Gottes Allmacht nicht anders denn als Alleinwirksamkeit vorstellen. Wäre es anders, so wäre er ein Zuschauergott und d. h. überhaupt kein Gott. Er ist auch im Bösen und selbst im Satan wirksam. Unbedenklich hat Luther auch diese Konsequenz gezogen. Quando ergo Deus omnia in omnibus movet et agit, necessario movet etiam et agit in Satana et impio. (WA 18, 709, 20 = BoA 3, 204, 12 ff.) So sind in diesem Gottesbild *Notwendigkeit* und *Freiheit* in eines gedacht. Alles was Gott will, fließt aus einem ewigen, unveränderlichen Liebeswillen. Aber was Gott will, verwirklicht er allen Widerständen zum Trotz. *Allmacht* und *Liebe* sind aufs engste aufeinander bezogen und gegenseitig bedingt. Eine Liebe, die nicht allmächtig wäre, sich gegen alle Bosheit und Sünde durchzusetzen, wäre für Welt und Mensch bedeutungslos. Und eine Allmacht, die nicht bis ins Letzte der Liebe diente, wäre dämonisch. Eben dieses Mit- und Ineinander verleiht dem Gottesbild Luthers seine Einheit und seine Lebendigkeit[38].

---

[38] Damit sind Gedanken wiederholt, die E. Hirsch erstmalig in seinem Büchlein »Luthers Gottesanschauung«, 1918 ausgesprochen hat.

Ein letzter Zug muß noch in diesem Zusammenhang hervorgehoben werden. Das ist die Aufhebung der *Zeitkategorie* für das göttliche Handeln. Damit entfallen auch alle Überlegungen über die Festlegung des Zeitpunktes, an dem der Rechtfertigungsspruch Gottes zu fixieren ist, ob im Augenblick des eigenen Erlebens, ob am jüngsten Gericht oder wann immer. Für Gott gibt es weder Gegenwart noch Vergangenheit noch Zukunft, ja, keinen Gegensatz von Zeit und Ewigkeit. Gottes Wille und die Verwirklichung des Gewollten fallen für ihn in eins zusammen. Der Mensch allerdings erlebt Gottes Handeln als zeitlichen Vorgang mit dem Schein der Verzögerung, der Umwege und des Mißlingens. So müssen wir Gott denken, obwohl es klar ist, daß wir ihn nur in der zeitverhafteten Form unseres persönlichen Daseins erleben; d. h. wir besitzen als einziges Gefäß einer das Innerste berührenden Gotteserkenntnis nur die sehr kontrastreichen und gebrochenen Bildungen, die Gottes Wesen einseitig und gefärbt widerspiegeln. Nur der Glaube ahnt, daß Gott gerade so und nicht anders seinen Plan ausführen muß. M. a. W.: Gott ist seiner Sache gewiß. Diese Selbstgewißheit des göttlichen Handelns begleitet sein gesamtes Wirken. Wollte man die Rechtfertigung, so wie wir sie unmittelbar erleben, als ein ungeheures, von Gott auf sich genommenes Risiko bezeichnen, so muß man hinzufügen, daß der Allmächtige, vor dem unser Herz ist wie Wasserbäche, in diesem Risiko lediglich die Herrlichkeit seiner Selbstgewißheit erlebt.

Damit sind alle Züge im Gottesbild Luthers beieinander, um Gottes Rechtfertigungstat als ein Verhalten zu verstehen, in dem Gott weder aus der Laune des Augenblicks handelt, noch sich selbst belügt, wie es die katholische Lutherforschung behauptet hatte. Es hängt bei dieser Betrachtung schließlich alles ab von dem *Entschluß Gottes,* überhaupt mit dem Sünder in Verbindung zu treten und ihn bleibend in seine Gemeinschaft aufzunehmen. Hier liegt das Wunder und die Unbegreiflichkeit, denn dieser Entschluß ist im Grunde gänzlich unmotiviert. Damit ist aber der tiefste überhaupt mögliche Punkt erfaßt, von dem aus das christliche Gottesverhältnis gedacht werden kann. In Luthers Sprache: Es ist das »Herz« Gottes, das diesen Entschluß faßt, damit aber gewiß ist, ihn durchzuführen. Mit unmißverständlicher Klarheit hat Holl das gegenüber einer Kritik von Otto Ritschl ausgesprochen, der damit den »grundsätzlichen Irrationalismus und den Wundercharakter« in Frage gestellt sah[39]. Mit diesem Gottesbild ist das Problem gelöst: Mit wem Gott in Verbindung tritt,

---

[39] Otto Ritschl, Dogmengeschichte des Protestantismus, II 1912, 117¹; HollI, 125¹.

um ihn in seine Gemeinschaft aufzunehmen, den *erklärt* er nicht nur für gerecht, er *macht* ihn auch zu einem Gerechten. Dies geschieht aber nicht durch zauberhaft-magische Umwandlung in den Tiefen des Unterbewußtseins, wobei Gott den Menschen so betrachtet, *als ob*[40] er ein Gerechter wäre, sondern so, daß er in ihm einen geistig-seelischen Vorgang auslöst, der ihn innerlich umwandelt und erneuert[41]. Dementsprechend ändert sich auch das Verständnis für die Gnade. Sie kann nicht mehr etwas Dingliches bleiben wie in der Scholastik, sondern Luther macht klar, »daß es nur *eine* Form der Gnade gibt — die Güte[42] ...«. Die Rechtfertigung ist daher für Luther nicht ein einmaliger oder wiederholter, jedenfalls punktuell gedachter Akt, sondern ein in diesem Leben niemals abgeschlossener Vorgang. Dieser Vorgang aber besteht nicht darin, daß durch die Einflößung übernatürlicher Tugenden die Voraussetzungen für den Erwerb von Verdiensten geschaffen wird, sondern dadurch, daß der Mensch durch den fortgesetzten Verkehr und seine Gemeinschaft mit dem heiligen Gott ihm ähnlich wird. Und in diesem Gotte-Ähnlichwerden ist Gott selbst am Werk als der Alleinwirksame. Von daher gesehen wird die Rechtfertigung das Mittel, durch welches Gott sein Ziel erreicht.

»Das Ziel, das Gott bei der ›Rechtfertigung‹ verfolgt, ist erst dann erreicht, wenn er den Menschen wirklich gerecht gemacht hat. *Rechtfertigung und Gerechtmachung gehören innerlich zusammen. Sie verhalten sich wie Mittel und Zweck. Ein und derselbe Wille Gottes* umspannt das Ganze seines Tuns am Menschen.« (I, 123)

Holl hat darauf aufmerksam gemacht, daß Luther diesen Sachverhalt in einem Sprachgebrauch zum Ausdruck bringt, der den logischen Widerspruch in zwei einander formell ausschließenden Aussagen formuliert: Gott rechtfertigt den Sünder, und Gott rechtfertigt den Gerechten, der das Gesetz erfüllt und als Täter des Gesetzes angesehen werden kann[43]. In diesem Widerspruch spiegeln sich die beiden Per-

---

[40] Es ist also gerade umgekehrt, wie Denifle behauptet. Nicht nach Luthers Rechtfertigungslehre täuscht Gott sich selbst, sondern die katholisch-scholastische Sakramentstheorie macht ihn zu einem, der den Menschen so behandelt, *als ob* dieser ein anderer geworden sei, ohne daß dies tatsächlich der Fall ist.
»Man kann Luthers ganzes Werk auf den Gesichtspunkt zurückführen, daß er gegenüber dem im Katholizismus steckenden Als-Ob die *Wirklichkeit* wieder zur Geltung bringt. Wie er im Religiösen das Als-Ob bekämpft — dort Hochschätzung des Priesters, ›als ob‹ durch seinen Mund kraft seines Amtes *Gott* redete; ›Demut‹ und ›Gehorsam‹ gegenüber den *kirchlichen* Vorgesetzten, ›als ob‹ dies selbst schon Demut und Gehorsam *gegenüber Gott* wäre —, so auch im Sittlichen. (I, 471¹)

[41] I, 119
[42] I, 121   [43] I, 117

spektiven, von denen her Luther die Rechtfertigung entwirft. Von Gottes-Standpunkt her gesehen ist der Mensch ein Gerechter und erfüllt das Gesetz im Gehorsam des Glaubens; aus der menschlich-empirischen Sicht allerdings bleibt die Sünde eine Wirklichkeit. Beides fällt für Luther nicht auseinander oder geht unverbunden nebeneinander her. In einem seiner schönsten Bilder, dem Gleichnis vom barmherzigen Samariter entnommen, sieht Luther den Sünder als einen Kranken, den Christus — das Bild erweitert sich und läßt den Samariter und den Wirt zusammenfließen in der Gestalt eines Arztes — in seine Kur nimmt und ihn, des Erfolges seiner Behandlung gewiß, als Geheilten betrachtet. Hier sind alle die logisch nicht rationalisierbaren Widersprüche der Rechtfertigungslehre, in die sie sich auseinander legt, wenn man sie analysiert, in der plastischen Anschaulichkeit eines Bildes sinnvoll und verständlich geworden. Es ist die Selbstgewißheit des Arztes, der den Fall genau kennt und daher in Diagnose und Therapie das Richtige trifft. Deshalb kann er auch mit Sicherheit die Prognose stellen. Gegen das Selbstempfinden des Kranken kann er ihm mit Bestimmtheit die Heilung in Aussicht stellen und ihn aus seiner medizinischen Perspektive als Geheilten betrachten. Er versteht den Zustand des Patienten nicht mehr als krank, sondern als Übergang zum Gesundwerden und hat bereits die volle Genesung vor Augen. Hier findet sich dann die berühmte Formel des simul justus et peccator, die sich aus diesem Bild ergibt, wonach der Kranke zugleich als krank oder schon geheilt angesehen werden kann, je nach dem Standpunkt der Betrachtung. Aber der Arzt täuscht sich nicht, wenn er den jetzt noch Kranken schon als Geheilten sieht.

> »Iste enim egrotus nunquid sanus est? Immo egrotus simul et sanus. Egrotus in rei veritate, sed sanus ex certa promissione medici, cui credit, *qui eum iam velut sanum reputat, quia certus, quod sanabit eum, quia* incepit eum sanare *nec imputavit ei egritudinem ad mortem.* Eodem modo Samaritanus noster Christus hominem semivivum egrotum suum curandum suscepit in stabulum et incepit sanare promissa perfectissima sanitate in vitam eternam, et pon imputans peccatum i. e. concupiscentias ad mortem.« (I, 124; WA 56, 272, 7 ff. = BoA 5, 241, 3 ff.)

Übertragen auf den Gedankenkreis der Rechtfertigungslehre heißt das:

> »Nunquid ergo perfecte iustus? Non, sed simul peccator et iustus; peccator re vera, sed iustus ex reputatione et promissione Dei certa, quod liberet ab illo, donec perfecte sanet. Ac per hoc sanus perfecte est in spe, in re autem peccator, sed initium habens iustitie, ut amplius querat semper, semper iniustum se sciens.« (WA 56, 272, 16 ff. = BoA 5, 241, 13 ff.)

In diesen klassischen Worten hat Holl mit Recht die Bestätigung seiner Auffassung der Rechtfertigungslehre Luthers gesehen[44]. Damit löst sich auch das Rätsel der Römerbriefvorlesung. Denn nun

> »kann Luther ebensogut sagen, Gott rechtfertigt den Sünder, wie Gott rechtfertigt den Gerechten«. (I, 125)

Damit hat die Frage, ob Luthers Rechtfertigungslehre einen vom Boden des Sittlichen vertretbaren Gottesbegriff besitzt, ihre Antwort gefunden. Holl hat nachgewiesen, daß nach Luthers Gedankenzusammenhang Gott nicht aus Laune oder Willkür handelt und auch keiner Selbsttäuschung zum Opfer fällt, wenn er den Sünder in seine Gemeinschaft aufnimmt. Die sieghafte Gewalt der göttlichen Rechtfertigungsgnade schafft den Menschen um zu einer neuen Kreatur und ist sich der Erreichung ihres Zieles gewiß. Dadurch wird die Rechtfertigung ein in sich geschlossener, sinnvoller Vorgang, welcher der unbegreiflichen Grundlosigkeit des göttlichen Liebeswillens ebenso gerecht wird wie seiner Allmacht und Alleinwirksamkeit, ohne daß die menschliche Lebendigkeit dabei ausgeschaltet wird.

3. Die Rechtfertigung als synthetisches und analytisches Urteil

Holl hat sein Verständnis von Luthers Rechtfertigungslehre mit den Begriffen analytisch und synthetisch auf eine zugespitzte Formel gebracht.

> »Das Rechtfertigungsurteil kann bei ihm (scil. bei Luther) das eine Mal synthetisch, das andere Mal analytisch lauten, ohne daß hierdurch ein Widerspruch entstünde. Aber die letztere Form ist in Luthers Sinn die theologisch genauere«. (I, 125)

Er zieht damit gleichsam die logische Folgerung aus dem unter Ziffer 2 entwickelten Tatbestand[45]. Aus der Schau des Menschen gesehen bleibt es immer ein synthetisches Urteil, das zu dem vorhandenen Tatbestand etwas Neues setzt. Sub specie aeternitatis jedoch ist es ein analytisches, das Gott auf Grund eines freilich nur für ihn wirklichen Tatbestandes fällt. Wenn Holl meint, daß diese Form die Luthers Absichten gemäßere sei, dann deshalb, weil ja die göttliche Schau der Dinge die entscheidende bleibt.

Um das von Holl mit diesen Begriffen Gemeinte zu verstehen, ist es notwendig, ihre Verwendung in der vorangegangenen Theologie sich klarzumachen. Das Begriffspaar »synthetisch-analytisch« stammt aus der Erkenntnistheorie Kants und ist, soweit ich erkennen kann,

[44] I, 124²
[45] III, 532

für die Erläuterung der Rechtfertigungslehre erstmalig verwendet worden von Matthias Schneckenburger in seiner »Vergleichenden Darstellung des lutherischen und reformierten Lehrbegriffs«, 1855, wo es zur Charakterisierung der reformierten Rechtfertigungslehre dient[46]. Denn wenn Gott dort den Sünder zu einem Gerechten erklärt, dann vollzieht er damit nicht einen Vorgang im oder am Sünder, sondern er proklamiert einen Tatbestand, der ohnehin schon durch das Prädestinationsdekret von Ewigkeit her feststeht. Damit ist nichts Neues geschaffen, sondern etwas Vorhandenes wird nur ausgesprochen.

> »Jener göttliche Justifikationsakt ist schon nach dem Bisherigen von der Gestalt und Bedeutung, die er im lutherischen System hat, wesentlich dadurch unterschieden, daß er nicht die reale Zugehörigkeit Christi zum Gläubigen verwirklicht, sondern dieselbe als schon vorhanden bloß deklariert und aus ihr die Konsequenzen der Vergebung und der Teilhaftigkeit an allen Gnadengütern zieht, also nicht ein *synthetisches*, sondern ein *analytisches Urteil* ist, ein judicium secundum veritatem, ja secundum justitiam«. (Heraushebungen durch Kursivdruck von mir.) (Schneckenburger II, 64)

Die lutherische Auffassung versteht dagegen nach Schneckenburger die Rechtfertigung *synthetisch*, weil der Glaube als selbständiger Akt ein neues Moment setzt, da die Rechtfertigung noch nicht mit der Versöhnung gegeben ist. Während also bei den Reformierten das Prädestinationsdekret die Rechtfertigung einschließt, ist diese bei den Lutheranern nur virtuell in der Versöhnungslehre vorhanden. Daher kann sie auch nicht als analytisches, sondern nur als ein zueignendes d. h. als synthetisches Urteil verstanden werden.

Dann hat *Albrecht Ritschl* den Begriff des synthetischen Urteils für seine Deutung der Rechtfertigungslehre Luthers verwendet, ohne allerdings auf Schneckenburger Bezug zu nehmen, indem er in »Rechtfertigung und Versöhnung« I, 159 ff. die Rechtfertigungslehre auf evangelischer Seite dem katholischen Bußsakrament gegenüberstellt. Dabei macht er die Unterschiede klar, welche die Gedanken des Reformators von der römischen Bußtheorie trennen. Während nach katholischer Auffassung die Buße das Gottesverhältnis des Christen durch einen jeweils zu erneuernden Akt wieder in Ordnung bringt, ist die Rechtfertigung nach Luthers Vorstellung »der religiöse Regulator des praktischen Lebens« (RV I, 164), in dem Glauben, Heilsgewißheit und sittlicher Impuls zu einer Einheit verbunden sind[47]. Allein diese Auffassung wird nach Ritschls Urteil dem Tatbestand der bleibenden

---

[46] A.a.O. II, 63 ff.
[47] Vgl. oben S. 113 die Darstellung A. Ritschls.

sittlichen Unvollkommenheit jedes christlichen Lebens gerecht. Unter diesen Voraussetzungen kann der Rechtfertigungsspruch Gottes nur die Form des synthetischen Urteils besitzen (RV I, 165), weil nur der Sünder »als Objekt der Gerechtsprechung durch Gott« gedacht werden kann, Gott also in Gegensatz und Widerspruch zu einer vorhandenen Wirklichkeit eine andere, größere und mächtigere aus göttlicher Vollmacht setzt. Im systematischen Teil seines Werkes hat Ritschl diesen Gedanken dahingehend präzisiert, daß er erkenntnislogisch den Urteilsspruch Gottes als »schöpferischen Willensakt« versteht, der nur nach Analogie synthetischer Urteile vorstellbar ist. Hier findet sich auch die genaue Formulierung, wenn es heißt: die Rechtfertigung bestehe darin,

> »daß zu dem Sünder, den Gott gerecht macht, ein Prädikat gesetzt wird, welches nicht schon in dem Begriffe des Sünders eingeschlossen ist«. (RV III, 78)

Das bedeutet nach Ritschl auch eine Abgrenzung gegenüber der katholischen Auffassung, die in der Rechtfertigung eine moralische Veränderung des Sünders sieht, auf Grund welcher er zur Gottes- und Nächstenliebe befähigt wird und Verdienste zu erwerben in der Lage ist. Es ist klar, daß Ritschl im Unterschied von Schneckenburger in dem Begriff des synthetischen Urteils die lutherische und reformierte Auffassung zusammenfaßt und der katholischen gegenüberstellt und sogar die sozinianische und arminianische darin miteinbegreift. Erst im Pietismus wird seiner Meinung nach dieses reformatorische Verständnis der Rechtfertigung verdunkelt, indem wieder wie im Katholizismus eine innere Beschaffenheit des Menschen Voraussetzung für das Urteil Gottes wird, so daß man nun von einem analytischen Urteil sprechen kann (RV III, 82). Für die Wiedergeburt, welche der Pietismus in den Mittelpunkt stellt, erhält die Rechtfertigung den Charakter eines Akzidens, so daß ein vorhandener Sachverhalt auf Seiten des Menschen nur die göttliche Bestätigung gewinnt. Was Ritschl meint, wenn er die Rechtfertigung im Gegensatz dazu als ein synthetisches Urteil versteht, kann man etwa so ausdrücken: Der Glaube erlebt sich nicht als Begründung dafür, daß Gott gerecht spricht, sondern als das Empfangen eines Neuen, Wunderbaren.

Wenn Ritschl die Rechtfertigung in diesem Sinne synthetisch begreift, dann stellt er sich damit in Gegensatz zu Schleiermacher. Für diesen ist das durch Christus gestiftete Gesamtleben eigentlich der synthetische göttliche Willensakt. Dann aber kann die Rechtfertigung nur verstanden werden als das Sichbewußtwerden der Zugehörigkeit des Einzelnen zu diesem Gesamtleben und wird damit ein analytischer Akt. Ritschls grenzt sich also bewußt gegen Schleiermacher ab, wenn er den Ton darauf legt, daß die Rechtfertigung ein durch freien Willensentschluß Gottes geschehene Aufhebung des sittlich verderblichen Schuldbewußtseins im Menschen darstellt. Die Rechtfertigung ist in der Tat eine Veränderung des Gottesverhältnisses im Einzelnen, sofern durch die Gerechterklärung die vorhandene Störung der Gottesgemeinschaft aufgehoben wird. Daher bezeichnet Ritschl das Rechtfertigungsurteil als »synthetisch«.

Diese Formel Ritschls hat Holl ausdrücklich anerkannt als zutreffende Beschreibung des menschlichen Rechtfertigungserlebnisses und damit auch die Verneinung gegen Schleiermacher übernommen. Rechtfertigung ist nicht die Aufnahme in das Gesamtleben, sondern ein selbständiger Akt der Verzeihung. Aber das ist nur die eine Seite, Ritschl hat die andere übersehen.

> »Allein der große Systematiker hat seinen richtigen Gedanken nicht bis zu Ende gedacht. Er hat außer acht gelassen, daß jeder Willensakt ein bestimmtes *Ziel* verfolgt und daß bei einem Willensakt Gottes das Ziel für Gott immer schon erreicht ist. Nur wenn man die Rechtfertigung so wie Luther versteht, verschwindet jeder Schein, als ob es sich dabei um eine Selbsttäuschung oder einen Willkürakt Gottes handelte. Gott belügt sich selbst nicht, er schreitet auch nicht über seine Heiligkeit hinweg; er sieht den Menschen ganz so, wie er ist; aber er sieht zugleich, was er aus ihm schaffen kann«. (I, 125[1])

Wenn Holl also den Begriff analytisch aufnimmt, dann ist klar, daß er damit nicht das von Schleiermacher Gemeinte wiederholt. Denn durch das synthetische Urteil wird gerade das Anstößige betont, daß dem Sünder etwas zugesprochen wird, was ihm von rechtswegen nicht zukommt. Das will Holl nicht beseitigen. Aber das ist nur die uns zugekehrte Seite der Rechtfertigung und die Art und Weise, wie wir sie erleben, nicht, wie Gott sie denkt und vollzieht. Für ihn gilt die sieghafte Selbstgewißheit der göttlichen Gnade:

> Was er sich vorgenommen
> und was er haben will,
> das muß doch endlich kommen
> zu seinem Zweck und Ziel.

Damit wird erkennbar, daß es im Grunde genommen das gleiche Problem geblieben ist, mit dem wir uns auch hier beschäftigen: der eigenartige Gottesbegriff, der hinter Luthers Rechtfertigungslehre steht und das durch ihn begründete Gottesverhältnis des Menschen. Beides wird nur von einer neuen Seite her beleuchtet. Holl grenzt sich klar gegen Ritschl und seine Schule ab, wo jede Gotteserkenntnis außerhalb von Christus verneint wird. Auch dieser Punkt zeigt wiederum, wie unbegründet die Behauptung ist, Holl sei Ritschlianer gewesen. (Vgl. auch I, 38[1].)

Es muß in diesem Zusammenhang nunmehr geklärt werden, welche Rolle Christus in der Rechtfertigungslehre bei Luther nach Holls Auffassung spielt. Entscheidend ist für jede Religion das Gottesbild, das sie beherrscht. Denn das ist die Funktion der Frommen und Gotteszeugen in der Geschichte, daß sie aus dem in ihrem Herzen Entzündeten Gottesbilder entwerfen. Diese werden in ihnen geboren als die Summe ihres Erlebens, Beobachtens und Gehorchens mit ursprünglicher Kraft und Gnade. Ein solches Bild gräbt sich ein in die Herzen der Menschen, weil es überzeugt. Es trifft mich mit seiner weisenden Kraft, und es überwindet mich zum Glauben und Gehorsam. Im Christentum hat Jesus dieses Gottesbild entdeckt, aber er hat nicht durch seinen Tod etwas an ihm geändert, wie die üblichen Versöhnungstheorien das behaupten. Es ist der Gott, der den Sünder will, um ihn durch Güte und Erbarmen, durch Glauben und Dankbarkeit zu seinem Kinde umzuschaffen. Gnade ist dabei gedacht als Vergebung und Ruf zu einem neuen Leben. Anderes hat Gott nichts an uns zu tun, als daß er uns ein Bild von sich schenkt und uns den Mut gibt, auf dieses Bild hin zu leben und zu handeln. Die Vergebung ist dann die Möglichkeit, diesen majestätischen Gott auszuhalten im Vertrauen, daß das Ende gut ist. Der heilige Geist aber ist alles das, was sich nach dem natürlichen Zusammenhang des Lebens aus dem Empfangenen eines solchen Bildes ins Herz gibt.

Macht man damit Ernst, dann bedeutet das, daß die Satisfaktionstheorie aus der Rechtfertigung entfernt werden muß, weil sie diese sonst verdirbt und gegen die katholischen Einwände wehrlos macht, und daß eine neue christologische Beziehung gefunden werden muß. Das antithetische Begriffspaar »analytisch-synthetisch« ist nichts als der reflexionsmäßig zugespitzte Ausdruck für diesen Sachverhalt. Wenn Holl also das göttliche Rechtfertigungsurteil als analytisch bezeichnet, dann ist damit die Verneinung jener herkömmlichen Beziehung auf die Satisfaktion ausgesprochen, mit welcher in der Schuldogmatik seit Melanchthon Gottes Urteilsspruch begründet zu werden pflegt. Für Luther hat Christi Werk zutiefst die Bedeutung einer Vergegenwärtigung der göttlichen Liebe. Es ist *nicht Grund sondern Ausdruck* einer unwandelbaren Gesinnung Gottes, die nicht von außen beeinflußt oder geändert werden kann. Ein gleichbleibender göttlicher Liebeswille ist auf den Menschen gerichtet, der die verschiedeartigsten, logisch einander widersprechenden Gestalten annehmen oder sich dienstbar machen kann.

Es muß hier jedoch noch ein Zweites gesagt werden. Holl hat erkannt, daß man bei Luther ein doppeltes Gotteserlebnis im Zugleich setzen müsse. Gott ist der Ewige, und er ist der in der Zeit Handelnde[48]. Als in der Zeit Handelnder erscheint uns sein Bild gespalten, und wir erfahren ihn einmal als den Zornigen. In der Zeitform ist sein Zorn echt. Allein als der Ewige ist Gott nie zornig, sondern der Zorn ist ein Maskenspiel Gottes mit uns Zeitgebundenen. Sinn erhält dieses Auseinandertreten der beiden Seiten in Gott durch die Unterscheidung des opus alienum und des opus proprium. Wir erleben somit Gott als den, der uns durch das Fühlen des Zornes zum Fühlen der Gnade führt, und wir erleben dies so, daß beide Gotteserlebnisse echt sind. Wir denken aber in einer mit dem unmittelbar Gelebten einigen Reflexion Gott stets dabei als den Ewigen, in der Zeit nur Spielenden. Beides müssen wir wissen, daß Gott uns zwingt, ihn unter der Zeitform im Maskenspiel ernst zu nehmen, und daß er doch im Verborgenen, Ewigen rein die Liebe ist.

Holl hat nun weiter festgestellt, daß Luther über das Werk Christi zwei Gedankenreihen gebildet hat. Einmal hat Luther aus der Überlieferung den Gedanken beibehalten, daß Christus mit seinem Leben und Sterben das gesamte menschliche Schicksal im Gottesverhältnis in stellvertretender Liebe zu seinem eigenen persönlichen Gottesverhältnis macht. Insofern steht Christus auf seinem Gang zum Kreuz und in sein Sterben als der Stellvertreter sowohl des Menschengeschlechts im ganzen wie des einzelnen Menschen Gott gegenüber. Luther hat jedoch in dieses überlieferte Schema zwei in der Tradition der mittelalterlichen Kirche nur schwach anklingende, ja, nahezu vergessene Gedanken hineingelegt. Einmal ist Christus für Luther nicht der eine Ersatzleistung statt der Strafe Bietende, sondern Zorn und Strafe Gottes selber bis in die letzte Bitternis hinein Tragende. Erst in der lutherischen Passionsfrömmigkeit wird der Gedanke, daß Christus die Strafe getragen habe, zu Ende gedacht. Sodann aber wird von Luther — ohne Rücksicht darauf, ob sich dies in einer Theorie logisch durchführen läßt — das Tragen des Zornes und der Strafe stets auf Christus als den Sohn Gottes d. h. den, der selber göttlichen Wesens war, bezogen. Dies ist der tiefste Grund für die Revolution, welche das Luthertum in der altkirchlichen Christologie vorgenommen hat. In altkirchlicher Formulierung ausgedrückt: Luther ist der

---

[48] Vgl. oben S. 154

radikalste Theopaschit der christlichen Dogmengeschichte. Den tieferen Sinn dieser zunächst unbegreiflichen Formel wird niemand erfassen, der auf anselmisch-melanchthonische Weise die Gottheit Christi gleichsam nur als Wertkoeffizienten versteht, welcher das Leiden und Sterben Christi nach seiner Menschheit zu einem wirklichen Aequivalent der Sünden der Menschheit macht. Bei Luther liegt aller Ton darauf, daß der liebende Gehorsam des Sohnes, welcher das von Gott verhängte Leiden und Sterben trägt, die Seele und das Herz in Christi Passion sind. An dem im Glauben an den Vater geborenen liebenden Sohnesgehorsam zerbrechen die dämonischen Gewalten von Sünde, Tod, Teufel und Gesetz. Damit schmilzt in den Gedanken des Tragens von Zorn und Strafe der andere Gedanke der Überwindung aller von Gott scheidenden dämonischen Gewalten einschließlich der des Gesetzes und Zornes Gottes ein.

Auf diese Weise ist ein Bild von Christi Passion entstanden, das weder von Melanchthon noch von der Orthodoxie erschöpft werden konnte. Erst in der Theologie des 19. Jahrhunderts wurden diese Tiefen der Versöhnungslehre Luthers langsam ans Licht gezogen. Man wird nicht leugnen können, daß neben Sören Kierkegaard und einigen wenigen an die Wahrheit streifenden Partien bei Theodosius Harnack Holl der erste gewesen ist, dem diese Seite der Versöhnungslehre zum Bewußtsein gekommen ist. Die eigentümliche Doppelfassung der Rechtfertigungslehre als ein Zugleich von analytischem und synthetischem Urteil enthaltend entspricht dem doppelten Blick Holls auf Luthers Christusbild. Christus ist derjenige, in welchem das tiefste Erleiden des abgrundtiefen göttlichen Zornes als einer den Glauben anfechtenden und bedrohenden Gewalt und die siegreiche Auferstehungskraft zu einem Leben in vollmächtiger und friedvoller Gemeinschaft mit dem Vater im Himmel auf eine jeder Analyse sich entziehenden Weise verbunden sind. Wie großartig der Blick Holls auf diese unergründliche Zweiseitigkeit Christi als des den Zorn Tragenden und doch Zorn und Tod Überwindenden d. h. als des Gekreuzigten und des im ewigen Sinne Auferstandenen ist, zeigt der einfache Vergleich mit dem tiefsten Christologen der Schule Albrecht Ritschls, mit Wilhelm Herrmann. Wer mit Hilfe von Holl das doppelseitige Christusbild Luthers verstanden hat, dem muß das Christusbild Wilhelm Herrmanns als flach und schal erscheinen. Es gehört zu den wunderlichsten Verblendungen der Theologiegeschichte der letzten Menschenalter, daß die sogenannte »positive Theologie« diese, den ganzen Ritschlianismus unter sich lassende und ihr sehr nahekommende Tiefe in dem von Holl nachgezeichneten Christusbild überhaupt nicht gemerkt hat.

Trotz dem so über Holls Nachzeichnung von Luthers Christusbild Gesagtem darf hier nun auch die Schwäche nicht verschwiegen werden, welche Holls Aussagen über Luthers Christusglauben an sich tragen. Der Nachdenkliche wird ohne weiteres erkennen, daß zwischen der Doppelseitigkeit des Gottesbildes und derjenigen des Christusbildes, welche Holl bei Luther aufgedeckt hat, eine seltsame Gleichläufigkeit besteht. Diese Gleichläufigkeit steigert sich bei Luther zweifellos zu dem Gedanken, daß in der christlichen Frömmigkeit jede Aussage über Gott auch als Aussage über Christus gegeben werden kann. In der großen Darstellung der Rechtfertigungslehre im Galaterkommentar von 1519 ist der Grundgedanke der, daß der Gott der Rechtfertigung der Gott ist, der den Namen Christi trägt (WA 2, 489, 16 ff. »Verum nomen domini nusquam clarius videbis quam in Christo...«). Ebenso ist es bei zahlreichen Bezügen Luthers auf das 1. Gebot sicher, daß der Gott, welcher zu uns sagt: Ich bin der Herr, dein Gott! eben der Gott ist, der den Namen Christi trägt. In den von Holl gesammelten Stellen hierzu ist diese Reflexion Luthers nicht deutlich ausgesprochen, und es darf daher nicht geleugnet werden, daß bei Luthers Verknüpfung des Glaubens an das 1. Gebot mit der Überwindung der Anfechtung die Reflexion auf Christus nicht notwendig und ausdrücklich miteinbezogen werden mußte.

Vielleicht hat auch Hirsch recht, wenn er den Gott, der uns zu Gerechtigkeit, Heil und Leben wird in Römer 1, 17, gleichgesetzt mit dem als Christus gegenwärtigen Gott[49]. Diese ganze latente christologische Beziehung des Glaubens an den himmlischen Vater hat Holl in seinen Lutherstudien zwar nicht geleugnet, wohl aber stark in den Hintergrund treten lassen. Wahrscheinlich würde auch Holls Aussage, daß Gottes Rechtfertigungsurteil eine analytische Seite hat, manchen Theologen nicht so anstößig gewesen sein, wenn sie sich klargemacht hätten, daß der Gott dieses analytischen Urteils das ins Überzeitliche verklärte Angesicht Jesu Christi trägt. Es wird vielleicht immer umstritten bleiben, in welchem Maße die Zusammenschmelzung des ewigen Gottes mit dem Namen Christi in Luthers theologischer Reflexion sich durchgesetzt hat. Sicherlich stehen ihr diejenigen Stellen entgegen, in denen Luther wie etwa in dem Liede »Nun freut euch, lieben Christen g'mein« die Trinitätslehre in einer populär-mythischen Weise zu einem Dialog zwischen

---

[49] Vgl. Hirsch, Die Theologie des Andreas Osiander, 1919, 53 ff. und 71 f.

Die Rechtfertigung als synthetisches und analytisches Urteil 165

Gott-Vater und Gott-Sohn gebraucht. Andererseits aber steht fest, daß Luther in der Trinitätslehre von der göttlichen Dreiheit (trinitas) zur göttlichen Dreieinigkeit (triunitas) einen Gedankenfortschritt gewahrt hat und daß in dem im Luthertum üblichen Ersatz von Dreifaltigkeit durch Dreieinigkeit ebenso wie in den zahlreichen lutherischen Neubildungen der Dreieinigkeitslehre des 19. Jahrhunderts eine Tendenz Luthers, nämlich die drei Personen möglichst eng zu verschmelzen, wirksam geworden ist. Von dieser Tendenz ist es wiederum folgerichtig, das Gottesbild und das nomen Christi eng zusammenschließen. An dieser Stelle hat Holl als ein moderner Theologe starke Hemmungen gehabt. Er hat die Gleichsetzung von Gott und Christus in diesem Sinne, welche angesichts der Schilderung Luthers von der Tiefe der Anfechtung Jesu allerdings paradox genug ist, in seiner eigenen Lutherdeutung nicht klar genug vollzogen und scheint im übrigen der Meinung gewesen zu sein, daß dieser Punkt bei der Darstellung des tragenden Zusammenhangs von Luthers Theologie ausgeschaltet werden darf. Wenn also bei Holl der zweite Gedankenkreis stark reduziert wird, so ist die Harmonie zwischen beiden doch so groß, daß Luther dieselbe Sache sowohl in der Gestalt des Gottes- wie des Christusglaubens sagen kann. Wenn Holl die Fragen des Gottesglaubens in den Vordergrund stellt, so ist sein geistesgeschichtliches Recht dies, daß er das Zukunftsträchtige in Luther stark betont. Anders ausgedrückt: Die Korrespondenz zwischen dem Christus- und dem Gottesbild bei Luther ist so groß, daß Luther das Gleiche sagen kann, indem er von Christus und indem er von Gott spricht[50].

[50] Damit dürften sich auch die zahlreichen Einwände gegen Holls Lutherdeutung in diesem Punkt erledigen, wie sie im allgemeinen als Kontroverse »theozentrisch — christozentrisch« verhandelt werden. Als Beispiel sei auf Hans-Joachim Iwands »Rechtfertigung und Christusglaube«, 3. Aufl. 1966 verwiesen, wo Holl vorgeworfen wird, er habe mit einer vorausgesetzten Gottesgewißheit des Christen für die Erkenntnis der Bedeutung Christi als ›eines Spiegels des väterlichen Herzens‹ »die persönliche Stellungnahme des Menschen dem Glaubensgegenstand vor(ge)ordnet und das Bekenntnis nur als Ausdruck des zuvor Erlebten (gefaßt). Denn zunächst wird damit die Glaubenserfahrung der Psychologie ausgeliefert, sodann der Fall der Gleichzeitigkeit nicht ins Auge gefaßt.« (a.a.O., 96) Was zunächst die Behauptung angeht, daß der Glaube nichts mit Psychologie zu tun haben darf, so ist dies ein bekanntes Theologumenon dieser theologischen Richtung, für welches Luther der schlechteste aller Kronzeugen ist, da er diese Sorge nicht nur nicht kennt, sondern in seiner theologischen Reflexion mit ihren leitenden Grundbegriffen von »Herz« und »Gewissen« mit einer bestimmten Psychologie auf das engste verbunden ist. Zu welchen Fehldeutungen eine prinzipiell anti-

Im einzelnen hat Holl die Sache so gesehen. Einmal hat Luther die traditionelle Vorstellung von dem stellvertretenden Strafleiden Christi für die Sünde der Menschheit beibehalten und in diesem Zusammenhang sogar die Begriffe »Genugtuung« und »Verdienst« gebraucht, allerdings in dem entgegengesetzten Sinn wie die katholische Kirche. Diese Begriffe besitzen bei Luther immer eine polemische, gegen ihre ursprüngliche Bedeutung gerichtete Tendenz, wie das schon beim Begriff der Rechtfertigung gezeigt wurde (Vgl. oben S. 150 ff.). Die Satisfaktion Christi ist dann das Ende und die Aufhebung aller menschlichen Genugtuung. Darum sind wir gottlos, wenn wir das nicht anerkennen und weiterhin glauben, Satisfaktionen leisten zu müssen. Das Gleiche gilt für den Opferbegriff und für das Verdienst. Dann bedeutet der Gebrauch dieser Begriffe zur Ver-

psychologische Methode in der Lutherdeutung führt, hat z. B. Hayo Gerdes in einer ausführlichen Besprechung von Regin Prenters Spiritus Creator, 1954 im Lutherjahrbuch 1958, 42 ff. gezeigt. Daß gleichwohl der Glaube damit nicht »der Psychologie ausgeliefert« wird, wie Iwand behauptet, hat Holl mehr als einmal betont und dadurch sichergestellt, daß das Gewissen in seiner Vergegenwärtigung der heiligen Majestät Gottes eine überpsychologische Instanz darstellt. (Vgl. auch seine Ausführungen in: Reformation und Urchristentum, 1924, jetzt KlSchr., 41) Hinsichtlich der von Holl angeblich nicht beachteten »Gleichzeitigkeit« wäre daraufhinzuweisen, daß Holl in seinem Aufsatz über Luthers Rechtfertigungslehre in der Römerbriefvorlesung zwischen der göttlichen und menschlichen Perspektive im Rechtfertigungsgeschehen unterscheidet und hinsichtlich der zeitlichen Differenz damit gerade die Aufhebung dieser innerweltlichen für Gott nicht geltenden Betrachtung voraussetzt. Luther vertritt nach seiner Deutung gerade eine Auffassung, »die in Buße und Glaube nur *zwei Seiten* desselben Vorgangs sieht.« (Holl I, 133) Es bleibt der Vorwurf, daß bei Holls Schilderung der Rechtfertigung als Gewissenserlebnis »die persönliche Stellungnahme dem Glaubensgegenstand (vorgeordnet werde)«. »Worin liegt die Sicherung, daß dieser Gedanke nicht nur die Exposition der ›Reinheit seines sittlichen Strebens‹ ist?« fragt Iwand in der Anmerkung. Angesichts solcher Fragen wird man allerdings unsicher, ob der Kritiker überhaupt Holl aufmerksam gelesen hat, denn gerade mit diesem Verdacht hat Holl sich ausführlich und sorgfältig auseinandergesetzt. »Es ist bei ihm (Luther) nie dahin gekommen, daß das Sündengefühl auf einem gewissen Punkt ganz *von selbst* (Unterstreichung von Holl) in das Gnadenbewußtsein umgeschlagen wäre. Er braucht..., so oft sich die Lage (zu ergänzen: seiner Anfechtungen) wiederholte, immer einen *klaren sachlichen Grund*, um den Schritt auf Gott hin wagen zu können«. (Vgl. auch unten S. 170.) Die folgenden Seiten geben eine sehr differenzierte Darstellung dieses sachlichen Grundes und gehören mit zu dem Tiefsten in Holls ganzer Lutherdeutung, die in dem Hinweis auf die Rolle des 1. Gebotes bei Luther gipfelt (I, 68 ff.; vgl. das oben im nächsten Abschnitt Ausgeführte). Welchen Sinn haben angesichts dieses Tatbestandes aber dann Fragen wie die von Iwand gestellten?

anschaulichung des Werkes Christi, daß damit das gesetzliche Verständnis des Gottesverhältnisses aufgehoben und verneint ist.

Aber damit ist die Bedeutung Christi für die Rechtfertigungslehre bei Luther nicht erschöpft. Neben dem außer uns befindlichen gekreuzigten Christus pro nobis steht der Auferstandene, in uns wirkende Herr als der Christus in nobis, der uns in sein Bild hineingestaltet. Christus wird hier ebenso wie der Hl. Geist zum Instrument Gottes, durch das er in Herz und Gewissen des Menschen tätig ist. Nur so kann die Sünde nicht nur als eine fremde Macht außerhalb des Menschen überwunden, sondern als Wirklichkeit auch im eigenen Herzen gebrochen und Schritt für Schritt beseitigt werden. Damit hat Luther eine dogmengeschichtliche Fehlentwicklung seit Anselm korrigiert und die paulinische Auffassung wieder erneuert, nach der Christus als der Geist in den Herzen der Gläubigen tätig ist.[51] Luther hat damit einen Gedanken wiederbelebt, der im griechischen Mönchtum eine große Rolle gespielt hat. Aber Luther greift noch weiter, wenn er in diesem Zusammenhang Christus nicht nur als den Heiler des Sündenschadens, sondern geradezu als Neuschöpfer des Menschen versteht (I, 147).

Das, was Holl in der Verwendung des Begriffs »analytisch« in der Rechtfertigungslehre Luthers hat zum Ausdruck bringen wollen, findet eine Ergänzung und Bestätigung in einer andern Seite der Christologie des Reformators. Er geht dabei näher auf die Anfechtungen ein, mit denen Luther nicht nur in der Klosterzeit zu kämpfen gehabt hat, und zeigt, daß in ihnen die Gestalt Christi verschwinden kann und er allein Gott gegenübersteht. In diesem Zusammenhang macht Holl eine Entdeckung, die bis auf den heutigen Tag auf ihre gebührende Auswertung in der Lutherforschung wartet. Das ist die *Zweigeschichtigkeit in Luthers Darstellung*, die auf eine solche in seiner Glaubenserfahrung zurückgeht. Es ist nicht zu leugnen, daß dieser Umstand die Gewinnung einer einheitlich-systematischen Theologie Luthers erschwert und die Lutherdeutung verwirrt hat. Luther macht zu verschiedenen Gelegenheiten entgegengesetzte und sich widersprechende Aussagen, die schwer miteinander auszugleichen sind. Er spricht z. B. davon, daß der Glaube nicht ohne Erfahrung denkbar ist und betont andererseits, daß der Glaube sich gerade *nicht* auf seine Erfahrung, sein Fühlen und Empfinden gründen darf. Wie ist das miteinander zu vereinbaren? Holl hat erkannt, daß diese Widersprüchlichkeit in der religiösen Erfahrung Luthers selbst ihren Grund

[51] I, 70⁰ f.

hat. Er hat dementsprechend eine, wenn man so sagen darf, flachere und tiefere, man könnte auch sagen: eine kindliche und eine reflektierte Gestalt des Glaubens an das Evangelium bei Luther unterschieden. Nach der ersten sind Gesetz, Sünde, Teufel usw. trügerischer Schein; in der zweiten stehen sie da als Realitäten. So gibt es eine Glaubensverfassung bei Luther, nach welcher Christus objektiv als Überwinder von Gesetz und Sünde erscheint, so daß sie für den Glaubenden ihre von Gott scheidende Macht verlieren. Aber dahinter steht eine schwerere, ernstere Gestalt, welche man als die paulinisch-jeremianische bezeichnen könnte, wonach sie den ewigen Grund der Scheidung von Gott darstellen, der die Wahrheit des Gesetzes bestätigt, ja, noch steigert. Man könnte diesen Tatbestand mit der Terminologie Kierkegaards als Religiosität A und B bezeichnen. Beide scheinen so miteinander verbunden zu sein, daß die erste, naive Gestalt in einer jederzeit möglichen Krise durch die zweite ernstere verdrängt wird.

Luther kann diese Erfahrung zunächst in einem Disput mit dem Teufel machen. Aber hinter dieser relativ leicht zu besiegenden Auseinandersetzung mit dem Bösen erhebt sich unter Umständen die göttliche Majestät selbst, die sich mit dem Teufel d. h. mit seinen Vorwürfen identifiziert[52]. In dieser Anfechtungsstufe kann ihm Christus als Ausdruck des Erlösungswillens Gottes helfen. Aber der Anfechtungscharakter dieser Stufe kann sich steigern, da Christus selber nicht eindeutig ist. Er ist sowohl Inbegriff der Barmherzigkeit Gottes, der seinen Liebeswillen offenbart, als auch Verkörperung des Gesetzes, der Mose interpretiert und auf die letzte Höhe steigert. Als Vertreter der Gesetzesstrenge öffnet er dem Menschen die Augen über den Abstand, der die Unreinen trennt von den Reinen, während er ihn als Träger der göttlichen Güte in seine und damit in Gottes Gemeinschaft zieht. Ist die Gestalt Christi aber doppeldeutig, so hat der Mensch es nach aller Logik tieferer religiöser Erfahrung nicht in der Hand, in welcher Bedeutung ihm Christus begegnet. Luther drückt das so aus, daß er von einem doppelten Amt Christi spricht. Er besitzt ein »eigentliches« und, so müßte man Luthers Sprachgebrauch ergänzen, ein »uneigentliches«. Das »eigentliche« Amt ist das des Erlösers, aber der Christus der Bergpredigt ist auch der Verkünder des Gesetzes[53]. Tritt ihm aber Christus in dieser Funktion entgegen, dann wird er identisch mit dem Gott der Majestät d. h. dem Gesetzgeber, der in seiner Heiligkeit nur als Feind des Sünders verstanden werden

[52] I, 69   [53] I, 39⁰

kann. Denn dies ist das mit der Majestät im Grunde genommen von Luther Gemeinte. Damit verschwindet Christus in Gott hinein, und Luther steht Gott allein gegenüber. Er kann das auch so ausdrücken, daß Gott sich in den Teufel verwandelt d. h. dessen Funktion Gott gegenüber übernimmt. Christus bleibt dann nicht mehr der Fürsprecher und Schützer des Menschen als Verkörperung der göttlichen Liebe, sondern er wird sein Feind und Ankläger, der ihm seine Schuld und Verlorenheit vorhält. In diesem Gestaltwandel der übernatürlichen Mächte spiegelt sich die Dialektik der religiösen Erfahrung.

Die Zuspitzung der religiösen Situation besteht darin, daß Luther ohne jede Stütze, ohne äußere Autorität und eigenen bisherigen Erfahrungsbesitz sich in letzter Einsamkeit Gott gegenübergestellt sieht[54]. Es ist nun bezeichnend und bestätigt Holls Auffassung von Luthers Interpretation des religiösen Verhältnisses als Gewissenserfahrung und als Sollen, daß es auch hier eine entsprechende Erfahrung ist, die ihn in diese Anfechtung überwinden läßt. Es ist das 1. Gebot, das ihn in dieser Situation hält und ihn aus dem Getrenntsein und der Entzweiung wieder in die Gemeinschaft mit Gott führt[55]. Von der Doppelschichtigkeit seines religiösen Bewußtseins versteht Luther die Doppelbedeutung dieses Gebotes. Es ist keine einfache, in sich eindeutige Aussage, es ist nicht nur Gebot, sondern es enthüllt dem schärfer Blickenden hinter diesem Vordergrundssinn einen tieferen

---

[54] I, 73

[55] Die Diskussion über das Verständnis des 1. Gebotes bei Luther d. h. ob es sich hier um ein Gnaden- oder ein Gerichtswort handelt, ist schon vor Holl geführt worden. Ein Repertoir aller Ansichten über Luthers Auslegung des 1. Gebotes findet der Leser bei Johannes Meyer, Das erste Gebot bei Luther in: Wursters Monatschr. f. Pastoraltheologie, 1917, 357 ff. Vgl. auch Otto Albrecht, Streiflichter auf Luthers Erklärung des ersten Gebotes im Kleinen Katechismus in: Theol. Studien u. Kritiken, 1917, 421 ff.; außerdem August Hardeland, Luthers Erklärung des ersten Gebots im Lichte seiner Rechtfertigungslehre, Theol. Studien und Kritiken, Lutherana II, 1919, 101 ff. Es ist die Eigentümlichkeit Holls, daß er die nackte Gnade des 1. Gebotes in der Anfechtung zum erstenmal so klar herausgearbeitet hat. Was seine Interpretation der von ihm angeführten Stellen so überzeugend macht, ist dies, daß Holl von dem Versagen des Glaubens an den Gekreuzigten ausdrücklich spricht. Der Streit, wie Luthers Erklärung des 1. Gebotes gemeint sei, erscheint insofern müßig, als Luther nach beiden Richtungen verstanden werden kann. In den von Holl hervorgehobenen Stellen ist die Beziehung auf den Christusglauben in der Tat nicht vorhanden. Man muß allerdings hinzufügen, daß diese von Holl verwendeten Aussagen Luthers der Anzahl nach weit kleiner sind, als die Zahl derjenigen, wo eine Beziehung auf Christus vorliegt.

Sinn als Verheißung. Dabei verlagert sich der Akzent von dem »Herr« auf das Fürwort »dein«. Aber das vollzieht sich nicht nach einem logischen Gesetz, so daß die tiefere Erkenntnis aus der ersten hervorginge.

> »Es ist bei ihm nie dahin gekommen, daß das Sündengefühl auf einem gewissen Punkt ganz *von selbst* in das Gnadengefühl umgeschlagen wäre. Er braucht ..., so oft sich die Lage wiederholte, *einen klaren sachlichen Grund,* um den Schritt auf Gott hin wagen zu können«. (I, 68)

Das Geheimnis besteht also darin, diesen Grund zu finden, m. a. W. zu begründen, wie der Übergang von dem gesetzlichen Verständnis des Gebotes in das einer Gnadenzusage, also die Akzentverlagerung sich vollzieht. Dabei bleibt jede eudämonistische Begründung ausgeschlossen, wonach eine solche Auffassung sich als einzige Rettung aus der Verzweiflung anbietet. Das war der Ausweg Augustins, wie Holl gezeigt hat. Gerade gegen eine solche Lösung wäre Luther mißtrauisch gewesen, denn damit wäre der Charakter der Religion als ein Sollen aufgehoben.

> »Das Wort (scil. der Vergebung) wirkt tröstlich, weckt aber eben deshalb gleichzeitig Mißtrauen«. (I, 40⁰)

Der Umschwung entsteht so, daß das 1. Gebot seinen Sollcharakter behält, ja verstärkt. Es bleibt unabänderlich gültig für den Menschen, gleich in welcher Situation er sich befindet. Nach den Ausführungen Luthers in »Eine kurze Form der zehn Gebote, eine kurze Form des Glaubens, eine kurze Form des Vaterunsers« 1520 (WA 7, 204 ff. = BoA. 2, 38 ff.) über das 1. Gebot und den 1. Artikel geht der Sollcharakter des 1. Gebotes darauf, daß der Mensch den mit seinen fünf Sinnen und seiner verständigen Erfahrung zugänglichen Augenschein überwinden muß und sich von der sich ihm als Wirklichkeit aufdrängenden Welt zu der Wirklichkeit des verborgenen Gottes erheben soll. Das Soll des 1. Gebotes ist bei Luther nie Verbot des Götzendienstes im rohen polytheistischen Sinn, daß andere Götter nicht angebetet werden sollen, sondern ist vielmehr so zu verstehen, daß aller noch so großen Wirklichkeit im Verhältnis zur Wirklichkeit Gottes das letzte Sein abgesprochen wird. Denn in dem Augenblick, wo der Mensch sich Gott mit letztem Ernst vergegenwärtigt, vergeht die ganze Welt in Schall und Rauch. Nach Luthers Auffassung des 1. Gebotes und 1. Artikels sind zu dem vergehenden Schall und Rauch auch die Dinge zu rechnen, die für den gewöhnlichen Menschen als Zeichen des göttlichen Zornes gelten. *Für das 1. Gebot bedeutet das, daß sich sein Gesetzescharakter wandelt.*

Damit aber vertieft sich das bisherige Verständnis zu der Einsicht, daß Gott die Gemeinschaft, auch mit dem Sünder, aufrechterhalten will. Das bedeutet aber, daß das Gericht nicht sein letztes Wort sein kann. Denn dann würde das Gebot seine Aufgabe erfüllt und die Trennung von Gott vollzogen haben; und damit hätte es seine Rolle ausgespielt. Da es aber weiterhin gültig bleibt, so muß noch ein tieferer Sinn in ihm verborgen liegen. Damit ist die Verurteilung letztlich nicht das Letzte, sondern bleibt nur ein Moment im Handeln Gottes mit dem Sünder. Sein letztes Ziel muß ein anderes sein als dessen Vernichtung. Wenn Gott nämlich fortfährt, mit ihm in Verbindung zu bleiben trotz Verurteilung und Gericht, dann kann das nichts Anderes heißen, als daß der Mensch weiter vor Gott leben soll. In Gottes Gemeinschaft leben aber heißt Vergebung[56].

Allein das darf keine Vermutung sein, sondern bedarf einer unmittelbaren Gewißheit. *Diese Gewißheit kann keine äußere Autorität vermitteln, weder die Bibel, noch selbst die Person Christi, sondern nur Gott selbst.* Und sie muß mehr sein als die Unterwerfung unter ein objektiv Gegebenes; es muß eine innere Zustimmung sein, die aus dem eigenen Herzen quillt. Holl hat das so ausgedrückt, daß Luther erfährt, wie Gottes wahre, eigentliche Gottheit sich nicht im Richten, sondern im Vergeben erfüllt. Dies aber nicht in dem Sinne, daß das richterliche Handeln Gottes etwa als Irrtum durchschaut wäre, sondern so, daß es noch nicht das ganze, sondern nur ein vorläufiges Handeln sein kann auf ein dahinter liegendes Ziel zu[57]. Diese Gewißheit muß sich behaupten gegen Zweifel und Anfechtung. Das kann sie nur, wenn sie sich auf Gott selbst stützen kann, aber nicht nur in dem bisherigen Sinn allein, sondern so, daß Gott gerade dies zu glauben *befiehlt*. Nur so kann sich diese Erkenntnis von dem gnädigen Gott gegenüber der andern, im Grunde viel mächtigeren und plausibleren Überzeugung durchsetzen, die in Vernunft und Rechtsempfinden des natürlichen Menschen ihre stärksten Bundesgenossen besitzt. Eben weil das 1. Gebot auch als Verheißung den Befehlscharakter nicht verliert, darf der Mensch des gnädigen Gottes gewiß sein[58]. Rückblickend wird damit das Ziel erkennbar, daß Gott mit seinem Gericht über den Menschen verfolgt hat. Er will ihn freimachen von der eudämonistischen Religiosität, die Gott als Mittel zum Zweck eigener Lebenssteigerung und Glückssicherung mißbraucht[59].

[56] I, 75   [57] I, 40⁰   [58] I, 76
[59] I, 76 und ²

Es sollte nach dem Gesagten klar sein, daß es sich hierbei nicht um einen logischen Schluß handeln kann. Das würde schon der Eigenart und dem Wesen des religiösen Verhältnisses bei Luther völlig widersprechen. Wer mit logischen Schlüssen operiert, pflegt nicht in Anfechtung zu fallen. Für einen solchen gibt es nur zeitlose Wahrheiten, die man sich aneignet, wenn man sie entdeckt.

Holl weist darauf hin, daß der Vergebungsglaube nur wider alle Vernunft möglich ist und macht klar, daß es die praktische Vernunft ist, die Luther so getadelt hat und die Holl in diesem Terminus bei Luther sogar nachweist als ratio moralis. Ja, nicht nur mit der Vernunft, sondern mit dem Gewissen und mit dem im Gesetz ausgedrückten Willen Gottes selbst steht das Evangelium in Widerspruch[60]. Es muß Gott selbst sein, der ihm befiehlt, dem Evangelium zu glauben als der eigentlichen und letzten Wahrheit über Gott, so daß die Verweigerung dieses Glaubens Ungehorsam gegen ihn wäre. Und der Mensch muß es glauben sozusagen wider besseres Wissen und Gewissen und selbst im Widerspruch zu seiner bisherigen Gotteserfahrung. Das, was Luther in diesem Zusammenhang Verheißung nennt, ist dann keine abstrakte Wahrheit über Gott, kein theoretisches Wissen, sondern die Erfahrung einer bestimmten, hinter dem buchstäblichen Wortlaut des 1. Gebotes liegenden Wahrheit und Willenskundgebung Gottes. Es ist ein Ringen, in dem Gott mit Gott überwunden wird. Es wiederholt sich also, was schon über Zorn und Liebe in Gott ausgeführt worden war (Vgl. oben S. 132 ff.). So wie der Zorn als Gottes fremdes Werk doch zuletzt im Dienst der Liebe steht, so ist das Gericht über den Sünder nur das Mittel, ihm die Augen über sich zu öffnen und ihn auf dem Umweg über die Selbstverurteilung in die Gemeinschaft mit Gott zu führen. Nicht das Werk Christi ist hier das Entscheidende, sondern die Stimme, die in Jesus da ist und deren Mund er darstellt und der er menschliche Sprache und Worte verleiht und die allen von ihm Gesprochenen und Gewirkten seinen Sinn gibt. So ist in dieser Betrachtung die ganze Historie Jesu in dem Gegenüber von Gott und Mensch in einem gewissen Sinn ausgeschaltet. Sie ist nichts Anderes als Veranschaulichung des Willens Gottes. Das Getroffenwerden von diesem Willen, das Erleiden des von ihm Gewollten und das Fragen nach dem letzten und tiefsten Sinn dieser Gotteserfahrung, das ist das Material, worüber die Rechtfertigungslehre Rechenschaft zu geben sich bemüht.

[60] I, 78

Damit dürfte klar geworden sein, welchen Sinn für Holl die Verwendung des Begriffs »analytisch« in der Deutung von Luthers Rechtfertigungslehre besitzt und warum hierbei auf jede Satisfaktionsleistung verzichtet ist. Das göttliche Rechtfertigungshandeln bedarf einer solchen Begründung nicht, weil es seines Ziels aus sich selbst gewiß ist. Man kann sagen, daß an die Stelle der Satisfaktion die *Alleinwirksamkeit* getreten ist. Wenn es daher Gott als meinem Schöpfer und Herrn wohlgefällt, mich für das, dazu er mich gemacht hat, verantwortlich zu machen, so habe ich das eben auszuhalten. Denn auch dies gehört zu seinem Wirken an mir. Wenn es Gott paßt, mich schuldig zu sprechen, muß ich verstummen. Es gibt keinerlei Recht des Menschen gegen Gott. Gerade das aber ist Gnade, daß diese göttliche Majestät das Herz rührt und das Gewissen trifft und gerade dadurch die Gemeinschaft mit mir aufrechterhält. Eine Schwierigkeit könnte nach dem Gesagten darin gesehen werden, daß der Mensch im Erfahren des Zornes Gottes heimlich weiß, daß Gott es im Grunde nicht ernst meint mit seinem Zorn, sondern nur mit ihm zu spielen scheint. Damit wären Anfechtung und Sündengefühl in ihrem letzten Ernst zerstört. Indessen darf doch wohl dagegen geltend gemacht werden, daß die Realität der wirklichen Gotteserfahrung sich nicht nach dem richtet, was der Mensch weiß. Das ist die dämonische Macht negativer religiöser Erfahrung, daß sie mächtiger ist als alle theologische Einsicht. Wäre es nicht so, der Theologe als der Wissende, der Gottes Gedanken und Pläne durchschaut bzw. zu durchschauen glaubt, er wäre gegen alles Handeln Gottes immun und gegen jede Anfechtung gefeit. Das Beispiel Luthers zeigt, daß das Gegenteil der Fall ist. Dies erstmalig bei Luther erkannt und ausgesprochen zu haben, ist das Verdienst von Karl Holl.

4. Die Kritiker

Die Aufstellungen Holls haben Widerspruch herausgefordert bis auf den heutigen Tag. Mit den zeitgenössischen Kritikern hat Holl sich z. T. selbst auseinandergesetzt. Späterhin sind die damaligen Beanstandungen im wesentlichen nur wiederholt worden. Es mag daher genügen, hinsichtlich der Rechtfertigungslehre auf zwei Kritiker einzugehen, die repräsentativ sein dürften für die beiden Generationen, die Holl erlebten. Neben *Wilhelm Walther,* geb. 1846, als Vertreter der älteren Generation steht *Friedrich Gogarten* als Wortführer der jungen Dialektischen Theologie. Interessant sind Reaktion und Ton Holls in beiden Fällen. Auf den sachlichen Widerspruch des älteren, durch gelehrte Detailforschung verdienten Kollegen antwortet Holl mit freundlicher Geduld, während der damals wissenschaftlich überhaupt noch nicht ausgewiesene Kritiker aus der Dialektischen Theologie eine scharfe Abfuhr erhält. Ich beginne mit Gogarten, weil er die sachlich schwerer wiegenden Einwände bringt.

Gogarten hat seine Polemik in einem Aufsatz mit der Überschrift »*Theologie und Wissenschaft. Grundsätzliche Bemerkungen zu Holls ›Luther‹*« in der Christlichen Welt, 1924, 34 ff. und 71 ff. ausgesprochen. Schon diese von ihm gewählte Überschrift zeigt, daß es ihm nicht nur um die Frage der richtigen Lutherinterpretation geht, sondern daß er diese abhängig sieht von bestimmten Grundsatzentscheidungen. Diese sind seiner Meinung nach bei Holl und in der ganzen bisherigen Theologie, als deren Vertreter er ihn ansieht, falsch getroffen. Daher muß es zwangsläufig auch zu falschen Ergebnissen im Lutherverständnis kommen.

> »Es geht mir in diesen Bemerkungen allein um Holls allgemeine wissenschaftlichen und weltanschaulichen Voraussetzungen, mit denen er (scil. Holl) auf Grund seiner historischen Kenntnis von Luthers Glauben diesen Glauben *zu verstehen* sucht«. (a.a.O., 39)

Der Irrtum Holls besteht nach Gogarten in dem unklaren Verhältnis von Evangelium und moderner Wissenschaft, von der auch die neuere Theologie Methoden und Zielsetzungen übernommen hat. Ohne auf die bei ihm von Heinrich Barth entlehnte Terminologie einzugehen, darf man feststellen, daß es Gogarten vor allem darauf ankommt, die Distanz zwischen beiden Größen aufzuweisen. »Die Aussage des Evangeliums« von der Sündenvergebung wird dem »Grundprinzip der Wissenschaft«, das nach Gogarten als »Position eines Nichtgegebenen« zu verstehen ist (36), gegenübergestellt (38). Ihren Gegenstand kann diese Theologie »nur durch ihr Zeugnis behaupten« (38) und muß auf jede Art von Beweisführung verzichten. Worin nun der Gegenstand dieser Theologie besteht, ist zwar nicht ausdrücklich gesagt. Nur daß er der gegenwärtigen theologischen Wissenschaft abhanden gekommen sei und daß man ihr sowohl wie der ganzen modernen Wissenschaft wieder zu einem solchen verhelfen müsse, wird betont. Aber man wird wohl nicht fehlgehen, wenn man, den Gedanken der Dialektischen Theologie entsprechend, das »Wort Gottes« als diesen Gegenstand versteht, wobei zugleich die Verneinung aller anthropologischen Verdunkelung durch die eigene religiöse Erfahrung des Menschen mitgesetzt ist. Holls Fehler bestehe, nach Gogarten, darin, daß er trotz aller meisterhaften Methoden- und Quellenbeherrschung oder vielmehr gerade infolge dieser Arbeitsweise Luther im Entscheidenden gründlich mißverstanden habe. An den vier Beispielen der Religionsauffassung, der Rechtfertigungslehre, der Christologie und der Ethik Luthers versucht Gogarten das zu veranschaulichen.

a) Daß es sich bei Luther im Gottesverhältnis um ein *Sollen* handle und daß daher Luthers Frömmigkeit aus einer Tatsache des sittlichen Bewußtseins abgeleitet wird, nämlich aus der Verpflichtung des Menschen als Geschöpf dem Schöpfer gegenüber, das kann Gogarten nur als Rückfall vom Evangelium in das Gesetz mißbilligen. Er sieht darin eine Umdeutung des Lutherschen Glaubens an ein sittliches Grunderlebnis und damit den Übergang aus der Sphäre des Religiösen in die der Moral und erkennt darin den fatalen Versuch des Menschen, von sich aus auf Grund eigener Leistung mit Gott in Verbindung zu treten. Holl habe damit das sittliche Bewußtsein als alleinigen Faktor im Gottesverhältnis statuiert, während dieses bei Luther gerade umgekehrt ausgeschaltet sei, da die Offenbarung Gottes nicht fordere, sondern gebe und das Gesetz den Menschen nicht mehr zu beunruhigen brauche, weil es erfüllt sei. Nach Gogartens spezieller Wissenschaftstheorie bedeutet das:

»Der wissenschaftlichen Wahrheit des Nichtgegebenen, des Imperativs, wird die evangelische Wahrheit des Gegebenen entgegengesetzt.« (a.a.O., 41 f.)
»Hier ist der Gültigkeit des sittlichen Bewußtseins und damit einem unter dem Primat des Sittlichen stehenden wissenschaftlichen Denken die Grenze gesetzt«. (42)

b) Holl hatte gezeigt, daß es eine Stufe der Anfechtung bei Luther gibt, in welcher ihm auch die Gestalt Christi entschwindet. Dann war es das 1. Gebot, was ihm half, indem durch eine eigentümliche Akzentverschiebung innerhalb des Satzes von »dominus« auf »tuus« der ursprüngliche Sinn als Forderung sich in das Gegenteil, nämlich in eine gnadenhafte Zusage verwandelte. Dabei war ausdrücklich davor gewarnt worden, sich dies als logischen Schluß vorzustellen, so daß aus dem Sündengefühl dialektisch die Gnadengewißheit herausspringen müßte. Gogarten kann darin gleichwohl nur einen »Vernunftschluß aus den Tatsachen des sittlichen Bewußtseins« sehen (40), noch dazu einen falschen.

»Denn aus der wankellosen Strenge, mit der Gott sein Gebot trotz der Unerfüllbarkeit Gebot sein läßt, kann niemals die Gnade Gottes geschlossen werden«. (a.a.O., 41)

Nicht die *Rechtfertigung* sei hier beschrieben, sondern eben jenes sittliche Grunderlebnis. Zudem sei, da die ganze Bibel ihren einheitlichen Sinn in Christus habe, mit dem »deus tuus« nicht Gott selbst, sondern Jesus gemeint, der dem Angefochtenen zur Seite trete und ihm Gottes Gnade verbürge.

Gogarten verschiebt dabei die Problemlage insofern, als er von einem allgemein von Gott ergehenden Gebot argumentiert, während Holl von dem persönlichen Betroffensein eines von Gott dem Einzelnen gegebenen Gebotes spricht. Die unterschiedlichen Situationen müssen entsprechend unterschiedlich beurteilt werden: im ersten Fall liegt ein logischer Schluß vor; im zweiten Fall ergeht die Aufforderung, aus dem persönlich von Gott Betroffenwerden nach dem tieferen Sinn des Gebotes zu fragen.

c) Gogarten beanstandet die Stelle, die *Christus* im Glauben Luthers von Holl zugewiesen wird. Wenn Holl feststellt, daß Luthers Glaube nicht Christusglaube gewesen sei in dem Sinne, »als ob sein *ganzer* Glaube nur auf Christus gestanden wäre« (I, 73), so folgert Gogarten daraus, Christus habe bei Luther nach Holl nur »sekundäre Bedeutung« (Gogarten, a.a.O. 71), eine Wendung, die Holl nie gebraucht hat und gegen die er daher mit Recht protestiert. (III, 248). Holls Fehler liege wiederum in seinen wissenschaftstheoretischen Prämissen, wonach Christus nur als »Offenbarung in seiner eigenen Bewegung auf Gott hin« d. h. als Inbegriff sittlicher Vollkommenheit in der Erfüllung des Gesetzes gesehen werde.

> »So ist Christus nicht eigentlich als Mensch Gott, sondern er ist Gott in der sittlichen Überwindung seines Menschentums«. (Gogarten, a.a.O., 72)

Demgegenüber stellt Gogarten fest, daß Christus für Luther in erster Linie der Mensch gewordenen Gott sei, ohne daß es eine vorweg vorhandene Gottesbeziehung des Menschen gäbe. Das bedeutet, daß damit auch die »imperativische Gottbezogenheit des Menschen« (73) d. h. Holls Auffassung der Religion als Sollen, verneint sei; denn Christus sei gerade umgekehrt die Menschbezogenheit Gottes. Auffallend bleibt es allerdings für Gogarten, daß Luther keine Christusfrömmigkeit im eigentlichen Sinne entwickelt und eine Christusmystik entschieden abgelehnt habe. Jedenfalls sei die unio substantialissima durchaus nicht als subjektives religiöses Erlebnis zu verstehen. Christus dürfe daher auf keinen Fall zum Gegenstand des Glaubens und zum Objekt der Frömmigkeit gemacht werden, sondern das Verhältnis des Glaubenden zu ihm sei zu beschreiben mit der Wendung, daß der Christ »mit seinem Leben und Tun in der gegebenen Wirklichkeit der Menschwerdung stehe« (76).

d) Ebenso bleibe Holl mit der Darstellung der Ethik Luthers seinem Ansatz entsprechend im Bereich seines »wissenschaftlichen Grundprinzips des Nichtgegebenen« d. h. des Gesetzes, wenn er den christlichen Liebesgedanken als die Norm bezeichne, von der aus alle irdischen Gemeinschaften beurteilt werden müßten. Denn Luther habe das Handeln des Christen nicht aus dem Liebesgebot, sondern aus dem Glauben abgeleitet. Daher gebe es auch keine positiven Beziehungen zwischen diesem Handeln aus dem Glauben und den Ordnungen und Mächten der Welt, weshalb die hier zu treffenden Entscheidungen nach Luthers Wunsch den Juristen überlassen bleiben sollten.

Holls Erwiderung zeigt, daß die neuen wissenschaftstheoretischen Ideen Gogartens weder bei der Interpretation Luthers noch für das Verständnis Holls nützlich gewesen sind. Was zunächst die *Religion als Sollen* betrifft, so macht Holl klar, daß mit dem Wort »sittlich« nicht eine Moralisierung der Religion, sondern eine streng persönlich gedachte Gottesbeziehung gemeint ist, die den Menschen aus numinosen Schauern in den Ernst persönlicher Verantwortung vor dem Unbedingten führt. Es ist die Tiefe des christlichen Gottesverhältnisses, daß es die untrennbare Einheit von Religion und Ethos darstellt und daß es seinen Ort allein im Gewissen hat. Man muß insofern sagen, daß die christliche Religion nur als ethische Religion ihre Kraft und Tiefe bewahrt. Denn nur so, daß der Mensch sich zu böse und zu gut verhält, kann er zu Gott in Beziehung treten. Nur so ist überhaupt Schuldgefühl denkbar. Auf Luther bezogen könnte man das von Holl Gemeinte etwa so formulieren, daß man Luthers reformatorischen Beitrag in der Religionsgeschichte als radikale Personalisierung der Religion bezeichnet. Sodann ruht dieses Sollen auf einem *Empfangen*. Gott ist bei Luther zunächst immer als der Gebende gedacht, dem gegenüber Leben und Wirken des Menschen in der Welt Geschenkcharakter tragen. Aus diesem Tatbestand aber erwächst für den Menschen die Dankbarkeit als sittliche Verpflichtung. Diese erkennt die Dinge als Gottes Geschenk und Gabe und weiß sich damit zum Lob und Dienst Gottes gerufen. So wird der Mensch in Gottes Gemeinschaft geführt. Wo der Mensch sich dieses Zusammenhangs bewußt wird, da fühlt er sich innerlich unwiderstehlich gerufen, sich diesem Gott hinzugeben. Das ist nichts anderes als die Analyse jener Aussagen, die Luther in der Erklärung zum 1. Artikel im Kleinen Katechismus gegeben hat.

> »*Dazu* gibt Gott seine Gabe, *damit* er vom Menschen gefunden werde... Denn erst dieses Verstehen auf seiten des Menschen und die entsprechende Erwiderung ergibt das, worauf Gottes Gabe letztlich zielt: die persönliche *Gemeinschaft* zwischen Gott und dem Menschen. Wo diese Pflicht nicht be-

griffen wird, da ist Gottes Gabe um ihren Sinn und ihren Ernst gebracht[61]«. (III, 245)

Wenn Holl daher Luthers Glauben auf ein Sollen gründet und als Gewissensreligion versteht, so hat er damit in genialer Einfühlung das Wesentliche erfaßt. Die Kunst seiner Interpretation besteht darin, daß er stets Lebensvorgänge und Zusammenhänge sieht, wo seine Kritiker nur mit Begriffen arbeiten, welche der ganzen Wirklichkeit in Bewegung und Widerspruch nicht gerecht werden. Die abstrakte Entgegensetzung von Gesetz und Evangelium verhindert Gogarten, die lebendige Dialektik in Luthers Glauben zu erkennen. So kann er nur in dem Schema einer dürren Alternative denken: Was nicht Evangelium in der von ihm allein anerkannten Fassung ist, muß Gesetz sein. Die Mehrdeutigkeit der religiösen Begriffe im Fluß des religiösen Lebens wird von ihm nicht beachtet. So muß seine Polemik ins Leere stoßen. Ähnlich ist es mit seiner Kritik der *Rechtfertigung*. Daß sich das 1. Gebot in eine Verheißung wandelt, daß also hier das Gesetz Evangelium wird, ist von den wissenschaftstheoretischen Voraussetzungen Gogartens nicht verständlich. Das Nichtgegebene kann nicht das Gegebene werden. Es bleibt ihm daher Holls tiefe Entdeckung von der Zweischichtigkeit der religiösen Erfahrung verschlossen. Denn der neu entdeckte tiefere Sinn wandelt ja das zuerst Verstandene in sein Gegenteil. Allein dies ist eben kein intellektueller Vorgang, der den ursprünglich gemeinten Gehalt als Wahn und Irrtum hinter sich läßt, sondern er behält seine Wahrheit und kann sie jederzeit wieder als das doch eigentlich Gemeinte gegen die tiefere Einsicht geltend machen. Die gnadenhafte Zusage kann sich wieder zurückverwandeln in die unerbittliche Strenge der zürnenden göttlichen Majestät. Der Glaube wird damit zu einem schwebenden Oszillieren zwischen zwei Polen, ohne daß der Mensch diese Bewegung in seiner Hand hätte. Es ist dies das Geheimnis aller tieferen frommen Erfah-

---

[61] Man darf daraufhinweisen, daß Luther diese Auffassung der Religion als Sollen in allen fünf Hauptstücken des Kleinen Katechismus durchgeführt hat. Für das 1. und 3. Hauptstück war das bereits nachgewiesen. Aber es gilt auch für das 4. und 5. Wenn Luther im 4. Hauptstück die Buße als Wiedergeburt beschreibt, dann heißt es dort: »Es bedeutet, daß der alte Adam ... soll ersäufet werden«, ebenso wie das dazugehörige Römerbriefzitat davon spricht, daß wir »in einem neuen Leben wandeln *sollen*«. Und das 5. Hauptstück schließt damit, daß es den Glauben an das Verheißungswort von der Vergebung der Sünden fordert: »... denn das Wort ›für euch‹ *fordert* eitel gläubige Herzen«.

rung, nicht einmal nur derjenigen Luthers, daß der Mensch wehrlos gegen diesen Wechsel ist[62].

Holl hat hiermit den Schlüssel gefunden für die Anfechtungen Luthers und diese rätselhaften Erscheinungen erhellt und verständlich gemacht[63]. Nach Gogartens unproblematischen Begriffen müssen sie unverständlich bleiben. Vielleicht darf man in diesem Zusammenhang daraufhinweisen, daß Luther in seinem eigenen Selbstzeugnis das klassische Beispiel für diesen Vorgang einer Sinnverwandlung liefert, wenn er seine reformatorische Entdeckung als eine religiöse Erkenntnis beschreibt, in der ihm der Charakter der justitia dei als passiva so aufgegangen sei, daß ihm das ursprüngliche activa sich in ein passiva verwandelt habe. In diesem Zusammenhang ist bei Luther weder von Christus, noch vom Wort Gottes, noch von etwas die Rede, das der »Position des Gegebenen« entspräche, sondern lediglich von der Bewegung der religiösen Dialektik, die hinter einem bereits erkannten Sinn eines geistigen Zusammenhangs einen tieferen, wahreren entdeckt, der zum ersten in Widerspruch steht. Das Beispiel zeigt, wie wenig Gogartens wissenschaftstheoretische Voraussetzungen geeignet sind, zu einem tieferen Verständnis Luthers zu führen.

Bei der mißverstandenen *Christologie* Luthers ist die Verzeichnung der Auffassung Holls derart, daß dieser resigniert und die Richtigstellung aufgibt.

»... gegen solche Behauptungen wehre ich mich nicht. Wer mir derartiges unterschieben will, der tue es auf eigene Gefahr.« (III, 249)

Nur auf Gogartens Ausführungen über die Christusmystik geht er näher ein und weist nach, daß Gogarten mit seiner betonten Ausschaltung des Christus in uns und mit der Beschränkung seiner Rolle auf das äußere Versöhnungswerk dem melanchthonisch-orthodoxen Typus angehört. Die Schwäche dieser Theorie liegt darin, daß nach der Rechtfertigung im Grunde genommen alles so bleibt, wie es ist. Das Ganze läuft wieder auf eine Als-Ob-Betrachtung hinaus, die den Sünder als etwas versteht, was er nicht ist. Selbst der nachträgliche Vorsatz, sich zu bessern, ändert nichts an dem Tatbestand, daß das Rechtfertigungsurteil in dem Augenblick, wo es gefällt wird, etwas behaup-

---

[62] Holl hatte das in seiner Darstellung betont, wenn er schreibt, »daß Luther von der Anfechtung regelmäßig *überfallen* wird«, I, 68.
[63] Schon Theodosius Harnack hatte diese gegensätzlichen Erfahrungen bei Luther entdeckt; er hatte sie aber nur nebeneinander gestellt, ohne ihren Zusammenhang verständlich machen zu können.

tet, was der Wirklichkeit nicht entspricht. Es ist Luthers Größe in der Geschichte der Versöhnungslehre, daß er neben den Gedankenkreis des stellvertretenden Strafleidens den andern von dem auferstandenen und in uns wirkenden Christus gestellt hat. Dadurch entgeht Luther dem Dilemma Melanchthons und der Orthodoxie, wonach Gott sich entweder selbst belügt oder den Glauben als Verdienst anrechnet. Bei ihm handelt es sich um eine einheitliche, in sich geschlossene Rechtfertigungstat, die den Sünder nicht nur gerechtspricht, sondern gleichzeigt damit innerlich umwandelt und erneuert. Wenn man an den umfassenden Nachweis denkt, den Holl in seinem großen Aufsatz über die Rechtfertigung in Luthers Römerbriefvorlesung geführt hat, so erscheinen Gogartens leicht hingeworfene Bemerkungen reichlich unvorsichtig. Holl schließt daher diesen Abschnitt ironisch, indem er Luthers immer wiederholten eigenen Versicherungen einfach Gogartens Thesen gegenüberstellt, um damit ihre Absurdität ins rechte Licht zu setzen.

» — es bleibt dabei: Christus steht bloß *neben* dem Gläubigen: daß die unio substantialissima *erlebt* wird, ist für sie und ihren Sinn ganz belanglos«. (III, 251)

Es bleibt noch ein Wort zu sagen über Holls Stellungnahme zu Gogartens Kritik an seinem Verständnis von *Luthers Ethik*. Daß diese im Glauben gegründet sei und somit als Gnadenwerk verstanden werden müsse, diese Behauptung rennt bei Holl offene Türen ein. Aber Holl vermißt bei Gogarten jenen Zusammenhang, in dem Luther die der Welt zugekehrte Seite des Glaubens behandelt. Das hier aus dem Glauben entspringende Verhalten hat Luther immer als Liebe bezeichnet und gerade in dem Neben- und Miteinander von Glaube und Liebe das Ganze des Christseins und der christlichen Frömmigkeit gesehen. Holl deutet auch an, weshalb dieser Teil bei den Vertretern der Dialektischen Theologie zu kurz kommt. Ihnen fehlt die Vorstellung, daß Gott schafft in der Welt und daß er in ihr trotz ihrer Vergänglichkeit etwas Ewiges gründen und sein Reich bauen will. Der Schöpfungsgedanke macht klar, daß in jedem Gottesverhältnis eine positive Beziehung als Erstes vorausgesetzt ist. Gott ist zunächst Geber, und der Mensch empfängt sich und sein Schicksal mit allem, was er hat und erfährt, als Gabe aus seiner Hand. Das alles aber fällt weg, wenn nur das verneinende Moment, das Gott als Richter versteht, gesehen wird[64]. Es ist die Schwäche von Gogartens Lutherinterpretation, daß er selbst in dem Fehler steckt, den

---

[64] III, 252

er Holl vorwirft. Er ist in seiner Beobachtungsfähigkeit begrenzt und behindert durch seine weltanschaulichen und wissenschaftstheoretischen Vorurteile und Prämissen, die eine sachliche Erkenntnis verhindern. So ist er der Gefahr erlegen, die für jeden systematischen Lutherforscher besonders akut ist: Er benutzt Luther als Beweismittel und Rechtfertigung für seine eigene Theologie. Daher kann Holl sein Urteil über Gogartens Lutherauffassung entsprechend zusammenfassen:

> »Gogarten liest einen Luther, nicht um ihn aus sich selbst heraus zu begreifen und von ihm zu lernen, sondern um für vorher schon feststehende Anschauungen dicta probatia aus ihm zu sammeln«. (III, 251 f.)

Versucht man, Gogartens Theologie von den von anderer Seite übernommenen wissenschaftstheoretischen Konstruktionen und Begriffen zu befreien und im üblichen Sprachgebrauch auszudrücken, so wird man wohl sagen müssen, daß Gogarten sich das Gottesverhältnis nur heteronom bestimmt vorstellen kann. Es ist das Verhältnis von *Autorität und Unterwerfung* unter Ausschaltung der eigenen Subjektivität. In welchem Verhältnis das zu Luthers Glaube und Theologie steht, darüber werden die folgenden Kapitel weiteren Aufschluß geben[65].

---

[65] Daß Gogarten nicht in der Lage gewesen ist, Holls Absicht zu begreifen, zeigen seine Auslassungen in seinen späteren Werken, wo er trotz der erfolgten Richtigstellung durch Holl dasselbe Mißverständnis wiederholt. So heißt es in »Die Verkündigung Jesu Christi«, 1948:

> »Aber es ist doch sehr die Frage, ob der eigentliche Charakter dieses göttlichen Gebietens (gemeint ist das 1. Gebot) erfaßt wird, wenn man es, wie Holl es tut, als ein sittliches Sollen versteht, das dem Menschen die Pflicht an Gott zu glauben auferlegt. Weder ist der Glaube für Luther so etwas wie eine Pflicht, noch ist ihm Gott ein Wesen, das ihn sich durch Pflicht verbindet... Wer jemanden verpflichtet, bindet ihn an einen bestimmten Sachbereich und legt ihm dessen Gesetz auf, Gott aber bindet mit seinem Gebot den Menschen unmittelbar an sich und macht ihn gerade dadurch frei von allen Bindungen durch die Sachen«. (a.a.O., 341)

Auch hier ist es wieder ein einseitig verstandener Begriff von Pflicht, aus dem die personhafte Beziehung einfach gestrichen wird, damit er sich als unbrauchbar erweist. In Wahrheit gibt es keine Pflicht ohne Verantwortung, und diese fordert schon ihrem Wortlaut nach, der das Element ›Antwort‹ enthält, ein personhaftes Gegenüber, dem der Mensch verantwortlich ist und auf dessen Frage er zu antworten hat. Noch seltsamer aber ist es, wenn Gogarten fortfährt:

> »Das Gottesverhältnis, wie Luther es versteht, ist ein rein personales, es meint Gott selbst und den Menschen selbst und es duldet nicht das Geringste zwischen ihnen«.

Genau dieses war es, was Holl gemeint hat, und es weckt Verwunderung, wenn diese Erkenntnis nunmehr gegen Holl geltend gemacht wird.

Die Auseinandersetzung mit *Wilhelm Walther,* die in zwei Repliken auf dessen kritische Einwände in der »Neuen kirchlichen Zeitschrift« 1923 und 1924 erfolgte, kann in wenigen Sätzen behandelt werden[66]. Man kann bei Wilhelm Walther jene polemische Kunst bewundern, jede Abweichung von der lutherischen Normaltheologie, die er sich gebildet hat, zu verneinen. Die Auseinandersetzung mit Walther ist für Holl insofern interessant gewesen, als er in ihr sozusagen die Normaleinwände der kirchlichen Rechten in konventioneller Form entgegengehalten bekam. Das Unfruchtbare aber in dieser Auseinandersetzung ist dies, daß Walther die aus Tholucks frühen Jugendschriften übernommene Kategorie angewandt hat, daß jeder,

> Ähnlich ist es, wenn Gogarten die Polemik gegen Holls Bezeichnung des Glaubens Luthers als Gewissensreligion erneuert.
> »Diese Auffassung hat ihr Recht gegenüber einem eudämonistischen Verständnis der Religion. Sie kann aber schon darum nicht das letzte Wort über Luthers Glaube sein, weil dieser nicht in der Auseinandersetzung mit einem religiösen Eudämonismus seine Gestalt gewonnen hat. Es ist vielmehr gerade das Ethische, gegen dessen Umklammerung er sich wehrt«. (a.a.O., 295)
> Man fragt sich, ob Gogarten Holls ausführliche Schilderung der mittelalterlichen Frömmigkeit, der Rolle Augustins in der Scholastik, der Bedeutung der Mystik nicht gelesen hat. Immer wieder zeigt Holl den gröberen oder feineren Eudämonismus, der hinter den Erscheinungen steht und den Luther leidenschaftlich bekämpft. Als Beispiel:
> »Aber was sie (scil. die Kirche) dabei überall als den stärksten Antrieb zur Religion setzte, war zuletzt nichts anderes als der *natürliche Lebenshunger,* das Verlangen nach einem vollen, niemals endenden *Glück.*« (I, 10)
> Nicht anders lautet das Urteil über die Mystik.
> »Sie streitet gegen den Glückstrieb in der Religion und erreicht nur dessen höchste Steigerung. Noch weit mehr als in der kirchlichen Frömmigkeit zieht sich bei ihr eine feine Genußsucht durch das ganze Streben hin«. (I, 12)
> Über Augustins Frömmigkeit heißt es in der Geschichte der christlichen Ethik:
> »Zuvörderst kommt hier in Betracht, daß Augustin das Sittliche in enge Beziehung zum Glücksstreben gesetzt hatte ... Augustin hat damit die *eudämonistische Auffassung des sittlichen Gebots,* die Zurückführung seiner Verbindlichkeit auf ein durch die Befolgung zu gewinnendes *Glück,* vom philosophischen Boden aus bestätigt und die katholische Anschauung dauernd in diesem Sinn festgelegt. Er hat aber auch kein Bedenken getragen, den *Egoismus* ... ausdrücklich als berechtigt anzuerkennen.« (I, 161)
> Diesem Umstand entsprechend hat Luther es für seine erste Aufgabe angesehen, Glauben und Frömmigkeit hiervon zu reinigen, d. h. aber, daß Gogarten Holl wiederum ungewollt recht gibt, wenn er erklärt, daß dessen (Holls) Auffassung ihr Recht habe gegenüber einem eudämonistischen Verständnis der Religion. Das Verständnis von Religion, das Luther vorfand, war eudämonistisch. Damit erübrigt sich aber die Polemik gegen Holl.

[66] Walther, Bd. 34, 1923, 50 ff.; Holls Entgegnung: 165 ff.; Nachwort Walthers Bd. 34, 668 ff.; Holls Schlußwort Bd. 35, 1924, 47 f.; jetzt KlSchr, 45—61.

welcher nicht dem erneuerten Anselmismus des 19. Jahrhunderts zustimme, ein abgeschwächtes Sündengefühl besitze. Walther hat mit dieser These von der Abschwächung des Sündengefühls durch Holls Rechtfertigungslehre vielleicht den größten Erfolg gehabt, sofern beinahe jeder Gegner Holls in den folgenden Jahrzehnten bis zu Paul Althaus hin diesen Vorwurf wiederholt hat[67]. Die Unwahrheit und Ungerechtigkeit dieses Vorwurfs muß aus der Darstellung von Holls Rechtfertigungslehre klar geworden sein. Dennoch muß man dem alternden Gelehrten Walther zugute halten, daß er nicht mehr fähig gewesen ist, aus dem seit zwei Menschenaltern mechanisch gegen jedermann geübten polemischen Schema der lutherischen Theologie sich zu lösen zu einer eigenen Betrachtung der Sache.

3. Kapitel

Das neue Ethos

1900   Über den Takt in der Religion III, 520—524
1917   Luthers Urteile über sich selbst (zuerst 1903) I, 381—419
       Luthers Anschauung über Evangelium, Krieg und Aufgabe der Kirche im Lichte des Weltkriegs III, 147—170
       Die Bedeutung der großen Kriege für das religiöse und kirchliche Leben innerhalb des deutschen Protestantismus III, 302—384
1918   Die Kulturbedeutung der Reformation (zuerst 1911) I, 468—543
1919   Luther und Calvin in: Staat, Recht und Volk, Wissenschaftliche Reden und Aufsätze 2. Heft, jetzt KlSchr, 67—81
1919   Der Neubau der Sittlichkeit I, 155—287
       Christentum und Sozialismus III, 505—513
1921   Staat, Kirche und Kultur in: Vom Altertum zur Gegenwart, jetzt KlSchr, 3—11
1922   Luther und die Schwärmer I, 420—467
1923   Der Protestantismus in seiner Kulturbedeutung III, 514—519
1924   Die Geschichte des Wortes Beruf III, 189—219
1925   Über Begriff und Bedeutung der »dämonischen Persönlichkeit« III, 490—504

---

[67] Vgl. Paul Althaus, Zum Verständnis der Rechtfertigung in: ZsystTh: VII, 1930, 727 ff. besonders 734 f.; wiederholt und kürzer zusammengefaßt in: Die Theologie Martin Luthers, 1962, 210.

1. Der Werdeprozeß der ethischen Erkenntnis bei Luther

Mit genialem Griff, aber befremdend für die zeitgenössische Lutherforschung und die damalige Theologie überhaupt hatte Holl die Rechtfertigungslehre in den Mittelpunkt seiner Lutherdeutung gestellt. Das mußte sich darin bewähren, daß sich das reformatorische Ethos Luthers aus ihr ableiten ließ. Indem Holl nachwies, daß tatsächlich nicht nur die Sittlichkeit, sondern auch der Kirchenbegriff bei Luther hier ihre Wurzel besitzen, hat er den Reformator als den großen systematischen Denker höherer Ordnung dargestellt, dessen Denkleistung nicht so sehr in der Kunst des Begriffeschmiedens und der Konstruktion eines abstrakten Systems zu sehen ist, sondern in der Fähigkeit, große Lebenszusammenhänge gedanklich zu erfassen, überschaubar zu gliedern und verständlich auszusprechen. In diesem Sinne ist die etwas unwirsche Bemerkung zu verstehen, mit der Holl den Vorwurf erledigt, »Luther war kein Systematiker« (I, 117²)[1]. Holl zeigt: Die Rechtfertigungslehre in seiner Auffassung und ihre Grundlage im Verständnis der Religion als eines Sollen sind in der Tat der Quellgrund einer neuen Sittlichkeit, die Luther in dem Ringen mit dem Paulinismus und in der Auseinandersetzung mit der römischen Papstkirche und den Schwärmern mühevoll Schritt für Schritt gewinnt. Holl zeigt erstmalig das Werden und Wachsen der Gedanken und arbeitet die Stufen heraus, die sich im Entwicklungsgang des Reformators abheben. Dabei erkennt er als erster die *ethische Krise,* in welche der Mönch Luther stürzt, die zunächst die Rechtfertigungs*frage* aufwirft. Die damit verbundenen Anfechtungen und Erschütterungen bilden die berühmten Klosterkämpfe, aus denen sich die Rechtfertigungs*lehre* als Antwort darauf gebiert. *Mit ihr zusammen wird aber auch ein neues Ethos geboren,* dessen Grundzüge schon in der Psalmenvorlesung feststehen und das durch die Auseinandersetzung mit den Gegnern vertieft und konkretisiert wird. Wie in der Rechtfertigungslehre wird klar, daß es sich nicht um Umformung oder Korrektur des Vorhandenen handelt, sondern daß das Bestehende gestürzt werden und nach Beseitigung der Trümmer ein »Neubau der Sittlichkeit« errichtet werden muß, wie es in der Über-

---

[1] Der Hinweis auf Augustin und Goethe in diesem Zusammenhang legt nahe, daß es sich dabei um eine polemische Bemerkung gegen Harnack handelt, der in diesem Sinne von Luther gesprochen hatte und dessen dogmengeschichtliche Betrachtung der Reformation in dem Satz gipfelte, daß diese alle geschlossenen christlichen Denksysteme aufgelöst habe, so daß die Reformation als das Ende der Dogmengeschichte erscheint, vgl. Dogmengeschichte ⁵ III, 808 ff.

schrift des großen, grundlegenden Aufsatzes heißt. Neben der Aufhellung der Entwicklung tritt daher der Gegensatz zur scholastisch-mittelalterlichen Ethik als ein weiteres wesentliches Moment der Darstellung. Nur auf diesem Hintergrund werden Luthers Vorstellungen über Eigenart und Wesen des Sittlichen in ihrer ganzen Schärfe verständlich.

Dieses neue Ethos entwickelt Triebkräfte auf allen Gebieten der abendländischen Kultur, welche das Vorhandene entweder beseitigen und ersetzen oder Impulse liefern für eine Umwandlung und Erneuerung des gesamten Lebensgefühls und der Gesinnung. Damit haben sie das Gesicht Europas und d. h. der Welt verwandelt.

> »Luther ist der die gesamte Neuzeit beherrschende schöpferische Geist. Auf allen Gebieten des höheren menschlichen Lebens stößt man, wenn man nach dem letzten Ursprung der lebendig wirkenden Ideen fragt, zuletzt auf ihn und seine Gedanken. Nirgends hat er die Anschauungen des Mittelalters einfach übernommen; überall hat er die Sache von sich aus durchdacht, und das, was er sich so erwarb, schließt allemal eine grundsätzliche Wendung in sich«[2].

Dabei gerät Holl in scharfen Gegensatz zu Troeltsch, für den Reformation und konfessionelles Zeitalter nur eine Umformung der mittelalterlichen religiös-dogmatisch bestimmten Kulturidee und -gestalt bilden, während die Wurzeln der Neuzeit für ihn in der Renaissance und im Humanismus und religiös bei den Schwärmern liegen. Ebenso steht Holl in leidenschaftlichem Widerspruch zu Troeltschs Auffassung und Wiedergabe von Luthers Ethos, wie er es in den »Soziallehren« geschildert hatte. Die dort erhobenen Vorwürfe der doppelten Moral und der Gewaltverherrlichung sind von daher dann feste Bestandteile in der Polemik gegen Luther und das Luthertum geworden und erfreuen sich entsprechender Beliebtheit in bestimmten theologischen und politischen Kreisen bis auf den heutigen Tag. Holl widerlegt auf breitester Quellengrundlage in Verbindung mit der von ihm geübten genetischen Methode diese Deutung als haltlose Behauptungen, die in politischen und weltanschaulichen Vorurteilen des Interpreten ihren Ursprung haben und mangelndes Verständnis für den eigentlichen Sachverhalt offenbaren.

Luthers Ethos ist geboren aus einer *ethischen Krise,* in die ihn ein Schuldbewußtsein wirft, welches das sonst auch im monastischen Lebensbereich Übliche an Leidenschaft und Tiefe erheblich übersteigt. Dieses Schuldbewußtsein aber ist erzeugt durch einen strengen Maßstab der Selbstbeurteilung, der nicht in theoretischer Reflexion ge-

---

[2] E. Hirsch, Holls Lutherbuch, Besprechung in ThLZ, 1921, 318

wonnen, sondern im persönlichen Erleben geboren wurde aus der Begegnung mit Paulus und dem urchristlichen Evangelium. Anders ausgedrückt, er erwächst ihm aus der Eigenart seines Gottesverhältnisses, das durch und durch persönlich gestaltet ist. Es handelt sich bei ihm um das Gegenüber von zwei Personen, präziser um das Gegenüber von zwei Willen, des göttlichen und des menschlichen. Damit sind alle metaphysischen Spekulationen sowie die gesamte neuplatonisch-areopagitische Mystik ausgeschieden und beseitigt. Nicht mehr mit Substanzen und Kausalitäten hat es das menschliche Herz zu tun, wenn es dem Ewigen gegenübertritt, sondern allein mit einem majestätischen, heiligen Willen. Vor der Heiligkeit dieses göttlichen Willens aber kann der Mensch sich nur schuldig finden und für verloren halten. D. h. Luther erfährt das Gottesverhältnis nur in seiner Negativität, die eine Gemeinschaft zwischen Gott und Mensch verhindert. Dogmengeschichtlich gesehen und konkret mit den von Luther übernommenen theologischen Schulbegriffen ausgedrückt heißt das, daß der Mönchspriester Martin Luther nicht in der Lage ist, die von ihm erwartete und pflichtmäßig aufzubringende Gottes- und Nächstenliebe in sich zu erzeugen.

Hier zeigt sich der Fluch aller Gesetzesreligion, wenn sittlicher Ernst und ein zartes Gewissen mit ihrer Hilfe das sittlich-religiöse Lebensproblem zu lösen und die Gemeinschaft mit Gott und dem Nächsten auf dieser Grundlage herzustellen versuchen. Die mittelalterliche scholastisch-sakramentale Gnadenlehre ist an moralische Voraussetzungen gebunden, die das durch jene zu gewinnende Gut wieder illusorisch machten. Die nominalistische Lehre von der eigenen Disposition für das Bußsakrament d. h. die Forderung, aus eigenen Kräften einen Akt vollkommener Gottesliebe zu erzeugen, erweist sich bei eigener Unbestechlichkeit als undurchführbar. Dabei verbinden sich eine tiefere Erkenntnis des göttlichen Willens mit dem Ergebnis eigener Selbstbeobachtung zu einer einzigartigen negativen religiösen Erfahrung. Wenn der Akt der Gottesliebe aus reinem Herzen schon jetzt und hier eine voll und ganz zu erfüllende Pflicht des Menschen ist und die eigene Unfähigkeit hierzu als unabwendbare Tatsache feststeht, dann sind damit schon die Voraussetzungen jener gnadenhaften Zuwendung Gottes verneint, wie sie in den Sakramenten vermittelt wird. Das bedeutet, daß in jener scholastischen Verbindung von Sakramentalismus und Moralismus der letztere die Oberhand behält und somit das Gewissen im Gesetz gefangen ist.

Diese Steigerung des gesetzlichen Elementes zu unerschwinglicher Höhe wird bei Luther hervorgerufen durch den paulinisch-urchristlichen Ernst, wie er durch die intensive Beschäftigung mit der Bibel entstanden ist. Es ist der urchristliche Gerichtsgedanke, der aus dem Schutt der Überlieferung auftaucht und ihn ergreift[3]. Das Scheitern des Versuchs, die Gottesgemeinschaft auf dem von der Kirche empfohlenen Wege zu verwirklichen, stellt die Krise dar, die als Rechtfertigungsfrage vor die Seele Luthers tritt und welche in der von ihm selbst so oft gewählten Fassung ihren schlichtesten und sprechendsten Ausdruck gefunden hat als Frage nach dem gnädigen Gott. Dabei spielt allerdings die mönchische Erziehung zum konkreten Gehorsam auch eine positive Rolle[4]. Allerdings wird diese Erziehung eben auch der entscheidende Faktor, der ihn in die ethische Krise stürzt. Indem sie die Anwendung der absoluten Maßstäbe des Neuen Testaments fordert, erweist sie sich doch unfähig, mit den Möglichkeiten der sakramentalen Gnadenreligion das Schuldbewußtsein zu überwinden. Denn da die Entstehung dieses unendlichen Schuldbewußtseins[5] eine persönliche Erfahrung darstellt, so kann auch seine Verwandlung in die Vergebungsgewißheit nur erlebnishaft vor sich gehen. Während das Erste sich innerhalb der menschlichen Innerlichkeit gleichsam von selbst erschließt, will das Zweite unter den gegebenen Voraussetzungen nicht gelingen. So wird durch diese ethische Krise die Rechtfertigungsfrage, die Luther im Grunde genommen schon ins Kloster geführt hatte, verschärft zu einer letzten Existenzbedrohung, an der eine große Entscheidung heranreift[6].

Holl verlegt das alles in die Zeit zwischen 1509 und 1511 und läßt das eigentlich reformatorische Erlebnis als Antwort auf die Rechtfertigungsfrage und als Überwindung der ethisch-religiösen Krise in den Jahren 1511/12 folgen. In der Psalmenvorlesung ist das alles erlebnismäßig abgeschlossen und begrifflich durchgeklärt; ebenfalls sind die Folgerungen daraus gezogen[7]. Inhaltlich bedeutet das ein Zerbrechen des Moralismus. In dem Kampf zwischen Leistungs-

---

[3] I, 191; vgl. auch: Reformation und Urchristentum, jetzt KlSchr, 33 f.
[4] I, 198; auch KlSchr, 38 f.
[5] Ich übernehme damit einen ethischen Begriff Emanuel Hirschs, der zwischen endlichen und unendlichen Ethos unterscheidet; vgl. Leitfaden zur christlichen Lehre 1938, 205; Ethos und Evangelium 1966, 103 ff.
[6] I, 193; 203
[7] I, 197. Auf die Auseinandersetzung über die richtige Ansetzung des reformatorischen Erlebnisses bis in die jüngste Gegenwart braucht hier nicht eingegangen zu werden, weil wir es hier allein mit *Holls* Lutherinterpretation zu tun haben.

religion und Gnadenreligion siegt diese, aber nicht in der überlieferten sakramentalen Gestalt, sondern in einer völlig neuen, durch Luthers religiöse Individualität geprägten Fassung. Diese neue Fassung ist in dem Sinne Verneinung der bisherigen Form, daß sie die falschen, dem Evangelium widersprechenden Momente beseitigt, dabei aber den sittlichen Ernst des Mönchtums als das Beste im vorhandenen Christentum erhält. So gesehen bedeutet die Verwandlung im Grunde genommen Vertiefung und Verinnerlichung[8]. Die Weiterentwicklung, wie Holl sie nachzeichnet von den Frühvorlesungen bis zum Thesenstreit und darüber hinaus, bringt dann auch nur die Ausgestaltung der gewonnenen Einsicht. Dabei findet bei Luther eine ständige Erweiterung des Blickfeldes statt, so daß nach und nach die Fragen des Verhältnisses von Evangelium und Weltleben gesehen und behandelt werden. Holl sieht die Sache so, daß eine abgeschlossene Grundeinsicht über das Wesen des Sittlichen sehr früh bei Luther gewonnen wird und daß alles Weitere nur als logische Folgerung aus dieser Erkenntnis zu verstehen ist. Man darf dies als eine pyschologische Eigenart Holls bezeichnen, daß er bei jeder religiösen Persönlichkeit einen möglichst früh anzusetzenden Wendepunkt sucht und dann alles Folgende auf einer Linie sieht. Im vorliegenden Fall bedeutet das allerdings, daß die Weiterentwicklung Luthers nach 1517 zu summarisch gesehen sein dürfte.

Der abschließenden Erkenntnis, daß der Glaube Prinzip aller guten Werke sei, wie Luther das im »Sermon von den guten Werken« 1520 ausgesprochen hat, geht einiges voraus, was bei Holl zu kurz kommt, und es wäre zusätzlich auch noch etwas zu bemerken über die Auswertung, die diese ethische Erkenntnis nach 1520 erfährt. Man hat bei Holls Schilderung der ethischen Krise das Gefühl, daß hier der ganze Vorgang vereinfacht und zu früh abgebrochen worden ist. Es fehlt auch der im einzelnen geführte Nachweis über die Bewältigung der Erschütterung. Vielleicht glaubte Holl, in seinem grundlegenden Aufsatz »Was verstand Luther unter Religion?« das Notwendige hierfür gesagt zu haben. Indessen fehlt eine ausführliche Darstellung auch dort.

Es handelt sich dabei um jenen Prozeß, bei dem die Frühfassung von Luthers reformatorischer Theologie in der Psalmen- und Römerbrief-Vorlesung sich umwandelt in eine Theologie des Glaubens. In der Psalmenvorlesung bezeichnen fides, caritas und spes verbunden mit der humilitas den religiösen Akt des Gottesverhältnisses.

---

[8] I, 203

Bis zum Thesenstreit steht Luther mit seiner neuen Erkenntnis unter der Beugung des mönchischen Gehorsams. Die Demut hindert ihn, das, was ihm zur Gewißheit geworden war, gegen die Kirche geltend zu machen. Hinzu kommt ein Anderes. In der Römerbrief-Vorlesung steht Luther unter der Vorstellung, daß der Glaube nur in Verbindung mit der vollkommenen Gottesliebe vor Gott Wert besitzt. Das läßt ihn davor zurückschrecken, den Glauben allein zum tragenden Fundament der Gottesgemeinschaft zu machen. Er sieht sich von der Stimmung beherrscht: Wie kannst du dem Glauben soviel geben, da du die Liebe nicht hast! Dieses Miteinander von Glauben und Liebe spitzt sich in der Verbindung mit der alles religiöse Leben beherrschenden Sakramentsreligion zu auf die Alternative von sakramentaler Frömmigkeit und Glaube. Mit genialem Scharfblick erkennt Cajetan hier die entscheidende Häresie. Luther merkt das erst durch Cajetans Kritik und zieht daraus die Folgerungen in den Jahren bis 1520: *Erstens,* der Glaube als die Gottesgerechtigkeit frißt die Kirche als äußere Autorität und den Priester als sakramentalen Träger des Glaubens auf. *Zweitens,* das Sakrament wird durch den Glauben bedingt. *Drittens,* der Glaube als die Gerechtigkeit Gottes saugt die Liebe zu Gott über alle Dinge auf und wird die ganze Erfüllung des 1. Gebots. In den Acta Augustana hat diese Erkenntnis ihren ersten literarischen Niederschlag gefunden. Wenn dort Glaube und Wort Gottes aufeinander bezogen werden, so bedeutet dies, daß die Sakramente nichts sind als ein zum Gewissen sprechendes Wort Gottes und daß ein so das Wort Gottes empfangendes Herz alles hat. Das bedeutet aber im Zusammenhang mit Luthers Entwicklung, daß die Entdeckung von 1511/12 nunmehr auch in formeller theologischer Einsicht das Sakrament im Erlebnis des Wortes Gottes durch das Herz d. h. im Glauben an den lebendigen zu uns redenden Gott untergehen läßt[9], wobei man heutzu-

---

[9] In der neueren Lutherforschung wird gelegentlich stark betont, daß sich zu den religiösen Aussagen Luthers vor 1517 formelle Parallelen aus der romanischen Mystik beibringen lassen. Der Unterschied, der dabei leicht übersehen wird, ist folgender. In der romanischen Mystik ist die lebendige innerliche Erfahrung von der Gnade Gottes zwar mit allen ihren subjektiven Spannungen und Antinomien reich entfaltet. Sie bleibt jedoch an die Voraussetzung gebunden, daß man nur zu dem von der Kirche und asketischer Sondergemeinschaft fest umhegten Kreis so sprechen dürfe. Die romanische Mystik ist nicht imstande gewesen, diese Umgebung durch kirchlichen Sakramentalismus und kirchliche Gesetzlichkeit zu zerbrechen. Die Jahre vom Thesenstreit ab zeigen, daß das in Luther seit 1511/12 Gewordene gerade darin sein Wesen hat, diesen kirchlichen Sakramentalismus und Gesetzesdienst aufzulösen. Wenn

tage mit besonderem Nachdruck hinzufügen muß, daß »Wort Gottes« hier nicht die Bibel ist, sondern das lebendige Evangelium, welches den Glauben in uns erzeugt und uns so zur Gottesgerechtigkeit wird. So sind die Acta Augustana der Wendepunkt im Durchreflektieren der Sakramentslehre. Was hier geschieht, findet in De captivitate Babylonica seinen bestimmtesten Ausdruck. Man könnte sagen: Bis 1517 hat Luther als theologischer Denker selber unter dieser babylonischen Gefangenschaft gelegen.

Mit der Reduktion und Konzentration des Gottesverhältnisses ganz auf den Glauben muß auch die mystische Gottesliebe als eine angeblich höhere Gestalt der Frömmigkeit ausgeschieden werden. Hier ist das »Magnificat« von 1520/21 der Endpunkt einer Entwicklung, in welcher die Reste der romanischen Mystik, die in der Psalmenvorlesung und auch danach noch eine so große Rolle gespielt haben, völlig ausgetilgt worden sind.

Lehrreich ist hier ein Vergleich von Gersons Auslegung des Magnificat mit der Luthers[10]. Bei Gerson erreicht Maria den höchsten

    dies aber als verborgene Dynamik in dem Luther von 1511—1517 lebendig war, dann dürfte das Urteil zwangsläufig sein, daß bei allen der romanischen Mystik ähnlichen Äußerungen vor 1517 hinter dem formell Gleichen sich etwas Anderes, Tieferes verbirgt. Insofern hat Holls auf dies Tiefere sich richtende Deutung des Luthers der Psalmenvorlesung ein Wahrheitsmoment in sich, welches in der gegenwärtigen dogmenhistorischen Einzelforschung sich zu verdunkeln droht. Wird dies berücksichtigt, so ist allerdings zu fragen, ob Holl die 1. Psalmenvorlesung nicht gelegentlich doch überdeutet hat.

[10] Johannes Gerson, Opp. Dupin Antwerpen, 1706 IV, 235 ff. Tractatus super Magnificat; vgl. auch Walter Dreß, Die Theologie Gersons, 1931, 206.
Als Sinn und Ziel des Magnificat definiert Gerson: Tenor hujus cantici consistit in essentiali beatitudine visionis, dilectionis et fruitionis Dei ... 280 C. Von den zahlreichen Formulierungen dieser Auffassung ist die folgende besonders instruktiv durch die Verwendung von Versen des Psalmes 73 (72 in der Zählung der Vulgata und in deren Fassung). Der 4. Traktat, der mit der zitierten Stelle schließt, läßt eine liturgische Beziehung auf das Fest Mariä Himmelfahrt durchschimmern. Aber das Fest symbolisiert nur die Grundstimmung der mystisch-ekstatischen Frömmigkeit. Formell ist das Wort eine allegorische Exegese eines Hohenliedverses (6, 11), wo von den Quadrigen des Aminadab die Rede ist. Wie die meisten Traktate über das Magnificat hat auch dieser die Gestalt eines Dialogs zwischen Schüler und Lehrer. Magister: *Et ego ad nihilum redactus sum*, scilicet propria reputatione, et nescivi (Ps. LXXII) v. 21. Quare? Quia *anima mea conturbavit me propter quadrigas Aminadab*, Cant. VI, 11. qui spontaneus interpretatur. Discipulus: Quae sunt hae quadrigae? Magister: Sunt vel nunciationes Angelicae, vel raptus anagogici, hoc est, sursum ductivi, in divinam caliginem, vel *pennae columbae deargentatae*. Ps. LXVII, 14. Quibus saepe assumptis *diliculo* habitavit *in extremis maris* Ps. CXXXVIII, 9. ad atria gloriae coelestis, etiam dum viveret. *Beatus* igitur Mariae spiritus, *quem elegisti*, Christe, et assumpsisti. Ps. LXIV, 5 ... Ecce

Grad der Gottesliebe im mystischen Übersprung, bei Luther empfängt sie ihre Würde dadurch, daß sie dem Worte glaubt. An die Stelle des Aktes der vollkommenen Gottesliebe tritt der Glaube, der dem Worte traut. Die formellen Ähnlichkeiten zwischen Gerson und Luther, die diesen Gegensatz leicht verdecken, ergeben sich daraus, daß Gerson die vollkommene Gottesliebe im mystischen Übersprung als Selbstvernichtung der in Sünde und Schuld liegenden menschlichen Persönlichkeit faßt, womit denn auch bei Gerson ein Kontrast zwischen unendlichem Abstand von Gott einerseits, unendlich grundlosem Empfangen der gnädigen Gegenwart Gottes andererseits entsteht. Am klarsten erkennt man den Unterschied, der hinter ähnlichen Formulierungen liegt, daran, daß bei Luther der Geist Gottes in Maria die selige Gewißheit des gegenwärtig sprechenden Gottes einhaucht auf überraschende, durch kein Tun Marias vorbereitete Weise, daß dagegen bei Gerson die letzte und höchste Erfahrung des Geistes der Endpunkt einer mühseligen Stufenleiter in der Ertötung des endlichen Wesens ist. Im »Sermon von den guten Werken« findet diese Erkenntnis Luthers ihren ethisch durchreflektierten Ausdruck in dem Satz, daß im Glauben alle Werke gleich seien.

Durch den Thesenstreit ist so eine Lehre vom Glauben entstanden, die diesen zum Träger der Gesamtfrömmigkeit und der Lebensführung macht. *Der Glaube ist das Prinzip einer neuen Ethik.* In der Wartburgpostille von 1522 hat diese Grundform der Frömmigkeit ihren ersten vollständigen Ausdruck gefunden, wobei unter den Begriff »Gottesdienst« nun auch Zusammenleben und Verkehr mit dem Nächsten und d. h. das ganze Ethos miteingeschlossen ist. Dabei hat sich der Christus mysticus der Frühvorlesungen verwandelt in den geschichtlichen Jesus der Evangelien, wozu eigenartigerweise besonders das Johannes-Evangelium[11] geholfen hat. »Das 4. Evangelium

---

consummatio, et *cum gloria suscepisti*, id est, sursum ad te sumpsisti. Scio jam *quid mihi* sit *in coelo*, scio *quid a te volui super terram* . . . 289 BC. Eine ausführliche und genaue theoretische Beschreibung gibt Gerson im 7. Traktat unter der Überschrift: De experimentali unione, veritates 342 B ff. Dort charakterisiert er den Zustand Marias während ihres Lobgesangs: Mariam fuisse supra spiritum; immo et sine spiritu quandoque, dum cecinit hoc Canticum 349 C.

[11] Die Bevorzugung des Johannes-Evangeliums erklärt sich daraus, daß Luther an allen evangelischen Berichten den Dialog zwischen Christus und den ihm Begegnenden für das Entscheidende gehalten hat, kein Evangelium diese Begegnung aber so sehr in dialogischer Form dargestellt hat wie das Johannes-Evangelium.

wird ihm zum Schlüssel seines gesamten Verständnisses der evangelischen Geschichte«[12]. In den folgenden Jahren bis 1525 werden diese Dinge dann von Luther in eine neue einfache Predigt an das Volk übersetzt. So entstehen die Grundlinien einer schlichten Volkspredigt bis zum Bauernkrieg. Der Übergang Luthers von der vielfältigen Gottinnigkeit zum einfältigen Verheißungsglauben bedeutet aber zugleich auch Übergang zu einer neuen Ethik, wo der vom Geist erleuchtete Glaube Schöpfer aller guten Werke wird.

Es ist nun die Eigentümlichkeit von Holls Lutherdeutung, daß er Luther von 1517 bis zur Wartburgzeit und den Luther von 1511—1517 zusammengeschaut hat. Er hat im allgemeinen gewußt, daß Luther seit der Römerbriefvorlesung Dinge hinzugelernt hat, die man nicht unterschätzen darf (vgl. I, 153). Aber es bleibt das Große in seinem Bilde des Reformators, daß er den frühen Luther als die verborgene Seele entdeckt hat. Dieser Vorzug hat den Nachteil, daß er den ganzen Werdeprozeß von 1517 an nicht mehr herausgearbeitet hat. Man hat den Eindruck, daß er vom Thesenanschlag ab nur von dem Luther spricht, dessen Aussagen über ethische Fragen ihre letzte reife Vollendung in der Schrift »Von weltlicher Obrigkeit« von 1523 gefunden haben. Wie das geworden ist, zeigt er nicht weiter.

2. *Der Gottesgedanke als Ursprung des neuen Ethos*

Die Fruchtbarkeit des bei Luther gefundenen Religionsbegriffes bewährt sich in der Anwendung auf seine Ethik. Holl ist auf diese Weise in der Lage, die einheitliche Geschlossenheit der Christentumsauffassung Luthers in Glaube und Liebe, in Erkenntnis und Handeln, in theologischer Reflexion und Wirken in der Welt durch die Ableitung aus der Wurzel eines inneren Sollens verständlich zu machen. In der schon erwähnten Auseinandersetzung mit Gogarten (III, 244 ff.) hat er eine knappe übersichtliche Definition dessen gegeben, was er unter Sittlichkeit versteht. Diese Worte lassen mit hinreichender Deutlichkeit erkennen, wie unbegründet der Vorwurf ist, Holl habe Luthers Christentum moralisiert. Da diese Gedanken grundlegend für Holls gesamte Lutherdeutung sind und

---

[12] Ich verdanke diese Einsicht E. Hirsch, der in seinem »Wesen des reformatorischen Christentums«, 1963, 87 ff. einen knappen Abriß der Entwicklung Luthers von 1513—1525 gegeben hat, in dem diese Dinge erstmalig für die Lutherforschung ausgesprochen worden sind. Das Zitat a.a.O., 90.

kaum je wieder von ihm in dieser Prägnanz formuliert worden sind, mag eine Wiedergabe an dieser Stelle gerechtfertigt erscheinen.

> »Seine Sittlichkeit (d. h. diejenige des Christentums) liegt von vornherein auf einer anderen Ebene, weil sie *von Gott,* genauer von Gottes *Gabe* ausgeht. Als Gottes Gabe gilt schon das Leben samt allem, was dazu gehört (vgl. Luthers Auslegung des ersten Artikels) und darüber hinaus als das eigentlich Entscheidende das Evangelium, d. h. *die in der Sündenvergebung gewährte Gottesgemeinschaft* (diese Unterstreichung von mir). *Aus der Gabe entsteht jedoch sofort eine Forderung, ein Sollen.* Nicht etwa wie es die Aufklärung verstand, als die Verpflichtung, nun ein ›sittliches‹, d. h. ein tugendhaftes Leben zu führen. Es handelt sich um etwas viel Einfacheres und Näherliegendes; um die Pflicht, an seiner Gabe Gott als den Geber zu *erkennen* und ihn dafür zu *ehren.* Dazu gibt Gott seine Gabe, *damit* er vom Menschen gefunden werde. Gott *will* vom Menschen anerkannt und im Dank geehrt sein. Denn erst dieses Verstehen auf seiten des Menschen und die entsprechende Erwiderung ergibt das, worauf Gottes Gabe letztlich zielt: *die persönliche Gemeinschaft zwischen Gott und dem Menschen.* (Auch diese Unterstreichung von mir.) Wo diese Pflicht nicht begriffen wird, da ist Gottes Gabe um ihren Sinn und ihren Ernst gebracht. Sofern nun das Gewissen die Empfänglichkeit für das Sollen darstellt, habe ich Luthers Religion, die diesen Zug aufs stärkste unterstreicht, eine *Gewissensreligion* genannt; aber dabei nicht gemeint, eine μετάβασις εἰς ἄλλο γένος zu vollziehen, sondern gerade die Seite herauszuarbeiten, die Luthers Religion *als Religion,* will sagen *als Gottesgemeinschaft* (auch von mir unterstrichen) kennzeichnet. Deutlich hebt sich ja auch der Beweggrund für dieses Sollen von dem der philosophischen Ethik ab. Denn hier ist das Treibende nicht die Selbstachtung, sondern die *Dankbarkeit.* Das schließt in sich, daß der Gehorsam gegen das Sollen, wenn er echt ist, ebenso frei und freudig jeder Rücksicht auf das eigene Ich entnommen ist. (III, 245 f.)
> Es handelt sich, wie man sieht, zwischen Gogarten und mir immer wieder um denselben Punkt, darum, ob mit dem Evangelium unmittelbar auch ein Sollen verknüpft ist.« (253)

Aus dem Gesagten geht hervor, worin Holl die Eigenart von Luthers Ethos sieht. Es steht als ein religiös begründetes Ethos aller humanen Sittlichkeit gegenüber. Insofern unterscheidet Holl streng zwischen *religiöser* und *philosophischer Ethik*[13]. Während jene vom Gottesgedanken ausgeht, bleibt diese an den Menschen gebunden. Deshalb ist sie nicht in der Lage, das ethische Grundproblem: Wie entsteht ein guter Wille? eindeutig zu lösen[14]. Holl macht das an der Ethik Kants deutlich, für welche die eigene Würde und Selbstachtung das letzte Motiv darstellen. Wenn Holl demgemäß diese Ethik ablehnt, spricht er ein radikales Nein in diesem Punkt zu Kants praktischer Philosophie. Dieses Nein hat im Theoretischen seine Parallele daran,

---

[13] III, 245   [14] I, 183[1]

13 Bodenstein, Holl

daß Holl im Anschluß an die theologische Tradition und die Auslegung von Römer 1, 18 Kants Widerlegung des kosmologischen Gottesbeweises stets als sophistisch und völlig unüberzeugend gehalten hat. Daher bleibt jede, auch die strengste humane Ethik an das eigene Ich gebunden und stellt im besten Fall nur eine verfeinerte Form des Eudämonismus d. h. der Selbstliebe dar. Nach Luthers Auffassung entsteht ein guter Wille niemals dadurch, daß der Mensch von sich aus, sei es durch eigene Einsicht, sei es durch eine von außen kommende Forderung, das Gute verwirklicht. Im ersten Fall bleibt sein Handeln stets, und sei es ihm selber unbewußt, eudämonistisch bestimmt; die andere Möglichkeit ist Heteronomie. Als Forderung, Gesetz oder Ideal kann das Gute zwar als fremde Autorität den Gehorsam erzwingen. Aber es fehlt das Letzte und Eigentliche dabei: die freie, freudige, ungezwungene Willigkeit, die das Gute auch ohne Gesetz, allein um des Guten willen tun würde. Das geschieht aber nur, wo dem menschlichen Willen ein uneingeschränkt guter Wille begegnet und Gemeinschaft mit ihm sucht. Dadurch entsteht eine seelische Grundstimmung, die als Reaktionsempfindung auf die erfahrene Zuwendung Gottes erklärt werden kann. Es handelt sich dabei um eine Erfahrung, die der Mensch nicht im Rahmen der innermenschlichen Beziehungen machen kann. Denn es gehört zum Wesen des Menschseins, daß es keinen uneingeschränkt reinen und selbstlosen Willen gibt. Das ist allein in der Gottesbeziehung der Fall. Diese Gottesbegegnung ist indessen nicht eindeutig. Die göttliche Majestät läßt den unendlichen Abstand erkennen, der den Unreinen und Sünder trennt von dem Heiligen. Deshalb muß von Gottes Seite her dieser Abstand überwunden werden in der Sündenvergebung. Indem die Rechtfertigungslehre klar macht, daß Gott in der Tat den Sünder annehmen will, um ihn umzuschaffen, wird diese zur Grundlage und zum Prinzip einer neuen Gesinnung und eines neuen Ethos[15]. Die in der Sündenvergebung gewährte Gottesgemeinschaft ist daher das Urdatum aller christlichen Ethik[16].

Man könnte sagen, daß Umgang und Verkehr mit Gott das Modell darstellen für die Form persönlicher Gemeinschaft überhaupt. Hier und nur hier erlebt der Mensch, wie das Ich mit dem Du ver-

---

[15] I, 233, besonders 182: »Die *Gemeinschaft mit Gott ist die Bedingung, unter der wirkliche Sittlichkeit erst möglich ist*«.

[16] Paul Althaus, Luthers Ethik, 1965, 11: »Luthers Ethik wird in ihrem Ansatz und ihren Grundzügen ganz und gar bestimmt von der Mitte seiner Theologie her, von der Rechtfertigung des Sünders ...«

kehren soll d. h. hier, wo das *göttliche* Du dem *menschlichen* Ich begegnet. Und aus diesem »Verkehr des Christen mit Gott«, um eine Wendung Wilhelm Hermanns zu gebrauchen, erwächst ihm eine bestimmte Gesinnung, die den Wurzelgrund allen Verhaltens darstellt. Denn aus der unverdient empfangenen göttlichen Güte wird unmittelbar und spontan die Dankbarkeit geboren[17]. Diese Grundstimmung erlebt der Christ als innere Nötigung: er fühlt sich zu ihr innerlich verpflichtet. Mit der Reue über das Vergangene entsteht zugleich der Gehorsam für die Zukunft. Das ist ein ganz elementarer Vorgang, wie er in jedem natürlichen unverbildeten Menschenherzen schon hier in den innerweltlich-zwischenmenschlichen Beziehungen entsteht, wo Verzeihung gewährt und empfangen wird. Hier liegt aber auch die Grenzlinie, jenseits welcher es keine Verständigung mehr gibt. Wer dieses innerlich Überwundenwerden durch große Güte leugnet, hat entweder etwas Derartiges noch nicht erlebt oder er ist verschlossen geblieben für jene Tiefe geistig-seelischer Lebendigkeit. Das wird dann erst recht für das Geheimnis der Gottesgemeinschaft gelten[18]. In Luthers Wesen ist dieser Zug persönlicher Dankbarkeit für alles im Verkehr mit andern Empfangene typisch, wie Holl feststellt[19].

Der Ort, wo das erlebt wird, ist das *Gewissen*. Holl hat es als »Empfänglichkeit für das Sollen« bezeichnet und dies dahin präzisiert, daß es sich hierbei nicht um einen Inbegriff ethischer Normen, sondern um jenen Bezirk der Innerlichkeit handelt, in dem die Gottesgemeinschaft erfahren wird. Im Gewissen vernimmt das Herz Gottes Willen als das unendlich Gute, das sein Gutsein darin zeigt, daß es den Sünder aufnimmt und dadurch zum endlich Guten ruft. Es handelt sich hierbei um eine Selbstmitteilung Gottes, die sich

---

[17] I, 180². In dem Gesagten ist beschlossen, daß alle sympathetischen Berührungen zwischen einem humanen Idealismus und dem christlichen Glauben bei Holl nur die sekundäre Sphäre des Sittlichen betreffen können. Wenn das christliche Ethos durch den Gehorsam gegen den Gott des Evangeliums und seine Gabe den Grund gefunden hat, kann nachträglich post festum anerkannt werden, daß dieses christliche Ethos im rein Humanen manche schönen Möglichkeiten erkennen und in seinen höheren Standpunkt aufzunehmen vermag. Die Synthese zwischen dem Christlichen und Menschlichen, dem Evangelium und dem ethischen Idealismus, ist bei Holl gegründet auf eine dem Menschlichen unter dem ethischen Idealismus sein Eigenrecht und seine Eigenbegründung abstreitende Weise.

[18] III, 253

[19] I, 180²

im Akt des Mitteilens im Menschen sofort in ein Sichverpflichtetfühlen umwandelt. Luther hat damit deutlicher als je ein anderer ethischer Denker klargemacht, daß wir im Religiösen wie im Sittlichen auf einen letzten, überbegrifflichen Grund unsers Daseins bezogen sind, in dem Frömmigkeit und Ethos in gleicher Weise wurzeln. Es dürfte das Verdienst Holls sein, das als Erster in dieser Klarheit nicht nur erkannt, sondern auch auf die einfachste begriffliche Formel gebracht zu haben[20]. Er hat damit den Gottesgedanken als Ursprung und Grund des neuen Ethos bei Luther nachgewiesen und die Einheitlichkeit einer letzten Gotteserfahrung als die gemeinsame Wurzel für das Gottesverhältnis ebenso wie für das Leben in der Welt festgestellt. In der Bezeichnung »Gewissensreligion« ist das alles zusammengefaßt.

3. Die Autonomie höheren Stils

Noch nach einer anderen Seite hat Holl die Eigenart des lutherischen Ethos treffend und scharf beschrieben, wenn er es als eine »Autonomie höheren Stils« bezeichnet[21]. Es ist die paradoxe Einheit von Freiheit und Gebundenheit, wie sie so auch nur aus dem Gottesglauben der Rechtfertigungslehre verständlich wird. In dieser Haltung bedeutet sie im bewußten Rückgriff auf Paulus etwas gegenüber der Alten Kirche und dem Mittelalter völlig Neues, eine neue Möglichkeit des Menschseins überhaupt, welche die autoritätsgebundenen Daseinsstrukturen des Mittelalters durchbricht und dadurch ein neues Zeitalter heraufführt.

> »Seine (scil. Luthers) Auffassung der Religion als Gewissensreligion bedeutet (trotz seines Biblizismus) den entscheidenden Durchbruch nicht nur durch das Mittelalter, sondern durch den ganzen Standpunkt der katholischen Kirche und ist zugleich die Begründung einer ›Autonomie‹, die sich zu der der Aufklärung nicht nur als eine unvollkommene Vorstufe verhält«. (I, 110)

Das alles ist offen oder unausgesprochen gegen Troeltsch gerichtet, der in Luther und in der lutherischen Reformation eine fortschrittshemmende Grundhaltung feststellen zu können geglaubt hatte. In Wahrheit ist es umgekehrt. Das zeigt sich nirgends deutlicher als an

---

[20] Hirsch hat das in seinem Buch »Ethos und Evangelium«, 1965 mit einem alten scholastischen Begriff auszudrücken versucht, wenn er von dem »synthéretischen Grund« spricht für alle geschichtliche Religion ebenso wie für unser sittliches Bewußtsein, vgl. Ethos und Evangelium, 1 f.; desgl. Leitfaden zur christlichen Lehre, 111, wo das Wesen der Pflicht darin gesehen wird, daß sie »eine ein Heischen in sich schließende Selbstmitteilung Gottes an uns ist«.
[21] Vgl. I, 110[0], 214, 227

diesem Punkt. Auch der konfessionell bestimmten Theologie seiner Zeit schien dieser Satz gewagt und mißverständlich, weil sie in der Autonomie des modernen Menschen den Ursündenfall schlechthin und die Absage an alle religiösen Bindungen sah. Gleichwohl ist damit ein wesentlicher, vielleicht der entscheidende Zug der religiössittlichen Glaubenshaltung Luthers getroffen. Nichts hat im deutschen Volksbewußtsein und in der allgemeinen geschichtlichen Erinnerung sich tiefer eingeprägt als die Veranschaulichung dieser Haltung in Luthers Auftreten vor Kaiser und Reich in Worms 1521. Allerdings findet sich auch bei Kant diese Synthese von Gebundenheit an das ethische Soll und Freiheit als Selbstgesetzgebung. Der Wille ist so ein guter, daß er zugleich gesetzgebend und dem Gesetz unterworfen ist. Fragt man indessen, was ihn nötigt, sich diesem Gesetz freiwillig unterzuordnen, so ist das letzte Motiv die Selbstachtung und die Würde der eigenen Person. Und so bleibt mit dieser Autonomie ein feiner Eudämonismus höherer Ordnung verbunden, der das eigene sittliche Gutsein genießt. Das war der Grund, weshalb Holl Kants Ethik abgelehnt hat[22]. Daher handelt es sich bei Luther nicht um die gewöhnliche, sondern um »eine Autonomie höheren Stils«. Wie ist das zu verstehen?

Niemand hat die menschliche Unfreiheit Gott gegenüber stärker betont als Luther. Der Gedanke der Alleinwirksamkeit Gottes schließt jede Form der Selbstbehauptung des Menschen in seiner Gottesbeziehung aus. Das ist nicht mit Determinismus zu verwechseln. Es ist das Rätsel menschlicher Lebendigkeit in Luthers Auffassung, daß der Mensch jederzeit ganz und gar durch einen ihn setzenden Willen bedingt bleibt und allein von ihm Lebendigkeit und Schaffensvollmacht empfängt und daß er eben damit gerufen ist zum Personsein in Entscheidung und Verantwortung. Erst beides zusammen umschreibt das überbegriffliche Geheimnis menschlicher Existenz. Daß damit dem ethischen Bewußtsein gestellte Problem besteht darin, diese Urantinomie der menschlichen Gottesbeziehung in ihrer paradoxen Einheit von Freiheit und Gebundenheit verständlich zu machen. Wenn es das Ziel menschlich-innerlicher Lebendigkeit ist, als ein eigenes Ich von der Welt freizuwerden in dem Sinne, daß es mehr ist als ein Stück Welt, dann ist deutlich, daß es das nicht aus eigener Kraft vermag. Denn als leib-seelischer Organismus mit der Welt auf das innigste verflochten, steht es unter dem Gesetz der Selbstbehauptung, in der Diktion Luthers unter dem Zwang des sua

---

[22] Vgl. in der Auseinandersetzung mit Gogarten III, 245 und oben S. 193 f.

quaerere[23]. Daher richtet sich Luthers leidenschaftlicher Protest gegen die scholastische Behauptung der Möglichkeit eines Aktes vollkommener Gottesliebe. Denn dieses quaerere quae sua sunt ist peccatum mortuale. Luther erkennt schärfer als Augustin und die Scholastik die Motive, die den Menschen zu solchen vergeblichen Versuchen inspirieren: den amor sui. Angst oder Hoffnung sind die Triebfedern der Frömmigkeit und ihrer mannigfaltigen Äußerungen. Das alles aber ist nur Ausdruck des Eudämonismus, den Augustin und der Vulgärkatholizismus in den Dienst der Kirche zu stellen sich nicht gescheut haben. Luther erkennt das als das Verderben wahrer, echter Sittlichkeit[24].

Man darf sagen, daß Holl hier einen großen ethisch-kritischen Grundgedanken Luthers für sein eigenes Denken übernommen hat. Der Anti-Eudämonismus entsprach seinem eigenen herben Wesen. Dieser Zug hat auch sein Urteil über die Gestalten der Geschichte bestimmt. Eine innere Wahlverwandtschaft liegt seiner Darstellung zu Grunde, wenn er Bilder des Paulus, Tertullians, Calvins oder der großen griechischen Mönche entwirft. Und von hier ist die Abneigung zu erklären, wenn seine Feder Augustin oder Leibniz schildert[25]. Am stärksten gilt das für sein Lutherbild. Das Ethos, das in Luther Gestalt gewonnen hatte, war ihm zum Ideal des eigenen persönlichen Lebens geworden. Deshalb glüht hinter der kühlen historischen Sachlichkeit und der gewaltigen Zitatenfülle eine verhaltene Leidenschaft, die in dem Glauben und der Frömmigkeit von Luthers Gewissensreligion die tiefste und edelste Gestalt des Christentums überhaupt sieht. Harnack, der sich besonders durch die schroffe Ablehnung Augustins getroffen fühlen mußte, hat in diesem Zusammenhang von der Schau in großen Gegensätzen bei Holl gesprochen, der er selbst eine Betrachtung gegenüberstellte, die im Verzicht auf eine derartige Exklusivität die Stufen und Nuancen und die mit ihnen gegebenen Übergänge berücksichtigt[26]. Aber er kann nicht umhin, ihm das Zeugnis auszustellen, daß diese Betrachtung bei Luther jedenfalls durch die große historische Leistung gerechtfertigt worden ist.

»... wer seine Verehrung besaß — und er verschwendete sie wahrlich nicht! —, der durfte sicher sein, daß Holl als Biograph alles aufbieten würde, um einen solchen Mann als geschlossene Persönlichkeit so zur Darstellung zu bringen, daß sein Leben und Wirken restlos und ohne Schwanken, in seinem Typus und in seiner Größe aufging.

[23] I, 204¹   [24] I, 204 f.   [25] III, 322³
[26] Harnack, Aus der Werkstatt des Vollendeten, 1930, 278 f.

So hat er uns Luther vorgestellt, und von dem Lutherbuch, seiner größten Leistung, datiert die Wissenschaft und die Evangelische Kirche mit Recht eine neue Stufe in der Erkenntnis des Reformators«. (Harnack, 279 f.)

Dieser Kampf Holls gegen den Eudämonismus[27] aber hat zur Voraussetzung die Erkenntnis von der Unfreiheit des menschlichen Willens und von seiner Gebundenheit an das Gesetz aller irdischen Kreatur, an die Selbstbehauptung und das Glücksverlangen. Luthers Größe als ethischer Denker besteht darin, die religiösen Umkleidungen und Maskierungen dieser Haltung erkannt und ihre kirchliche Anerkennung und Verwertung bekämpft zu haben. Deshalb muß Luther die scholastische Zwei-Stufen-Theorie zerbrechen, nach welcher ein Handeln nach dem Prinzip der natürlichen Selbstliebe durch eine Ethik der sakramental bedingten Gnadensittlichkeit veredelt und vervollkommnet wird. Die Gnade kann die Natur nicht vollenden, sondern sie steht zu ihr in einem diametralen Gegensatz[28]. So hat Holl die Erbsündenlehre als den für seine Zeit anstößigsten religiös-ethischen Gedanken Luthers erneuert und unabgeschwächt zur Geltung gebracht, nicht nur im Sinne richtiger historischer Interpretation, sondern als die letzte Wahrheit über das menschliche Herz und Gewissen[29]. Unter Unfreiheit versteht Luther nicht nur die Gebundenheit des Menschen an das kreatürliche Gesetz der Selbstbehauptung und sein bewußtes Erleben als Erfahrung der Schuld, sondern er sieht auch keine Möglichkeit der Überwindung dieser Gebundenheit aus eigener Kraft. Damit ist dem sittlichen Idealismus das Urteil gesprochen. Der Verzweiflung und dem sittlichen Indifferentismus erliegt Luther jedoch ebensowenig wie der ethischen Skepsis oder dem Zynismus. In dem Gottesgedanken sei-

---

[27] Die Dialektische Theologie hat im Kampf gegen die historisch-kritische Forschung und gegen die mit ihr zusammenhängende Religionsphilosophie (Haering und Kaftan) den Satz Feuerbachs ins Feld geführt, daß jeder Eudämonismus das Gottesverhältnis in reine Illusion verwandle. Es ist bezeichnend für die Dialektische Theologie, daß sie an dem Atheisten Feuerbach lernen mußte, was bei Luther ernster und tiefer zu lernen gewesen wäre, und daß sie sich wegen ihrer Hörwilligkeit gegenüber Feuerbach den historisch-kritischen Theologen überlegen wähnte.

[28] I, 213

[29] Vgl. I, 137, 181, 235; III, 562 ff. Auf die Frage, die der moderne Mensch der Rechtfertigungslehre zu stellen pflegt, ob »das Bekenntnis zum eigenen Unwert« nötig sei, entwickelt Holl in einer feinsinnigen Analyse von dichterischen Gestalten K. F. Meyers, wie das menschliche Handeln stets durch mehrere Motive zugleich bedingt ist, unter denen, ihm selbst meist unbewußt, das egoistische über das edle dominiert. Vgl. III, 564.

ner Rechtfertigungslehre besitzt er die Macht, die ihn aus dieser Verlorenheit an die Welt und an das in ihr herrschende Gesetz befreit. Die Alleinwirksamkeit[30] Gottes hat bei ihm nicht Resignation oder Fatalismus erzeugt, sondern das Gegenteil. Durch die in der Rechtfertigung vollzogene Gemeinschaft mit Gott erfährt der Mensch sich aus der Gebundenheit an die Welt und ihre Mächte herausgehoben und ihr gegenübergestellt als ein von ihr Freier. Die Wurzeln seines Daseins liegen nun nicht mehr allein im Bereich des Kreatürlichen und der unerbittlich dort herrschenden Gesetzlichkeit, sondern außerhalb seiner selbst. Er wird damit frei nicht nur von der Welt, sondern auch von seinem Ich als einem Teil der Welt. Es gibt keinen besseren Teil des Menschen gegenüber einem weniger wertvollen, keine Aufspaltung in die Natur als Grundlage des Daseins und die Vernunft als Inbegriff seiner höheren Fähigkeiten. Immer ist der ganze Mensch in der Totalität seines Daseins gemeint[31]. Die Rechtfertigungslehre hat ihn damit freigemacht von sich selbst[32]. Holl hat diese neue Haltung als »Werkzeugbewußtsein« bezeichnet und damit die begriffliche Formel geprägt, mit welcher die ethische Auswirkung der Rechtfertigungslehre erfaßt ist[33]. Diese Werkzeugbewußtsein verhindert die Weltflucht des Christen, wie sie bei einer derartig negativen Beurteilung der Welt nahegelegen hätte und vom Mönchtum und bestimmten Gruppen der Schwärmer und später vom Pietismus durchgeführt worden ist. Bei Luther entbindet es leidenschaftliche Impulse zum Handeln *in dieser Welt,* aber es gestaltet dieses Handeln zum Dienst im Gehorsam gegen Gottes Willen und Ziel. Auf dieser Grundlage entsteht jenes Ethos, das eine neue Epoche in der Geschichte der Ethik herausgeführt hat und das Holl mehrfach in lebendigen Farben schildert. Er sieht die Paradoxie, die darin besteht, daß gerade die vollständige Bindung an Gott den Menschen zur höchsten Freiheit von der Welt führt[34].

---

[30] Das Wort Alleinwirksamkeit ist, soviel ich sehe, von Holl in die deutsche Sprache eingeführt worden.

[31] I, 141

[32] III, 567; I, 141; 207; 419. Besonders eindrucksvoll, allerdings ohne Beziehung auf Luther, ist das entwickelt von Paul Althaus in: Die Krisis der Ethik und das Evangelium, 1926, 22 f.

[33] I, 206; 223 f.; vgl. die Zusammenstellung im Sachverzeichnis I, 589.

[34] Die von Holl aufgezeigte paradoxe Wirkung des christlichen Ethos könnte religions- und kulturgeschichtlich ausgeweitet werden. Die christlichen Völker sind zweifellos diejenigen, die am stärksten von dem Bewußtsein, gegen den Allmächtigen kein Recht und keine Macht zu haben, geprägt wurden. Eben

Dieses Freiheitsgefühl als Werkzeugbewußtsein reift in den Jahren nach dem Thesenanschlag zu jener »sittlichen Autonomie höchsten Stils« (I, 227). Holl hat außerdem mit Nachdruck einen Zug in Luthers Ethos betont, der sehr bald schon durch Melanchthon verdrängt worden ist: *das ist das Schöpferische im christlichen Handeln.* Es ist dies im Grunde nichts anderes als die positive Fassung dessen, was Luther als Freiheit vom Gesetz bezeichnet. Insofern ist die lutherische Ethik am meisten aller Heteronomie entgegengesetzt. Melanchthon ist diese Art Freiheit immer unheimlich gewesen, und er hat deshalb alle christliche Ethik an den Dekalog gebunden. Holl zeigt, daß Luther damit die Gedanken vorweggenommen hat, die später als originelle Ideen Pascals und Nietzsches angesehen wurden. Luther erneuert damit nur die paulinische Idee der Geistesethik gegenüber aller Gesetzesmoral. So hat Luther wieder Ernst gemacht mit dem urchristlichen Gedanken, daß jeder Christ

»*sich selbst im Besitz des Heiligen Geistes fühlen dürfe.*« (I, 219)

Das schließt auch die Freiheit von jeder Autorität ein, von der kirchlichen sowohl wie von jeder anderen überhaupt, die Bibel nicht ausgeschlossen. Hier wirkt Luthers ethische Haltung revolutionär, und keine irenische Geschichtsbetrachtung darf diesen Charakter in

diese christlichen Völker haben eine in der ganzen Religions- und Kulturgeschichte so nicht gekannte Gewalt in der Zerstörung aller äußeren religiösen Bindungen geübt. Dies fängt damit an, daß ein Fülle von Ideen und Praktiken, welche unter den Religionen der Mittelmeerwelt als fromm und religiös galten, vom Christentum in den Bereich niederen Aberglaubens herabgedrückt worden sind. Es äußert sich auch darin, daß die Germanen das Christentum als Befreiung von unendlich düsteren Banden und Bindungen empfunden haben.

Um ein Beispiel zu nehmen: Wenn man von einigen dunklen und unsicheren Nachrichten über geheime Handlungen alexandrinischer Gelehrter absieht, ist einzig und allein im Christentum die innere Freiheit zu der medizinisch unentbehrlichen Sektion von Leichen gefunden worden.

Die modernen Betrachtungen bilden sich ein, als ob diese vom Christentum errungene Freiheit von abergläubischen Bindungen an Naturgewalten der Menschheit erhalten bleiben könnte, auch wenn der christliche Glauben untergegangen sein würde. Demgegenüber hat Holls Hinweis auf die Paradoxie des reformatorischen Ethos die Bedeutung, daran zu erinnern, daß allein das reformatorische Christentum eine zugleich dem Evangelium und der Humanität gemäße Gestaltung des Verhältnisses von Kultur und Religion zu finden vermag.

»So vollzieht sich im Menschen etwas, was wie ein innerer Widerspruch, wie ein Wunder erscheint und doch Wahrheit ist: daß Gott kraft seiner schöpferischen *Allmacht* etwas *Freies,* ein sich *von selbst* ihm zuwendendes Wollen in dem Menschen hervorbringt«. (I, 207)

Luthers Ethik abschwächen oder verwischen[35]. Mit ihr ist ein Zeitalter in den Grundfesten seines geistigen Seins zerbrochen worden. Das ist ein Vorgang, der nicht wieder rückgängig gemacht werden kann. Freilich hat Luther damit eine Kettenreaktion ausgelöst, die er weder gewollt hat noch voraussehen konnte[36]. Aber es ist töricht, angesichts der negativ-zerstörerischen Auswirkungen dieses Prinzips der Autonomie und Autoritätsverneinung in den der Reformation folgenden Jahrhunderten die radikale Sprengkraft der ethischen Ideen Luthers zu verkennen oder zu verschweigen. Der Ursprung für diese Entwicklung ist nicht die Entfesselung individueller Willkür, sondern letztlich das Grundprinzip der Ethik Jesu und des Paulinismus gewesen. Aber ebenso bleibt jede Betrachtung einseitig, die verkennt, wie diese Freiheit bei Luther im Gottesverhältnis der Rechtfertigungslehre eine viel tiefergreifende und mehr verpflichtende Bindung zur Voraussetzung hat, als es menschlich-irdische Beziehungen je ermöglichen könnten. *Daher ist für ihn die größte nur denkbare Freiheit mit dem vorbehaltlosen Gehorsam verbunden.* Es ist ein und derselbe göttliche Wille, der den Rechtfertigungsakt vollzieht und den Gerechtfertigten zum Handeln ruft. Das passiv-leidentliche und das spontan-aktive Moment menschlich-geistiger Lebendigkeit sind so zur Einheit miteinander verbunden, daß der Mensch sich als Werkzeug des göttlichen Willens fühlt. Eben diese Selbstempfindung hat Luther und Calvin und die von reformatorischer Frömmigkeit beseelten Gestalten in ihrem Handeln bestimmt.

Damit ist auch der Übergang gefunden zur Sozialethik. Denn der Wille Gottes ist keine abstrakte Größe, aus der das jeweils zu Tuende deduziert werden könnte, und ebensowenig ein von außen kommender Anspruch, dem der Einzelne sich widerspruchslos zu beugen hat, sondern er liegt vor in konkreten Gegebenheiten, die den Einzelnen in ein größeres Gesamtleben einordnen und ihm auf diesem Grunde Möglichkeiten als freie Bewährung des Gehorsams eröffnen. Es ist die Gefahr aller heroischen, mit absoluten Maßstäben arbeitenden Ethik, daß sie die Wirklichkeit überfliegt und den niemals ganz überwindbaren peinlichen Erdenrest ignoriert. Gegen Luther wird man diesen Vorwurf nicht erheben können. Gerade in

---

[35] In diesem Zusammenhang kann auf die Arbeit von Hayo Gerdes, Luthers Streit mit den Schwärmern um das rechte Verständnis des Gesetzes Mose, Göttingen 1955 verwiesen werden, in der über die Entstehung dieser ethischen Gedanken bei Luther Wesentliches entwickelt wird.

[36] Immerhin ist ihm eine Ahnung aufgedämmert an der sich plötzlich zeigenden Härte der Wittenberger Bevölkerung gegenüber seiner Predigt.

der Erbsündenlehre besaß er das Korrektiv, das ihn vor wirklichkeitsfremder Überschätzung des Menschen bewahrte. Niemand als Luther hat nachdrücklicher betont, daß der Christ ein Werdender bleibt. Damit findet ein wesentlicher Zug seiner Rechtfertigungslehre seine Fortsetzung in der Ethik. Er kennt also eine Form der Selbsterziehung, in welcher die Antriebe seiner Mönchszeit auf den Christen in der Welt übertragen sind. Aber diese Gestalt der Askese ist durch die Beseitigung des Verdienstgedankens nicht mehr Selbstzweck, und ihre Aufgabe ist nicht so sehr negativ die Unterdrückung der bösen Regungen, als die »Schulung des sittlichen Urteilsvermögens« (I, 229) und der eigenen Charakterbildung. Ihre eigentliche Aufgabe aber ergibt sich erst aus der Beziehung auf die Gemeinschaft. Wertvoller als alle selbstgewählte Willensschulung, bei der das dem Einzelnen Ansprechende sich u. U. unbewußt anbietet, ist die Erziehung, die das Leben selbst vornimmt. Hier in den mannigfachen Beziehungen und Gelegenheiten des Alltags können sich Glauben und Gehorsam des Christen bewähren und zur Verinnerlichung und Selbstüberwindung dienen. Dies alles läßt sich zusammenfassen in der Forderung Luthers, daß der Christ sich zu der ihm von Gott bestimmten Freiheit erziehen müsse. Es ist deutlich, daß damit die denkbar höchste Aktivität vom Menschen gefordert wird und daß der Vorwurf des Quietismus jedenfalls Luther gegenüber nur aus Unkenntnis oder mangelndem Verständnis erhoben werden kann.

4. *Naturrecht oder christliches Liebesgebot?*

Holl zeigt weiter, daß Luthers Ethos eine im höchsten Maße gemeinschaftsgestaltende und prägende ethische Potenz darstellt, von welcher die tiefsten und wirksamsten Impulse in der Geschichte auf alle Sozialbindungen in der Gesellschaft ausgegangen sind. Mit diesem Blick auf die Gemeinschaft tut sich in Holls Verständnis der Ethik Luthers eine neue Paradoxie auf insofern, als sie Persönlichkeits- und Gemeinschaftsethik zugleich ist. Als eine »Autonomie höheren Stils« und eine ganz auf das Gewissen gestellte Größe erweist sie sich als *Persönlichkeitsethik,* deren eigentümliche Kraft sich in der Energie zeigt, wie sie im 16. und 17., teilweise auch im 18. Jahrhundert scharf profilierte, charaktervolle Persönlichkeiten hervorbringt als Fürsten, Denker und Künstler. Indem sie den Weg zu Gott durch den Tod für jeden einzelnen als die letzte ethische Daseinsdeutung aufweist, ist sie schon in dieser Gewissenswurzel höchster Individualismus. Aber zugleich ist sie als eine eben dadurch das gemeinsame Leben gesund haltende Macht *Gemeinschaftsethik*, in der alle großen charitativen und sozialen Bewegungen ihre Wurzeln haben. Man kann in den ethischen Systemen seit dem 16. Jahrhundert diese unausgeglichenen Spannungen zwischen den auf das gemeinsame Wesen gerichteten utilistischen und den auf die Vollkommenheit der Persönlichkeit gerichteten individualistischen ethischen Systeme verfolgen. Dabei erscheinen die utilistischen Entwürfe als die profanierte Form der mittelalterlichen Sozialtheorien über Staat und Kirche, die individualistischen als die säkularisierte Gestalt der mönchisch-mystischen Ethik. Man wird aber vergeblich nach einem Ethiker vor Luther suchen, bei dem eine vertiefte Persönlichkeitsethik und eine Gemeinschaftsethik mit derart dynamischer Kraft sich zur Einheit einer geschlossenen sittlichen Gesamtanschauung miteinander verbinden. Bei Luther sind beide so gekoppelt, daß sie sich gegenseitig revolutionieren[37].

Das Problem der lutherischen Sozialethik entstand in dem Augenblick, als das Ritschlsche Bündnis von Luthertum und moderner Kultur zerbrach und damit jene Gestalt des Kulturprotestantismus sich auflöste, welche Theologie und Kirche im Zeitalter des Bismarck-Reiches beherrscht hat. Der Vollstrecker dieser Scheidung war Ernst Troeltsch. Nach seiner Meinung hatte Ritschl den lutherischen Alt-Protestantismus erheblich modernisiert und die neuzeitliche Welt einseitig und etwas gewaltsam auf die Reformation bezogen und

---

[37] Dieser Hinweis enthält die Antwort auf Hermann Fischers Behauptung in seinem Aufsatz »Luther und seine Reformation in der Sicht Ernst Troeltschs«, NZsystTh, 1963, 158 ff., man finde im 16. und 17. Jahrhundert niemals Luther zitiert, und damit sei der Nachweis dafür geliefert, daß von einem Einfluß der Gedanken Luthers auf die Geistes- und Sozialgeschichte der folgenden Jahrhunderte nicht die Rede sein könne. Gleichwohl sind nicht nur indirekte Beziehungen Luthers in der geistigen Welt Englands nachweisbar, sondern durchaus auch direkte und unmittelbare, wie z. B. die Begegnung John Bunyans mit Luthers großem Galaterkommentar von 1535 in englischer Übersetzung; vgl. Walter Nigg, Des Pilgers Wiederkehr 1954, Fischer-Taschenbuchausgabe 1958, 41 f.; sowie Bunyans Autobiographie: »Grace abounding« in der Übersetzung von Emanuel Hirsch: Überreiche Gnade für der Sünder Größesten, 1966, 15, 68 und 167. Die 1575 erschienene erste englische Übersetzung dieser Lutherschrift hat bis 1635, also in 60 Jahren, nicht weniger als drei Nachdrucke erlebt. Daß Luthers Schriften auch im 18. Jahrhundert in England verbreitet waren und gelesen wurden, bestätigt John Wesleys berühmte Bekehrung 1738 durch die Lektüre von Luthers Vorrede zum Römerbrief. Es scheint, als habe Fischer mit seiner Behauptung einen Staatsmann und Philosophen mit einem Theologieprofessor des 19. oder 20. Jahrhunderts verwechselt.

aus ihr abgeleitet. Die geschichtliche Wirklichkeit bot nach seinen Analysen ein anderes Bild. Bei einer Prüfung der Ritschlschen Deutung

> »wurde klar, daß hier von beiden Seiten her Angleichungen vollzogen waren, die der Sachlage nicht entsprachen und die den wirklichen Gegensatz nicht voll zur Geltung kommen ließen«. (Troeltsch Ges. Schr. I, VII)

Dieser Gegensatz zwischen der religiösen Ideenwelt des christlichen Glaubens und den rein diesseitig orientierten irdischen Sozialschöpfungen ist Troeltschs eigentliches Thema in all seinen mannigfaltigen und umfangreichen ethischen Untersuchungen geblieben. Das gibt seiner Darstellung der Geschichte der Ethik einen pessimistisch-skeptischen Zug, welcher der Lebensmöglichkeit des Christentums in der modernen Welt keine große Chance mehr zugesteht. Lebhaft empfindet er die Diskrepanz zwischen der radikalen Liebesethik der Bergpredigt und der unter entgegengesetzten Gesetzen stehenden profanen Welt des politisch-wirtschaftlich-kulturellen Lebens der Gegenwart. Es ist die »Polarität der religiösen und humanen Sittlichkeit« (II, 658), die ihn beunruhigt.

> »Hier an diesem Punkt liegt die eigentliche Krise des modernen Christentums, neben der die dogmatischen Liberalismen nicht allzu bedeutend sind oder von der sie lediglich die Reflexe sind.« (Troeltsch II, 657)

Aber trotz dieser Skepsis gehört Troeltsch im Grunde doch noch zum Typus der durch Ritschl repräsentierten Theologie. Man könnte ihn als verlorenen Sohn unter den Ritschlianern bezeichnen. Denn er teilt mit dem Meister und den andern Jüngern die Vorstellung von einer gleichen Ebene für beide Formen der Sittlichkeit, der christlich-religiösen und der human-weltlichen. Nur unterscheidet er sich durch die Einsicht in die Unmöglichkeit einer wirklichen Verbindung dieser beiden Größen. Die Ritschlsche Synthese von Luthertum und Welt des 19. Jahrhunderts wird von ihm als trügerischer Schein durchschaut, aber dennoch enden seine Bemühungen wieder bei der Schaffung einer »Kultursynthese«, wie der von ihm selbst geprägte Begriff lautet, in der das christliche Ethos als ein sinngebendes Moment miteingeschlossen werden soll. Man darf es wohl so ausdrükken, daß Troeltsch sich grundsätzlich nur ein immanentes Ethos und dementsprechend eine innerweltliche Verbindung von Humanität und christlicher Sittlichkeit vorstellen kann. Die dafür von ihm geprägte Formel lautet »Kompromißethik«. Im Grunde genommen ist das die Leitidee seiner ethischen Gedankenbildungen geblieben durch alle Phasen seiner Entwicklung. Von der Auswirkung der Entdeckungen von Johannes Weiß und Albert Schweitzer über den eschatologischen Charakter der Verkündigung Jesu und des Urchristentums ist bei ihm noch nichts zu spüren. Deshalb leidet er unter der Undurchführbarkeit einer Vereinigung »religiöser« und »innerweltlicher Zwecke«. Eine Harmonie beider Größen in gegenseitiger Ergänzung und Durchdringung hier in dieser Welt bleibt sein Ideal, weil er sich nur auf dieser Grundlage ein Weltverhältnis des Christentums vorstellen kann und unter diesem Gesichtspunkt die Epochen der Kirchen- und Theologiegeschichte analysiert. Diese Voraussetzung hindert ihn daran, die Unvereinbarkeit von christlicher und humaner Ethik, von Reich Gottes und staatlich-politischer Wirklichkeit auf der innerweltlichen Ebene in dem von ihm angestrebten Sinne zu erkennen.

Erst die Dialektische Theologie nach dem 1. Weltkrieg übernimmt die eschatologische Deutung des Christentums als Grundaxiom alles theologischen Denkens und zieht unbedenklich und entschlossen die Konsequenzen aus dieser Einsicht, indem sie jede Art von Verbindung des Evangeliums mit Werten, Größen und Zwecken dieser Welt radikal verneint und leidenschaftlich ächtet. Statt »Kompromiß« wird nun das göttliche »Gericht« der Leitgedanke, aus dem die schärfste Kulturkritik entwickelt und jedes Arrangement des Christentums mit der Welt als Sünde wider den heiligen Geist verdammt wird. Der Kulturprotestantismus wird als der Übel größtes verurteilt, und die Ethik erscheint als »die große Störung«[38].

---

[38] Karl Barth, Römerbrief, 1926, 410 ff. Es ist hier davon abgesehen, daß die Dialektische Theologie in ihren Anfängen eine Art unterirdischer Synthese mit dem radikalen Sozialismus als Vorreiter des eschatologischen Gerichts vollzogen hat. Bei der neuen Fassung, welche die Sozialethik der Dialektischen Theologie durch die Aufnahme der Idee von der Königsherrschaft Christi über Staat und Gesellschaft gefunden hat, fällt das Wahrheitsmoment der eschatologischen Betrachtung freilich wieder fort. Ich habe daher bei der Beziehung auf die Dialektische Theologie diejenige der Zwanziger Jahre ins Auge gefaßt und von der Verfälschung der Eschatologie durch die Königsherrschaft Jesu Christi, einem der zahllosen Abfälle von Barths ursprünglichem Programm, erstmalig ausgesprochen in: Rechtfertigung und Recht 1938, jetzt »Eine Schweizer Stimme«, 1945, 13 ff. abgesehen. Es muß aber festgestellt werden, daß damit das Ursprüngliche des eschatologischen Ansatzes preisgegeben ist und daß die Dialektischen Theologen wieder Anhänger einer Kultursynthese werden, welche sich von der Troeltsch'schen nur so unterscheidet, daß im Verhältnis von Christentum und Kultur bei diesem noch Reste der Gleichberechtigung bewahrt sind, daß dagegen in der neueren Dialektischen Theologie die Kultur die Stellung einer versklavten Ehefrau nach altorientalischem Recht einnehmen müßte.

Vom Gesichtspunkt Troeltschs aus gesehen bildet die Geschichte der Ethik dann nichts Anderes als eine Kette von Kompromißlösungen, denen auch die reformatorische Ethik eingeordnet wird. Das Wahrheitsmoment einer folgerichtigen und auf unterirdische illegitime Verbindungen verzichtenden eschatologischen Betrachtung dagegen zeigt, daß es sich beim Reich Gottes um etwas wesensmäßig Anderes handelt als das, was sich im irdisch-humanen Bereich vollzieht. Im Reich Gottes »werden sie nicht freien noch sich freien lassen, sondern sie sind wie die Engel im Himmel« (Marc. 12, 25) d. h. es gibt noch etwas Höheres und Größeres als die Ehe. Aber schon in dieser Welt gilt, daß »das Reich Gottes nicht Essen und Trinken ist, sondern Gerechtigkeit und Friede und Freude in dem heiligen Geist« (Römer 14, 17); und Johannes läßt Jesus dem Pilatus erwidern: »Mein Reich ist nicht von dieser Welt« (Joh. 18, 36). Eindeutig und klar hat Althaus das ausgedrückt: »Das Reich Gottes, wie Jesus es verkündigt und in seinem Handeln offenbart hat, ist ein Jenseits aller rechtlichen, politischen, wirtschaftlichen Ordnungen, die in der Welt gelten.« (Der Geist der lutherischen Ethik im augsburgischen Bekenntnis, 1931, 36) M. a. W.: Troeltsch hat die eigentümliche Dialektik dieses Begriffs schon bei Jesus und im Urchristentum nicht wahrgenommen, indem er das auf das Ewige bezogene eschatologische Moment übersah. Die Dialektische Theologie bedeutet demgegenüber schwerlich einen Fortschritt, wenn sie nunmehr andererseits blind ist für die vorhandene Wirklichkeit des Reiches Gottes und seine verborgene Gegenwart im Verlauf der irdischen Geschichte. Sie fällt damit in den umgekehrten Fehler, indem sie auf Grund eines abstrakt konstruierten Gegensatzes von Zeit und Ewigkeit es zu einer rein transzendenten Größe verflüchtigt. Luthers Größe besteht darin, daß er die wahre Eigenart des Reiches Gottes klar erkannt und dementsprechend dessen Verhältnis zur Welt und ihren Gemeinschaften und Zwecken bestimmt hat.

Es ist die Bedeutung von Holls Aufsatz über den »Neubau der Sittlichkeit«, daß er dieser Größe Luthers gerecht zu werden versucht. Dabei ist es sein Bemühen, die verkehrte Einseitigkeit von Troeltsch ans Licht treten zu lassen und ihr Luthers wahre eigentliche Gedanken entgegenzustellen. Deshalb stehen seine Ausführungen über Luthers Ethik im engsten Zusammenhang mit denen über Luthers Kirchenbegriff. Die unsichtbare Kirche als das in den Herzen und Gewissen der Gläubigen lebende Gottesreich und die geschaffene Welt mit ihren irdischen Gemeinschaftsbildungen und Lebensmächten sind die beiden Größen, die bei Luther in Beziehung zueinander treten. Und das so entstehende Verhältnis zwischen beiden ist weder eine Kombination rein innerweltlicher Potenzen, noch eine Auslöschung des Humanen, sondern eine in einer letzten überweltlichen Einheit zusammengefaßte Spannung, welche die menschlich-geschichtlichen Gemeinschaftsbildungen mit einer Gesinnung beseelt, die ihre letzten Wurzeln in einem Jenseits davon besitzt.

So eindeutig und klar im Grunde genommen Luthers Gedanken über diese Dinge sind und so deutlich und unmißverständlich Holl sie wiedergegeben hat, so schwierig ist es für die Theologen in der Folgezeit geworden, sich diese Einsichten anzueignen. Nicht mit Unrecht hat deshalb ein Nichttheologe diesen Problemkreis einen »Irrgarten«[39] genannt. In der gängigen Schultheologie wird er im allgemeinen unter dem Thema der sogenannten »Zwei-Reich-Lehre« abgehandelt. Verbunden damit ist eine Frage, die bis auf den heutigen Tag ihre endgültige Erledigung nicht gefunden hat. Es ist die *nach Geltung und Bedeutung des Naturrechts bei Luther*.

Ausgelöst wurde diese Auseinandersetzung durch einen Aufsatz des französischen Theologen Eugène Ehrhardt unter dem Titel »La notion du droit naturel chez Luther«, 1901, der analog einer Unterscheidung von allgemeiner und besonderer Offenbarung einen entsprechenden Dualismus auch auf ethischem Gebiet konstatierte und zwischen dem Naturrecht als Inbegriff und Quelle aller sozialen Ordnung und Sittlichkeit einerseits und einem jenseits davon liegenden Spiritualismus des Evangeliums andererseits unterschieden hatte. Troeltsch griff diesen Gedanken auf und machte ihn zur Grundlage seiner Konstruktion der Geschichte der Ethik. Für ihn wird das Naturrecht zugleich auch das verbindende Element zwischen christlicher und humaner Ethik. So wird die lex naturae nach ihm auch für Luther die Größe, die Bergpredigt und Weltleben miteinander verbindet. Das Problem entsteht dadurch, daß die radikale christliche Liebesethik in der Breite einer alle umfassenden Volkskirche verwirklicht werden soll. Die Lösung findet Luther angeblich so, daß er an Stelle der für die Massen der Volkskirche unbrauchbare Bergpredigt den Dekalog als Ausdruck und Zusammenfassung des natürlichen Sittengesetzes proklamiert habe. Dabei sind die beiden Tafeln so unterschieden und aufeinander bezogen, daß die Gebote der Nächstenliebe erst aus dem religiösen Geist der Glaubenszuversicht und der Gottverbundenheit der 1. Tafel d. h. durch die in reformato-

---

[39] Johannes Heckel, Im Irrgarten der Zwei-Reiche-Lehre. Theol. Existenz heute, 1957, 1.

rischer Terminologie als motus spirituales bezeichneten Kräfte ihre wahre Erfüllung finden. Als von Gott geschaffene »Natur« d. h. als »die vom Naturgesetz bewirkte politisch-soziale Ordnung« (Troeltsch, Ges. Schr. I, 504) erscheint dann die ganze vorgefundene Gesellschaftsordnung des damaligen Territorialstaates mit ihrer ständischen Gliederung und fürstlichen Autorität. Dieser Ordnung gegenüber geziemt dem lutherischen Christen nichts anderes als »ergebungsselige Demut« (a. a. O., 505), »reiner Gehorsam« und »bloßes Dulden« (a. a. O., 506); während jede Kritik des Bestehenden, erst recht jede Änderung der bestehenden Verhältnisse, und vollends jede Revolution auf das schärfste verurteilt werden. Die bestehende staatlich-gesellschaftliche Ordnung hat der Christ nach Troeltschs Deutung hinzunehmen als etwas Unabänderliches wie Wind und Wetter. Das Stichwort, mit dem er diese lutherische Sozialtheorie charakterisiert und das dann eine folgenschwere Wirkung gezeitigt hat, ist das der »Gewaltverherrlichung« (a.a.O., 532, 534, 536). Es ist ein konservativ-autoritärer Patriarchalismus, der sich daraus entwickelt hat und der, das ist der schwere Vorwurf, hier mehr oder weniger unausgesprochen dahinter steht, das deutsche Volk in diesem Sinne erzogen hat.

»Das Ergebnis ist so schließlich eine furchtbare Armut an Geist und Gedanken, die gegen die katholischen und calvinistischen Sozialllehren sehr stark absticht, und es ist nicht zu verwundern, wenn sie im 18. Jahrhundert gegenüber der ganz neuen westlichen Gedankenwelt theoretisch zusammenbrachen«. (a.a.O., 555)[40]

Hier hat Troeltsch ein anderes Stichwort geliefert, mit dem dann die Situation nach dem 1. Weltkrieg gedeutet und das Luthertum für die Katastrophe verantwortlich gemacht wurde. Unter dem Titel »Der Zusammenbruch des Luthertums als Sozialgestaltung« hat Georg Wünsch 1921 das des Näheren ausgeführt. Selbstverständlich haben dieselben Gedanken dann nach 1945 ihre zu erwartende Neubelebung gefunden und werden unbekümmert um die geschichtliche Wirklichkeit und die Ergebnisse der historischen Forschung unter Abstreifung der bei Wünsch vorliegenden sozialistischen Tendenz nunmehr den englisch-amerikanischen Soziallehren gegenüber abgewertet. Kennzeichen dieser antilutherischen westlichen Soziallehren ist die Wiederaufnahme der von Luther verworfenen Kreuzzugsidee. Diese historischen Erinnerungen sind nötig, um klarzumachen,

---

[40] Vgl. meine Auseinandersetzung mit Troeltsch in diesem Punkt in: Neige des Historismus, 118 ff., besonders 132 ff.

gegen welch eine Front trotz wechselnder Bewegung Holl die Lehre Luthers entwickeln mußte, und um aufzuzeigen, warum Luthers Gedanken solchen Widerstand gefunden haben.

Sollte Troeltschs Lutherinterpretation widerlegt werden, so mußte man ihren Grundgedanken und tragenden Leitbegriff des *Naturrechts* einer kritischen Analyse unterziehen[41]. Holls Darstellung ist selbstverständlich nicht auf eine derartige Aufgabe beschränkt, sondern auf eine umfassende Erhebung der Gedanken Luthers abgestellt. Aber aus ihrer positiven Zielsetzung ergibt sich zwangsläufig, daß die ungeheuerliche Haß-Auslegung von Troeltsch angesichts der Quellen als solche erwiesen werden mußte. Dementsprechend vollzieht sich durch den ganzen Lutherband in den Fußnoten eine leidenschaftliche Auseinandersetzung mit Troeltsch hindurch. Denn Holl sah voll Sorge die folgenschweren Auswirkungen von Troeltschs Lutherbild in dem Chaos des deutschen Zusammenbruchs nach dem 1. Weltkrieg. Er schrieb nicht nur amore et studio elucidandae veritatis, sondern weil er Schäden im allgemein geistigen und politischen Raum für Deutschland befürchtete. Denn er sah im Weltkrieg für Deutschland in erster Linie nicht einen machtpolitischen Kampf, sondern eine geistig-seelische Auseinandersetzung. Bezeichnend dafür sind die handschriftlichen Zusätze in seinem Aufsatz über »Die Bedeutung der großen Kriege für das kirchliche Leben innerhalb des deutschen Protestantismus« 1917 (III, 302 ff.), wo es heißt:

> »Denn wir kämpfen nicht nur um unser äußeres, sondern zugleich um unser sittliches Dasein in der Welt. Wir kämpfen um unsere Seele«. (III, 302²)

Daher die Schärfe der Polemik gegen Troeltsch[42].

Der von Holl gegen Troeltsch in bezug auf das Naturrecht erhobene Vorwurf ist die mangelnde Eindeutigkeit der Verwendung dieses Begriffs[43]. Holl hat damit das wesentliche Gebrechen bei Troeltsch erkannt[44]. Der Fehler liegt darin, daß Troeltsch den

---

[41] Die Frage nach der Bedeutung des Naturrechts bei Luther ist inzwischen lebhaft weitergeführt worden, ohne daß bisher ein klares Ergebnis gewonnen werden konnte. An Literatur nenne ich Georg Wünsch, Evangelische Ethik des Politischen, 1936, 129—138; Franz Lau, ›Äußerliche Ordnung‹ und ›Weltlich Ding‹ in Luthers Theologie, 1933, 33 f.; Johannes Heckel, Lex charitatis, 1953; dazu die Stellungnahme von Paul Althaus in ThLZ 1956, Sp. 129 ff.; vgl. auch: Die Ethik Martin Luthers, 1965, 49 ff.

[42] I, 262 [43] I, 243² f. [44] Die Forderung Laus, »Äußerliche Ordnung und weltlich Ding bei Luther«, 1933, 33¹, Holl hätte sich nicht sofort mit Troeltsch, sondern zunächst mit Ehrhardt auseinandersetzen müssen, verkennt, daß es Holl in erster Linie nicht um das Naturrecht geht, sondern um die

Naturrechtsbegriff trotz seiner Differenzierung in absolutes und relatives Naturrecht als eine inhaltlich bestimmte Größe versteht insofern, als aus dem moralisch-rechtlichen Bewußtsein des Menschen feste Normen erhoben werden können. Freilich vermeidet Troeltsch eine klar, eindeutige Definition dieser Art, denn er hat ein lebhaftes Gefühl für den Wandlungsreichtum dieser Idee. Aber für den aufmerksamen Leser ist doch unverkennbar, daß ein solcher Gedanken- und Wertzusammenhang für Troeltsch hinter diesem Begriff steht und daß er ihn nicht nur als Wesens-, sondern auch als Normbegriff verwendet, vielleicht unbewußt. Hier dürften auch die Wurzeln seiner Kritik am Luthertum liegen. Geistes- und kulturgeschichtlich gesehen, dürfte Troeltsch hier stark unter dem Einfluß westeuropäischer Ideen stehen. Sein Ziel nach dem Zusammenbruch von 1918 ist eine Regeneration unseres Volksgeistes durch westliche Ideen und Gesellschaftsformen, da die spezifisch deutschen Bankrott gemacht hätten. In seinem 1922 gehaltenen Vortrag über »Naturrecht und Humanität in der Weltpolitik« hat er mit aller wünschenswerten Offenheit das Notwendige gesagt und auch mit Kritik an den bisherigen deutschen Verhältnissen nicht gespart. Troeltsch sieht es als seine wissenschaftliche Lebensaufgabe an, hier die seiner Meinung nach notwendigen Korrekturen am deutschen Selbstbewußtsein durchzuführen und die westlichen Ideen in einer neuen »Kultursynthese« als belebendes Element einzuschmelzen.

»Schließlich und vor allem aber fordert die Aufgabe der Gewinnung einer gegenwärtigen Kultursynthese eine viel stärkere Rücksicht auf die großen politisch-ethischen Weltmächte des letzten Jahrhunderts, gerade auf die aus Naturrecht und Humanitätsidee hervorgegangenen Entwicklungen. Sie werden und müssen ihre Rolle spielen in dem Ideal einer zukünftigen Kultursynthese...« (Deutscher Geist und West-Europa, 23)

Ganz bezeichnend folgt dann wenige Zeilen weiter seine Absage an die idealistisch-romantische Geistigkeit und den realistischen Staatsgedanken Bismarcks, nachdem vorher die aus ersterem erwachsene deutsche Historie als »großenteils entgeistet und völlig relativistisch« bezeichnet wird. (22).

»Diese Dinge sind von unserer deutschen Historie unzweifelhaft vernachlässigt und mit übel angebrachter Antipathie behandelt worden, in der sich roman-

Überwindung der Wirkung eines völlig verzeichneten Lutherbildes. Hinzugefügt werden darf, daß in der lex-naturae-Diskussion neben Ehrhardt die Gebrüder Carlyle stehen, von denen Troeltsch abhängig ist und die er in der Literaturangabe seines Artikels über »Naturrecht« in der RGG[1] IV, 704 ausdrücklich erwähnt.

tische Überheblichkeit und Gewöhnung an preußisch-militärische Stützung der Ordnung wunderlich verbunden haben«. (a.a.O., 23)

Man muß dem jene bereits erwähnten handschriftlichen Zusätze Holls in dem Aufsatz über die großen Kriege entgegenstellen, um den unüberwindlichen Gegensatz zu erkennen, der beide Forscher von einander trennt[45]. Dieselben Anklagen wurden nach drei Kriegsjahren sogar aus der Mitte unseres eigenen Volkes erhoben, wie Holl im Jahre der Gedächtnisfeier der Reformation 1917 feststellt[46]. Und wenn in diesem Krieg das Christentum als die das Ganze tragende geistige Macht zusammengebrochen sei und versagt habe, so wird Luther dafür verantwortlich gemacht[47]. Die sittliche Vereinsamung, von der Holl in diesem Zusammenhang spricht, empfand auch Troeltsch, aber er zog eine andere Konsequenz daraus: er suchte den Anschluß an die westliche demokratisch-positivistische Ideenwelt und ersetzte somit die geistig-sittliche Selbstbehauptung des deutschen Geistes durch die Kapitulation vor den Idealen der westlichen Kultur. Nicht nur die Waffen der Feinde hatten gesiegt, sondern auch ihre Götter. Dann aber mußte dem deutschen Reformator Luther der Kampf angesagt werden, denn er war im Grunde verantwortlich für die ganze Entwicklung und für die Katastrophe[48].

Wenn daher jenes Naturrecht nach Troeltsch die Grundlage der lutherischen Soziallehren darstellt, so bedarf es näheren Zusehens, was Troeltsch selbst darunter versteht. Versucht man, seine verstreuten Aussagen zusammenzufassen, so wird man etwa folgendes sagen dürfen: Er sieht in ihm in der Aufnahme von Gedanken des Grotius, Lockes und Rousseaus die moralische Idee einer vollkommenen menschlichen Gesellschaft, welche in sich die Gleichheitsidee, Aufhebung aller Gewalt, Krieg, Sklaverei und dafür Regelung aller zwischenmenschlichen Beziehungen durch die sittlich gesetzgebende moralische Vernunft einschließt. Mit ihr soll eine neue moralische Ordnung der menschlichen Gesellschaft herbeigeführt werden. Demgegenüber hat Holl mit Luther geltend gemacht, daß ein derartiger Versuch, das Recht in dieser Weise zur Grundlage der menschlichen Gemeinschaft zu machen, praktisch undurchführbar bleiben muß. *Denn jedes Recht braucht einen Willen, der es exerziert.* Daher die Bedeutung der Begriffe »Amt« und »Person« bei Luther. Der Schritt

---

[45] III, 302²   [46] III, 147   [47] III, 148
[48] In dieser Haltung bestand Übereinstimmung zwischen Troeltsch, dem religiösen Sozialismus und der Dialektischen Theologie. Der liberalste Theologe war für sie alle tabu, weil sie darin einer Meinung mit ihm waren.

vom Rechtsgesetz zu seiner konkreten Anwendung stößt bei der Bewegtheit des Lebens immer wieder auf Fälle, für die es im Wortlaut des Buchstabens nicht stimmt. Es gibt nach Luther keine Ordnung, die man aus moralischen Prinzipien ableiten kann. *Wichtiger als das formelle Recht ist für ihn das »Regiment«, das die Ordnung richtig handhabt*[49]. Hier hat er als einziges gefordert, daß es stets unter der Forderung der Billigkeit (ἐπιείκεια) stehen muß. Daher ist die Praktizierung der Rechtsordnung, gleich von wem gehandhabt, immer auch Machtübung. Jede gerichtliche Strafe ist ohne Gewaltausübung in diesem Sinne nicht denkbar. Damit besitzen Krieg und Rechtsübung für Luther das gleiche Verhältnis zur Moral; denn die Rechtsübung zwingt Friedestörer im Innern, Krieg wehrt sie von außen ab. Das alles ist für Luthers Denken im strengen Sinne gegen die Moral. Denn diese fordert, daß ich mich an das Gewissen wende, Freiwilligkeit zum Guten aufrufe und auf Gegenwehr verzichte. Aber wenn die Moral allein regieren soll, so würden die Bösen überhandnehmen. Kurzum: *Recht ist für Luther verantwortliche Gewaltübung und nicht Moral*. Da Recht immer auch zwingender Wille ist, kommt ein Zweiklang in unser Handeln hinein. Als Träger der Rechtsidee sind wir Amtsträger, deren Aufgabe es ist, eine von Gott gesetzte menschliche Gemeinschaft am Leben zu erhalten. Und zugleich sind wir gerufen zur Verwirklichung der von der Bergpredigt uns auferlegten personhaften Moral, die das Liebesgebot erfüllt. Wirksam ist diese nur in der Art und Weise der Ausübung der Amtspflicht. Gerade damit hat Luther ein Ethos ermöglicht, das frei von Gesetzlichkeit alle ethischen Entscheidungen als aus dem Geist sich gebärend versteht. Troeltsch kann das nur so auffassen, daß Luther damit die Gewalt rechtfertige und auf diese Weise eine durch Naturrecht vernünftig geordnete Gesellschaft verneine. Damit ist für Troeltsch die Heiligkeit des Rechts zerstört; und diese Rohheit wird seiner Meinung nach nicht dadurch wiedergutgemacht, daß Luther eine überstiegene Bergpredigtmoral für den Bereich der persönlichen Innerlichkeit aufrichtet; denn er landet damit bei der berüchtigten

---

[49] Entsprechend formuliert Holl III, 153: »Für Luther gibt es noch keinen Staat, sondern nur Obrigkeiten und Fürsten«. Das hat auch Georg Wünsch bei aller Troeltsch-Verehrung empfunden, wenn er zwischen staatlicher Gewalt und ihrem Träger unterscheidet. Freilich will er nicht zugeben, daß diese Unterscheidung bei Luther eine Rolle spielt, während er doch anerkennt, daß Luther »eigentlich nicht Gewalt*verhältnisse* meint, sondern fast immer *Personen,* die die Herrschaft ausüben«. Ev. Ethik des Politischen, 1936, 128. Eine seltsame Unklarheit!

doppelten Moral. Wenn also für Luther Recht stets ein Regiment fordert und niemals Moral sein kann, dann empfindet Troeltsch das als Zersetzung einer demokratisch-idealen Ordnung. Man wird nach alledem wohl schwerlich leugnen können, daß damit bei Luther sowohl ein ehrlicherer Begriff des Rechtes vorliegt als auch ein reinerer Begriff vom Tun des Guten gemäß dem Gebot Jesu. Liest man von dieser Einsicht her Troeltschs ständige Polemik gegen die Soziallehren des Luthertums, so hat man den Eindruck, daß hier ein moralischer Kleinbürger gegen Fürstengewalt donnert.

Noch an einem andern Punkt widerspricht Holl mit Schärfe der Darstellung, die Troeltsch von der Verwendung des Naturrechts bei Luther gibt. Es handelt sich um *das Verhältnis von Vernunft und Liebe*. Holl leugnet nicht, daß Luther Begriffe wie »natürlich Gesetz« und »die Natur und ihr Gesetz« und ähnliche verwendet, und er sieht im Gewissen eine schöpferische Kraft, welche die Ordnungen des menschlichen Gemeinschaftslebens aus sich erzeugt. Dies ist das allen Menschen ins Herz geschriebene Gesetz, für das der Dekalog nur ein besonders treffender Ausdruck ist. Aber diese sozialen Bildungen sind sozusagen nur der Rohstoff, der auf eine tiefere Erfüllung wartet. Man könnte sagen, daß in der menschlichen Vernunft die potentielle Anlage für eine ethische Idealität steckt, die im Christentum ihre Erfüllung findet. Wenn Luther daher von Vernunft im Sinne eines natürlichen Gesetzes spricht oder Vernunft und Gewissen identifiziert, dann meint er diese, dem christlichen Liebesgebot geöffnete und durch diese bestimmte Vernunft und nicht eine abstrakte autonome rationale Größe. D. h. aber, *Luther hat eine christlich bestimmte Vernunft im Auge*[50]. Damit ist aber entgegen der Behauptung von Troeltsch nicht das Christliche auf eine natürliche Basis herunternivelliert, sondern

»*umgekehrt die Aussage des natürlichen Gewissens ins Christliche hinauf*«. (I, 247)

So legt das christliche Handeln in die immer schon vorhandene ethische Selbstregulierung noch etwas anderes hinein, was eben »von Natur aus« nicht darin steckt, wenn auch jede menschliche Gemeinschaftsbildung darauf angelegt ist: eben jene Liebe, die in Jesus Person geworden ist[51]. Holl hat dafür die Formel geprägt, daß auf diese Weise die Gesellschaftsordnung zwar *nicht verchristlicht,* wohl

---

[50] I, 247   [51] I, 471 f.

aber *versittlicht* werden solle[52]. Zwar hat Luther jede gewaltsame Änderung, also jede Revolution entschieden abgelehnt, aber er hat dafür einen Weg empfohlen, der eigentlich erst heute in seiner ganzen Tragweite erkannt ist: die Verhandlung und gegenseitige Verständigung. Das hatte er schon den streitenden Parteien im Bauernkrieg vorgeschlagen[53]. Damit macht Holl deutlich, daß in Luthers Vernunftbegriff etwas zusätzlich hineinfährt, wenn er das Wort im ethischen Sinn versteht: das christliche Liebesgebot. Nach außen zwar ist das Handeln des Christen unkenntlich und unterscheidet sich nicht vom Tun der Kinder der Welt, denn Liebe ist ihnen beiden geboten. Aber was Liebe letztlich und zutiefst ist, das wird nur in der Begegnung mit der göttlichen Liebe erfahren, die in Jesu Kreuzestod veranschaulicht, was Dienst und Hingabe sind. Eben deshalb betont Luther so stark den *religiösen Grund* aller Sittlichkeit und damit die Freiheit von aller gesetzlichen Regulierung des Daseins sowie die Rolle der »Person« gegenüber den »Werken«. Eine *nicht* durch das Erlebnis der christlichen Gottesgemeinschaft bestimmte profane Vernunft wird immer dazu neigen, das sittliche Handeln durch allgemeine Prinzipien und ihre Anwendung auf die gesellschaftliche Wirklichkeit zu regeln d. h. sie muß notwendig gesetzlich werden. In der lutherischen Ethik bleibt die natürliche Vernunft beschränkt auf die Erkenntnis der jeweils gegebenen Lage und die Erfassung des in dieser Lage Möglichen. Zu dieser Analyse der ethischen Situation tritt die christliche Liebe als ein schöpferisches Element d. h. ein Lauschen auf das von Gott jetzt und hier Gewollte. Daß diese Liebe schöpferisch ist, schließt nicht aus, daß sie Gehorsam ist gegenüber einem inwendigen Vernehmen und das so von Gott Gebotene wagt. Ein solches schöpferisches Wagnis ist nicht denkbar ohne das Risiko des Mißerfolgs. Gegen diese Seiten des lutherischen Ethos ist Troeltsch verschlossen gewesen, sie sind aber das Wesentliche, denn sie stellen nichts anderes dar als die Erneuerung der paulinischen gesetzesfreien Geistethik.

Holl drückt das so aus, daß er von zwei Beziehungspunkten spricht, an denen das sittliche Handeln nach Luther orientiert ist: die Liebe und die tatsächliche Beschaffenheit der Welt[54]. Auch der Begriff der »Billigkeit« (ἐπιείκεια) hat bei Luther diesen christlichen und nicht nur einen allgemeinen humanen Sinn[55]. Also nicht ein abstraktes Naturrecht, sei es der Vernunft, sei es der Bibel ent-

[52] I, 472; 266 [53] I, 267
[54] I, 282 [55] I, 264 f.

nommen, liefert die Norm, nach der die vorhandenen Sozialordnungen und das christliche Handeln beurteilt werden. Es ist eine lebendige, konkrete Größe, die den Maßstab dafür bildet: *die unsichtbare Kirche als die verborgene Gemeinschaft der Gläubigen im Glauben und in der Liebe* d. h. die Erneuerung der urchristlichen Idee des Reiches Gottes[56]. Kein theoretisches Prinzip oder abstraktes Gebot liegt Luthers sozialethischem Denken zugrunde, sondern ein anschauliches, schon vorhandenes Modell, das nicht erst konstruiert werden muß, sondern eine in der menschlich-geschichtlichen Wirklichkeit längst wirkende Größe ist. Sie ist als die »innerlichste Liebesgemeinschaft« (I, 251) das verwirklichte Ideal, das zugleich kritische Norm wird für alle außerreligiösen Sozialbildungen.

Und damit berühren wir einen weiteren Punkt, an dem Holl dem Entwurf Troeltschs widerspricht. Auch hier sind Troeltschs Behauptungen von folgenschwerer Bedeutung geworden. Es handelt sich um Troeltschs Erklärung, daß Luther nur eine starre, unveränderliche Gesellschaftsstruktur kenne, die er als gottgewollt und damit unwandelbar sanktioniert habe. Jede Umwandlung der vorhandenen Verhältnisse werde angeblich leidenschaftlich von ihm abgelehnt, dafür aber die ergebungsselige, demutsvolle Unterordnung unter die staatliche Autorität gefordert, und nur der widerspruchslose, höchstens leidende Gehorsam unter eine tyrannische Obrigkeit sei erlaubt. Damit sei das deutsche Volk zu jener politischen Abstinenz und Passivität erzogen worden, die sein Schicksal bestimmt hat, im Gegensatz zu den vom Calvinismus und Katholizismus in ihrer Mentalität geformten Völkern der angelsächsisch-romanischen Kulturwelt. Daneben stehen zwar Gemütstiefe und Innerlichkeit der lutherischen Frömmigkeit, aber diese ist damit eben weltabgewandt und politisch uninteressiert[57]. Es ist dann nur zu verständlich, daß das Luthertum dadurch keine Energie besitzt, sich politischen Fehlentwicklungen zu widersetzen.

>»Die Leidsamkeit des Luthertums bringt es mit sich, daß es der jeweils herrschenden Macht anheimfällt«. (I, 601)

Kaum eine der von Troeltsch erfundenen Thesen hat solchen Beifall gefunden und hat sich mit einer gleichen Hartnäckigkeit trotz aller Widerlegungen und sachlichen Richtigstellungen behaupten können wie diese. Denn mit ihr konnten wiederum Luther und das Luther-

---

[56] I, 251
[57] Troeltsch, Ges. Schr. I, 550

tum für politische Fehlentwicklungen verantwortlich gemacht werden.

Holl weist nach, daß diese angebliche »Ergebungsseligkeit« und das resignierte Sichabfinden mit den gegebenen Verhältnissen eine Erfindung von Troeltsch ist, die das Gegenteil dessen behauptet, was Luther in Wahrheit vertritt. Schon seine ungemein vielseitige und ausgedehnte Schriftstellerei auf sozialethischem Gebiet und seine umfassenden Vorschläge für die Reform der Gesellschaft sollten eine derartige These verhindert haben. Luther hat nicht nur am Bestehenden schärfste Kritik geübt — man denke nur an sein Verhältnis zur größten und mächtigsten Sozialbildung seiner Zeit, der römischen Kirche! —, sondern er hat auch positive Anregungen gegeben für die Umgestaltung und Weiterbildung der vorhandenen Verhältnisse im Sinne der christlichen Liebe. Holl zeigt, daß bei Luther eine Spannung besteht zwischen dem eigentlich von Gott Gewollten und dessen Verwirklichung im menschlich-geschichtlichen Leben[58]. Luther weiß nur zu gut und besser als die Schwärmer, daß sich aus dem Evangelium keine unmittelbaren Regeln zur Ordnung der Gesellschaft ableiten lassen; aber er ist auch keineswegs blind für die Unzulänglichkeiten und Gebrechen der bestehenden sozialen Ordnung. Und er begnügt sich nicht damit, Mängel aufzuweisen und Verbesserungsvorschläge zu geben, sondern er fordert, daß die Gestalten des sozialen Lebens mit der vollkommenen Liebesgemeinschaft in Beziehung gesetzt werden können; m. a. W. *er fordert, daß alles sittliche Handeln Dienst sein müsse zu Nutz und Segen des Nächsten.* In diesem Sinne hat Luther von jedem Beruf gefordert und ihn danach beurteilt, ob er »aus dem Gesetz der Liebe quillet« (WA 19, 657, 26; vgl. I, 251²). Deshalb hat er in der Berufsarbeit die Erfüllung des göttlichen Liebesgebotes gesehen[59]. Es trifft also nicht zu, daß Luther vom Christen gefordert hätte, sich widerspruchslos in die empirisch vorhandene Sozialgestaltung zu fügen wie in das Wetter, auf daß er auch keinen Einfluß habe, wie Troeltsch das behauptet hatte[60]. Demgegenüber muß Holl in der Darlegung darüber, wie Luther die christliche Sittlichkeit und das Weltleben miteinander verbindet, feststellen:

> »daß der Gedanke, Luther hätte die Ordnungen des Weltlebens als ein ›Naturgesetz‹ betrachtet, das der Christ wie Wind und Wetter hinnehmen müßte, von seiner wirklichen Anschauung sich so weit wie möglich entfernt.« (I, 281 f.)

[58] I, 251 [59] I, 260 [60] Troeltsch Ges. Schr. I, 492

Ganz im Gegenteil sind diese Ordnungen für ihn wandelbare, fortbildungsfähige Einrichtungen, die der Kritik und der entsprechenden Umgestaltung nach den Forderungen der christlichen Liebespflicht unterworfen sind.

Damit bestätigt sich für den ethischen Bereich, was Holl bereits für den religiösen grundlegend festgestellt hatte, daß Luthers Glaube in seinem ganzen Umfang als Gewissensreligion zu verstehen ist. Das Gewissen ist nicht nur der Ort, wo der Mensch Gottes Stimme vernimmt und wo ihn das Ewige trifft, es ist zugleich die Instanz, die sein Verhalten zur Welt bestimmt. Denn das christliche Gewissen — wohlgemerkt das *christliche* d. h. das die Erfahrung der göttlichen Anrede gemacht und in der nie abschließbare Dialektik von Verwerfung und Begnadigung die Majestät der göttlichen Güte erlebt hat — empfängt in dieser Erfahrung der Gottesbegegnung und der stets von Gottes Seite erneuerten Gemeinschaft mit Gott die lebendige Anschauung dafür, was mit Liebe im Grunde genommen und von Gott her gemeint ist. Damit erwächst der kritische Maßstab, nach dem die irdischen Gemeinschaftsbildungen beurteilt und umgestaltet werden müssen.

> »Was Luther damit jedem Christen zur Gewissenspflicht gemacht hat, hat er selbst vorbildlich in Angriff genommen. Er hat die herrschenden Zustände im Staats- und Wirtschaftsleben so umfassend beurteilt, daß man aus seinen Schriften einen fast vollständigen Reformentwurf gewinnen kann«. (I, 266)

Man könnte es als das lutherische Prinzip bezeichnen, *niemals* Regeln *direkt* aus dem Evangelium abzuleiten. Dieses wirkt *indirekt* durch die Menschen, die vom Geist Christi ergriffen sind und aus diesem Geist in schöpferischer Freiheit und innerer Bindung handeln.

5. *Weltreich und Bergpredigt*

Noch mußte eine letzte Frage in Luthers Ethik beantwortet werden, die Grundfrage aller christlichen Ethik überhaupt, nämlich die Bestimmung des Verhältnisses der hochgespannten radikalen Forderungen Jesu, wie sie in der Bergpredigt ihren bestimmtesten Ausdruck gefunden haben, zu den unabhängig davon vorhandenen Mächten und Ordnungen menschlich-sozialer Daseinsgestaltung mit ihrer ganz entgegengesetzten Gesetzlichkeit. Es war die Urfrage christlicher Lebensführung in der Welt vom Urchristentum bis zur modernen Welt. Dieser Gegensatz war es, den Troeltsch und mit ihm viele andere so lebhaft und schmerzlich empfanden.

Damit war die Aufgabe gestellt, die Holl lösen mußte. Traf das wirklich zu, daß Luthers Ethik in dem von Troeltsch geschilderten Sinn dualistisch auseinanderbrach, dann war sie nicht nur weniger brauchbar als die katholisch-thomistische Stufenethik mit ihrer Gliederung in Gebote und Stufen, sie war letztlich nichts anderes als Unaufrichtigkeit und Heuchelei. Gelang es nicht, den Nachweis zu führen, daß Luther eine einheitliche, in sich geschlossne Anschauung vom Sittlichen entwickelt hatte und daß mit ihr der Mensch als ein aufrichtiger, ernsthafter und frommer Christ sowohl in seinem Verhältnis zu Gott wie in seinem Leben in der Welt seinen Weg gehen kann, dann war Luthers Ethos gerichtet. Dann war der religiöse Ansatzpunkt im Glauben für eine praktische Sittlichkeit unbrauchbar und die von der Liebe erleuchtete Vernunft hilflos gegenüber der von ganz anderen Mächten durchtobten Welt.

Holl führt diesen Nachweis, ohne die heutigen Begriffe und Formeln der »Zwei-Reiche-Lehre« oder »Zwei-Regimenten-Lehre« zu verwenden, obwohl er sich mit demselben Gedankenzusammenhang bei Luther beschäftigt. Daher mag es vielleicht zur Klärung des Sachverhaltes beitragen, wenn man sich auf Holls Art einstellt.

Holl zeigt, daß Luthers Ethos nicht nur aus einer Wurzel erwächst, sondern auch das Ganze des Daseins zur Einheit zusammenschließt, den religiösen Bereich der viel geschmähten Innerlichkeit und des Gewissens ebenso wie das Leben in Familie, Staat und Gesellschaft. Er hat den Christenmenschen gezeichnet als eine abgerundete, in sich gefestigte Persönlichkeit, die den Schwerpunkt ihres Daseins allerdings nicht in dieser Welt hat, sondern in ihrem Gottesverhältnis mit seiner Ewigkeitsbeziehung, aber die dennoch Gott zu dienen weiß im Dienst des Nächsten. Deshalb wird das Leben des Christen in der Welt und diese Welt selbst mit ihren sozialen Gliederungen und Gestaltungen positiv gewürdigt als göttliche Schöpfung und jede Flucht und Weltverneinung ebenso abgelehnt wie ihre Umwandlung in eine christlich vollkommene Welt. Damit ist das katholisch-monastische Ideal ebenso verneint wie das schwärmerisch-utopische. Das Evangelium widerruft diesen Sachverhalt nicht und hebt ihn nicht auf; es stellt aber auch nicht das Prinzip dar, nach welchem die Mängel und Unvollkommenheiten dieser Welt zu überwinden wären und diese damit in eine letzte, endgültige Ordnung gebracht werden könnte.

Holl weist die positiven Beziehungen auf, die Luther zwischen dem durch das Evangelium ins Dasein gerufenen Gottesreich und dem weltlichen Leben setzt und stellt die Klammer heraus, durch welche beide miteinander verbunden sind: den Gottesgedanken. Diese positive Beziehung besteht darin, *daß die weltliche Ordnung mit Ehe, Beruf, Staat, Recht, Handel und Wandel die unumgängliche Voraussetzung für das Reich Gottes bildet.* Ohne sie könnte auch die vollkommene Liebesgemeinschaft nicht einen Augenblick bestehen. Denn im Unterschied zu allen Träumen einer idealen Gesellschaftsordnung dieser Welt sieht Luther mit unbestechlichem Realismus den Menschen, wie er wirklich ist: ein Wesen, das durch die *Selbstliebe* und dessen Verhalten in der Welt durch die *Selbstbehauptung* bestimmt ist. Schärfer als andere erkennt er die tierische Unterlage alles Menschseins, die niemals ganz überwunden wird. Rechnet Luther so mit dem Menschen, wie er ist, nicht wie er sein soll, so erhalten Staat und Familie als die beiden großen Sozialbildungen der Gesellschaft die wichtigste Aufgabe in der menschlichen Gemeinschaft, nämlich aus Tieren Menschen zu machen. Diese Aufgabe aber ist nicht lösbar ohne Zwang (Vgl. WA 30 II, 555, 5 ff. = BoA 4, 163, 2 ff. vgl. I, 253²). Handelt es sich in jeder Gemeinschaft um Durchsetzung und Aufrechterhaltung einer festen, für alle verbindlichen Ordnung, so ist das nur durchführbar, wenn diese Ordnung auch gegen den Widerstrebenden gewaltsam erzwungen werden kann. Recht ohne Macht ist ohnmächtig, ebenso wie eine nicht an das Recht gebundene Macht unethisch und widergöttlich ist. Erst wo diese Propädeutik erfolgreich vollzogen wird, kann das Evangelium verkündigt, können die Glaubenden gesammelt werden, kann die höhere Sittlichkeit der Bergpredigt aufblühen und kann das Reich Gottes als verborgene Gemeinschaft der Herzen und Seelen wachsen in dieser Welt[61]. Ohne diese Ordnung schaffende und erhaltende Macht des Staates wäre auch das Gottesreich nicht denkbar, denn die Christen, die der Gewalt nicht widerstehen und Böses mit Gutem vergelten, würden sofort eine Beute der nun einmal immer in der Überzahl vorhandenen Bösen[62]. Wenn sich das so verhält, dann ist es nicht ohne Gottes Willen. Er verrichtet damit ein notwendiges Werk. Will Gott sein Reich der Gewaltlosigkeit und des Friedens bauen in dieser Welt der Selbstsucht und Bosheit, dann muß er selbst dafür sorgen, daß diese destruktiven Mächte gebändigt und im Zaum gehalten werden und dadurch die Möglichkeit geben, zu seinen eigentlichen Absichten und Zielen zu kommen. Entsprechend der Alleinwirksamkeit ist Gott in beiden Gemeinschaftsbildungen tätig, aber beide sind so aufeinander bezogen, daß die staat-

---

[61] I, 253   [62] I, 254; III, 150

liche Ordnung der christlichen Gemeinde und damit dem Reiche Gottes dient. Damit wird der Staat

>»die Schutzwehr, die Gott für sein Werk in dieser Welt errichtet hat«. (I, 255)

Doch Holl hebt selbstverständlich auch hervor, daß der Staat in der Hand gegenchristlicher Mächte zur Unterdrückung des Evangeliums gebraucht werden kann. Dieser Fall wird in sehr vielen christlichen Sozialethiken erörtert, um von ihm her Luthers Schätzung der Staatsgewalt zu kritisieren. In Wahrheit steht die Sache so, daß die Staatsgewalt, mit Luthers Worten das Schwertamt, ein so kostbares Gut ist, daß auch der wider das Evangelium gerichtete Mißbrauch der Staatsgewalt, und ginge diese dabei bis zum Mord weiter, den Ungehorsam gegen die weltliche Obrigkeit nicht rechtfertigt. Luther hat mit genauer Überlegung angegeben, an welchen Punkten Ungehorsam um des Evangeliums willen dem Christen freisteht und auch für diese Punkte den Christen verpflichtet, alle wider ihn verhängten Maßnahmen leidend zu tragen (oboedientia passiva). Es ist dabei Luthers Überzeugung, daß ein solcher leidender Ungehorsam eine größere Macht gegen staatliche Tyrannei darstellt als eine Revolution.

Wenn Troeltsch etwa mit derartigen Äußerungen Luthers begründen wollte, daß das Luthertum zum Knechtsgehorsam erzogen habe, so wäre zu fragen, ob der leidende Ungehorsam der christlichen Märtyrer im Römerreich von Troeltsch auch als Knechtssinn zu beurteilen wäre. Wer hier anders denkt als Luther, wird zwangsläufig in die aus dem Islam stammende Kreuzzugsidee hineingezwungen. Der moderne Mensch glaubt, daß es das Recht eines jeden Menschen sei, solchen Verfügungen der weltlichen Obrigkeit, die er als rechtswidrig beurteilt, mit Revolution, Verschwörung und Waffengewalt entgegenzutreten. Es braucht hier nicht untersucht zu werden, ob in der Tat in den 400 Jahren seit der Reformation eine Wesensverwandlung der politischen Gemeinschaft eingetreten ist, welche aktiven Widerstand usw. rechtfertigt. Der Blick auf die Gegenwart ist hierbei bewußt ausgeschaltet. Wichtig ist allein, daß in der Reformationszeit diese Wesensverwandlung noch nicht wirksam war und daß der Übergang vom leidenden Ungehorsam zum tathaften Widerstand die Vernichtung der ganzen reformatorischen Bewegung mit sich gebracht hätte. (Das Beispiel dafür ist die Unterdrückung der evangelischen Predigt in Oesterreich im Zusammenhang mit dem Bauernaufruhr[63].)

[63] Über die demgegenüber veränderte Situation heute vgl. Paul Althaus, Luthers

Daß dies auch Calvins Haltung war, hat Holl klar ausgesprochen[64].

Aber es erhebt sich nun die Frage, wie der Christ sich zur Machtübung der staatlich-politischen Ordnung stellen soll, da er ihrer selbst doch nicht bedarf. Wie lassen sich Liebesethik und Handhabung von Gewalt, besonders als Strafe und Vergeltung, in einer Person miteinander verbinden? Wieder ist es der Gottesgedanke und das, was Luther im Umgang mit Gott erfahren hatte, was ihm dazu verhilft, das Problem zu lösen. Es ist die Idee einer letzten Einheit in äußeren Widersprüchen, die ihn hatte erkennen lassen, daß Gottes fremdes Werk der Zornesoffenbarung letztlich einer höheren und darüber hinausgreifenden Absicht Gottes auf geheimnisvolle Weise dient. Das opus alienum steht im Dienst des opus proprium. So werden schon dort alle Anfechtungen und Zornerfahrungen verstanden als eine göttliche Vorschule und Vorbereitung für die Aufnahme in die Gottesgemeinschaft. Ebenso sieht Luther Gottes Wirken in der staatlich-politischen Ordnung als ein fremdes Werk, das gleichwohl in einem positiven Verhältnis steht zu seinem eigentlichen Werk der Errichtung und Erhaltung des Gottesreiches. In gleicher Weise wie die in der Rechtfertigungslehre beschriebenen Gotteserfahrung besitzt Gottes Wirken in diesem Bereich zwei Züge und kann daher von zwei Seiten betrachtet werden.

Luther macht das gerade an dem Punkt klar, wo die Kollision am schärfsten in Erscheinung tritt, im Strafvollzug. Für den oberflächlichen Blick scheint es so, als würde mit einem strengen Strafurteil das Liebesgebot in sein Gegenteil verkehrt. Der Tieferschauende erkennt hinter der Härte eine Barmherzigkeit, die sich nur enthüllt, wenn man das Ganze der menschlichen Gemeinschaft umfaßt. Da stellt sich die Alternative so, daß man entweder die Guten der Willkür und Brutalität jedes Schurken preisgibt *und dadurch eine Fülle von Unrecht und Leid verursacht* oder daß man sie davor bewahrt und das Übel beseitigt, indem man die Bösen unschädlich macht. Daher müssen alle Gesellschaftstheorien, die bei dem Aufbau weltlicher Gemeinschaftsformen nur mit überzeugten Christen rechnen, utopische Phantasien bleiben, wie man das z. B. an Tolstoi erkennen kann. Denn deren Vorhandensein ist die unentbehrliche Voraussetzung für die Übertragung christlich-ethischer Prinzipien des Evangeliums auf die Formen des Weltlebens. Eine christliche Gesell-

Lehre von den beiden Reichen im Feuer der Kritik in: Lutherjahrbuch 1957, 67 f.
[64] III, 278[4]; 278

schaft aus Unchristen ist ein Widerspruch in sich[65]. Gibt man dies zu, so folgt daraus, daß die Anwendung der sittlichen Forderungen des Evangeliums gegen Widerstrebende nur durch Zwang möglich ist. Damit aber würde sie sich selbst aufheben[66]. Indem aber die Ordnung erzwungen wird und das Böse bzw. die Bösen in Schranken gehalten werden, wird jene Liebe verwirklicht, die äußerlich im Gewand der Strenge und Vergeltung auftritt, in Wahrheit aber die erhaltende und segnende Macht darstellt, ohne welche jede menschliche Gemeinschaft in das Chaos zurückfallen würde, wo Brutalität und Barbarei triumphieren. So kann Holl von dem Doppelzug sprechen, der Gottes Wirken in der Welt überhaupt kennzeichnet.

> »Im Blick auf seine Strafübung an den Bösen erscheint der Staat als ein Werkzeug des göttlichen *Zorns*; aber sieht man ihn von der dem Reich Gottes zugewendeten Seite, so offenbart er sich als etwas Höheres. Dann zeigt er sich als ein Stück der göttlichen *Barmherzigkeit*. Denn der Staat übt tatsächlich *Liebe,* sofern er die Vergewaltigten, die Schwachen, die Bedrängten in seine Obhut nimmt.« (I, 255)

Von daher erscheint die Behauptung von Troeltsch, »Luther habe die Gewalt um der Gewalt willen verherrlicht«[67], als eine unbegreifliche Unterstellung.

Luther hat nicht gezaudert, diese Betrachtung auch da durchzuführen, wo sich das Widereinander zu einer letzten Höhe steigert, beim Krieg. Auch hier hat Luther daran festgehalten, daß die Liebe der Antrieb aller Entschlüsse und Handlungen bleibt, jedenfalls bleiben kann und bleiben soll, und er versteht das ganz nach der Analogie des Rechtlebens. Dem Friedenstörer, der von außen kommend die Ordnung bedroht oder verletzt, kann nicht widerspruchslos das Feld geräumt werden. Das wäre die größte Lieblosigkeit gegenüber den Schwachen und Wehrlosen. Gott hat aber in der Obrigkeit und Regierungsgewalt die Mächte geschaffen, die von Gott beauftragt und gerufen sind, für die ihnen Anvertrauten im Ernstfall kämpfend einzustehen. Und Luther hat in den beiden »Ernstfällen« seiner Zeit, im Bauernaufstand 1525 und im Türkenkrieg 1529, seine Überzeugung in diesem Sinne mit unmißverständlicher Deutlichkeit ausgesprochen. So begegnet man auch hier derselben Antinomie von innerem Motiv und äußerem Vollzug. Es verbirgt sich hinter der scheinbaren Übertretung des 5. Gebotes im Töten fremden Lebens die entgegengesetzte Gesinnung, die dadurch allein das gefährdete Leben

---

[65] III, 164 [66] III, 166
[67] Holl I, 255⁴ = Troeltsch Ges. Schr. I, 532

anvertrauter Menschen retten kann. Es gehört zur Tragik einer Welt, die stets Schöpfung und Sünde in eins ist, daß dieser Auftrag nur um den Preis der Vernichtung anderen Lebens durchführbar ist. Jede Abschwächung dieser Tragik verfälscht das Evangelium und kann doch nicht umhin, auch die Liebesethik wieder mit Zwang durchzusetzen und damit aufzuheben. Denn Spannungen und Konflikte wird es in jeder Staatengemeinschaft geben, auch wenn diese auf pazifistischer Gewaltlosigkeit aufgebaut ist. Wo aber die Liebe als Gesinnung des Herzens das Handeln im Kriege bestimmt, da wird er entgiftet von jenen Erscheinungen, die sonst unweigerlich die Auseinandersetzung des Kampfes begleiten oder ihm meist sogar vorausgehen als Haß, Rachegefühle, Vernichtungswille. Die Kriegführung wird, indem das alles ausgeschaltet oder wenigstens in den Hintergrund gedrängt wird, versachlicht; heute würde man sagen: entideologisiert. Gerade deshalb hat Luther sich leidenschaftlich gegen ein Verständnis des Türkenkrieges als eines Kreuzzuges aus religiösen Motiven gewandt und seine Notwendigkeit rein aus der Fürsorgepflicht des Kaisers und der Fürsten für ihr Land begründet. Die Christenheit führt keinen Krieg mit äußeren Waffen, und die weltlichen Herren sollen sich gegenüber den Türken nicht auf das Evangelium berufen, das sie angeblich verteidigen. Beides sind verschiedene Dinge, die unmittelbar nichts miteinander zu tun haben. Es ist kein Glaubenskrieg, den die Rechtgläubigen gegen die Ungläubigen führen, sondern es ist die Verteidigung des angestammten Bodens gegen einen räuberischen und mörderischen Feind. Denn nur den Verteidigungskrieg hält Luther für gerechtfertigt und erlaubt; einen Angriffskrieg hat er immer abgelehnt, und gegenüber einem offensichtlich ungerechten Krieg hat er zur Wehrdienstverweigerung aufgerufen[68]. Wo es sich um einen bewaffneten Widerstand der evangelischen Fürsten gegen den Kaiser, also um eine Verteidigung innerhalb des Reiches handelte, hat Luther sich nur durch positive, dem Reichsrecht entnommene Gründe, nicht durch naturrechtliche Argumente überzeugen lassen. Er mußte zugeben, daß der Fürst dem Kaiser gegenüber ein Amt wahrnahm und dementsprechend ihm nicht als Privatperson, sondern als »politische Person« gegenüberstand und daher bewaffneter

---

[68] Wehrdienst war damals nicht allgemeine Bürgerpflicht, sondern Pflicht des Lehnsträgers gegen den seine Hilfe im Krieg in Anspruch nehmenden Lehnsherren und damit der geschworenen Knechte gegen den Träger ihres Eides. Es handelt sich somit bei Luther nicht um einen Massengehorsam, sondern um den Eid- und Versprechensbruch einzelner besonders Verpflichteter. Es liegt auf der Hand, daß das von Luther Gemeinte heute nicht übertragbar ist.

Widerstand ethisch möglich und vertretbar war[69]. Aber Luther will damit nicht so verstanden sein, daß der christliche Fürst von diesem Recht in jedem Fall uneingeschränkt Gebrauch zu machen hat. Holl betont diese ja nicht ganz unwichtige Nuance in Luthers Haltung[70]. Im übrigen empfindet Holl das nie ganz überwundene Unbehagen Luthers gegenüber diesen Erwägungen:

> »Aber nie ist er dazu gekommen, diese Gegenwehr lebhaft und aus voller innerer Überzeugung zu befürworten«. (I, 269)

Der Ausgang eines Krieges ist immer ungewiß, denn Sieg oder Niederlage sind in Gottes Hand, der u. U. auch einer gerechten Sache seinen Beistand versagen kann.

Es ist müßig, die zeitgeschichtlichen Bedingtheiten all dieser Gedanken zu betonen. Es würde Luthers Absicht wohl am wenigsten entsprechen, wollte man seine Urteile in ein System unveränderlicher ethischer Prinzipien verwandeln. Ebensowenig kann es Aufgabe dieser Darstellung sein, Luthers Gedanken zu modernisieren oder weiterzuführen[71]. Hier gilt, was Althaus in seiner Ethik Luthers 1965, 87 feststellt:

> »Unsere Welt ist eine andere geworden. Luthers Gedanken wollen heute in einer andern Lage neu ausgelegt und angewandt werden. Aber ihre Grundzüge erweisen sich dabei immer wieder als Wahrheit«.

Als die tiefste Wahrheit der ethischen Gedanken Luthers, die das unaufgebbare Gut allen evangelischen Christentums bleiben muß, darf man wohl dies bezeichnen, daß es ihm gelungen ist, eine Gestalt der Ethik zu entwickeln, die ganz und gar frei ist von aller Gesetzesmoral und nichts anderes vertritt als das Handeln aus einer letzten unmittelbaren Einheit der Gesinnung. Luther ist damit der Erneue-

---

[69] Die Juristen machten klar, daß seit dem statutum in favorem principum von 1231 die Souveränität vom Kaiser auf die Territorialfürsten übergegangen und dieser somit nicht mehr Oberherr sondern primus inter pares sei. Wenn unter dieser Voraussetzung das Schwertamt beim Kurfürsten von Sachsen lag, so war der Angriff des Kaisers der Angriff eines Fremden und vom Kurfürsten nicht zu dulden. Dabei beginnt die absolute Pflicht des Kurfürsten erst mit Beginn des feindlichen Angriffs; eine präventive Politik gehört nach Luthers Auffassung nicht zu den Pflichten des Fürsten.

[70] I, 269¹

[71] Ansätze und Anregungen dazu bei Althaus, Religiöser Sozialismus 1921, 91 f., wo der institutionelle Amtsbegriff Luthers als eine Schranke seiner politischen Ethik verstanden wird; ebenso in: Obrigkeit und Führertum, 1936, 55 und: Luthers Lehre von den beiden Reichen im Feuer der Kritik, Luther-Jahrbuch 1957, 67 f. Dort auch die Einschränkung gegenüber der unbedingten Verneinung des Revolutionsrechtes im Alt-Luthertum.

rer der paulinischen Geist-Ethik geworden, und er hat damit all die gleichen Vorwürfe und Angriffe erfahren und dieselben Entstellungen und Mißverständnisse erlebt wie der große Völkerapostel. Evangelisches Christentum steht und fällt aber mit der Bereitschaft und Fähigkeit, dieses Ethos in den Herzen seiner Gläubigen zu wecken, zu entfalten und lebendig zu erhalten. Denn nur so hat es eine Existenzberechtigung neben den andern Formationen des Christentums, die jene paulinische Geistesethik als zu hoch gegriffen für den menschlichen Durchschnitt und zu gefährlich für die Möglichkeiten des Mißbrauchs so oder so in einen religiösen, u. U. sakramental ergänzten und gemilderten Moralismus verwandeln, der allerdings der Beschaffenheit des natürlichen Menschen viel besser entspricht und deshalb auch bereitwilliger übernommen wird.

Will man das Wesen dieser Geistesethik charakterisieren, so wird man zwei Züge hervorheben müssen. Das ist einmal die äußerlich formelle Widersprüchlichkeit zwischen innerer Gesinnung und äußerem Handeln. Zugrundeliegt für alles Verhalten und Wirken nach außen eine einheitliche Gesinnung, die nicht entstanden ist durch Unterwerfung unter eine göttliche Autorität oder durch die Entfaltung der in jedem Menschen vorhandenen humanen Sittlichkeit, sondern durch eine religiöse Erfahrung eines erschütternden Kontrasterlebnisses, das tiefstes Unwertgefühl mit lebhaftem Erlösungsbewußtsein verbindet. Mit diesem Erlebnis der ständig neu und grundlos gewährten Gottesgemeinschaft, durch welche die negative Selbstbeurteilung auf das höchste gesteigert und zugleich überwunden wird, erkennt der Christ das Walten eines Willens, der nach andern als den üblichen ethischen Normen verfährt, m. a. W. er gewahrt, *was wirklich und im eigentlichen Sinne gut ist*. In diesem Sinne gilt, was Jesus darüber gesagt hat, wenn er dieses Prädikat allein Gott vorbehalten wissen will: »Niemand ist gut, denn der einige Gott« Marc. 10, 18. Gottes Gutsein aber wird so erfahren, daß er nicht den Gerechten, sondern den Sünder zum Kinde begehrt und so seine Liebe einem der Liebe unwerten Gegenstand zuwendet. Hier in dem Gegenüber von Gott und Mensch gewinnt Luther den Maßstab, von dem aus das Verhältnis zwischen Mensch und Mensch bestimmt werden soll. Aber eben diese Einsicht ist nicht ablösbar von dem religiösen Grunderlebnis. *Nur so, daß der Mensch immer wieder im Verkehr mit Gott* — und das kann nur heißen in der Bestätigung seines Schuldigseins und im Empfang der Sündenvergebung — *Gottes Art erfährt, wird sein eigener Wille umgewandelt von der Selbstliebe in Dienst und Hingabe,* so daß er selbst diese göttliche Art in seinem

Verhältnis zum Nächsten widerzuspiegeln beginnt. Nur um diesen Preis ist ein solches aus dem Geist lebendes Ethos zu haben. Luther hat das im »Sermon von den guten Werken« klassisch und unvergeßlich ausgedrückt, wenn er die fundamentale Erkenntnis ausspricht, *daß es der Glaube ist, aus dem alle guten Werke hervorgehen.*

Diese einheitliche Gesinnung nun bricht sich sehr mannigfaltig und kann sich in Handlungen verwirklichen, die scheinbar ganz anders motiviert sind. Aber das ist eben nur Schein. Die Liebe muß sehr unterschiedlich reagieren, wenn sie wahrhaft Liebe bleiben will. Nirgends wird das deutlicher als in der Erziehung, wo das Ausschalten der Strenge sich gerade als die größte Lieblosigkeit entpuppt. Freilich ist das eine andere Liebe, als Troeltsch und mit ihm seine zeitgenössischen Theologen mit ihrem Humanitätsideal und ihrer Freiheitsidee sich vorzustellen in der Lage waren. Sie wußte in ihrer herben Männlichkeit etwas, was allen Liberalen und Freiheitsfanatikern bis auf den heutigen Tag ungeläufig geblieben ist: daß die Freiheit nämlich auch mißbraucht werden kann, daß sie der Natur des Menschen nach sogar immer mißbraucht wird und daß der Mensch daher vor diesem Mißbrauch geschützt werden muß. Es ist vollendete Lieblosigkeit, ihn einem solchen Freiheitsmißbrauch preiszugeben, ebenso wie es Unvernunft bleibt, eine Gesellschaft zu konstruieren, die diesen Sachverhalt ignoriert oder überfliegt und mit Zuständen und Menschen rechnet, die es in diesem Äon nie gegeben hat und nie geben wird. Das gibt der Ethik Luthers den Realismus und Wirklichkeitsernst und, wenn man so will, ein Stück Pessimismus in seiner Reifezeit, vor dem niemand bewahrt bleibt, der die Idealität der ethischen Forderung nicht aufgibt.

Das bedeutet keine doppelte Moral[72]. Aber damit ist die Eindeutigkeit eines gesetzlichen Moralismus beseitigt und ersetzt durch die Dialektik von Gesinnung und Handlung, bei der gerade die Übertretung des Gebotes dem Buchstaben nach in Wahrheit seine Erfüllung nach dem mit ihm gemeinten Sinn bedeuten kann. Nur so ist die ganze Ethik Jesu und die Bergpredigt zu verstehen; jede andere Interpretation verwandelt sie zwangsläufig in ein neues Gesetz. In dieser Antinomie aber spiegelt sich Luthers Gottesgedanke. Der Christ ahmt darin Gottes Art nach, daß er ein fremdes Werk im Dienst der Liebe vollzieht und daß es immerdar die Liebe bleibt, die sein Handeln auch unter entgegengesetzten äußeren Verhaltenswei-

---

[72] I, 282

sen bestimmt. Es ist also eine unserm Sinn unenträtselbare Zwiespältigkeit in Gott selbst, die sich in der Stellung des Christen zur Welt widerspiegelt[73]. Daraus folgt, daß keine menschliche Instanz einem Christen die Entscheidung darüber abnehmen kann, welchen Ausdruck der Liebe er jeweils zu wählen hat. Aber geltend machen darf diese Freiheit nur, wer in Glaube und Geist von Gott bestimmt ist. Holl meint mit dieser Entscheidungsfreiheit des Christen gegen menschlich-irdische Instanzen, daß diese Autonomie, die alles Gesetz zerbricht, dennoch in Gott gebunden bleibt.

Damit erhält das christliche Handeln jenes *schöpferische Moment*, das unabhängig von allen äußeren Weisungen in freier Phantasie Möglichkeiten entdeckt und Ideen verwirklicht, von denen im bis-

---

[73] I, 283. Vielleicht sind diese hier von Holl gegebenen zusammenfassenden Formeln an einem Punkt zu einfach. Es bleibt zwischen Gott und dem Menschen auch dann, wenn man dem Menschen in Strenge und Härte fremdartig verhüllte Liebe als letzte Möglichkeit zugesteht, doch ein Unterschied. Für Gott ist die Einheit von opus alienum und opus proprium innerlich leuchtend, klar und durchsichtig, und er ist darum auch frei darin, mit seinen beiden Handlungsweisen so zu schalten und zu spielen, wie es seiner verborgenen Weisheit richtig erscheint. Für den Menschen, auch wenn er Gott im Glauben an das Evangelium gehört, bleibt die Einheit von opus alienum und opus proprium, die ihm als einem im Weltverhältnis handelnden Christen auferlegt wird, ein dunkles, herzverzehrendes Geheimnis. Darum kann er nur, wo das Sichzusammenfinden von Vernunft und Liebe ihn in das opus alienum wider seinen Willen hineinzwingt, das opus alienum vollbringen. Er kann mit dem fremden Werk nicht spielen und schalten. Gerade wo opus alienum und opus proprium als eine ihm von Gott gebotene Gestalt des Handelns zur Einheit zusammenfließen, so daß das Zweite die Seele des Ersten wird, muß darum der Christ die Unvollendbarkeit, Dunkelheit und Rätselhaftigkeit seines Lebens in der Welt empfinden. Nur als ein das Geheimnis Gottes Erleidender und insofern Angefochtener und über sich hinaus Gezwungener kann der Christ diese letzte Einheit der beiden Seiten ethischen Handelns erleben und vollziehen.

Wenn man diesen Gedanken nicht zu Ehren bringt, entstehen zwei Verfälschungen des Ethos Luthers: einmal die tiefe schmerzhafte Resignation in dem Satz »Gott hat uns in der Gewalt unter des Teufels Herrschaft geworfen« geht verloren; sodann die in den Heidelberger Thesen 1518 zum zentralen ethischen Gedanken gemachte imitatio dei gerät in Gefahr, im ethischen Bereich eine theologia gloriae, die der theologia crucis nicht mehr deutlich untergeordnet ist, zu erzeugen.

Es soll hier nicht behauptet sein, daß Holl zu diesen Grenzziehungen als richtigen Deutungen Luthers ja gesagt hätte. Es soll aber darauf hingewiesen werden, daß die Undeutlichkeit der Zusammenfassung Holls in diesem Punkt an die gemachten beiden Vorbehalte nicht erinnert. Dadurch wird es schwierig, die tiefe Wahrheit von Holls Lutherdeutung einem eschatologischen Pessimismus gegenüber zu Ehren zu bringen.

herigen Moralkodex nichts vorgesehen ist und auf die der Gesetzesmensch nie käme, weil er diese Fähigkeit überhaupt nicht kennt. Die bunte Mannigfaltigkeit des Lebens und der fortwährende Wandel aller Verhältnisse stellen Forderungen, denen nur durch das Erdenken neuer Lösungen begegnet werden kann. Eben darin besteht das Eigentümliche der Liebe, daß ihr hier etwas einfällt, was sich bisher nirgends findet. Holl hat das am Beispiel des schottischen Predigers Thomas Chalmers gezeigt, wie hier die soziale Not in einem Christenherzen neue, bisher so noch nicht vorhandene Impulse entbindet[74]. Die ganze Kirchengeschichte, ja, die Menschheitsgeschichte zeigt, daß sittlicher Fortschritt überhaupt nur auf diesem Wege möglich ist[75].

Dies gilt nicht nur für die außerordentlichen Situationen, sondern schon für die alltägliche Arbeit des Berufes. Es ist ein Unterschied, ob man die Tagesarbeit ohne innere Anteilnahme als das vorgeschriebene Pensum erledigt, oder ob diese Tätigkeit beseelt wird durch eine Gesinnung, die das Wohl des Nächsten und seine wirkliche Förderung ständig als ersten Gesichtspunkt im Auge hat. Es ist nach außen dieselbe Tätigkeit, aber es bleibt sich nicht gleich, ob sie mit jener von Luther geforderten inneren Bejahung und Freudigkeit ausgeführt wird oder ob sie mürrisch unter dem Zwang des notwendigen Broterwerbs ihre formelle Erledigung findet. Im Verkehr mit Behörden ist jedem dieser Unterschied durchaus geläufig. Holl bezeichnet das als Verbindung von Freiheit und Form[76]. Daraus wird deutlich, daß Luther nicht jene liberale Freiheit sittlicher Autonomie im Sinn hat, wie sie der kant-fichtische Idealismus vertrat, sondern daß das schöpferische Moment seiner Ethik eine Kehrseite in dem absoluten Gehorsam Gott gegenüber hat. Das Schöpferische und die »Genialität des Herzens« bedeuten nicht ein freies, völlig aus dem Eigenen schöpfendes Produzieren, sondern ein Lauschen auf das, was der Wille Gottes jetzt und hier ist. Man könnte auch sagen, daß es das Horchen auf die Stimme aus den Dingen, Verhältnissen oder gar Menschen ist, die in wortlosem Schweigen darauf wartet, vernommen zu werden. Aber diese außerhalb des Menschen befindlichen Größen werden erst beredt, wo die Innerlichkeit ihrer Sprache erschlossen ist. Einem stumpfen Sinn bleiben sie stumm und tot, wie es Jesu Gleichnis vom barmherzigen Samariter deutlich genug ausspricht. Dekalog, Bergpredigt und apostolische Weisungen

[74] III, 404—436   [75] I, 282 f.
[76] I, 283

werden dann nichts anderes als Beispielsammlungen dafür, wie in früheren Verhältnissen und Lagen Gottes Wille Ausdruck und Verwirklichung gefunden hat. In diesem Sinne ist das kühne Wort Luthers zu verstehen, daß der Christ in der Lage ist, neue Dekalogtafeln zu entwerfen. Damit ist nicht nur die Freiheit von allen Autoritäten gegeben, sondern auch das Bewußtsein, im Dienst Gottes zu stehen, dessen Wille immer wieder neu erfragt und neu gefunden werden muß.

Auch die Darstellung der Sozialethik Luthers bei Holl endet in der Beschreibung dieser eigenartigen christlichen Autonomie.

> »Denn nur hier, wo der Mensch sich als Werkzeug Gottes fühlen darf, gewinnt das *Sollen* seine ganz reine Form, in der ein strenges Verpflichtungsgefühl mit einem vollendeten Freiheitsbewußtsein zusammengeht. Und nur hier, wo das Ziel von vornherein nicht auf den Einzelmenschen als solchen, sondern auf das *Verhältnis von Mensch zu Mensch* eingestellt ist, hat die Sittlichkeit ihren klaren lebensvollen *Inhalt*, während jede andere Ethik trotz aller ›Wertordnungen‹, ›Güterstufen‹ und ›Sinnzusammenhänge‹ teils in Formbegriffen, teils in einem verfeinerten Selbstgenuß stecken bleibt.« (I, 287)

Und sicherlich dürfte es für Luthers sittliche Gedanken und sein Ethos zutreffen, womit Holl seinen großen Aufsatz über den »Neubau der Sittlichkeit« schließt:

> »Seine Lösungen dürften bis zur Stunde nicht überholt sein.« (I, 287)

6. Die Kritiker

Als Beispiel, wie schwer es ist, mit einer solchen Lutherdeutung trotz zahlloser Belegstellen Verständnis in der Theologie zu finden, mag wieder *Gogarten* herangezogen werden. In seinem Buch »*Der Mensch zwischen Gott und Welt*«, 1956 setzt er sich besonders mit der Lösung auseinander, die Holl in der Frage des lex-naturae-Problems bei Luther gefunden hat, wenn Holl gegenüber Troeltsch die von Luther gemeinte Vernunft als eine durch die christliche Liebe beseelte Vernunft verstanden wissen wollte. Gogarten will das nicht zugeben, behauptet vielmehr, daß es sich bei Luther um eine ausschließlich natürlich-irdische Größe handle und weiß es genau, daß der Reformator Holls Interpretation als unvernünftig empfunden haben würde.

> »Es scheint mir, daß Holl ... ganz erheblich von Luthers Denken und darum auch von Luthers Begriff der Vernunft abweicht. Luther würde meines Erachtens eine solche Unterscheidung, wie Holl sie vornimmt, nicht als vernünftig anerkennen. Nämlich ein ›unumstößlich Gegebenes‹, das dann von einer Regel, die der Mensch in einem ›unmittelbaren Gewissen‹ hat, ›sittlich verwertet‹ wird. Das ist, wenn ich Holl recht verstehe, die Unterscheidung

zwischen einem naturhaft Gegebenen, das an sich sittlich neutral ist, und einem Gewissen, daß dieses naturhaft Gegebene durch bestimmte Regeln, die es in sich findet, in die Sphäre des Sittlichen hinaufhebt. Luther würde eine solche Unterscheidung für außerordentlich unvernünftig halten ... Und die Vernunft, insofern sie dieses in allen menschlichen Gegebenheiten enthaltene Sein-sollen als für den Menschen verbindlich vernimmt, ist das Gewissen des Menschen«. (a.a.O., 109 f.)

»Sie (scil. die Ordnungen des weltlichen Regiments) sind ihm nicht nur das Material für das Sittliche, sondern sie sind in sich selbst von sittlicher Qualität«. (114)

Gogarten steht damit auf dem modernen Standpunkt, daß die Vernunft als Träger der Wissenschaft und der Ordnungsgewalten totale Geltung hat und nichts neben sich duldet. Das Religiöse dabei ist dies, daß diese Vernunft von außen durch das transzendente göttliche Geheimnis begrenzt wird, während sie selbst nichts von Gott weiß. Sie hat ihre Herrschaft über die Welt nur in der Begrenzung auf den Bereich des Erfahrbaren. Es bedeutet daher eine Störung für diesen Gedankenzusammenhang, wenn Geist, Glaube und Liebe als geheimnisvolle Gewalten die Vernunft inwendig bestimmen und damit das Ordnungsgefüge der Welt ins Schweben bringen, wie das durch Holls Lutherdeutung geschieht. Für Gogarten ist die Vernunft das völlig suffiziente Prinzip im Kosmos, während sie bei Luther, so wie Holl ihn sieht, bildlich gesprochen das Dienstmädchen bleibt, das des Gefühls der Gegenwart der Herrin bedarf, um das Rechte zu tun. Gogarten teilt dagegen mit Troeltsch die These von der Suffizienz der Vernunft, nach der sie ein völlig ausreichendes Wissen in allen Dingen des Lebens gibt, während sie in Holls Lutherauffassung nur bis an die Schwelle führt, über welche sie die vom Glauben entzündete Liebe leitet. Als religiöses Moment erscheint bei Gogarten dies, daß der Mensch an der äußersten Grenze seiner Vernunft von einem Geheimnis umgeben ist, das autoritativ zu ihm spricht im eschatalogischen Wort der Bibel. Jesus wird dann das Modell eines die Autonomie der Vernunft tragenden Menschen, dessen religiöse Haltung die Eigenständigkeit alles Wissens, Erkennens und Handelns mit dem sich begrenzt Wissen durch das transzendente Geheimnis miteinander verbindet. Das Gewissen wird dabei eine rein irdische Anwendungsfunktion der Vernunft in Entscheidungsfällen, die jeder Gottesbeziehung entbehrt. Soweit man überhaupt von einer religiösen Erfahrung dabei reden will, ist diese beschränkt auf die Erfahrung der grenzsetzenden verborgenen Autorität Gottes. In Wahrheit ist damit das Gewissen der religiösen Erfahrung entmächtigt und auf eine rein kosmische Potenz reduziert, die der autonomen Vernunft in keiner Weise mehr dreinredet. Was übrig bleibt, ist ein Akt formeller Unterwerfung unter eine äußere unverstandene Autorität. Diese Unterwerfung wird der menschlichen Vernunft dadurch erleichtert, daß diese das absolut Inhaltlose ist und deshalb Gott genannt werden kann.

Es ist verständlich, daß Gogarten von solchen Voraussetzungen polemisch gegen Holl werden muß. Die in diesem Zusammenhang interessierende Frage ist nur die, ob Gogarten damit Luther richtig interpretiert hat. Jedenfalls bedeutet Gogartens Behauptung, daß jede Beziehung und jedes Hinüberwirken zwischen dem Evangelium und den weltlichen Ordnungen abgeschnitten ist und damit auch jede Form christlicher Sozialkritik und entsprechender Reform der Gesellschaft verneint wird. Die Welt des Sozialen bleibt der Eigengesetzlichkeit überlassen und wird allein durch die natürliche Vernunft reguliert. Gogarten begründet seine Theorie mit der Ablehnung jeder »Verchristlichung« der Gesellschaft (a. a. O., 111). Allein diese hatte auch Holl abgelehnt und sehr sorgfältig zwischen Verchristlichung und Versittlichung unterschieden. Man fragt sich nur angesichts der wenigen von Gogarten beigebrachten Zitate, in denen Luther politische Weisheit und weltliche Vernunft bei den Heiden lobt, welchen Sinn die mannigfaltigen und umfangreichen Reformvorschläge Luthers haben sollen, über die Gogarten seltsamerweise kein Wort verliert. Die Begründung dafür liefert ihm die nach seiner Meinung interpretierte Zwei-Reiche-Lehre, nach welcher der profane Bereich keinerlei Einmischung vonseiten des Reiches Gottes gestattet. Daß dies nicht Luthers letzte Meinung sein kann, dürfte schon aus der Tatsache hervorgehen, daß der Christenmensch jederzeit in beiden Reichen zugleich leben kann und daß der sittliche Ruf als Forderung in den Ordnungen der Welt steckt und vom Menschen vernommen werden muß. Die Frage ist nur, ob der Mensch sie auch vernimmt und entsprechend handelt. M. a. W.: das Gute als Forderung ist dem Menschen durchaus nicht fremd, nur was das Gute wirklich ist, *nämlich daß es mehr fordert und tiefer greift, als die natürliche Vernunft anzunehmen geneigt ist*, bleibt ihm unverständlich, solange er nicht in der durch Christus vermittelten Gotteserfahrung jener Güte begegnet, welche eine höhere Sittlichkeit in der Sündenvergebung praktiziert, als dem humanen Ethos erschwinglich. Aber da Gogarten den subjektiven Faktor aus dem Gottesverhältnis ausschaltet, bleibt ihm nur eine profane natürliche Vernunft übrig. Ebenso läßt er in diesem Zusammenhang unerwähnt, was Holls Darstellung der sittlichen Gedanken Luthers auf jeder Seite begleitet, daß nämlich das humane Verständnis des Sittlichen immerdar bedroht ist durch die Selbstliebe und dieser Bedrohung nur allzu oft erliegt. In welchem Maß das in der durch Augustin bestimmten Scholastik der Fall war, hat Holl sehr ausführlich gezeigt. Was Holl nachgewiesen hat als den in allen Reformgedanken gleichen Sinn und die gleiche Absicht Luthers, ist die Überzeugung, daß es die Aufgabe aller christlichen Verkündigung, Seelsorge und Erziehung bleiben muß, die in Staat und Gesellschaft wirkenden »Personen« zu lebendigen Christenmenschen zu machen und dadurch Menschen zu gestalten, die mit hellen Augen und offenem Sinn die Ordnungen zum Wohl und Segen des Nächsten handhaben. Man könnte dies als die indirekte Umgestaltung der Gesellschaft bezeichnen. Denn nur durch lebendige Menschen, die vom Geist Jesu ergriffen sind, wirkt die Liebe als eine die Notstände schärfer erkennende Einsicht und als eine Lösungsvorschläge und Verbesserungen entwickelnde Macht der Phantasie. In dem von Gogarten so hart kritisierten Buch von Emanuel Hirsch über »Deutschlands Schicksal« ist im Anschluß an Holls Gedanken über dieses Hinein- und Hinüberwirken der christlichen Liebe in die weltliche staatlich-politische Sphäre folgendes ausgesprochen:

»Seine Liebe aber zeigt er (scil. der Christ) darin, in welcher Art er dies vom Recht umhegte und mit auf Leistungen andrer gebaute Leben gebraucht«. (a.a.O. ³1925, 77)

»Jeder einzelne aber, der in ihnen steht, kann sie an seinem Teil durchdringen mit dem Geist jener Gerechtigkeit und jener Liebe, die aus dem Ewigen kommen, und so zur Verklärung des Irdischen durch das Göttliche beitragen. Insofern, aber auch nur insofern, nährt sich auch das staatliche und gesellschaftliche Leben aus dem Leben des unsichtbaren Gottesreichs.« (ibid. 125)

4. Kapitel

Der neue Kirchenbegriff

1909 Johannes Calvin III, 254—284
1911 Luther und das landesherrliche Kirchenregiment I, 326—380
1915 Die Entstehung von Luthers Kirchenbegriff I, 288—325
1917 Die Bedeutung der großen Kriege für das religiöse und kirchliche Leben innerhalb des deutschen Protestantismus III, 302—384

Luther als Erneuerer des christlichen Gemeinschaftsgedankens, KlSchr, 62—66
1918 Kirchlich-religiöse Aufgaben nach dem Krieg, KlSchr, 96 bis 109
1919 Das Verhältnis von Staat und Kirche im Lichte der Geschichte, KlSchr, 13—32
Werden wir unsere Kirche behalten? KlSchr, 117—128
Luther und Calvin, KlSchr, 67—81
Revolution und Kirche, KlSchr, 111—116

I. Die Rechtfertigung als Quellort der Kirchenidee

Wenn die Rechtfertigungslehre Hauptstück und Grundlage im Glauben Luthers bildet, dann muß aus ihr alles ableitbar sein. In diesem Sinne hat Holl Luther als Systematiker verstanden d. h. als einen Mann, der in der Lage war »große Zusammenhänge zu überschauen«[1] und darzustellen. Dann müssen auch Luthers Vorstellungen von der Kirche allein aus diesem Zentrum abzuleiten sein. Ebenso wie das Ethos sich als Ausdruck einer religiösen Gesinnung erweist, die durch das Rechtfertigungserlebnis hervorgerufen und bestimmt ist, so müßte auch für das Bild von der Kirche der Nachweis geliefert werden, daß es nur als eine sachliche Folgerung aus der Rechtfertigungslehre im Hinblick auf die Gestaltung der religiösen Gemeinschaft richtig verstanden werden kann. Damit war die Frage gegeben, wo der *Ursprung* dieser Gedanken über die Kirche bei Luther zu finden sei. Hatte er sich erst in den Kämpfen um den Ablaß veranlaßt gesehen, darüber nachzudenken und in der Auseinandersetzung mit den Gegnern seinen Kirchenbegriff zu entwickeln? Oder besaß er, als er in den Ablaßstreit eintrat, schon eine fertige, abgeschlossene Vorstellung von der Kirche, die sich damals schon im Gegensatz zur bestehenden Kirchenorganisation befand? Anders ausgedrückt: Gab es bis 1517 einen »katholischen« Luther, der erst durch die Verständnislosigkeit der bestehenden Hierarchie und die Hartnäckigkeit seiner Widersacher zu seinen reformatorischen Gedanken über die Kirche getrieben wurde? Oder ist auch der Luther vor dem Thesenanschlag schon ein reformatorischer Luther, der sich gedank-

---

[1] I, 117². Mündlich hat Holl gesagt, ein echter Systematiker sei der, welcher von einem einzigen Punkt alles das, worüber er spreche, durchleuchte. Vgl. unten Beigabe I, Nr. 13 S. 332: »Luthers Theologie hat das Besondere, daß sie von jedem Punkt aus gesehen als Ganzes erscheint, ein Beweis, wie klar sie durchdacht, wie sicher alles in ihr verknüpft ist.«

lich über die entscheidenden Dinge im klaren ist und nur den Widerspruch zum Bestehenden noch nicht richtig erkannt hat, weil er die Tiefe und Neuheit der Anschauung von der Kirche, die in ihm lebt, noch nicht durchschaut und also auch nicht wissen kann, daß das Bestehende sich so völlig der Wahrheit verschließen wird? Zu Holls Zeit war die Forschung ziemlich einhellig der Meinung, daß Luthers Kirchenbegriff sich erst in der Auseinandersetzung um den Ablaßkämpfen gebildet habe[2]. Es genügt vielleicht, zwei ihrer Verfechter anzuführen, um Holls Behauptung zu belegen. So schreibt Julius Köstlin in seinem Werk über »Luthers Theologie in ihrer geschichtlichen Entwicklung und ihrem inneren Zusammenhange« 1863 in einem Abschnitt, der die bezeichnende Überschrift »Weitere Ausführung des Widerspruchs gegen den Ablaß im Zusammenhang mit der ganzen Heilslehre i. J. 1518« trägt.

>»Längst aber sind wir auch hingewiesen worden auf den Fortschritt in seinem Verhältnis zum gesamten *Kirchentum* und der herrschenden *Lehre von der Kirche*, zu welchem der Verlauf des Streites ihn trieb«[3]. (a.a.O. I, 236)

In dem folgenden Kapitel finden sich die Worte:

>»Allem hier Ausgeführten liegt denn nun schon klar und voll *derjenige Begriff der Kirche zu Grunde, welcher auch fernerhin als der kirchlich reformatorische zu bezeichnen ist*«. (a.a.O. I, 264)

Das heißt doch wohl, daß er bisher nicht klar und voll zu Grunde gelegen hat. Diese Aussage knüpft an den Satz auf S. 236 an, denn die Wendung »nun schon« bezieht sich auf das Jahr 1518 als das Geburtsjahr des neuen reformatorischen Kirchenbegriffs. Im folgenden wird von Köstlin in der näheren Beschreibung dieses Begriffs nach seinen verschiedenen Seiten wiederholt das Wort »jetzt« verwendet, so wenn die »Heiligkeit« sich »jetzt« lediglich auf den Glauben an Christum bezieht (265), oder wenn die Irrtumslosigkeit der Konzilien »jetzt« bestritten wird (277). Daß diese These fünf Jahrzehnte nach Köstlin noch genau so unbestritten geblieben ist, bestätigt Karl Müllers Kirchengeschichte von 1911, wo es in Band II, 1, 231 ff. im § 198 mit der Überschrift »Luthers neue Errungenschaften über Kirche, Papstgewalt, Priestertum und Sakramente. Leipziger Disputation. 1519« in der Schilderung der Reaktion Luthers auf die Begegnung mit Cajetan heißt:

---

[2] I, 288. Holl hat dort die Situation in der Forschung charakterisiert. Er zitiert dort außer Grisar niemanden, vermutlich um nicht polemisch gegen Vertreter dieser These zu werden, die er damit in die Gesellschaft Grisars stellen würde.

[3] Die letzte Unterstreichung von mir.

»Die Gedanken formen sich, die künftig seine Anschauung von Papsttum und römischer Kirche beherrschen«[4]. (Müller, ibid. 232)

Holl weiß, wie gefährlich das für Luthers Kirchenbegriff wäre[5]. Er wäre dann eben nicht aus dem Rechtfertigungserlebnis geboren, sondern als notwendige Waffe im kirchenpolitischen Kampf geschmiedet worden. Daher unterzieht Holl diese These einer kritischen Prüfung. Er beginnt mit der Psalmenvorlesung und verfolgt die Entwicklung in drei weiteren Abschnitten zunächst bis 1517, dann bis zur Leipziger Disputation mit Eck 1519 und schließlich bis zum Wormser Reichstag. Das Ergebnis ist dieses, daß Luthers Grundgedanken bereits klar und vollständig in der Psalmenvorlesung vorhanden sind, ohne daß eine Neigung zum Bruch mit der Hierarchie feststellbar ist. Durch die Begegnung mit Eck wird Luther dann dazu getrieben, Folgerungen aus seiner Grundanschauung zu ziehen, die den Gegensatz seines Kirchenideals zu der vorhandenen empirischen Kirche aufdecken. Das geschieht dadurch, daß die Gegner, wie Luther nunmehr erkennen muß, sich den Forderungen des Evangeliums hinsichtlich der Beurteilung der bestehenden Kirchenorganisation verschließen. Als letzte Konsequenz ergibt sich für Luther der Gedanke des allgemeinen Priestertums, der in seiner klaren Erfassung einige Monate nach der Leipziger Disputation die Grundlage für einen Neubau der Lehre von der sichtbaren Kirche wird. So wird die bisherige irrige opinio communis ersetzt durch den Nachweis einer sehr früh vorhandenen Grunderkenntnis, für welche die äußeren Ereignisse Anlässe werden, daraus weitere Folgerungen zu ziehen. Eine bisher unangefochten geltende und ungeprüft weitertradierte These weicht der Erkenntnis einer sorgfältig differenzierten und quellenbelegten Entwicklung.

Ist der Rechtfertigungsglaube der Quellort von Luthers Kirchenbegriff, dann ist Holl entsprechend seiner Datierung des Turmerlebnisses in die Zeit vor der Psalmenvorlesung vor die Notwendigkeit gestellt, Luthers Anschauung von der Kirche schon in der Psalmenvorlesung im einzelnen nachzuweisen. Für ihn steht Luther dort

---

[4] Daß eine solche These, wenn sie von den Großen in der Theologie jahrzehntelang vertreten wird, bei den mittleren und kleinen Vertretern ihr Echo findet, nimmt nicht Wunder. So verlegt Friedrich Uhlhorn, »Geschichte der deutschlutherischen Kirche« I, 1911, 7 die Entstehung des reformatorischen Kirchenbegriffs bei Luther erst in das Jahr der Begegnung mit Eck: »In der Leipziger Disputation mit Eck (1519) wurde er sich klar, daß die christliche Kirche etwas ganz anderes sei als die Papstkirche«.
[5] I, 288 f.

längst nicht mehr auf katholischem Boden. Katholische Forscher, die das behaupten, besitzen seiner Meinung nach keinen Sinn für Akzente[6]. Dieser Kirchenbegriff Luthers aber ist nichts anderes als die zu Ende gedachte Rechtfertigungslehre[7]. Holl nimmt seinen Ausgang bei der religiösen Erfahrung des Reformators, die sich von der Mystik insofern unterscheidet, als sie nicht ein andern Menschen mehr oder weniger unzugängliches individuelles Sondererlebnis bedeutet, sondern sich als eine für jeden in gleicher Weise nachvollziehbare religiöse Einsicht versteht. Jeder hört die Predigt des Evangeliums, und für jeden ist sie die Anrede Gottes und damit die Frage an ihn, ob er dieser göttlichen Rede Glauben schenken will oder nicht. Das Wort Gottes gilt allen ohne Unterschied und Ansehen der Person, denn es enthält die eine ewige unveränderliche Wahrheit über Gott und das menschliche Herz. Deshalb ist seine Geltung unbegrenzt sowohl in zeitlicher als in geographischer Hinsicht. Wort und Wille Gottes, wie das Evangelium sie ausdrückt und deutet, sind schlechthin universal. Daraus folgt, *daß Gottes Wille gemeinschaftsbildend ist.* Er sucht nicht nur Gemeinschaft mit der Einzelseele, sondern er sucht sie *mit allen Seelen.* Wenn sie so unterschiedslos Gegenstand des göttlichen Erlösungswillens sind, dann sind diejenigen, die das annehmen, auch unter sich zu einer eigenen Gemeinschaft miteinander verbunden. So ist Gottes Wille in doppelter Weise gemeinschaftsbildend, indem er die Menschen mit sich und damit gleichzeitig untereinander verbindet. Dabei übertragen sich die Umgangsformen des Verkehrs mit Gott auf die Beziehungen, wie sie durch die gleiche Gottesbegegnung der Menschen in ihrem Verhältnis zueinander entstehen. Und das ist gerade Gottes Absicht: die Schaffung einer Gemeinschaft, die für ihn das Werkzeug seines weiteren Wirkens in der Menschheit darstellt. M. a. W.: *das Reich Gottes ist der eigentliche Zielgedanke Gottes.* Mit dieser Erkenntnis ist der Gottesgedanke erst zum Abschluß gekommen[8]. Damit hat Luther die urchristliche Botschaft vom Reich Gottes wiederentdeckt[9]. In der Wiedergewin-

---

[6] I, 157   [7] I, 300

[8] I, 300. In diesen Gedanken Holls steckt sicherlich auch eine im Stillen vollzogene Auseinandersetzung mit dem Individualismus von Christoph Schrempf, dessen Bruch mit der Kirche Holl miterlebt hat.

[9] Mit dieser Aussage ist ein unmittelbarer Gegensatz Holls gegen die von Albert Schweitzer und der religionsgeschichtlichen Schule in Geltung gebrachte, rein eschatologische Auffassung des urchristlichen Reich-Gottesgedankens verbunden. Es dürfte sich in der weiteren neutestamentlichen Forschung herausstellen, daß Holl hier Luther folgend das Urchristentum richtiger verstanden hat, als die modische eschatologische Auffassung des Neuen Testaments es tut. Er

nung dieser Größe und in der Erkenntnis des Widerspruchs zwischen ihr und dem bestehenden Kirchentum besteht Luthers Bedeutung in der Geschichte des christlichen Gemeinschaftsgedankens. So bezeichnet Holl Luther als den »Erneuerer des christlichen Gemeinschaftsgedankens«[10]. Dabei haben ihm Disziplin und Praxis seines Ordens wesentliche Dienste geleistet[11]. Indem Luther seiner religiösen Erfahrung Allgemeingültigkeit zulegt, ist der einzelne aus der Isolierung seiner individuellen Erlebnisse herausgehoben und in die Gemeinschaft derer eingefügt, die durch die gleiche Erfahrung des Glaubens miteinander verbunden sind.

>»Der Gedanke der Allgemeingültigkeit geht jedoch bei Luther sofort über in den der *Gemeinschaft*«[12]. (I, 202)

Wenn Luther die Art und Weise beschreibt, wie Gott Gemeinschaft mit dem Menschen herstellt durch Gericht und Begnadigung, dann betont er dabei das Mittel, dessen sich Gott bei diesem Vorgang bedient: das ist das lebendige, ins Herz gesprochene und vom Herzen vernommene *Wort* als das Werkzeug göttlichen Handelns. Dieses Wort ist *das* Gnadenmittel der Kirche schlechthin, das schon in der Psalmenvorlesung dem Sakrament stets vorgeordnet wird und allein schon dadurch die Behauptung eines »katholischen Luther« widerlegt[13].

> gehört mit zum Wesen urchristlich-paulinischer Frömmigkeit, daß das kommende Reich Gottes in dem die Gemeinde schaffenden Geiste schon unmittelbar Gegenwart ist.

[10] Kl Schr, 62 f.   [11] I, 201 f.
[12] Dieser Satz aus dem Aufsatz über den Neubau der Sittlichkeit besitzt eine Fußnote, in welcher auf die Bedeutung dieser Erkenntnis für den Kirchenbegriff ausdrücklich hingewiesen wird: I, 202³
[13] Holl führt zahlreiche Belege aus Luther dafür an und bemerkt in dem Zusammenhang: I, 293⁰ »Hier bahnt sich bereits die Auflösung des Sakraments in das Wort an«. Es mag dies auch als die von Holl gleichsam vorweggenommene Antwort gelten auf die stark durch ökumenische Motive bestimmte These von K. A. Meißinger, Der katholische Luther, 1952, wonach Luther bis zum Thesenstreit in Tradition und Glauben der alten Kirche verhaftet gewesen sei.
  In seinem umfangreichen Werk: Mönchtum und Reformation, 1963, geht Bernhard Lohse auch auf Holls Beitrag zu Luthers Stellung zum Mönchtum ein (S. 204 f.) und beanstandet, daß Holl den angeblichen Widerspruch Luthers zwischen der inneren Überwindung des mittelalterlichen Mönchgedankens als einer ethisch-religiösen Sonderleistung schon in der 1. Psalmenvorlesung und der dann unverständlich positiven Würdigung im Taufsermon von 1519 (WA 2, 736,7 ff. = BoA 1, 194, 16 ff.) nicht bemerkt hat. Indessen bringt Lohse selbst dessen Lösung auf S. 362, indem er dort Luthers Eingliederung des Mönchtums in die Berufe der profanen Gesellschaft darlegt: »Das Mönchtum ist nicht anderes als irgendein ›Beruf‹, zu dem man sich entschließen kann.« Nichts

Mit der Erkenntnis der Allgemeingültigkeit der reformatorischen Grunderfahrung verbindet sich aber sofort die Beobachtung der Tatsache, daß das Evangelium nicht alle erfaßt, ja, daß die Mehrzahl der Menschen nicht glaubt. Durch die Predigt des Evangeliums vollzieht sich also eine *Scheidung.* Aber diese Scheidung wird nicht durch die Grenzen der äußerlich organisierten Kirche fixiert, sondern geht vielmehr mitten durch sie hindurch. Das Reich Gottes fällt nicht zusammen mit der vorhandenen empirischen Kirche. Denn viele, die äußerlich der Kirche angehören — und das waren in der Reformationszeit außer den notorischen Ketzern alle —, haben keinen Glauben. Sie gehören also auch nicht zur Kirche[14]. Aber für jeden von ihnen gilt ebenso, daß die Erweckung seines Glaubens die Existenz der wahren Kirche *voraussetzt,* durch deren Vermittlung ihn das Evangelium erreicht. Die religiöse Gemeinschaft ist immer *vor* dem einzelnen da. Im Verhältnis zu ihr ist der einzelne immer ein Empfangender. Aber er soll auch ein Gebender werden, der die Verpflichtung zur Weitergabe des religiösen Empfangenen an die vorhandene und heranwachsende Generation empfindet und wahrnimmt. So steht er in lebendiger Wechselwirkung mit ihr. Damit ist jeder religiöse Individualismus und erst recht jeder Egoismus unmöglich gemacht. Dies betont Luther mit besonderem Nachdruck, denn er sieht nur allzu deutlich, wie in der katholischen Kirche seiner Zeit alle Gemeinschaft nur dem eigenen Seligkeitsverlangen des einzelnen dient. Für ihn ist aber auch der »Seligkeitsegoismus« nur eine Abart des gewöhnlichen[15]. Doch ist ihm hier wiederum das Mönchtum eine Hilfe ge-

anderes als dies ist aber der Sinn der erwähnten Stelle im Taufsermon, so daß bei Luther kein Widerspruch vorliegt und Holl nichts übersehen hat.

[14] I, 295

[15] Vgl. Kl Schr, 64; I, 321. Holls Kritik des Seligkeitsegoismus trifft auch den Hauptzug des Puritanismus und des alten Pietismus. Eine Ausnahme innerhalb des Puritanismus bildet allein John Bunyan, dessen Autobiographie Holl als erster deutscher Theologe mit größter Aufmerksamkeit gelesen hat. (Vgl. Holl I, 438³ f., 442², 537¹). Bunyan schildert am Schluß seiner Autobiographie seine Empfindungen bei dem von ihm nicht grundlos befürchteten Tod am Galgen. Er erkennt, daß es seine Pflicht ist, für Christus zu sterben und doch ist es der souveränen göttlichen Gnade zu überlassen, ob sie ihn bei seinem Sprung von der Galgenleiter auffangen werde. Bunyan vergleicht dann seine eigene religiöse Verfassung mit dem Urteil, das Satan am Anfang des Hiobbuches fällt und sagt: ein dem Evangelium Glaubender müsse sich Gott so auf Gnade und Ungnade ergeben, daß ihn Satans berechtigter Vorwurf gegen Hiob, er diene Gott nicht umsonst, nicht treffe (vgl. die Übersetzung von E. Hirsch, Überreiche Gnade, 1966, 130). Bei dieser Gelegenheit sei gegenüber der früheren (vgl. oben S. 204³⁷) noch eine weitere Feststellung hinzugefügt. Bunyan erklärt

wesen. Es hat ihm in der Klostergemeinschaft mit ihrer gegenseitigen Erziehung und Förderung das anschauliche Modell einer solchen Seelengemeinschaft und eines entsprechenden seelischen Verkehrs geliefert. Aber Luther überträgt das Ideal des Basilius, die »Erneuerung der Urgemeinde, als einen Bruderbund zu gegenseitiger geistlicher Förderung und Unterstützung«, auf die ganze Kirche (I, 301)[16]. Es war kein Sonderideal für eine Elite, dem Durchschnitt unerreichbar, das er aufstellte, sondern es war diejenige Gemeinschaft, die allein dem Willen Gottes entsprach und die Bezeichnung christlich verdiente. Es war auch keine wirklichkeitsferne Phantasieschöpfung, sondern konkrete Wirklichkeit. Denn Gottes Wort wirkte und sammelte die Gemeinschaft[17]. Freilich war diese hier in der Welt niemals abgeschlossen, sondern im Werden, in der Entwicklung auf dieses Hochziel hin, genau wie der Christenmensch auch als Gerechtfertigter und von Gott Geheiligter dennoch immerdar ein Werdender blieb. Aber damit besaß Luther einen Maßstab, von dem aus er das bestehende Kirchentum kritisch beurteilen konnte.

2. Sichtbare und unsichtbare Kirche

Daß damit etwas Neues in der Geschichte der abendländischen Christenheit entstanden war, dessen Unvereinbarkeit mit dem Alten zu Tage treten mußte, liegt auf der Hand. Holl macht auf den tiefgreifenden Unterschied dieser neuen Gedanken zum bestehenden Kirchentum und zu dessen theoretischen Rechtfertigung in der Scholastik aufmerksam. Für diese war die persönliche Stellung des Einzelnen zur Kirche unwesentlich gegenüber seiner äußerlich-rechtlichen

---

in seiner Autobiographie, das größte Buch nach dem Neuen Testament sei Luthers Kommentar zum Galaterbrief und stellt fest, daß Luther die gleichen Erfahrungen gemacht habe wie er. (Vgl. a.a.O., 68 f.) Obwohl das Buch in England oft herausgegeben wurde, ist doch keinem Engländer die Frage gekommen, woher Bunyan den Galaterbrief-Kommentar Luthers kannte.

[16] Man kann die Reformation von diesem Gesichtspunkt als eine Säkularisation von Mönchsidealen verstehen.

[17] Man wird bei den pietistischen Gemeinschaftsbildungen des 17. Jahrhunderts wie bei Jean de Labadie als beherrschenden Gedanken stets dies finden, daß es gelte, die Urgemeinde wiederherzustellen (vgl. A. Ritschl, Geschichte des Pietismus I, 1880, 220 ff.). Man kann den Weg, den diese Gedanken von der Reformation zum Pietismus genommen haben, noch gut verfolgen: Luther wirkt auf Calvin, Calvin auf den englischen Calvinismus, insbesondere auf Thomas Cartwright (vgl. RGG[1] I, 1589), von da gehen die Einflüsse auf den pietistischen Separatismus. Der Hinweis mag zeigen, in welche historischen Zusammenhänge Holls Lutherdeutung eingebettet ist.

Zugehörigkeit; für Luther dagegen ist das Verbundensein des Glaubenden mit seinem Herrn das Entscheidende[18]. Diese lebendige innere Beziehung der Gläubigen zu Christus, der als das Haupt des corpus mysticum seine Glieder leitet und regiert und mit seinem Geist beseelt, entscheidet nach Luther über die Zugehörigkeit zur wahren Kirche. In der Scholastik dagegen ist, wie Holl an Thomas zeigt, der Fall denkbar, daß jemand als zur Kirche gehörig und als Glied am Leibe Christi angesehen wird, der es sein ganzes Leben nur der theoretischen Möglichkeit nach war. Eine wahre Gemeinschaft mit Christus ist danach nie zustande gekommen. Im Tode erlischt dann auch die Möglichkeit, von der er niemals Gebrauch gemacht hat. Von Menschen dieser Art sagt Thomas:

> »qui tamen ex hoc seculo recedentes totaliter *desinunt* esse membra Christi, quia iam nec sunt in potentia ut Christi uniantur«. (I, 295⁰)

Hierzu bemerkt Holl:

> »Also waren nach Thomas auch die Ungläubigen doch während ihres Lebens gewissermaßen *Glieder Christi!*
> Eine derartige Anschauung mußte ihm als eine Unwahrheit, als eine Veräußerlichung des Verhältnisses zu Christus erscheinen«. (I, 299)

Es ist dies das Kriterium für die richtige Beurteilung dessen, was Luther unter »christlichem Körper« versteht. Diese Frage wird in Kürze näher behandelt werden. (Vgl. unten S. 258 f.) Sie muß aber von *diesem* Punkt der Gesamtanschauung Luthers aufgerollt werden.

Ist das Wesentliche dieses Kirchenbegriffs die Gemeinschaft des Gläubigen mit Christus, so ist deutlich, daß es sich hierbei nicht um einen rechtlich organisierten Verband handeln kann, sondern um eine geistig-seelische Verbundenheit persönlicher Art. Derartige Beziehungen und Verhältnisse sind aber so beschaffen, daß sie nicht sinnlich wahrnehmbar sind. *Insofern ist die Kirche unsichtbar*. Denn der Glaube ist kein äußerlich feststellbarer Tatbestand, sondern eine Angelegenheit des Herzens. Ich kann aber niemandem ins Herz sehen; das kann nur Gott. Insofern kennt auch nur er die Seinen.

Holl leugnet nicht, daß Luther in diesem Punkt auch von *Augustin* gelernt hat. Aber er betont mit Nachdruck, daß er über ihn hinausgegangen ist und daß sein Kirchenbegriff die Mängel des augustinischen überwunden hat. Übernommen hat er von ihm die Unterscheidung von sichtbarer katholischer Kirche und dem unsichtbaren Kreis der nur Gott bekannten Erwählten und Bekehrten. Aber er löst die beiden Probleme, an denen Augustin gescheitert war. Er vermag die

---

[18] I, 98

Zusammenhanglosigkeit zwischen dem ewigen Erwählungsratschluß Gottes und dem einzelnen auf der einen und die Beziehungslosigkeit der Erwählten untereinander auf der andern Seite zu beseitigen, indem er das verkündigte Evangelium als diejenige Größe begreift, die als geschichtliche Potenz die Verbindung sowohl zwischen Gott und dem einzelnen als auch zwischen den Menschen untereinander herstellt. Ihm gelingt dadurch, was Augustin nicht vermocht hatte, nämlich die sichtbare und unsichtbare Kirche miteinander in Beziehung zu setzen[19]. Bei näherem Nachdenken über den Grund des Versagens Augustins wird man entdecken, daß sein Begriff der sakramentalen Gnadenwirkung das Evangelium der konstitutiven Bedeutung für die Herstellung der wahren christlichen Gemeinschaft beraubt. Eben allein wenn das Glauben heischende Wort des Evangeliums dem Sakramentalen übergeordnet wird als das allein Entscheidende, ist der Zusammenhang in Luthers Kirchenbegriff überzeugend.

Es leuchtet ein, daß Holl damit die von Max Weber übernommenen Begriffe, die Troeltsch zur Deutung von Luthers Anschauungen über die Kirche verwendet, ablehnen muß. Troeltsch hatte behauptet, daß Luthers Vorstellungen sich grundsätzlich nicht von denen der katholischen Scholastik unterscheiden. Beide stimmen darin überein, so erklärt er, daß sie die Kirche als *Anstalt* verstehen im Gegensatz zur Sekte. Während diese den persönlichen Entschluß und die persönliche Beteiligung des einzelnen voraussetzt, ist jene eine universale, auf Massenwirkung berechnete Organisation mit objektiv wirkenden Gnadenmitteln[20]. Holl zeigt zunächst, daß diese Unterscheidung geschichtlich unhaltbar ist. Denn weder lassen sich die großen Sekten der Kirchengeschichte, angefangen von den Donatisten bis zu den Hussiten nach diesem Schema verstehen, da sie alle eindeutig Anstaltscharakter besitzen, noch paßt Luthers Kirchenbegriff zu jener soziologischen Kategorie der Anstalt. Es stimmt außerdem nicht, daß eine kleine religiöse Gruppenbildung, wie sie bei den Sekten erfolgt, bessere Möglichkeiten für die persönliche Durchbildung des einzelnen bietet, wie Troeltsch das behauptet. Die Geschichte lehrt vielmehr, daß kleine Gruppen ebenso leicht bei der Beobachtung von Äußerlichkeiten landen können, während die Großkirchen zu allen Zeiten große, schöpferische religiöse Persönlichkeiten hervorgebracht haben. Der von Weber und Troeltsch verwendete Sektenbegriff zeigt zu deutlich, daß er den Sektenbildungen der eng-

[19] Kl Schr 65; I, 304 f.
[20] Troeltsch, Ges. Schr. I, 488 ff.

lischen Revolution entnommen ist; und Kirche als Anstalt paßt nicht für das, was Luther unter Kirche verstand[21]. Luthers religiöser Gemeinschaftsgedanke *muß* dem widersprechen, weil das *Wort* den personhaft-freiwilligen Charakter der Gemeinschaft sowohl zwischen Gott und dem Menschen als auch der Gläubigen untereinander betont. Nicht so, daß der einzelne ohne sein Zutun in eine Anstalt hineingeboren wird, entsteht die Kirche, sondern dadurch, daß Gottes lebendige Rede das Herz trifft und Glauben weckt. Und allein dadurch, daß dies fortgesetzt bei vielen vor sich geht und diese dadurch miteinander verbunden werden, entsteht die Gemeinschaft, die Luther im Sinn hat, wenn er von Kirche redet. Troeltschs Gedanke einer Kirche als Anstalt auch ohne die dazugehörigen Personen wäre für Luther nach Holls Auffassung eine nicht nur widersinnige, sondern gottlose Idee gewesen (vgl. I, 297³). Gottlos deshalb, weil, wie das von Holl in dieser Fußnote gebrachte Lutherzitat beweist, Gottes Wort nicht ohne Wirkung bleiben d. h. nicht ohne die durch ihn gesammelte Gemeinschaft gedacht werden kann[22]. Will man das in Abrede stellen, so spricht man damit Gott die schöpferische Kraft ab, sich sein Reich durch sein Wort zu bauen. Allerdings vermag das nur der Glaube zu sehen, und deshalb ist die Kirche für die Augen der Welt verborgen und unsichtbar[23]. Der Mangel der soziologischen Kategorien von Troeltsch besteht darin, daß sie ihm nicht erlauben, zwischen sichtbarer und unsichtbarer Kirche zu unterscheiden.

Luthers Kirchenbegriff steht aber auch im Gegensatz zur *Bekenntniskirche*[24], wie sie sich unter dem Einfluß von Romantik, Erweckung

---

[21] Vgl. die ausführliche Auseinandersetzung I, 244⁰

[22] Das Jesaja-Zitat wurde von Holl im Kolleg als grundlegend für Luthers Kirchenbegriff bezeichnet. Die äußere Christenheit ist daher nicht deshalb Kirche, weil sie von Gott gestiftet wäre, sondern weil in all dem das lebendige Wort des Evangeliums wirksam ist. Wo das Evangelium von Christus verkündet wird, da wird die innere Kirche unter der Decke der äußeren geboren. Die Augustana-Formel (CA VII) ist in dieser Hinsicht unvollkommen, weil die Spendung der Sakramente nichts anderes sein kann als ein docere des Evangeliums.

[23] I, 296 f.

[24] Man übersehe nicht, daß Holls Polemik gegen den Begriff der Bekenntniskirche noch nicht die Erscheinungen im Auge haben konnte, welche seit 1933 uns unter dem Begriff der »Bekennenden Kirche« bekannt geworden sind. Eigentümlich für diesen neuen Begriff ist nämlich zweierlei: einmal die Indifferenz gegen das Bekenntnis als *Sinninhalt* und die ausschließliche Konzentration auf das Bekennen als *Akt*. Aus dieser Eigenheit ergibt sich das Paradoxe, daß gerade die Bekennende Kirche weitgehend indifferent geworden ist gegen

und Konfessionalismus bildet. Es verlohnt sich, Holls Gedanken hierüber heute wieder in Erinnerung zu bringen. In seiner Schrift über »Die Bedeutung der großen Kriege für das religiöse und kirchliche Leben innerhalb des deutschen Protestantismus« 1917 hat Holl das ausgeführt[25]. Danach dominiert wieder der Anstaltscharakter der Kirche, die unter dem Einfluß einer bestimmten Rechtsanschauung und einer neuerwachenden religiösen Stimmung nicht mehr das lebendige Evangelium, sondern das Bekenntnis als die Grundlage der Kirche ansieht und es als ihre von Gott gestellte Aufgabe versteht, unabhängig von den Einzelnen der Welt gegenüber dieses Bekenntnis zu bezeugen. Daß dies einen Abfall von der reformatorischen Auffassung darstellt, zeigt das Bild, das Luther und Calvin von der Bekenntniskirche entwerfen, wenn sie darunter eine Gemeinde persönlich Glaubender verstehen, die ihr Ja zum Glauben der Gesamtheit in freier innerer Zustimmung aussprechen. Auch hier erscheint wieder der für Holl entscheidende Begriff der »Personengemeinschaft« als eine freie, innere Verbundenheit der vom Evangelium Ergriffenen im Glauben und in der Liebe als bestimmend für die religiöse Auffassung der Kirche. Hinter diesem Ideal aber bleibt nicht nur die Forderung einer Bekenntniskirche, sondern auch Schleiermachers Vorstellung zurück. Für diese entsteht die Kirche durch den freiwilligen Zusammentritt der Wiedergeborenen d. h. er kann sie nur als ein Aggregat von Einzelnen verstehen zum Zweck eines geordneten Aufeinander- und Miteinanderwirkens[26]. Holl macht ihm den Vorwurf, von Luther nichts gelernt zu haben[27]. Nicht nur Schleiermacher, sondern die ganze Zeit hatte verlernt, was die Kirche nach reformatorischer Auffassung sein sollte. Die unsichtbare Kirche fristet ihre Existenz nur noch in der Dogmatik, und die Verbindung von sichtbarer und unsichtbarer Kirche ist zerrissen[28].

> die eigentümlich scharfe, von Luther gefundene reformatorische Ausprägung des Sinngehaltes des Evangeliums. Sodann ist eigentümlich geworden für die Bekennende Kirche, daß vom Bekennen der Begriff der *Nachfolge* als für die Kirche konstitutiv in Anspruch genommen wird. Hier droht die Gefahr, daß die Nachfolge Jesu zumal als Stellungnahme in aktuellen Gegenwartsfragen den Glauben an das Evangelium aus der für Luther entscheidenden Stellung verdrängt. Somit würde auch der Begriff der Bekennenden Kirche sich als eine dem Geist Luthers fremde Neubildung erweisen. Doch müßte die Polemik von Luther her ganz andere Wege gehen als Holls Kritik des alten Ideals der Bekenntniskirche.

[25] III, 370 f.
[26] Vgl. Glaubenslehre § 115
[27] III, 373   [28] III, 374

Der Gegensatz seines neuen religiösen Gemeinschaftsideals zu der bestehenden organisierten Kirche ist natürlich auch dem Reformator selbst nicht verborgen geblieben. Er ist ihm aufgegangen, seitdem dieses Ideal in seinen Gedanken Gestalt gewonnen und erstmalig in der 1. Psalmenvorlesung Ausdruck gefunden hatte. Sehr deutlich ist hier schon die Kritik an der kirchlichen Hierarchie ausgesprochen. Aber es bleibt bei der Spannung, ohne daß die Verbundenheit mit ihr sich löst. Der Versuchung, sein Ideal in der Gestalt einer heiligen Gemeinde zu verwirklichen und sich damit als Sekte von der Großkirche zu trennen, hat er schon jetzt wie auch später immer widerstanden[29]. Man darf es vielleicht als einen Mangel bei Holl bezeichnen, daß er nicht sieht, wie die Spannung zwischen Ideal und Wirklichkeit der Kirche von Luther religiös reflektiert wird dahin, daß das Leiden unter der Kirche mit zu dem Kreuz gehört, das der Christ zu tragen hat. Die Verwerfung des Sektengedankens in der 1. Psalmenvorlesung empfängt ihre letzte Tiefe dadurch, daß der Sektierer als einer erscheint, der unter den Mängeln der Kirche nicht leidet d. h. das Kreuz nicht ganz tragen möchte. Dieser in der 1. Psalmenvorlesung sehr deutliche Unterton ist von Holl nicht mitreflektiert. Die Gefährlichkeit des Gedankens, daß Leiden unter den Kirche mit zum Kreuz zu rechnen sei, wodurch man seinen Glauben bewährt, zeigt sich an den tieferen Gestalten der quietistischen Mystik und des Jansenismus (Pascal).

Aber damit war doch eine Frage gestellt, die vorerst offen blieb und welche die Zukunft beantworten mußte. Was würde geschehen, wenn die Kirche sich dem von Luther wiederentdeckten Evangelium verschließen würde? Dann schien der Bruch unvermeidlich. Damit hat Holl den Tatbestand der 1. Psalmenvorlesung analysiert. Das Ergebnis faßt er so zusammen:

»*Das ist ein vollkommen fertiger, in sich abgerundeter Gedankenzusammenhang. Es ist derjenige Kirchenbegriff, den Luther zeitlebens vertreten hat*«. (I, 298 f.)

»Denn sie (scil. die Lehre von der unsichtbaren Kirche) war fertig, seitdem er sie zuerst entworfen hatte«[30]. (I, 312³)

---

[29] I, 303

[30] Bei allen Analogien, die sich darbieten, wenn man den frühen Luther mit der Mystik und ihrem Verhältnis zur Kirche vergleicht, darf nicht vergessen werden, daß alle diese Analogien in einem bestimmten Punkt ihre Grenze finden. Die Mystiker bestimmen den Gegensatz zwischen dem äußeren Kirchentum und der wahren mystischen Gemeinschaft mit Christus so, daß er als Gegensatz von niedriger, billig zu habender und hochgestimmter, um das Letzte ringen-

Nach dieser Grundlegung gibt er in den folgenden drei Abschnitten eine Übersicht über die Entwicklung vom Thesenanschlag bis zum Wormser Reichstag und zeigt die Folgerungen, die Luther aus seiner Erkenntnis zieht. Bis zum Jahre 1517 verschärft sich zwar die Spannung, aber es kommt nicht zum Bruch[31]. Es bedurfte eines besonderen Anlasses, um diesen Schritt herbeizuführen. Dieser Anlaß sollte nicht ausbleiben. Er zwang ihn, im verneinenden wie im aufbauenden Sinne seinen Grundgedanken weiter zu entfalten. Zunächst, in kritisch-polemischer Hinsicht, lehnt Luther das Recht der Hierarchie ab, das persönliche Gottesverhältnis des einzelnen zu bestimmen. Die eigene innere Auseinandersetzung mit dem über ihn ausgesprochenen Bann fordert ihn dazu auf[32]. Das bedeutet ein Auseinanderrücken der sichtbaren und unsichtbaren Kirche in dem Sinne, daß die irdisch verfaßte hierarchische Kirche der übrigen weltlichen Obrigkeit gleichgestellt wird. Sie verliert ihren Anspruch, unmittelbar den Willen Gottes zu vertreten und damit die Würde einer sakralen Größe in der profanen Welt. Ihr Besitz ist das Evangelium, nicht mehr und nicht weniger. Und da das Evangelium eine Botschaft darstellt, so können auch seine Diener nicht mehr als Boten sein, ohne Unterschied mit demselben Auftrag versehen. Die Diskrepanz zwischen sichtbarer und unsichtbarer Kirche tritt aber offen zu Tage, wenn die Frage beantwortet werden soll, ob der Papst als Statthalter Christi die unsichtbare Kirche regieren kann, deren Haupt Christus bleibt. Sie kann nur verneint werden, denn kein Mensch vermag im andern jenes Leben in Geist und Glauben zu entzünden, das durch Jesus in die Welt gekommen ist, und keiner kann ihm auch in sein Herz und Gewissen blicken. Das Papsttum bleibt eine de jure humano bestehende Größe in der Christenheit, der man Gehorsam schuldet wie auch sonst der weltlichen Obrigkeit.

der, geisthafter Frömmigkeit näher erklärt wird. Bei Luther hingegen ist es der Gegensatz von einer durch Sakrament, Recht und Sitte bestimmten Gemeinschaft zu einer allein aus dem Glauben an das Evangelium entspringenden Gemeinschaft. Achtet man auf diesen Unterschied, so verflüchtigen sich die Analogien, die man auftreiben kann, meist weitgehend in das Gebiet äußerlicher sprachlicher Gemeinsamkeiten hinein. Es ist aber Luthers Eigenart, daß er das Neue, das ihm aufgeht, mit Hilfe der aus der Überlieferung dargebotenen Worte und frommen Kategorien auszudrücken versucht. Diese Eigenschaft benutzt die jüngste Lutherforschung, um den wesenhaften Unterschied der Reformation gegen das Mittelalter und gegen die Mystik zu verdunkeln. Sie begibt sich damit aber auf einen Irrweg.

[31] I, 308
[32] I, 313

Seit der Leipziger Disputation hat Luther sich dann mit dem notwendig werdenden kirchlichen Neubau aus seinen Voraussetzungen beschäftigt. Die Leipziger Disputation bringt sachlich nichts Neues. Luther entdeckt in ihr gleichsam zu seiner eigenen Überraschung, daß er auch die neben dem Kurialismus vorhandene Möglichkeit, die höchste Lehrinstanz zu bestimmen, verneint, d. h. die Irrtumsfähigkeit der Konzilien behauptet und auf das Konstanzer Konzil anwendet. Dadurch wird die in seinem Kirchenbegriff liegende Entwertung des äußeren Kirchentums scharf sichtbar und zwar so, daß auch Luther selber begreift, daß er nunmehr an dem Punkt angelangt ist, wo es keine Versöhnung mehr gibt. Die von ihm zunächst gezogene Folgerung ist allerdings nicht der Kirchenbruch, sondern die Bereitschaft, das Martyrium für das Evangelium zu erleiden (Glossen des Hebräerbrief-Kommentars, herausgegeben von Hirsch-Rückert, 1929, 77 f. und 98 f. = WA 57 Hebräerbrief Glossen, 71 f. und 89 [der martyr designatus]). Es ist jedoch das Wunderbare, daß Luther aus dieser Prognose nicht den Verzicht auf Predigen und Handeln in der Kirche ableitet, sondern daß er umgekehrt zu zeigen sucht, wie man eine das Evangelium besitzende Kirche in verschiedenen Punkten neu aufbauen sollte. Aus seiner Anschauung von der unsichtbaren Kirche entwickelt er positive Richtlinien für die Gestaltung der sichtbaren. Der Kerngedanke ist der des *allgemeinen Priestertums*. Auch er ist im Grunde nichts anderes als die folgerichtig zuendegedachte Rechtfertigungslehre. Denn wenn Gott unmittelbar mit dem Menschen verkehrt durch die Anrede des Evangeliums und der Mensch darauf antwortet mit dem Glauben an das in dieser Anrede ihm Zugesagte und im Vertrauen auf die Wahrhaftigkeit Gottes, dann werden alle Zwischenschaltungen zwischen Gott und dem menschlichen Herzen überflüssig. Ist das der Fall, dann besitzt jeder Christ auch alle Rechte des priesterlichen Standes in vollem Umfang und steht keinem im Amt befindlichen Geistlichen nach[33]. Allerdings ist er damit noch nicht zu ihrer Ausübung in der

---

[33] In der heutigen römischen Kirche ist es üblich geworden, die innere Beteiligung des die Messe hörenden Laien am Opferakt des Priesters unter den Begriff des allgemeinen Priestertums zu stellen. Es handelt sich dabei um ein abgeschwächtes Teilhaben der Laien am *Opfer*priestertum. Luthers Idee des *allgemeinen* Priestertums verneint gerade die im römischen Begriff festgehaltene Unterscheidung des den Sakralakt vollziehenden Vollpriesters von dem an ihm nur abgeschwächt beteiligten Laien. Das allgemeine Priestertum im Sinne Luthers bedeutet, daß es *Priester im besonderen Sinn* innerhalb der Christenheit überhaupt nicht gibt. Der Kampf der englischen Sekten gegen den

Gemeinde berechtigt. Dazu bedarf es erst der besonderen Beauftragung durch die Gemeinde. Damit ist der Ansatzpunkt in der sichtbaren Kirche gefunden, von dem aus eine organisatorische Neugestaltung durchgeführt werden kann. Denn ist das allgemeine Priestertum nach Luthers Verständnis der Besitz aller geistlichen Rechte und geschieht deren öffentliche Ausübung durch den ordnungsgemäßen Auftrag der Gemeinde, dann bedeutet dies ein *Verfassungsprinzip*[34], das die Grundlage der neuen Ordnung bildet. Das bedeutet aber auch eine totale Veränderung des Verhältnisses, in dem der einzelne Christ zu seiner Kirche steht. War er bisher in der strengen Scheidung von Geistlichen und Laien in seinem Christenstand unselbständig und abhängig von den priesterlichen Mittlerfunktionen, so bildet die Gemeinde der Gläubigen

»... jetzt nicht mehr eine Herde von Unmündigen, sondern eine *Gemeinschaft von Selbstbefugten und Urteilsberechtigten*«. (I, 319)

Die Grundstruktur der Kirche ist durch die neue Verhältnisbestimmung von sichtbarer und unsichtbarer Kirche eine andere geworden. Das evangelische Christentum setzt eine Haltung der Freiheit, Eigenständigkeit und Selbstverantwortung voraus, die dem katholischen Christentum unbequem und gefährlich erscheinen muß. In dem jedem Christenmenschen von Luther ausdrücklich zugesprochenen Recht der Kritik gegenüber jeder kirchlichen Autorität und jedem Anspruch auf geistliche Leitung ist ein Sprengstoff enthalten, der für jedes verfaßte und organisierte Kirchentum bedrohlich werden kann. Luther hatte selbst ausgiebig Gelegenheit, sich davon zu überzeugen. Dennoch ist er niemals unsicher geworden in diesem Punkt. Holl formuliert sehr schön den Grundsatz, der für ihn dabei maßgebend war und den er schon in der Römerbriefvorlesung ausgesprochen hat, daß nämlich jede Gemeinschaft nur nach ihren besten Vertretern zu beurteilen sei[35]. Damit bleibt evangelisches Christentum abhängig von dem Vorhandensein lebendiger, freier und kirchlich verantwortlicher Gemeindeglieder. Auch in diesem rein prak-

---

Pseudoklerikalismus der Anglikanischen Kirche ist von Luthers Begriff des allgemeinen Priestertums her gesehen legitim. Die Verwendung dieses Begriffs in der römischen Kirche ist ein Beispiel dafür, wie dort viele reformatorische Kategorien angeeignet, aber in anderem Sinne gebraucht werden.

[34] Holl stellt das ausdrücklich fest gegen die spiritualistische Interpretation Riekers in dessen Werk »Die rechtliche Stellung der evangelischen Kirche Deutschlands«, 1893, 79, der das allgemeine Priestertum lediglich als religiöses Prinzip verstehen will; vgl. I, 318[5].

[35] I, 309[4]; I, 319

tischen Sinn gilt die Erkenntnis Holls, daß die Rechtfertigungslehre die Voraussetzung für den Kirchenbegriff darstellt. Nur wo die Kirche die Vollmacht besitzt, Menschen durch die Predigt des Evangeliums zu gewinnen und durch ihre Erziehung innerlich zu prägen, kann jene Gemeinschaft von Christenmenschen in dem Zugleich der Freiheit von allen gesetzlichen Autoritäten und kirchlichen Machtansprüchen und der Freudigkeit zur Mitarbeit an den Aufgaben des kirchlichen Lebens entstehen[36]. Soweit der Katholizismus Ähnliches entwickelt hat oder zu entwickeln im Begriff ist, da ist es wie so vieles andere vom Protestantismus stillschweigend übernommen. Wo es dem evangelischen Kirchentum daher nicht gelingt, durch das opus proprium solche Menschen in genügender Zahl zu erzeugen, degeneriert es zu einem Gebilde, aus dem das wahre innere Leben entflieht und wo kirchlicher Bürokratismus und synodale Betriebsamkeit eine Scheinlebendigkeit vortäuschen. Die große Indifferenz der Massen wird dadurch nicht beseitigt. Es bleibt bemerkenswert, daß Luther trotz dieser hohen Anforderungen nicht irre geworden ist an seinem Ja zur Volkskirche. Trotz aller knickenden Erfahrungen hat er sich aber auch nicht bereitgefunden, Abstriche zu machen und das Niveau zu senken. Er hat die Volkskirche bejaht und die Sekte abgelehnt[37].

Er konnte das, weil er sowohl eine klare Vorstellung von dem Verhältnis der sichtbaren zur unsichtbaren Kirche besaß, als auch die Rolle des Staates hierbei sorgfältig durchdacht hatte. Die Beleuchtung dieser Zusammenhänge bringt erst Luthers Gedanken über die Kirche zum Abschluß. Auch sie erfolgt bereits in der Zeit bis zum Wormser Reichstag, und sie stellt ebenfalls einen totalen Bruch mit der Überlieferung dar. Das Ganze des sozialen Kosmos wird so gegliedert, daß die politisch-gesellschaftliche Wirklichkeit aus der kirchlichen Bevormundung gelöst und auf die eigenen Füße, damit aber auch unter die eigene Verantwortung gestellt wird[38]. Ihr steht die empirische Gestalt der sichtbaren Kirche gegenüber, die als einziges Organisations- und Verfassungsprinzip das allgemeine Priestertum be-

---

[36] Die Entdeckung des »mündigen Laien« in der Theologie unserer Tage ist also nur eine Wiederentdeckung des reformatorischen allgemeinen Priestertums aller Gläubigen.

[37] I, 324 f. Das schließt nicht aus, daß Luther die hier von ihm als unentrinnlich auf sich genommene Spannung zwischen der Idee einer evangelischen Kirche und ihrer Wirklichkeit lebenslänglich schwer empfunden hat. Man vergleiche nur die Szene des Jahres 1530, wo er in einem Augenblick der Verzweiflung den Wittenbergern die Predigt des Evangeliums aufsagt. Vgl. Köstlin, Martin Luther, Sein Leben und seine Schriften⁵ 1903 II, 152 f.

[38] I, 323

sitzt. Beide Größen sind einander gleichgeordnet und *beide dienen, jede auf ihre Weise dem Reiche Gottes,* das beiden, also auch der sichtbaren Kirche, übergeordnet bleibt. Damit ist die mittelalterliche Auffassung in doppelter Weise durchbrochen. Denn einmal dient der Staat jetzt nicht mehr der sichtbaren, sondern der unsichtbaren Kirche, dem Reich Gottes[39]. Sodann hat der Staat ein positiv religiöses Ziel erhalten: er soll in der Aufrechterhaltung der Ordnung die Voraussetzungen liefern für die Existenz der christlichen Gemeinschaft der Liebe, der Freiwilligkeit und Selbsthingabe, welche ohne diesen staatlichen Schutz jeder Willkür und Bosheit preisgegeben und damit zum Untergang verurteilt sein würde. Er bekommt damit die Aufgabe der Erziehung zur Gerechtigkeit und zur Gemeinschaft[40]. Es sind väterliche Funktionen, die auf ihn übertragen werden und in denen er die Verwirklichung des Reiches Gottes auf diese Weise fördert und unterstützt[41]. Damit ist die naturrechtliche Deutung des Staates im Sinne von Weber und Troeltsch, die ihn bei Luther im wesentlichen aus der Sünde hergeleitet sehen und die Handhabung der Gewalt zur Kontrolle der Sünde als seine eigentliche Aufgabe verstehen, abgelehnt. Die Reformation hat nach Holls Überzeugung die naturrechtliche Auffassung des Sozialen, soweit sie im Mittelalter vorhanden war, gerade verneint und durch eine Betrachtung ersetzt, *die dem christlichen Ethos entnommen ist*[42]. Für das Recht der Obrigkeit ist die Ableitung aus dem 4. Gebot bei den Reformatoren evident. Dadurch wird der Staat nicht Selbstzweck, sondern bleibt bezogen auf das Reich Gottes[43]. Er behält diese Stellung, weil die Menschheit niemals ganz christlich wird und weil aus dem christlichen Liebesgebot keine Ordnung für die Gestaltung der ganzen Gesellschaft ableitbar ist. An dieser Stelle erhebt sich die ernste Frage, ob Luthers Auffassung des Staates trotz der Betonung seiner Weltlichkeit und vieler moderner Einzelzüge heute noch Geschichtsmächtigkeit haben kann. Durch den Radikalismus der englischen Revolution ist der an sich aus Luther entnommene Gedanke von der Weltlichkeit und Menschlichkeit der staatlichen Ordnung übersteigert worden zu dem Gedanken eines gegen das Christliche völlig neutralen Staates. Dieser nicht bloß wie bei Luther weltliche und menschliche, sondern in seinen Trägern religiös völlig indifferente Staat ist gegenüber dem Reformationszeitalter eine Neubildung.

[39] I, 481   [40] I, 482
[41] Vgl. Paul Althaus, Die Ethik Martin Luthers, 119
[42] I, 483, Vgl. im vorigen Kapitel S. 210 ff.
[43] I, 481

Von hier aus muß man den Streit zwischen Holl und Gogarten über Luthers Verhältnis zu Recht und Staat verstehen. Gogarten macht zweifellos Gesichtspunkte geltend, welche der Moderne selbstverständlich sind. Sein Unrecht ist dies, daß er diese Betrachtung in Luther zurücktransponiert. Das ist für Luther nur halb wahr. Soweit es sich daher um Interpretation Luthers handelt, dürfte Holl im wesentlichen gegen Gogarten recht behalten.

Nach Luther stehen staatliche Ordnung und organisiertes Kirchentum nicht beziehungslos nebeneinander, sondern sind miteinander verbunden durch *lebendige Menschen,* die Glieder in beiden sind. Es ist dies der Punkt, der Luthers christliche Sozialidee am tiefsten scheidet von allen theokratischen Vorstellungen alter und neuer Art, in denen stets ein Verhältnis der Unterordnung des Weltlichen unter das Geistliche vorgenommen wird. Dabei macht es keinen großen Unterschied, ob es sich dabei um die direkte Unterwerfung der weltlichen Gewalt unter die hierarchische Autorität wie im Mittelalter oder um den Anspruch der Leitung der gesamten Gesellschaft durch die jeweilige autoritäre Interpretation des Naturrechts durch das unfehlbare kirchliche Lehramt wie im modernen Katholizismus handelt. Entscheidend ist das grundsätzliche Verhältnis, nach welchem das Ganze der weltlichen Sozialordnungen der Autorität des Kircheninstituts unterworfen wird. Dasselbe wiederholt sich in abgewandelter Gestalt, wenn die Autorität der hierarchischen Institution auf evangelischer Seite ersetzt wird durch den Begriff der »Herrschaft Christi« über die Welt und damit auch über die Gesellschaft[44].

---

[44] Diese Vorstellungen unterscheiden sich von den katholischen Ideen nur durch ihre begriffliche Verschwommenheit und ihre praktische Wirkungslosigkeit. Sie haben mit dem Katholizismus die christologische Grundlage gemeinsam, nach welcher der auferstandene und erhöhte Christus seine Herrschaftsfunktionen über die Sphäre der Innerlichkeit hinaus ausdehnt auf das staatlichgesellschaftliche Leben und dafür auch die sichtbare organisierte Kirche benutzt. Da dem evangelischen Christentum aber die feste hierarchische Organisation fehlt, welche die unentbehrliche Voraussetzung für jede weitergreifende Einflußnahme auf den Gesellschaftskörper bildet, bleibt es bei akademisch-theologischen Behauptungen und allenfalls kirchenpolitischer Gruppenbildung.

Die christologische Gemeinschaft mit dem Katholizismus ist verräterisch. Sie macht die Absage an Luthers theologia crucis offenkundig. Hier herrscht der an das Kreuz erhöhte Christus durch den unbeugsamen Gehorsam gegen den Willen des himmlischen Vater in wehrloser Hingabe über die widergöttlichen Mächte Sünde, Tod und Teufel. Als der einsam Sterbende, welcher der Macht der politischen und hierarchischen Gewalten erliegt, wird er in paradoxer Umkehrung das Bild der allgewaltigen göttlichen Liebe, die das Herz bezwingt und den Menschen zum Glauben überwindet. Dies alles muß rückgängig ge-

Holl hat seinerseits stets daraufhingewiesen, daß das Reich Gottes bei Luther der höchste, allen übergeordnete Begriff zur Beurteilung der menschlich-geschichtlichen Gesellschaft bleibt. Daher finden diejenigen Theologen, welche den katholisierenden Begriff der Königsherrschaft Christi aufnehmen, sogar in Holls Lutherbuch Belege, die sie meinen brauchen zu dürfen. Es wird hier jedoch folgender Unterschied übersehen. Bei Luther ist der einzige, die Überordnung begründende Gedanke die Vollmacht des Evangeliums, Glauben in den Menschen zu entzünden. Die Königsherrschaft Christi bleibt also eine rein vom Geheimnis des göttlichen Geistes getragene verborgene Gewalt des Wortes Gottes. Wo Kirchentümer oder einzelne menschliche Gemeinschaftsbildungen anfangen wollen, die Überordnung des Reiches Gottes als Königsherrschaft Christi zu einem politischen Programm zu machen, tritt an die Stelle der Hoheit des Glauben entzündenden Evangeliums das menschliche Werk. Auch die Nachfolge Christi wird etwas Verkehrtes, wenn sie als ein Menschenwerk sich anmaßt, das zu verwirklichen, was allein das

macht werden, wenn Auferstehung und Erhöhung als Proklamation einer »Herrschaft über die Welt« verstanden werden. Es liegt auf der Hand, daß von einer derartigen »Herrschaft über die Welt« konkrete Folgerungen für die praktische Sozialgestaltung in der Welt gezogen werden müssen, d. h. es kommt dabei wieder auf die »Verchristlichung« der Welt hinaus, die Luther gerade abgelehnt hat. Da aber den modernen Kirchentümern trotz ihrer beachtlichen, wenn auch nicht unangefochtenen Stellung in der pluralistischen Gesellschaft so gut wie alle unmittelbare praktisch-politische Macht abgeht, um ihre Ideen durchzusetzen, bleibt nur das Bündnis mit gleichgerichteten Gruppen übrig. Das Fatale an dieser Mesallianz besteht einmal darin, daß derartige Gruppen religiös meist völlig uninteressiert oder gar feindselig eingestellt sind und die Kirche nur für ihre politischen Ziele verwenden. Sodann bleibt bei allen solchen Verbindungen die Frage unbeantwortet, wieso diese profanen Verbände in der Gesellschaft auf die gleichen sozialen Ziele und Forderungen *ohne* den »Herrschaftsanspruch Christi« gekommen sind. Durch nichts mehr als durch einen solchen Schritt kann die Entbehrlichkeit der christlichen Sozialethik deutlicher unter Beweis gestellt werden, als daß sie mit religiöser Etikettierung die sozialen Pläne und Forderungen außerkirchlicher Gruppen glaubt wiederholen zu müssen. Nach Luthers Auffassung vollzieht sich die Herrschaft des auferstandenen Christus allein in den Herzen der Gläubigen. Der Verfasser ist sich bewußt, daß er mit diesen Sätzen eine Beziehung auf Gegenwartserscheinung herausarbeitet, die in Holls Lutherdarstellung nicht vorhanden ist. Er meint jedoch, daß diese erweiternde Interpretation auch Holls Lutherauffassung beleuchtet und er hält sie vor allem deswegen für nötig, weil aus den hier kritisierten Umbiegungen des lutherischen Ethos unberechtigte Vorwürfe gegen Holls Lutherdarstellung abgeleitet worden sind. (Vgl. z. B. Ernst Wolf, Die Königsherrschaft Christi und der Staat in Theol. Ex. NF 64 1958, 51 f.)

Evangelium aus Gottes verborgener Hoheit im Glauben zu schaffen vermag. Der Fehler bei diesem Gebrauch der Königsherrschaft Christi ist der, daß Christus wieder wie im Mittelalter und im römischen Kirchentum durch menschliche Organisation und Gruppenbildungen eine reelle äußere Macht wird, während er bei Luther allein im Geheimnis des Glaubens regiert.

Der tiefe Gegensatz von Luthers Sozialideen zu allen derartigen theokratischen Idealen besteht darin, daß er jeden unmittelbaren kirchlichen Einfluß als »Verchristlichung« der Welt leidenschaftlich ablehnt und daß er die christliche Einwirkung auf den Gesellschaftskörper einzig und allein durch lebendige Christen hergestellt wissen will. Es ist die einzelne, durch den Rechtfertigungsglauben geprägte und in ihrer Lebenserfahrung durch ein aus dem Glauben erwachsenes Ethos bestimmte Persönlichkeit, welche die Brücke schlägt zwischen der verborgenen Gemeinschaft der Herzen und Gewissen und der Mannigfaltigkeit konkreter sozialer Gruppierungen. Luther ist damit der Entdecker der Kategorie, die zusammen mit seinem Gemeinschaftsgedanken entscheidend für das lutherische Ethos geworden ist: der Kategorie des Einzelnen[45]. Gottes eigentliches Ziel in der Welt ist das Reich Gottes; aber die Mittel, die er zu seinem Bau verwendet, sind die sichtbare Kirche ebenso wie der Staat, beide auf ihre Weise und beide sich gegenseitig ergänzend und beide in gleicher Weise der unsichtbaren Gemeinschaft des Reiches Gottes untergeordnet. Auf diese Weise gewinnt Luther einen einheitlichen geschlossenen Lebenszusammenhang, in dem jede der drei Gemeinschaftsgestaltungen, unsichtbare Kirche oder Reich Gottes, geschichtlich-empirische Kirche und staatlich-gesellschaftliche Ordnung, ihren Platz und ihre Funktion haben.

»Das ›Reich Gottes‹ ist die höhere Einheit, die Staat und (sichtbare) Kirche als ihre Mittel unter sich befaßt und sie dadurch auch untereinander verbindet.« (I, 347)

[45] I, 347 f. Kierkegaard hat in seinem Werk »Eine literarische Anzeige« 1846 übers. von E. Hirsch, Eugen Diederichs 1954 auf die Vernichtung dieser Kategorie durch den Nivellierungsprozeß seines Zeitalters hingewiesen.

Ganz im Sinne Holls sagt Paul Althaus in: Die Ethik Martin Luthers, 71: »Jesus spricht nirgends von einer neuen Verfassung oder Ordnung dieser Welt, sondern allein von der persönlichen Haltung seiner Jünger den Gütern der Welt gegenüber«; und 85 »Auch Luther will das weltliche Leben, sofern die Christen an ihm teilnehmen, unter der Herrschaft Christi sehen; aber er weiß in der Tat nichts von einer Herrschaft Christi in den *Ordnungen* als solchen, sondern allein in den *Menschen,* die darin handeln.«

Die sichtbare Kirche verliert damit viel von ihrer bisherigen sakralen Würde. Sie wird eine irdisch-endliche Größe wie die andern Sozialbildungen, und sie teilt mit ihnen die gleiche Aufgabe, der unsichtbaren Kirche zu dienen, nur auf eine besondere, ihr allein eigene Weise, indem sie durch Predigt und Seelsorge und Erziehung christliche Menschen heranbildet, die in der Gesellschaft christliche Lebensgestalt verkörpern.

3. Das landesherrliche Kirchenregiment

Allein das war vorläufig nur gedanklich durchgeklärt. Es kam der Zeitpunkt, wo sich zeigen mußte, ob sich Luthers Ideen auch praktisch bewähren würden. Das Ergebnis ist, wie bekannt, das landesherrliche Kirchenregiment. Holl hat dieser Frage eine umfangreiche Abhandlung mit dem Titel »*Luther und das landesherrliche Kirchenregiment*« 1911 gewidmet und dessen Entstehung sowohl wie seine Bedeutung untersucht und sich dabei gegen die vorhandene Forschung abgegrenzt.

Um diese Abgrenzung richtig zu würdigen, muß man sich die damals in der Wissenschaft herrschenden Thesen und Grundgedanken über diesen komplizierten Gegenstand vergegenwärtigen. Dazu ist es notwendig, auf die Beiträge von zwei Rechtsgelehrten einzugehen, welche die Diskussion darüber neu in Gang gebracht haben. Es sind dies *Rudolph Sohm* mit dem I. Band seines »*Kirchenrecht*« I, 1892 und *Karl Rieker* mit seinem Werk des darauffolgenden Jahres »*Die rechtliche Stellung der evangelischen Kirche Deutschlands in ihrer geschichtlichen Entwicklung bis zur Gegenwart*«. Das mit umfassender Gelehrsamkeit und in glänzendem Stil geschriebene Werk von Sohm[46] ist der Durchführung der für einen Juristen paradoxen These gewidmet, welche das Leitmotiv schon in der Ouvertüre der Vorrede bildet, wenn es dort heißt:

> »Das geistliche Wesen der Kirche schließt jegliche kirchliche Rechtsordnung aus. In Widerspruch mit dem Wesen der Kirche ist es zur Ausbildung von Kirchenrecht gekommen. Diese Tatsache beherrscht die Geschichte des Kirchenrechts von der ersten Zeit bis heute. Gerade diese Tatsache gilt es zur Klarheit zu bringen.« (a.a.O. I, X)

In drei großen Kapiteln mit der Überschrift: das Urchristentum, der Katholizismus, die Reformation wird auf 700 Seiten die lapi-

---

[46] Eine übersichtliche, knappe Zusammenfassung der Anschauungen Sohms mit einer kritischen Beurteilung gibt Max Reischle, Sohms Kirchenrecht und der Streit über das Verhältnis von Kirche und Recht, 1895.

dare These durchgeführt: Das Kirchenrecht steht mit dem Wesen der Kirche in Widerspruch. Mit diesem Satz wird die Darstellung auf Seite 1 eröffnet und auf Seite 700 beschlossen. Im Katholizismus sowohl wie in der Reformation hat die Entstehung einer rechtlichen Ordnung das Wesen der Kirche tiefgreifend verändert d. h. praktisch verweltlicht. Das ist am Ende des Urchristentums durch die Ausbildung des monarchischen Episkopats geschehen, in der Reformation durch die Aufrichtung des landesherrlichen Kirchenregiments. Beidemal erfolgte dieser Schritt im Widerspruch zur spezifischen Eigenart des Christentums als einer geisthaft-innerlichen Größe, die nur eine Gemeinschaft des Glaubens und der Liebe kennt in Freiwilligkeit und Hilfsbereitschaft. Durch die Ausbildung eines göttlichen Rechts ist das Urchristentum katholisiert, die Kirche der Reformation durch das Eindringen menschlichen Rechts verweltlicht worden. Der erste Vorgang bedeutet eine Verfälschung des Glaubens, bewahrt aber das Bewußtsein von der Notwendigkeit einer gottgegebenen charismatischen Organisation und einer Darstellung des Reiches Gottes in der Welt. Der Protestantismus dagegen verzichtet auf einen derartigen Versuch und entartet zum weltlichen Verein, hat aber dabei die Reinheit des Glaubens bewahrt. Allerdings war dieser Schritt beidemale geschichtlich notwendig und unvermeidlich. Es vollzieht sich also nur, was gar nicht anders verlaufen konnte[47]. Das treibende Motiv dieser geschichtlichen Notwendigkeit ist nach Sohm der Kleinglaube der Epigonen, die sich der freien Leitung des Geistes nicht mehr anvertrauen wollen, sondern die Sicherheit des kirchlichen Lebens durch rechtliche Ordnung und äußere Zwangsgewalt erstreben[48].

Die in unserm Zusammenhang interessierende Frage ist lediglich die nach der Entstehung und Bedeutung des Kirchenregiments in der Reformation. Hier entwickelt nun Sohm eine Theorie über die mittelalterliche Gesellschaftsstruktur, die allgemein von der Forschung übernommen worden ist. Sie bildet auch die Grundlage für seine Interpretation der reformatorischen Auffassung. Danach fehlt im Mittelalter die strenge Trennung von Staat und Kirche, wie sie für unsere moderne Zeit seit der Aufklärung grundlegend geworden ist. Nach seiner Deutung stellt die mittelalterliche Gesellschaft ein in sich geschlossenes Ganzes dar, das corpus christianum, die Christenheit, in dem zwei Gewalten wirksam sind, die staatlich-politische und die kirchlich-geistliche. Man hat das mit der sogenannten Zwei-

[47] Sohm I, 156   [48] a.a.O. I, 634

Schwerter-Theorie begründet und dabei die weltliche Gewalt der geistlichen untergeordnet. Diese Theorie wird nach Sohm von Luther übernommen und nur modifiziert[49]. Das Verhältnis der beiden Gewalten zueinander wird anders bestimmt, indem die Unterordnung des staatlichen Regiments unter das kirchliche aufgehoben und dieses aller äußeren Machtmittel entledigt und allein auf die Verkündigung des Evangeliums beschränkt wird. So entsteht die Zwei-Reiche-Lehre als Umgestaltung der Zwei-Schwerter-Theorie vom reformatorischen Ansatz aus. Gemeinsam mit dem Mittelalter vertritt, so erklärt Sohm, auch die Reformation den einheitlichen geschlossenen Organismus eines christlichen Gesellschaftskörpers mit den unterschiedenen Funktionen der staatlichen und geistlichen Gewalten.

Die Frage nach dem Verhältnis der beiden Gewalten zueinander wird nach Sohms Auffassung bei Luther so gelöst, daß der weltlichen Obrigkeit mit der von Melanchthon geschaffenen Formel die custodia utriusque tabulae übertragen ist. Danach hat diese kraft ihrer Amtsbefugnis Mißbrauch und Unrecht der geistlichen Gewalt zu bestrafen und falschem Gottesdienst zu wehren. Gleichzeitig ist sie auch als vornehmstes Glied am christlichen Körper — membrum praecipuum in der melanchthonischen Wendung — Stellvertreter der Gemeinde und besitzt damit das Reformationsrecht. Dies ist nach Sohm der Grundgedanke von Luthers Schrift »An den christlichen Adel« von 1520.

> »So ist auch die Obrigkeit als Glied der Kirche des *Priestertums* teilhaftig, dem geistlichen Stande priesterlich ebenbürtig, fähig und berufen kraft ihres Priestertums, ihre weltliche Gewalt gegen den geistlichen Stand selbst zu kehren, um ... die wahre Kirche gegen das untreu gewordene geistliche Amt zu verteidigen.« (Sohm I, 570)

Damit aber ist

> »... freie Bahn gewonnen für das in solchem Fall der Not allen treuen Gliedern der Kirche, an ihrer Spitze der weltlichen Obrigkeit obliegende Werk der Kirchenreformation.«
> »Die custodia utriusque tabulae dient der rechten Bestellung des staatlichen, das Handeln als praecipuum membrum der rechten Bestellung des kirchlichen Gemeinwesens ... der von der kirchlichen Gemeinde unter Führung der weltlichen Obrigkeit ins Werk zu setzenden kirchlichen Reformation ... Für den Landesherrn *in der Kirche* ist allein die Lehre von dem praecipuum membrum entscheidend. Nur diese letztere Lehre stellt die Rechte und Pflichten, welche dem Landesherrn für das Werk der Kirchenbesserung obliegen, an das Licht.« (a.a.O. I, 572 f.)

---

[49] Vgl. Holl I, 339 = Sohm I, 549, 558

An diesem Punkt setzt die Kritik des andern Juristen *Karl Rieker* ein. Mit der Unterscheidung der Zuständigkeiten der weltlichen Gewalt nach ihrer Stellung im bürgerlichen Gemeinwesen und in der Kirche hat, so erklärt Rieker, Sohm die von ihm im Grundsatz überwundene moderne Aufteilung in die beiden Verbände von Staat und Kirche in seine Betrachtung wiedereingeführt. Legt man die Idee der Einheit des gesellschaftlichen Gesamtorganismus zugrunde, so enthält die Lehre von der custodia auch das Recht der Obrigkeit zum Eingreifen und zur Gestaltung des kirchlichen Lebens, und zwar nicht nur negativ in Strafe von Abwehr und Vergehen und Mißbrauch des kirchlichen Amtes, sondern auch positiv in der Fürsorge und Neuordnung. Obwohl sich die Reformatoren grundsätzlich auf beide Wendungen, auf die von der custodia der Obrigkeit sowohl wie auf ihre Eigenschaft als praecipuum membrum, stützen, so will Rieker doch eine geringe Differenz zwischen beiden insofern erkennen, als sich in der Theorie von der besonderen Stellung der weltlichen Gewalt in der Kirche die mittelalterliche Staatsauffassung spiegelt, während in der Vorstellung von der ihr anvertrauten Hut beider Gesetzestafeln sich der moderne Staatsbegriff ankündigt. Das Ergebnis ist, *daß das staatlich-politische Regiment Recht und Pflicht in vollem Umfang besitzt, um die Reformation der Kirche in die Hand zu nehmen.*

»Die weltliche Gewalt muß alles für die Kirche Christi tun, was sie mit ihren Mitteln, mit ihrer Rechts- und Zwangsgewalt tun kann; sie ist ein Mitglied des christlichen Körpers und muß darum für das zeitliche und ewige Wohl ihrer Untertanen besorgt und tätig sein.« (Rieker, a.a.O., 111)

Wenn die Reformatoren in diesem Zusammenhang die Durchführung der Reformation durch die Landesherrn aus einer Übertragung bischöflicher Funktionen herleiten und den Fürsten als Notbischof verstehen, so stehen sie damit noch unter dem Einfluß des mittelalterlichen Staatsbegriffs.

»Wo aber die Reformatoren von dem Bann dieses engen Staatsbegriffs sich losgemacht haben, *da schreiben sie ... der weltlichen Gewalt ein unmittelbares* und ordentliches Recht zur Fürsorge für die rechte Beschaffenheit der Kirche zu.« (a.a.O., 112)

Die geistigen Unklarheiten und logischen Widersprüche dieser Konstruktion muß aber auch Rieker empfinden. Denn wenn zuerst die mittelalterlichen Grundlagen der reformatorischen Auffassung im Verständnis der christlichen Gesellschaft als eines einheitlichen Organismus betont werden, dann nimmt sich die Behauptung, daß die Reformatoren sich im entscheidenden Punkt vom Bann eines zu engen mittelalterlichen Staatsbegriffs freigemacht haben, doch einigermaßen paradox aus. Und allein mit der Umkehrung des bisherigen Verhältnisses, in dem die beiden Gewalten zueinander stehen, so daß nunmehr die geistliche der weltlichen untergeordnet wird, ist das Neue in der Konzeption der Reformatoren wohl nicht zutreffend charakterisiert. Darüber kann auch das Analogiebeispiel schlecht hinweghelfen, mit dem Rieker seine Darstellung der reformatorischen Epoche abschließt: das Verhältnis des modernen Staates zur Wissenschaft.

Der Punkt, den Holl zunächst kritisch beleuchtet, ist die beiden Forschern Sohm und Rieker gemeinsame Prämisse von der Idee des mittelalterlichen corpus christianum, welches die Reformatoren angeblich übernommen und nur modifiziert haben sollen. Mit philologischer Gründlichkeit untersucht er dabei die Begriffe des corpus christianum und der societas christiana mit dem Ergebnis, daß der erste sich sehr selten findet und der zweite sich quellenmäßig überhaupt nicht belegen läßt. Somit handelt es sich dabei »um die Konstruktion eines modernen Rechtshistorikers« (I, 340). Die von Rieker gemeinte Lutherstelle in der Schrift »An den christlichen Adel« lautet (WA 6, 408, 33 = Holl I, 340[3]): »Christus hat nit zwey noch zweyerley art corper, einen weltlich, den andern geistlich. Ein heupt ist und einen corper hat er.« Die Auslegung dieser Stelle ist von Holl gleichsam zum Angelpunkt seiner Auffassung von Luthers landesherrlichem Kirchenregiment gemacht worden. Dabei ist nach dem Zusammenhang und dem Gedankengang das Wort »weltlich« für die begrenzte, untergeordnete, äußere Seite der Christenheit gebraucht worden. Wenn Luther eine so vom Geistlichen abgetrennte Seite leugnet, so meint er nach Holl dieses, daß das geistliche Regiment Christi durch das Evangelium über die Seelen sich nicht auf die Träger der sakramentalen Funktionen beschränkt, sondern für alle Glieder der Christenheit überhaupt gilt. Holl findet in dieser Aussage, daß alle vom Evangelium erfaßten Menschen an allen Rechten des geistlichen Regiments (Wortverkündigung usw.) teilhaben. Bei dieser Auslegung fallen die Folgerungen von Rieker dahin. Wenn ich die Gesamtheit der Christenheit ansehe, dann ist jeder, der einen weltlichen Dienst tut, gleich umfaßt wie die Träger der Sakralfunktionen. Diese von Rieker immer wieder herangezogene Stelle versteht also unter dem Begriff des corpus christianum gerade nicht jenes Ganze der christlichen Gesellschaft, sondern die unsichtbare Kirche, dessen Haupt Christus ist. Der Sinn des Begriffs corpus christianum als christliche Gesellschaft ist aber vor dem 17. Jahrhundert überhaupt undenkbar. Das von Sohm und Rieker Gemeinte hätte das Mittelalter mit dem Ausdruck universalis ecclesia ausdrücken können; aber gerade dann hätte Luther diese Anschauung nicht geteilt und übernommen, sondern spöttisch abgelehnt, wie Holl das mit einer Stelle aus den Resolutionen über die propositio XIII der Leipziger Disputation belegt[50]. Luther hat sie daher auch nicht übernehmen können, sondern hat, soweit sie in Ansätzen bestand, durchbrochen. Das wird durch seinen Kirchenbegriff gefordert; dieser aber ruht auf der Rechtfertigungslehre, welche den Gegensatz aufreißt zwischen der mittelalterlichen Kirchenidee und Luthers aus dem Evangelium erwachsenen Erkenntnis.

Wieder erweist sie sich als die Mitte der reformatorischen Botschaft, aus der alles andere abgeleitet ist. Denn sie begründet das Christentum als den persönlichen Glauben des Einzelnen, der den Menschen zu einer individuellen Entscheidung zwingt und jede Stellvertretung unmöglich macht. Es gibt keinen christlichen Glauben anders denn auf eigene Verantwortung. Diese reformatorische Erkenntnis bestimmt auch den Kirchenbegriff und scheidet ihn von der mittelalterlichen Auffassung. Dort ist es die Taufe, die den einzelnen ohne besondere Rücksicht auf seine subjektive religiöse Beschaffenheit der Kirche eingliedert. Das ist die Anschauung der katholischen Kirche bis auf den heutigen Tag geblieben. Sie hat einen besonders treffenden Ausdruck gefunden in dem Brief, mit dem Pius IX. sich 1873 an Kaiser Wilhelm im Kulturkampf wandte: »Denn jeder, welcher die Taufe empfangen hat, gehört in irgendeiner Beziehung oder auf irgendeine Weise dem Papst an[51].« Dabei ist die Ersetzung der Kirche durch den Papst nach dem inzwischen fixierten Infallibilitätsdogma bezeichnend. Zugrunde liegt dabei der augustinisch-scholastische Begriff des corpus Christi mysticum, zu dem auch jene Menschen gehören, die, obwohl getauft, niemals in ihrem Leben bewußte Christen gewesen sind[52]. Aber gerade diese Vorstellung wird von Luther zerstört, da die Sakramente nach seiner Überzeugung wirkungslos bleiben ohne Glauben und daher dann auch keine Verbindung mit Christus herstellen, weder eine latente noch eine aktualisierte. Deshalb kann man auf diese Weise auch nicht zur Kirche

---

[50] I, 342
[51] Mirbt, Quellen zur Geschichte des Papsttums und des römischen Katholizismus 4. Aufl. 1924, 470
[52] I, 343. Vgl. Werner Elert, Morphologie des Luthertums 1953 II, 329. Es wäre nur schön gewesen, wenn Elert in diesem Zusammenhang auf Holl hingewiesen hätte, der das als erster erkannt und ausgesprochen hat.

als der verborgenen Gemeinschaft der im Glauben mit Christus untereinander Verbundenen gehören. Es gibt kaum einen Punkt, an dem der tiefe Bruch deutlicher zu Tage tritt als hier, wo der Gegensatz zwischen der sichtbaren Sakraments- und Rechtskirche als universalem Weltimperium und dem verborgenen Reich Christi als einer unsichtbaren Gemeinschaft Glaubender und aus dem Glauben lebender Christenmenschen zutage tritt. Für diesen Zug des reformatorischen Glaubens sind Sohm und Rieker ebenso wie Troeltsch und Max Weber blind gewesen.

Wenn also jene Synthese zwischen irdischer und geistlicher Gewalt in der Gestalt eines christlichen Gesellschaftskörpers von Luther aufgelöst wird, dann tritt das unsichtbare Reich der Herrschaft Christi als eine eigenständige Größe aus diesem Mischgebilde heraus. Es ist die Christenheit, die in der ganzen Welt zerstreut unter mancherlei Ordnung und Dienst dennoch eine unsichtbare Einheit bildet und von seinem Geist geleitet und regiert wird. Daß sie nicht mit dem Staat identifiziert oder verschmolzen werden kann, liegt auf der Hand, denn beides sind durchaus wesensverschiedene Größen. Diese Christenheit ist nach Luthers Vorstellung eine Gemeinschaft der Freiwilligkeit und der Gewissen, während der Staat ohne Zwangsgewalt undenkbar bleibt. Deshalb können beide nicht zu einer übergreifenden soziologischen Einheit verbunden werden, denn die Prinzipien ihrer Existenz stehen zueinander in Widerspruch. Es mutet daher grotesk an, wenn Rieker Luther dahingehend interpretiert, daß die Obrigkeit die Freiheit in der Kirche mit Zwangsgewalt herstellen will[53]. Gerade von diesem Ausgangspunkt hat Luther sich die Notwendigkeit des weltlichen Regiments deutlich gemacht; denn ohne dieses wäre eine solche Gemeinschaft eine wehrlose Beute der Bösen und Habgieren. Und ebenso bedarf sie einer äußeren Ordnung, um geschichtlich lebensfähig zu sein. Beide aber, die kirchliche und die politische Gemeinschaft d. h. die sichtbare empirische Kirche und die konkrete staatliche Gewalt, dienen jede auf ihre Weise der unsichtbaren Kirche, dem Reiche Gottes, das Gottes eigentlicher und letzter Zielgedanke mit der Menschheit darstellt.

Aber nun entsteht die Frage nach dem Verhältnis der in diesem Sinn verstandenen Christenheit zur staatlichen Obrigkeit. Holl zeigt, daß Luther hier sehr präzise und differenzierte Gedanken entwickelt hat, die sich von den Behauptungen Sohms und Riekers erheblich unterscheiden. In normalen Zeiten besteht danach kein Anlaß für die

---

[53] Rieker, a.a.O., 111; I, 345

weltliche Gewalt zu irgendeiner Einflußnahme auf den kirchlichen Bereich. Erst eine offenkundige Notlage bildet die Voraussetzung für einen derartigen Schritt. Das ist dann der Fall, wenn die Kirche ihre Pflicht versäumt. Dann erwächst für den *christlichen* Fürsten auf Grund seiner besonderen Stellung in der Gesellschaft die Aufgabe, der Kirche zu helfen. Aber auch dann unterscheidet Luther grundsätzlich zwei verschiedene Bereiche im kirchlichen Raum und differenziert entsprechend die Zuständigkeit der Obrigkeit. Es gibt Angelegenheiten, für die sie grundsätzlich nicht kompetent ist und die deshalb allein einem Konzil vorbehalten bleiben müssen. Aber auch bei der zweiten Gruppe stuft er ab zwischen direktem und mittelbarem Eingreifen. Das erste bezieht sich auf die Abwehr des Griffs der vorhandenen Kirche nach den äußeren Gütern der Christen, wie das z. B. in den Finanzpraktiken der Kurie zu Tage tritt. Hier ergibt sich das Einschreiten der staatlichen Gewalt aus ihrem Wesen und ihrer Fürsorgepflicht gegenüber den ihr Anvertrauten, die sie schützen muß gegen Raub und Diebstahl, selbst von kirchlicher Seite. Damit ist aber kein Übergriff der weltlichen Macht auf den geistlichen Raum vollzogen, sondern ein solcher vonseiten der Kirche in die weltliche Sphäre abgewehrt. Deshalb kann sich die geistliche Gewalt auch nicht auf Vorrechte stützen, die sie der Zuständigkeit der weltlichen entziehen würden. Aber daneben hat die weltliche Gewalt als *christliche* Obrigkeit auch die Pflicht, für die Regelung und Neuordnung der religiösen Angelegenheiten der Kirche jene Hilfe zu gewähren, die sie in den Stand setzt, ihre Angelegenheiten selber in die Hand zu nehmen. Sie übernimmt damit Pflichten und Aufgaben, die an sich jedem Christen aufgrund seiner geistlichen Rechte und Vollmachten zustehen. Wenn sie hier tätig wird, dann tut sie das aufgrund ihrer besonderen Stellung im Ganzen der irdischmenschlichen Gemeinschaft und daher auch in der Kirche[54]. Würde jeder von sich aus nach eigenem Gutdünken und Belieben die Sache

[54] An diese Lutherinterpretation knüpft Johannes Heckel mit seiner »Lex charitatis. Eine juristische Untersuchung über das Recht in der Theologie Martin Luthers«, 1953 an. Lex charitatis ist bei Heckel in bezug auf die kirchliche Ordnung die rein an das christliche Gewissen sich wendende Liebespflicht mit der befehlenden öffentlichen Gewalt. Anders gewandt: bei Heckel entsteht das Kirchenrecht dadurch, daß die christliche Pflicht zur Liebe auch in den äußeren kirchlichen Dingen sich einer von der weltlichen Obrigkeit her gelieferten rechtlich angeordneten Gewalt bedient. Es scheint doch, daß Heckel aus dem Bedürfnis logischer Systematisierung die Grenzen der Lutherinterpretation überschritten hat. Vgl. auch die Kritik von Paul Althaus in der ThLZ 1956, Nr. 3, Sp. 129 ff. und in: Die Ethik Martin Luthers, 1965, 59.

angreifen, dann wäre das Aufruhr, und es käme nie zu einem geordneten Vorgehen. Aber wenn die weltliche Obrigkeit hier etwas unternimmt[55], dann handelt sie nicht wie sonst in der Ausübung ihres Auftrags mit Zwangsgewalt, sondern stellt sich in den Dienst des Liebesgebots. Sie dient auch damit letzlich wieder dem unsichtbaren Reiche Gottes, nur nicht auf die ihr sonst gemäße Weise, die Gemeinschaft in ihrem Bestand durch Rechtszwang zu schützen. Sie geht vielmehr über den zum äußeren Bestand der Gemeinschaft nötigen Rechtsschutz hinaus und dient der empirisch-sichtbaren Kirche durch Hilfeleistung, damit diese ihren Dienst richtig versehen kann. Denn in der christlichen Gemeinde haben Zwangsmaßnahmen keine Berechtigung. Das hatte Luther gerade der römischen Papstkirche vorgeworfen, daß sie die Gewissen auf diese Weise band und beschwerte. Unter dieser Voraussetzung d. h. mit erheblichen Vorbehalten, kann die weltliche Obrigkeit auch im kirchlichen Bereich eingreifen[56]. Als nach dem Wormser Edikt der deutsche Adel für das Reformationswerk nach Luthers Eindruck ausfällt, überträgt er die diesem zugedachten Rechte nunmehr auf die kleineren städtischen Verhältnisse und zwar wiederum in der abgestuften Weise, wie er das in seinem Reformprogramm »An den christlichen Adel« ausgeführt hatte. Zum unmittelbaren Eingriff aufgrund ihrer obrigkeitlichen Rechte und daher mit ihren weltlichen Machtmitteln fordert er sie auf im Hinblick auf die Messe. Denn diese ist für ihn offenbare Gotteslästerung und die Obrigkeit zu ihrer Beseitigung verpflichtet[57]. Bei der Bestellung der evangelischen Prediger indessen wirkt die Obrigkeit

»nicht kraft ihres Amtes, sondern *aus brüderlicher Liebe zum Nächsten.*« (I, 356)

Dabei bleibt die Zustimmung der Gemeinde die Voraussetzung. Das Wort »Gemeinde« bei Luther kann man nur richtig verstehen, wenn man sich klar macht, daß für ihn weltliche und kirchliche Gemeinde genau den gleichen Kreis von Personen, nämlich die an einem Ort vorhandenen christlichen Hausväter und Bürger, umfassen. Beide sind also nur in der Betrachtung, nicht in der äußeren Wirklichkeit unterschieden. Das Gemeindeprinzip bei Luther bedeutet also nicht, daß er einen Unterschied setzt zwischen weltlicher und kirchlicher Gemeinde. In den Akten des obrigkeitlichen Handelns wird klar,

[55] I, 353
[56] I, 348   [57] I, 355

daß die Obrigkeit nicht kommandiert, sondern in Erweiterung ihrer sonstigen Befugnisse der Bürgerschaft zuliebe etwas tut.

Damit ist der Widerspruch gegeben, daß der dissentierende Einzelne nicht zu seinem Recht kommt. Dem trägt die positive Neuordnung im Bereich der lutherischen Reformation insofern Rechnung, als sie das Recht der Dissentierenden auf freien Abzug proklamiert und gewährt.

Es hätte nahegelegen, wenn Luther von diesen Grundgedanken aus zur Freiwilligkeitskirche gelangt wäre. Und in der Tat ließe sich das logisch aus der Rechtfertigungslehre entwickeln. Aber die Unterscheidung von sichtbarer und unsichtbarer Kirche, wobei jene im Dienst dieser steht, gibt ihm auch das Recht, die Volkskirche zu bejahen. So ist das Nebeneinander beider Möglichkeiten kein Entweder—Oder, sondern letztlich ein Sowohl—Als auch[58]. Aber praktisch hat er sich für die Volkskirche entschieden.

In der dritten Stufe d. h. in der Zeit von 1525 ab veranlassen die Verhältnisse, daß Luther seine Reformgedanken von der Ortsobrigkeit auf den Landesherrn überträgt. In diesem Sinne ist auch die Durchführung der Visitation gedacht, jedenfalls von seiner Seite. Hier jedoch ist nach Holls Auffassung die Obrigkeit nicht mehr den Plänen Luthers gefolgt, sondern hat ihre Kompetenz überschritten, indem sie die von Luther immer festgehaltene Abstufung ignoriert und nun nicht mehr als Glied der christlichen Gemeinde in brüderlicher Liebe der Kirche beispringt und ihr dadurch die Selbsthilfe ermöglicht, sondern indem sie als weltliche Obrigkeit sich das Recht beilegt, die kirchlichen Verhältnisse in ihrem Territorium zu ordnen. Holl sieht hier einen tiefen Gegensatz zwischen den beiden entscheidenden Urkunden, der kurfürstlichen Instruktion von 1527 und Luthers Vorrede zum Unterricht der Visitatoren aus dem folgenden Jahr. Luther vertritt seine alten bekannten Grundsätze von dem Liebesamt des Kurfürsten, der als christlicher Bruder die Visitatoren beauftragt, das von den Bischöfen vernachlässigte Besuchsamt durchzuführen. Weder übernimmt er selbst dieses Amt, noch werden die Visitatoren seine Beamte[59]. Anders die kurfürstliche Instruktion. Hier ist es der Landesherr, der kraft seiner Vollmacht und Befugnis die Visitation anordnet und durchführt. Die Visitatoren unterstehen ihm als seine Beamte. Ihnen ist Folge zu leisten. Die Widerstrebenden haben das Land zu räumen[60]. *Das aber bedeutet*, so behauptet *Holl, Abfall von Luthers Konzeption.* Holl sieht hier einen Gegen-

[58] I, 359 [59] I, 369 [60] I, 372

satz, den keine Deutung überbrückt. Auch Luther habe das klar erkannt[61]. Aber geändert habe das an den Tatsachen nichts. Die obrigkeitliche Macht hat sich, wie Holl meint, als stärker erwiesen. Er faßt sein Urteil in dem lapidaren Satz zusammen.

»*Mit dieser Instruktion ist das landesherrliche Kirchenregiment da.*« (I, 373)

Später hat das Konsistorium das Visitatorenamt abgelöst und ersetzt. Luther hat zwar das Recht der christlichen Gemeinde auch weiterhin festgehalten und vertreten. Aber die Entwicklung schreitet über ihn hinweg.

»*Geholfen* haben diese Anstrengungen Luthers allerdings nichts... Jedenfalls war nachher die Macht der Tatsachen stärker als seine Theorie.« (I, 379)

Holl wünscht, Luther hätte seinen Widerspruch gegen die kurfürstliche Maßnahme schon 1528 schärfer zum Ausdruck bringen sollen. Nachher war es jedenfalls zu spät. Trotz aller Anerkennung für die Leistung des landesherrlichen Kirchenregiments hat es, so meint Holl, den Verlust der Freiheit, Unabhängigkeit und Eigenständigkeit der Kirche zur Folge gehabt. Die tätige Mitarbeit und persönliche Verantwortung für das kirchliche Leben haben sich unter dem Druck dieses Regiments in den lutherischen Kirchen niemals recht entfalten können.

Allein es ist doch sehr die Frage, ob Holl mit diesem Urteil recht hat. Sieht man näher zu, und berücksichtigt man außer den beiden von Holl behandelten Urkunden der kurfürstlichen Instruktion und des Unterrichts auch den davor liegenden Briefwechsel Luthers mit dem Kurfürsten sowie die praktische Durchführung der Visitation und stellt man das Ganze in den Entwicklungsgang der Gedanken Luthers, so ergibt sich ein anderes Bild[62]. Zunächst einmal ist bedeutsam, daß die Visitation sich nicht nur auf die kirchlichen Verhältnisse bezog, sondern in gleicher Weise auch die weltlichen Angelegenheiten der Verwaltung in den politischen Gemeinden in Stadt und Land mitumfaßte, und das ausdrücklich auf Luthers Wunsch!

---

[61] I, 374 f.
[62] Es ist das Verdienst von K. Müller, in seiner Schrift: »Gemeinde, Kirche und Obrigkeit nach Luther« 1910 diese Seite der Sache herausgearbeitet zu haben. Holls Ausführungen müssen z. T. als eine gewollte Korrektur der Aussagen Müllers verstanden werden. Es ist nicht die Aufgabe dieser Darstellung Holls, zu dem Dissensus endgültig Stellung zu nehmen. Nur dies sei gesagt, daß Holls Ausführungen wohl nicht endgültig spruchreif sind. Doch darf man vielleicht schon in diesem Zusammenhang feststellen, daß Luther zu unterscheiden wußte zwischen seinem Ideal und seiner Einsicht in das praktisch Notwendige. Es ist aber eine Größe Luthers, auf ideale Träume verzichtet zu haben.

Ja, es scheint, daß der Gedanke einer rein politischen Visitation überhaupt der erste bei Luther gewesen ist und daß, soweit sich dieser Plan auch auf die kirchlichen Dinge erstreckte, es hier zunächst eine Seite war, welche die weltliche Obrigkeit ohnehin angehen mußte und die allein sie zu regeln in der Lage war: die wirtschaftliche Grundlage der Pfarren und Schulen und die Sicherung der materiellen Versorgung der Geistlichen. In dem ersten Brief Luthers an den Kurfürsten Johann den Beständigen vom 31. 10. 1525 (WABr 3, 594 f.), in dem diese Dinge zur Sprache kommen, legt Luther seinem Landesherrn zwei Dinge zur Erwägung vor: einmal die wirtschaftliche Neuordnung der Pfarren und Schulen, wie sie durch die Zerrüttung infolge des Zusammenbruchs des alten Kirchentums und besonders durch den Bauernkrieg erforderlich geworden ist; sodann die Notwendigkeit einer Visitation der Städte und Ämter, um sich auf diese Weise unmittelbar von der Rechtmäßigkeit oder den Mängeln der Verwaltung zu überzeugen.

»Das ander Stuck, daß E. K. F. G., wie ich mit E. K. F. G. einmal zu Wittenberg geredt, auch das weltlich Regiment visitieren ließe, und wie Räte in Städten und alle ander Amptleut regierten und dem gemeinen Nutz vorstunden.« (WABr 3, 595, 56—59 = BoA 6, 138,7—10)

Die Visitation ist also von Anfang an und das nach Luthers Anregung und Willen nicht nur ein rein geistliches Unternehmen gewesen, sondern hat stets eine Doppelaufgabe erfüllen sollen. Ebenso fällt auf, daß in dem zweiten Brief in dieser Angelegenheit an den Kurfürsten, in dem es sich wiederum um die wirtschaftliche Sicherung des Pfarrerstandes handelt, als Visitatoren für jeden der vier oder fünf Kreise des Kurfürstentums keine Geistlichen, sondern zwei Personen ausgewählt werden möchten »etwa von Adel oder Amptleuten, ... solchs Guts und Pfarren sich zu erkunden und, was dem Pfarrer not sein sollt, zu erkennen.« (WABr 3, 628, 16.) Schon daraus geht hervor, daß Luther keinen Widerspruch empfunden haben kann zwischen seinen Plänen und ihrer Durchführung durch den Kurfürsten. Im Gegenteil! Es ist genau so verfahren worden, wie Luther es angeregt hatte. Noch in einem andern Punkt tritt diese Verbindung von weltlichen und geistlichen Gesichtspunkten und Zielen offen zu Tage. Es ist im Verlauf der Visitation der Fall denkbar und nachher auch eingetreten, daß sich Widerstand gegen die Maßnahmen des Landesherrn ergibt, sei es, daß altgläubige, sei es, daß schwarmgeistig bestimmte Geistliche sich der Neuordnung widersetzen. Dann ist der Punkt erreicht, wo die seelsorgerliche Ermahnung erfolglos bleibt und eine Neuordnung im Sinn der Visitationsziele und des Willens und der Absicht des Landesherrn ohne Anwendung von Zwang nicht mehr möglich ist. Luther hat gegen ein solches Vorgehen nicht nur keine Bedenken gehabt, sondern er hat es sogar gefordert und obendrein empfohlen, den Kurfürsten selbst mit der Angelegenheit gar nicht erst zu behelligen, sondern den Fall aus der Vollmacht des kurfürstlichen Visitationsauftrages selbständig zu regeln[63]. Die gleiche Situation ergibt sich für das Aufsichtsamt des »Superattendens« im »Unterricht der Visitatoren«, wo damit gerechnet wird, daß sich ein Pfarrer der von dort ergehenden Mahnung und Weisung nicht fügt. Daraufhin muß die Sache der weltlichen Obrigkeit zur weiteren Veranlassung übergeben werden. Unterricht (zitiert nach: Melanchthons Werke I, herausgegeben von Robert Stupperich, 1951, 265[64])

> »Würde er aber dauon nicht lassen, noch abstehen wollen, vnd sonderlich zu erweckung falscher lere vnd des auffrhurs, so sol der Superattendens solchs vnuerzuglich dem Amptmann anzeigen, Welcher denn solchs furt vnserm Gnedigsten herrn dem Churfürsten vermelden sol, Damit seine Churfürstliche Gnade hirynn ynn der zeit billichen versehung fürwenden mügen.«

Also auch hier ist ohne die weltliche Obrigkeit nicht auszukommen, denn ohne staatliche Gewalt kann die Störung der Neuordnung durch einzelne Querköpfe nicht ausgeschaltet werden, weder bei den politischen Gemeinden, noch bei den kirchlichen. Die Visitation hat also eine Doppelaufgabe zu lösen und dementsprechend eine Doppelfunktion wahrzunehmen, wie das K. Müller in der genannten Schrift nachweist[65]. Die beiden Dokumente, die Instruktion und der Unterricht bilden also keinen Gegensatz, wie Holl meint, sondern sie ergänzen sich.

Nach K. Müller stellt diese Regelung keinen Notbehelf dar, der im Widerspruch stände zu Luthers eigener Überzeugung, sondern er ist eine selbstverständliche Konsequenz aus seiner theoretischen Überzeugung. Denn nach dieser besitzt eine *christliche* — um eine solche handelt es sich hier selbstverständlich immer — Obrigkeit die Pflicht, für die richtige geistliche Betreuung der ihr Anvertrauten Sorge zu tragen. Denn das Christentum ist die Grundlage der gesamten öffentlichen Ordnung. Es ist die gemeinsame Basis, welche die evangelisch gesinnte mit der altgläubig gebliebenen staatlich-

---

[63] Vgl. K. Müller, a.a.O., 77[2] mit dem Beleg aus einem Lutherbrief de Wette 5, 173
[64] Stupperich hat in seiner Melanchthonausgabe Luthers Vorrede dem Unterricht vorangesetzt.
[65] K. Müller, a.a.O., 74

politischen Gewalt teilt. Beide unterscheiden sich nur in der Art und Weise, wie sie das weltliche und geistliche Regiment begründen und ins Verhältnis zueinander setzen. Aber gerade wenn man es sich vorstellt, wie Holl es entwickelt, nämlich daß Staat und sichtbare Kirche beide dem unsichtbar-verborgenen Gottesreich dienen sollen, ergibt sich die Verantwortung der christlichen Obrigkeit für die richtige Gestaltung und Ordnung der empirischen organisierten Kirche und das Recht, ja, die Pflicht zum Eingreifen im Notfall, wenn sie aus eigenem Vermögen dazu nicht in der Lage ist, wie Luther das seit der Schrift »An den christlichen Adel« gefordert hatte. Ein solches Eingreifen stünde auch nicht im Widerspruch zu Luthers Kirchenbegriff. Denn niemals ist eine rein geisthaft-innerliche Gemeinschaft des Glaubens und der Liebe von sich aus in der Lage, eine verpflichtende und für alle — also auch die Gleichgültigen und Widerstrebenden umfassende — äußere rechtliche Ordnung zu schaffen. Zwar ist das Predigtamt ein organisierendes Prinzip und kann insofern als Verfassungsprinzip verstanden werden. Aber es bedarf doch wohl einer Macht, welche die Gemeinschaft nach diesem Prinzip organisiert. Und das kann wiederum nicht die unsichtbare Kirche sein. Denn es handelt sich jetzt bei der Visitation in Kursachsen nicht mehr um die Sammlung einzelner evangelischer Christen oder Gemeinden, eine Situation, wie Luther sie in der Schrift De instituendis ministris ecclesiae von 1523 vor Augen hatte, sondern um die Aufrichtung eines einheitlichen Kirchenwesens für ein ganzes Territorium. Das ist aber gar nicht möglich ohne Verständigung mit der Regierungsgewalt dieses Landes. Und wenn diese christlich ist im Sinne des Evangeliums, dann fällt die Neuordnung dieser Dinge in ihre Zuständigkeit. Anders ist Verwirklichung der Volkskirche nicht denkbar. Die Bestätigung dieser Wahrheit liefert die katholische Reaktion der Altgläubigen und die Gegenreformation, wo die Durchführung der katholischen Ideen und die Beseitigung evangelischer Kirchenbildungen auch nur auf diesem Wege d. h. unter Zuhilfenahme der weltlichen Gewalt sich hat bewerkstelligen lassen. Das heißt nicht, daß damit die Kirchengewalt auf die weltliche Obrigkeit übertragen sei, wie Rieker das ausgeführt hat. Gerade so bleibt die Kirche eine eigenständige Größe, deren Aufgabe der Evangeliumsverkündigung keine weltliche Instanz übernehmen kann.

»Denn ob wol S. K. F. G. zu leren und geistlich zu regirn nicht befohlen ist, So sind sie doch schüldig, als weltliche öberkeit, darob zu halten, das nicht zwitracht, rotten und auffrhur sich vnter den vnterthanen erheben ...« Melanchthon I, 220 (Stupperich), wie es in Luthers Vorrede zum Unterricht heißt. In diesem zitierten Luthersatz spricht sich die allgemeine Überzeugung des Reformationszeitalters aus, daß in einem Lande nur *eine* einheitliche Regelung der kirchlichen Dinge möglich sei. Dieser wohlgemerkt gerade von den humanistischen Juristen der Reformationszeit mit naturrechtlichen Argumenten vertretene Grundsatz ist zum erstenmal akut geworden in den Städten Nürnberg und Straßburg. Beide Städte standen vor der Tatsache, daß sie nur bei der Durchführung einer einheitlichen Kirchenordnung den Zerfall der Stadt in Schwärmer und Rotten verhüten konnten. Ebenso deutlich spricht das Gegenbeispiel von Münster. Auch Luther hat, wie Holl selber weiß (I, 368[1]; 486), den in Nürnberg zuerst angewandten Grundsatz für richtig gehalten. Es ist demnach anzunehmen, daß seine Vorrede zum Unterricht der Visitatoren einen andern Zweck hat, als Holl meint. Luther wollte damit verhindern, daß die mit Hilfe der Obrigkeit geschehende einheitliche Neuordnung eine religiöse Weihe bekam. Er wollte lediglich ausdrücken, daß die in Kursachsen entstehende Ordnung menschlich-weltlicher Art sei und durch dieses Eingeständnis deutlich den Unterschied zum römischen Kirchentum markieren. Luthers Vorrede zum Unterricht ist also nicht Protest gegen das in Kursachsen durchgeführte Unternehmen, sondern die richtige theologische Einordnung des Geschehenden und damit die erste deutliche Manifestation, daß alle kirchliche Ordnung als menschlich-weltliches Werk vom Evangelium, welches göttlicher Art ist, zu unterscheiden sei. Das Wichtige an Holls Aufsätzen ist dann dies, daß er auf Luthers Bewußtsein von der Weltlichkeit, Menschlichkeit und Vernünftigkeit eines äußeren Kirchentums den Finger gelegt hat. Der entscheidende Satz bei Luther ist die Erklärung, daß er keinem einzigen evangelischen Christen zumutet, die neue kirchliche Ordnung unter dem katholischen Begriff eines im Gewissen von Gott her verbindlichen Sakralrechtes zu stellen. Er erklärt dem einzelnen, im Glauben frei zu sein, die neue kirchliche Ordnung für gut oder schlecht zu halten. Ein Sichfügen wird vom Christen nur um der Liebe willen erwartet. Damit tritt am neuen evangelischen Kirchentum die göttliche Seite d. h. das Evangelium, das Wort Gottes einerseits und die menschliche Seite d. h. alle dazu dienenden Institutionen und Anordnungen auf der andern Seite klar und deutlich auseinander. Selbst die Bestimmung des Sonntags als eine menschliche Regelung fällt darunter. (Vgl. WA 50, 649, 7 ff. Von den Konziliis und Kirchen, 1539.) Luther duldet also keine Einmischung der einen

Instanz in den Bereich der andern, und er hat den Staat, der Kirche sein und die Gewissen regieren will, mit aller Leidenschaft und Entschiedenheit abgelehnt. Aber ebenso hat er Recht und Verantwortung der Obrigkeit betont, jene Dinge, die sich nicht durch den Glauben und die Liebe regeln lassen, in die Hand zu nehmen und in Ordnung zu bringen. Auf diesen Liebesdienst einer christlichen Obrigkeit kann eine Gemeinschaft rein geistig-persönlicher Verbundenheit und freiwilliger Hingabe nicht verzichten. Das so entstehende Recht ist nicht unmittelbar kirchlichen Ursprungs, sondern es ist gleichsam geliehenes Recht. Die Hoheit des Schwertamtes und die christliche Verbundenheit sind dabei so im Verhältnis zueinander stehend gedacht, daß eine christliche Obrigkeit der Kirche nur solche Ordnungen setzt, die ihren Geist und ihren Auftrag nicht verletzen und nicht widersprechen. Daß dies berücksichtigt bleibt, wird dadurch gesichert, daß die Obrigkeit nicht nach eigenem Ermessen, sondern auf den Rat der Theologen hin die kirchlichen Dinge regelt. In diesem Sinne kann man von einem landesherrlichen Kirchenregiment sprechen. Auf andere Weise ist eine evangelische Kirchengemeinschaft nicht denkbar[66].

Falls diese Betrachtung richtig wäre, so wäre Holl damit, daß er das landesherrliche Kirchenregiment als eine Luthers Kirchenbegriff widersprechende Gestaltung der kirchlichen Ordnung angesehen hat, von den Grundaussagen seiner eigenen Interpretation des lutherischen Kirchenbegriffs geurteilt nicht folgerichtig gewesen. Versucht man das näher zu erklären, so muß auf eine psychologisch-historische Seite bei Holl aufmerksam gemacht werden. Das ist der Groll mit zahlreichen schwäbischen Gemeinden und Pfarrern über die von König Wilhelm von Württemberg aufgerichtete reine Beamten- und Behördenkirche. Im Unterschied zu der langsam wachsenden preußischen Ordnung ist die im ersten Drittel des 19. Jahrhunderts geschaffene Württembergische Landeskirche am stärksten durch Beamten- und Behördenregiment geprägt[67]. Und dies hatte sich z. T. bis zu Holls Zeit erhalten. Diese Gestaltung kirchlichen Lebens hatte

---

[66] Daß die Dinge bei Calvin und im Calvinismus nicht anders liegen, kommt in dem großen Calvin-Aufsatz von Holl auch nicht deutlich zum Ausdruck. Einen knappen und äußerst instruktiven Abriß der Entwicklung gibt E. Hirsch in seinem Aufsatz ›Staat und Kirche im Calvinismus‹ im Deutschen Volkstum 1936, 865 ff.; vgl. auch Leopold von Ranke, Englische Geschichte I, 204 ff., Hendel-Verlag, Meersburg.
[67] Vgl. RGG 2. A. V, 2031

die Vernichtung zahlreicher ständischer Selbständigkeiten zur Folge gehabt[68].

Welche Bedeutung die Zuweisung dieser Aufgabe der Neuordnung des Kirchentums an das evangelische Fürstentum erhielt, hat die Geschichte gezeigt. Die Situation nach der Katastrophe des 30jährigen Krieges im evangelischen Bereich wäre ohne diesen Dienst des evangelischen Fürstentums überhaupt nicht zu bewältigen gewesen. Man macht sich in der Regel nicht klar, was für eine Verwüstung und Verwilderung über die nord- und mitteldeutschen Gebiete gegangen war. Wenn in diesen Landen auf einmal etwas Neues und Lebendiges aufwacht, so ist dies dem lutherischen Fürstentum zu verdanken. Es ist nicht zu zählen, wieviel Pfarren und Schulen neu gegründet worden sind. Mit der Einführung einer allgemeinen Schulpflicht in evangelischen Gebieten und durch die vom Pfarrerstand ausgehende sittliche Erneuerung sind damals die Grundlagen für die neue deutsche Kultur gelegt worden. Die einzigen, die in dem verkommenen und zum eigenen Leben unfähig gewordenen nord- und mitteldeutschen Kirchenvolk noch handeln konnten, waren der Fürst und seine Beamten. Sie haben durch Kirchen-, Schul- und Wohlfahrtswesen das notwendige Aufbauwerk durchgeführt. Herzog Ernst von Gotha[69] und der Große Kurfürst wären hier besonders zu nennen. Mit all diesen Maßnahmen wurden im Grunde nur Vorschläge Luthers ausgeführt. Man vergesse nicht, daß Luther in der Schrift

---

[68] Vgl. ZThK 1967/2, 225 und 239: »Es ist immer meine Überzeugung gewesen, daß das landesherrliche Kirchenregiment unser Fluch war.« Über diese historisch-psychologische Erklärung hinaus wäre noch folgendes zu bemerken: Während bis zur Revolution von 1918 in den deutschen evangelischen Landeskirchen der reformatorische Charakter des landesherrlichen Kirchenregiments das höchste Grunddogma gewesen war, bildete sich nach Wegfall des Fürstentums die historisch nicht zutreffende Theorie, als ob der Wegfall des landesherrlichen Kirchenregiments die Befreiung der Kirche zur Eigenständigkeit bedeutet hätte. Durch seine württembergischen Komplexe besaß Holl eine gewisse Anfälligkeit für dieses Dogma. So ist es gekommen, daß die verkehrte Beurteilung des Kirchenregiments der wirksamste Teil in diesem Punkt von Holls Lutherforschung geworden ist, während andere sichere Ergebnisse keinen Einfluß in der evangelischen Theologie gewonnen haben. Vielleicht darf man sogar noch dieses hinzufügen: Es trifft nicht zu, daß der Fortfall des landesherrlichen Kirchenregiments die Selbständigkeit der Gemeinden gestärkt hat. Vielfach ist das Gegenteil der Fall. Das landesherrliche Kirchenregiment ist aufs Ganze gesehen ein retardierendes Moment gewesen gegen die steigende Machterweiterung von Behörden und Synoden, die Gemeinden nach ihrem Willen zu vergewaltigen. Diese sind also in dem neuen Zustand gegen Klerikalisierung und Verbeamtung viel weniger geschützt.

[69] Vgl. Karl Müller, Kirchengeschichte II, 2 1923, 650 f.

»An die Ratsherrn aller Städte deutsches Landes, daß sie christliche Schulen aufrichten und halten sollen«, 1524 den modernen protestantischen Kulturbegriff ausgesprochen hat: durch öffentlichen Unterricht feine und gebildete Bürger und Bürgerinnen zu schaffen. Das alles ist nach dem 30jährigen Krieg ausgeführt worden und hat Deutschland zu einer zweiten Kulturepoche emporgetragen. Gegenüber der erdrückenden Macht französischer Bildung haben sich die evangelischen Fürsten und Beamten als Retter und Träger deutscher Kultur und Geistigkeit erwiesen.

Daß Holl gerade von den Maßstäben Luthers her auch hier wieder die durch das Schicksal gewordene Macht des Fürstentums bedauert, zeigt seine Schrift über *»Die Bedeutung der großen Kriege für das religiöse und kirchliche Leben innerhalb des deutschen Protestantismus«*, 1917, wo er mit einer gewissen Härte von den praktischen Rückwirkungen dieser Reformen besonders in der Stärkung der landesherrlichen Gewalt spricht[70]. Diese Härte von Holls Kritik an den Zuständen nach dem dreißigjährigen Krieg ist wohl nur so aufzufassen, daß er mit historischer Ungerechtigkeit das Ideal Luthers von einem in sich freien, wohl geordneten Volk auf eine Zeit übertragen hat, in welcher infolge der vorhandenen Schicksalsnot nur erst die Voraussetzungen für ein freies Sichregen durch das bestehende Regiment geschaffen werden konnten. Weil Holl zu stark unter dem Bann von Luthers sittlichem Ideal steht, ist er dem deutschen evangelischen Fürstentum nach dem 30jährigen Krieg nicht ganz gerecht geworden. Zwar erkennt auch Holl seine Leistungen an, aber aufs Ganze gesehen überwiegt doch das Bedauern über die Machterweiterung und über die dadurch bedingte Abhängigkeit der Kirche[71]. Gerade durch seine strenge Scheidung der sichtbaren von der unsichtbaren Kirche wäre Holl in der Lage gewesen, die sichtbare Kirche auf das weltliche Regiment zu beziehen und die Visitation als den von Luther aufgrund seiner Konzeption erwarteten und vom Kurfürsten dann auch geleisteten Hilfsdienst der christlichen Obrigkeit zu verstehen.

In diesem Punkt wird man Troeltsch einmal recht geben können, wenn er in der ihm eigentümlichen Gedankenbildung und mißverständlichen Diktion von der Zuordnung eines idealistischen Kirchenbegriffs zu einer von religiösen Ideen beherrschten und durchwirkten einzelstaatlichen Gesellschaft spricht.

[70] III, 343 ff.
[71] III, 343, dazu die abgedruckte handschriftliche Zusatznotiz.

»Das gehört beim Luthertum nicht bloß zum religiös-ethischen Ideal, es gehört zur Möglichkeit seiner Existenz, die ohne Halt ist, wenn nicht ein christlicher Staat oder eine christliche Gesellschaft dieser zarten organlosen Pflanze das Spalier darbietet, an dem sie emporwachsen und die Früchte ihrer reinen Innerlichkeit reifen lassen kann.« (Troeltsch, Ges. Schr. I, 513)

Von daher ist auch Sohms Theorie zutreffend charakterisiert, wenn Troeltsch dazu bemerkt:

»Die Paradoxie der Sohmschen Darstellung entsteht nur dadurch, daß sie den überidealistischen Wunder- und Glaubensbegriff des Luthertums von der Kirche, den dieses selbst durch ein sehr realistisches weltliches Kirchenrecht ergänzt hat, wie etwas auch ohne diese Ergänzung existieren Könnendes und Sollendes behandelt.« (a.a.O. I, 513[231])

4. Toleranz und Ketzerrecht

Noch in einem andern Punkt, der mit dem erörterten Fragenkreis in engem Zusammenhang steht, hat Holl der Darstellung von Troeltsch widersprechen müssen. Das ist die Frage der *Toleranz* und des *Ketzerrechts* in den Staaten der lutherischen Reformation. Da für Troeltsch die Reformation nur eine Umformung mittelalterlicher Ideen und Sozialbildungen darstellt, hat Luther nach seiner Auffassung auch die mittelalterlichen Gedanken einer universalen, von der Kirche und ihren religiösen Vorstellungen und Zielen beherrschten Gesellschaftseinheit geteilt und nur geringfügig modifiziert. Es ist der Begriff des corpus christianum, den Troeltsch von Sohm und Rieker übernimmt und verwendet. Zu diesem System der »Zwangsherrschaft« eines »uniformierten Kirchentums«[72] gehört wesensmäßig ein »absoluter Wahrheitsbegriff«[73], den die Reformatoren mit der mittelalterlichen Kirche gemeinsam haben, und aus diesem Wahrheitsbegriff resultiert die angebliche *Intoleranz*, welche unvermeidlich bleibt, wenn ein so hochgespanntes spiritualistisches Ideal in die rauhe Wirklichkeit übersetzt werden soll. Demgemäß hat Luther in der Sicht von Troeltsch auch nur nach kurzer Zeit der Vertretung religiöser Freiheit auf die Enttäuschung mit Schwärmern und Bauern hin die Anwendung der strengsten Zwangsmittel gefordert[74]. Das ist im Grunde das alte katholische Ketzerrecht, das Luther nach Ansicht des katholischen Theologen Nikolaus Paulus sogar noch verschärft habe[74a]. Erst die Aufklärung bringt Licht in das

---

[72] Troeltsch, a.a.O., 469
[73] a.a.O., 473[0]
[74] a.a.O., 471 f.   [74a] I, 370[2]

Dunkel, indem sie den dogmatischen *absoluten* Wahrheitsbegriff durch einen *relativen* ersetzt.

Daß die Aufklärung einen Wandel herbeigeführt hat, leugnet Holl selbstverständlich nicht.

> ». . ., aber es gilt sorgfältiger, als gemeinhin geschieht, die Grundsätze und ihre Tragweite abzuschätzen.« (I, 367¹)

Da ist zunächst der Begriff der *Toleranz* im religiösen Sinn näher zu prüfen. Ist damit religiös-weltanschauliche Indifferenz gemeint, die jeden nach seiner Fasson selig werden läßt, oder die Einsicht, daß in Fragen des Glaubens die Anwendung äußeren Zwangs sinnlos ist und seiner Natur widerspricht? Daß Luther dies Letztere niemals aufgegeben, sondern bis in sein Alter vertreten hat, belegt Holl durch ein Zitat aus seiner späteren Zeit[75]. Aber er weist im Verständnis von Toleranz und religiöser Wahrheit auf einen Zug hin, für den bei Troeltsch wenig Verständnis zu erwarten war, weil er selber viel zu kühl und unbeteiligt dem persönlichen Glauben gegenüberstand. Jede Weltreligion mit universalem Sendungsbewußtsein und aktiver Missionstätigkeit muß von der Wahrheit ihrer Botschaft überzeugt sein. Es gehört daher zu ihrem Wesen, expansiv und polemisch zu sein. Andernfalls sinkt sie zur Nationalreligion mit partikularer Geltung oder zur Sekte von geschichtlicher Bedeutungslosigkeit herab. In *diesem* Sinn gehört ein Stück Intoleranz zu jeder lebendigen Religion und Frömmigkeit. Wenn sie das verliert, gibt sie sich selbst auf. Auch die von Troeltsch bevorzugten Sekten haben es so verstanden, und die Toleranz der Aufklärung sucht man bei ihnen vergeblich. Luther hat diese Einsicht, daß man niemanden zum Glauben zwingen kann, aber auch in der äußeren Praxis Geltung verschafft, soweit das überhaupt im Rahmen der damaligen Zeit mit ihrer Vorstellung einer weltanschaulich-religiösen Einheit eines Territoriums als unaufgebbarer Voraussetzung vereinbar war. Damit aber hat er die mittelalterliche Idee gerade wieder durchbrochen. Auch alle moderne, in der Aufklärung wurzelnde Toleranz ist nicht denkbar ohne diesen ersten Schritt Luthers. Dieser erste Schritt war entscheidend; alles andere ist nur Folgerung und Weiterentwicklung daraus. Es zeugt von einem Mangel historischen Sinns, wenn man die Bedeutung dieses Durchbruchs unterschätzt und nach Maßstäben beurteilt, die späteren Epochen entnommen sind. Im übrigen bringt Holl in Erinnerung, daß auch die Aufklärung mit

---

[75] I, 367⁰ = Disputationen Drews, 235 = WA 39, I, 326 (Zirkulardisputation: de veste nuptiali vom 15. 6. 1537)

ihrem »relativen Wahrheitsbegriff« das sehr anspruchsvolle Ideal einer unfehlbaren Vernunft verfochten hat, die gegenüber einer ihrer Meinung nach »rückständigen« oder »reaktionären« Haltung mindestens genauso intolerant sein konnte wie die Reformation. Eine Erinnerung an die Französische Revolution sagt hier alles. Die wahren Ursachen der Toleranz liegen auch ganz woanders. Da ist einmal als Ergebnis der Konfessionskriege ein Erlahmen des religiösen Gefühls überhaupt und die damit verbundene Gleichgültigkeit und Skepsis gegenüber aller dogmatisch geprägten Religion zu verzeichnen. Zum andern ist es die Staatsräson, welche aus der empirischen Entwicklung erkennt, daß es für einen Staat letztlich vorteilhafter ist und nur in seinem Interesse liegt, religiöse Minderheiten nicht zu vertreiben, sondern zu dulden und in ihrem religiösen Leben nicht zu behelligen, wenn sie sonst gute Staatsbürger sind und ihre dahingehenden Pflichten erfüllen.

Ähnlich ist es mit der *Ketzerbehandlung*. Auch hier hält die Behauptung von Troeltsch, die lutherische Reformation habe das mittelalterliche Ketzerrecht übernommen und fortgesetzt, der von Holl unterzogenen Prüfung nicht stand. Vielmehr hat Luther die Folgerung aus seinem Gedanken gezogen, daß man zum Glauben niemanden zwingen kann. Ist das der Fall, so kann man niemanden für seinen Glauben bestrafen[76]. Entsprechend verändert sich der Begriff des »Ketzers«. Nicht mehr um den persönlichen Glauben geht es jetzt, sondern um das Wirken in der Öffentlichkeit. Deshalb sind Maßnahmen dagegen nicht mehr Sache des geistlichen Gerichts, sondern der staatlichen Obrigkeit. Ihre Zuständigkeit leitet sich von ihrer Pflicht ab, für Ruhe und Ordnung im Land zu sorgen. Deren Voraussetzung ist aber nach damaliger Auffassung eine Übung der einheitlichen Religion. Wird diese bedroht, so sind damit die Fundamente des gemeinsamen Lebens in Frage gestellt und das Eingreifen des weltlichen Armes notwendig[77]. Das ist z. B. der Fall, wenn gegen die Artikel der altkirchlichen Trinität und Christologie polemisiert wird. Das altkirchliche Dogma ist der gemeinsame Boden, den die Reformatoren mit der Alten Kirche zu teilen geglaubt haben, wie das die Augustana ebenso wie die Schmalkaldischen Artikel betonen. Eine Abweichung in einem der andern Artikel des Glau-

---

[76] Holl I, 370

[77] Auch in der heutigen liberalen Demokratie gibt es keine Toleranz für eine Betätigung gegen die demokratischen Grundprinzipien. Sie würde sich damit selbst aufheben.

bensbekenntnisses gilt daher jetzt nicht mehr als Ketzerei, ebensowenig wie die Katholiken als Ketzer bezeichnet werden. Als Ketzer im rechtlichen Sinne gilt bei Luther jemand nicht deshalb,

> »... weil er von den *besonderen evangelischen Anschauungen* abweicht, sondern weil er *gegen gemeinchristliche* Anschauungen streitet.« (I, 371⁰)

Es trifft also nicht zu, wenn Troeltsch behauptet, daß dies das alte katholische Ketzerrecht sei[78]. Im Gegenteil, auch hier tritt wieder der Bruch mit dem Mittelalter zu Tage, der den Weg in die Moderne eröffnet.

Das wird an einer letzten Folgerung deutlich, die Luther aus dem Grundsatz gezogen hat, daß in einem Territorium stets nur *eine* Religion offiziell in Geltung stehen kann. Das Mittelalter hat daraus gefolgert, daß die davon Abweichenden zu vernichten seien, weil der Tatbestand des Dissensus die Todesstrafe verdiene. Luther hat darauf gedrungen, daß den Menschen anderer Glaubensüberzeugung freier Abzug gewährt wird, wenn ihr Gewissen ihnen nicht erlaubt, sich still zu verhalten. Das bedeutet unter den damaligen Verhältnissen einen Fortschritt in Richtung auf Toleranz und Menschlichkeit, wie er nicht leicht zu hoch anzuschlagen ist[79]. Dieser Grundsatz hat dann durch den Augsburger Religionsfrieden 1555 reichsrechtliche Anerkennung erhalten.

Dies alles macht deutlich, daß die Reformation in dem bisherigen Verhältnis von staatlicher und kirchlicher Gewalt ein neues Kapitel eröffnet. Es ist aber ungerecht, wenn man das heute gewonnene Ergebnis der damals hervorgerufenen Entwicklung als Maßstab zur Beurteilung des in der Reformation Erreichten verwendet. Ein historisches Urteil darf niemals absehen von den Grenzen, die dem Zeitalter unverrückbar gezogen sind. Von ihnen konnte sich auch ein Geist wie Luther nicht emanzipieren. Aber gerade von den Voraussetzungen seiner Epoche bedeuten Luthers Gedanken und ihre damalige Verwirklichung einen erheblichen Fortschritt. Diese Bedeutung wird weder geschmälert durch die z. T. auf Melanchthon zurückzuführenden Rückfälle in die alte Praxis, noch durch die Weiterentwicklung der gewonnenen Ansätze über das in der Reformation selbst Erreichte. Entscheidend sind nicht die im Zuge der Zeit gezogenen Konsequenzen und Weiterungen, die aus dem einmal gefun-

---

[78] Troeltsch I, 474⁰

[79] Das Gewicht dieses Grundsatzes kann man angesichts der gegenwärtigen Situation ermessen, wo in Staaten totalitärer Struktur gerade dieses Recht politisch Andersdenkenden versagt wird.

denen Prinzip entwickelt werden und auch nicht die Schnörkel und Verbesserungen, die Epigonen und spätere Geschlechter anbringen, sondern der erste neue Gedanke selbst, der den Ursprung der ganzen Bewegung darstellt, der schöpferische Impuls, der den Prozeß der Umgestaltung auslöst. Es ist schwer zu leugnen, daß es Luther gewesen ist, der jene Ideen erzeugt und Anstöße entbunden hat, welche gegenüber dem Mittelalter eine neue Epoche in der europäischen Geschichte heraufgeführt haben.

5. Kapitel

Die neuen Prinzipien der Schriftauslegung

1920 Luthers Bedeutung für den Fortschritt der Auslegungskunst, I, 544—582
1921 Die iustitia dei in der vorlutherischen Bibelauslegung des Abendlandes, III, 171—188
1904 Dazu auch zum Vergleich in: Amphilochius von Ikonium, 254—263 Die Exegese des Amphilochius.

Eine Vorbemerkung mag dem Leser die Orientierung in der gegenwärtigen evangelischen Theologie ermöglichen, um die Stellung Holls in diesem Punkt richtig zu verstehen. Hier ist nämlich das Prinzip entstanden, daß alle Auslegung der Hl. Schrift deren sogenannten »kerygmatischen Charakter« zu berücksichtigen habe. Unter »Kerygma« wird dabei verstanden eine an den Einzelnen ergehende Botschaft, zu der er ja oder nein zu sagen verpflichtet sein soll. Demgemäß wird behauptet, daß die Auslegung der Bibel nach den Methoden der profanen Historie nur Vorarbeit zu einer Auslegung sein könne, die erst da geschehe, wo man nach dem »Kerygma« frage. Dabei wird ausdrücklich vorausgesetzt, daß nur das biblische Wort diesen eigentümlichen Charakter des »Kerygma« habe und daß dieser in keiner anderen religionsgeschichtlichen Urkunde so vorkomme. Mit dieser These wird eine Sonderwissenschaft begründet, nämlich eine Hermeneutik, welche in der Aufmerksamkeit auf den »kerygmatischen Charakter« den speziellen Unterschied der Bibelwissenschaft zur außertheologischen Auslegungskunst zu erkennen glaubt.

Daß hier eine verkappte Aufnahme der alten Lehre von der Inspiration und ihrer Autorität vorhanden ist, liegt auf der Hand. Indessen stellt diese Fassung etwas Neues dar, sofern das »*Kerygma*« von dem »*Gesamtkomplex*« unterschieden wird. Die Frage nach dem »Kerygma« entsteht so, daß der Inhalt der Aussage in die zufälligen Medien und den eigentlichen kerygmatischen Gehalt zerlegt wird.

Holl dagegen weist durch seine Darlegung von Luthers Prinzipien der Schriftauslegung nach, daß bei diesem ein ganz anderes Verhältnis zu den Schriftaussagen vorhanden ist, als die kerygmatische Theologie behauptet. Es ist daher verständlich, daß Holl durch diese Feststellung mit dem Hauptstrom der deutschen evangelischen Theologie der letzten 40 Jahre in Spannung geraten ist. Das prinzipielle Verständnis von Luthers Auslegungskunst kann in dem Satz zusammengefaßt werden, welcher der heutigen Theologie besonders anstößig sein muß: Auslegen bei Luther heißt das Verstehen einer Urkunde durch den Versuch einer die ganze Person in Anspruch nehmenden Vergegenwärtigung als ein Hineinleben in den Text. Das bedeutet gegenüber der kerygmatischen Schriftauslegung, daß nach Luther nur ein Nacherleben des letzten Sinngehaltes eines Textes mit allen geistigen Organen einschließlich auch der Phantasie und des Gefühls den Text erschließt. Das aber erfordert ein Sichhineinversetzen des Verstehenden in den den Text erzeugenden Autor.

Holl hat diese Gedanken über Luthers Auslegungsprinzipien in seinem Aufsatz über »*Luthers Bedeutung für den Fortschritt der Auslegungskunst*«, 1920 entwickelt, mit dem er seinen Lutherband abgeschlossen hat. Hier ist eine Seite des Reformators ins Auge gefaßt, die nicht nur in der Lutherforschung keinen Platz gefunden hatte, sondern auch in den Darstellungen der Geschichte der Philologie so gut wie unbeachtet geblieben war. Eine Ausnahme macht lediglich Dilthey, wie Holl anerkennend hervorhebt. Von ihren grundsätzlichen dogmatischen Standpunkten hatten die Theologen immer nur die Stellung Luthers zur Hl. Schrift behandelt und das Verhältnis seiner mannigfaltigen, z. T. gegensätzlichen Aussagen zueinander untersucht. Nur ein Vollblut-Philologe wie Holl, dessen Lebenswerk auch als Theologe bis an sein Ende zu einem sehr großen Teil von der wissenschaftlichen Bearbeitung und Herausgabe von Texten der Alten Kirche ausgefüllt war, konnte das Problem richtig in den Blick bekommen. Er sah Luther, wie ihn kaum einer seiner Vorgänger und theologischen Zeitgenossen zu sehen in der Lage war: als akademischen Kollegen, dessen wissenschaftliche Lebensaufgabe darin bestand, seinen Zuhörern geschichtliche Dokumente und Urkunden verständlich zu machen. Schon die Kritik an dem Fehlen Luthers in den sonst so ausführlichen Geschichten der Philologie zeigt, daß Holl die Untersuchung auf ein breiteres Fundament stellt. Es hätte nämlich dort seinen Platz gehabt. Denn Luthers Erkenntnisse auf diesem Gebiet haben nicht nur für seine Kirche und für die Auslegung der Hl. Schrift ihre Bedeutung; sondern an der Interpretation religiöser Urkunden ist ihm einiges aufgegangen, was grundsätzlich für jeden Text gilt. Deshalb ist hier die Rede von Fortschritten in der Auslegungskunst überhaupt.

Luther ist nämlich aufgegangen, daß sich jede Urkunde nur in einem eigentümlichen Akt des Verstehens erschließt, der durch äußere Autoritäten und Machtansprüche weder gefördert, geschweige denn entschieden werden kann. Einen Zugang zum Inhalt eines Textes kann letztlich nur der einzelne Leser für sich finden in einem Akt persönlicher Begegnung von Geist zu Geist. Und eine Möglichkeit des Verstehens ergibt sich allein durch die Analogie der eigenen Erfahrung. Wo diese fehlt, bleibt der Sinn verschlossen. Luther steht nicht an, das unumwunden zuzugeben, wo ein Bibelwort ihm fremd geblieben ist[1]. Damit wird die subjektive Innerlichkeit in den Grenzen ihrer Erlebnisbreite zum Schlüssel des Verständnisses. Es ist kein Zufall nach Holls Meinung, daß dies nur an einem religiösen Text deutlich werden konnte, denn nichts zwingt den Menschen so in die Selbstvertiefung und Verinnerlichung wie sein Gottesverhältnis. Für Luther ist dabei entscheidend gewesen, daß er dieselben Anfechtungen und seelischen Krisen, mit denen er zu tun hatte, bei den Männern der Hl. Schrift wiederfand. Die Gleichartigkeit der Gewissenssituation war die Voraussetzung für das Verstehen der biblischen Texte nach ihrer negativen wie nach ihrer positiven Seite. Nur weil er die Erschütterung des Menschenherzens in der Begegnung mit dem heiligen Gott erlebt hatte, war er für die Antwort empfänglich, welche die Hl. Schrift bot. Er hat weiterhin deutlich gemacht, daß die innerliche Aneignung dieser Antwort nur in einem Akt persönlicher, individueller Entscheidung möglich ist, ja, daß der Mensch sein ganzes Leben damit zu tun hat, sich diese Antwort innerlich zu eigen zu machen. Er hat das als Glauben be-

---

[1] Von vielen Aussagen dieser Art bei Luther wähle ich ein Beispiel aus der 1. Psalmenvorlesung WA 3, 549, 32 f. Luther hat diesen Gedanken bereits grundsätzlich in der Einleitung ausgesprochen: WA 3, 14, 4 ff.; vgl. weiter unten S. 283.

zeichnet. Aber er ist sich auch darüber klar gewesen, daß der Mensch angesichts der Widerlegung dieses Glaubens durch die ihn umgebende Welt und sein eigenes Schicksal überfordert ist, wenn er diesen Glauben aus eigener Kraft erschwingen soll. Daher kann die paradoxe, aller humanen Wahrheit widersprechende göttliche Wahrheit dem Menschen nur von Gott selbst gesagt und immer wiederholt werden, wenn er sie glaubhaft finden soll. In der jeweiligen Seelenverfassung der biblischen Frommen kommt also nicht nur deren individueller Glaube zum Ausdruck, sondern dieser spiegelt eine transhumane, ewige Wahrheit in den Grenzen endlicher Subjektivität. Nur in dieser Gebrochenheit haben wir Gottes Rede. Jede objektivierende Interpretation zerstört diese Eigenart des göttlichen Wortes, für welche Kierkegaard den Begriff der indirekten Mitteilung geprägt hat. Aber es ist Luther gewesen, der die Sache entdeckt hat, und Holl, der das in der Lutherforschung zur Sprache gebracht hat.

1. *Die persönliche Erfahrung*

Wie zu erwarten setzt Holl wieder mit einer Analyse der 1. Psalmenvorlesung ein und zeigt hier den Ursprung von Luthers neuer Erkenntnis in der Auslegungskunst. Luther übernimmt die Lehre von dem vierfachen Schriftsinn und legt die Psalmen entsprechend aus, ohne sich immer sklavisch an das Schema zu binden. Ausgangspunkt dieser Exegese ist der Literalsinn, die buchstäbliche Erklärung, die indessen nicht nach der Absicht des Schriftstellers und nach dem von ihm gemeinten Sinn fragt, sondern jede Aussage der Psalmen auf Christus bezieht, wobei jeweils nur zu untersuchen ist, ob der Text vom geschichtlichen oder erhöhten Christus zu verstehen sei. So erscheinen die Psalmen als Gebete Christi. Von den drei weiteren Bedeutungen der scholastischen Texterklärung beschränkt Luther sich im Laufe der Vorlesung mehr und mehr auf das tropologische oder moralische Verständnis und läßt den allegorischen Sinn, der sich auf die Kirche bezieht und den anagogischen, der es mit den letzten Dingen zu tun hat, beiseite. Gemeint ist mit dem tropologischen Sinn die Beziehung auf das fromme Ich des Lesers, während die beiden andern Auslegungsmöglichkeiten in den Hintergrund treten oder ganz wegfallen[2]. Luther geht soweit, daß er die tropologische Auslegung als ersten Sinn der Schrift überhaupt bezeichnet. Holl bringt als Zitat WA 3, 531, 33: cum autem frequenter dixe-

---

[2] Vgl. Vogelsang, Die Anfänge von Luthers Christologie, 1929, 27 f.

rimus *tropologiam esse primarium sensum scripturae*. Holl hat damit eine Entdeckung von Emanuel Hirsch bestätigt und verwertet[3]. Die Auslegung hat also die Aufgabe, das von Christus Erlebte auf den Menschen zu übertragen. Darin steckt die tiefe Einsicht, daß Christus nicht eine Summe von Gedanken über Gott und die Welt produziert, sondern ein neues Gottesverhältnis in seinem Leben erstmalig verwirklicht hat. Dementsprechend ist der Glaube nicht die Wiederholung etwaiger Ideen in der von der Kirche vorgeschriebenen Fassung, sondern die Aneignung dieser Gottesbeziehung durch jeden Einzelnen. Es ist die Größe Luthers, dieses Gottesverhältnis am Modell Christi in seiner ganzen Tiefe schon in der 1. Psalmenvorlesung erfaßt zu haben. Er konnte das, weil er den angefochtenen Jesus vor Augen hatte, der selber in seiner Gottverlassenheit am Kreuz einen Psalmvers gebetet hatte. So ergab sich aus der Gleichartigkeit des Weges Jesu zu Gott mit dem unsern die Möglichkeit der Übertragung der biblischen Aussagen auf den Christus als Psalmleser und -beter[4]. Es ist Gottes Absicht, den Frommen in Christi Bild umzuwandeln. Deshalb führt er auch ihn durch Anfechtung und Dunkel, um seine eigene Gerechtigkeit zunichte zu machen und ihm die fremde Gerechtigkeit zu schenken[5]. Christus aber ist der Anfänger und Vollender unseres Glaubens auch darin, daß er unsere Schuld und Not liebend mitträgt und damit hilft, unsere Anfechtung zu überwinden.

Wir stehen freilich vor einer historischen Paradoxie, deren Seltsamkeit man sich im voraus klarmachen muß. Ein einziger Blick in Luthers 1. Psalmenvorlesung zeigt jedem Leser, daß Luther hier nicht nach dem individuellen historischen Sinn fragt, den jeweilig der einzelne Psalm für den, der ihn gedichtet hat, gehabt hat. Es ist vielmehr so, daß Luther den Psalter fast völlig unhistorisch faßt als ein Gebetbuch, in welchem die tiefsten Geheimnisse des christlichen Umgangs mit Gott ausgesprochen sind. Die Luther als Exegeten eigentümliche Grundfrage ist die nach dem lebendigen letzten ethisch-religiösen Erleben des Gottesverhältnisses, von dem die biblische Stelle ein Abdruck ist. Er ist auf diese Fragestellung auf dem

---

[3] Holl I, 546²; vgl. Hirsch, Lutherstudien, 1954 II, 30 f.
[4] Hirsch hat das geschildert im Zusammenhang des Nachweises über die Entstehung von Luthers Verständnis der iustitia dei, vgl. vor allem Lutherstudien II, 30⁵ und Vogelsang a.a.O., 27².
[5] Hirsch erbringt den Nachweis dafür, indem er auf den Sprachgebrauch Luthers in der 1. Psalmenvorlesung hinweist, nach dem Christus und der Glaube des Frommen beide iustitia heißen können a.a.O., 31⁰

seltsamen Umweg gekommen durch die ihm eigentümliche Voraussetzung, daß das letzte Erleben des Gottesverhältnisses, das wir im Glauben an Christus empfangen, der eigentliche rechte Inhalt des Psalters sei. So liest er die Psalmen als Runen für das den Christen im Glauben zuteil werdende Gottesverhältnis. Für Luther ist der Umweg einer ganz auf das Gottesverhältnis Christi gerichteten Aufmerksamkeit der Weg geworden, auf dem er die Methode seiner Auslegungskunst fand. Nicht also die moderne historische Fragestellung nach dem historischen Sinn, sondern ein von christlicher Frömmigkeit getragenes Wissen um ein von Christus im Glauben empfangenes Gottesverhältnis ist der Einsatzpunkt.

Die grundsätzliche, immer vorhandene Schwierigkeit für alles lebendige Verstehen ist dies, daß die zufälligen endlichen Worte und Aussagen es gefangennehmen und daran hindern, in die Tiefe einzudringen. Diese Gefangenschaft, so darf man wohl sagen, wäre auch bei Luther eingetreten, wenn er den Weg nicht umgekehrt gesucht hätte. So ist Luthers Weg in der Auslegung des Psalters in der 1. Psalmenvorlesung ein *religiöser* Weg, nämlich ein Ausgehen von dem Tiefenschichtssinn, der ihn fähig gemacht hat, mit der Zeit dessen äußere Hülle in ihrem ursprünglich gemeinten Sinne wahrzunehmen. Die erste Psalmenvorlesung zeigt daher ein der späteren philologisch-historischen Auslegungsmethode widersprechendes Verfahren. Erst nachdem er so durch den Versuch, innerlich das Gottesverhältnis Christi nachzuerleben, den Grund gelegt hat, findet er den Weg zur historischen Auslegung. Die Brücke hierfür wird der *Römerbrief* des Apostels Paulus. Dort fällt die unhistorische Prämisse, daß hier ein Gläubiger von seinem Gottesverhältnis spricht, mit der historischen Tatsache zusammen, daß ein tatsächlich so vom Gottesverhältnis Ergriffener Zeugnis davon gibt.

Von daher entwickelt sich als Grundlage von Luthers Schriftauslegung ihr paradoxer Doppelcharakter: Das Hineintauchen in das letzte Gottesverhältnis des Autors wird gekoppelt mit der nüchternen grammatischen Exegese. Beides erweist sich als im letzten zusammengehörig und steigert sich gegenseitig. Den Abschluß dieser Entwicklung bildet bei Luther seine Übersetzung des Neuen Testaments und seine Arbeit an der Postille in der Wartburgzeit, wo beide Seiten miteinander kombiniert werden.

Man darf also zusammenfassend sagen, daß Luther das an den Psalmen und an Paulus gelernte Verstehen des Wesentlichen mit der grammatisch-historischen Exegese des Humanismus zu einer einheitlichen Methode der Schriftauslegung verbunden hat. Es ist Holls

Grenze, daß er die genetische Fragestellung fast immer und so auch hier begrenzt auf das erste Auftreten des Problems und den weiteren Werdeprozeß vernachlässigt.

Damit ist für alles Schriftverständnis und für jede Textauslegung eine entscheidende Voraussetzung gefordert, ohne die alle Interpretation leere Rhetorik werden würde oder ein eitles Spiel mit Begriffen: *die persönliche Erfahrung*. Denn eine Übertragung solcher von Christus geltenden Aussagen auf den Menschen ist nur möglich, wenn dieser etwas Gleichartiges tatsächlich erlebt. Sonst wird diese Übertragung unwahr, und wahrscheinlich wäre dies auch der Fall bei vielen Menschen, denen Erfahrungen dieser Art unzugänglich sind. Man könnte von einer Disposition Luthers zum Ausleger eines derartigen Tiefensinns der Hl. Schrift sprechen, die ohne Zweifel in seiner einzigartigen Persönlichkeit liegt. Die von ihm in der Tat erlittenen Anfechtungen, die schon den Brüdern seines Konvents und den Zeitgenossen unverständlich blieben, wurden der Schlüssel zum Verständnis solcher Texte, die er als Zeugnisse des angefochtenen Christus verstand. Solche seelischen Krisen waren im Grunde genommen der ganzen Theologie seit Augustin fremd geblieben. Luther hat das selber gewußt und ausgesprochen und nur für Gerson und Tauler eine Ausnahme zugelassen. Deshalb blieb den andern auch der Schritt durch die geöffnete porta paradisi versagt. Vogelsang bringt das auf die Formel: »Es (scil. das vernichtende Urteil Luthers über seine Vorgänger) zeigt, daß Luthers Theologie aus einer Fragestellung heraus lebt, die bis dahin so gut wie unbekannt war: aus der Frage der geistlichen Anfechtung[6].« Hier bildet Luthers Theologie einen Neuansatz in der ganzen Dogmengeschichte und ein Zurückgreifen auf das Christusbild der Synoptiker. Er hat den Grundsatz seiner Betrachtung mit präziser Klarheit in der 2. Psalmenvorlesung ausgesprochen: »oportet Christum omnibus tentationibus sicut purum et verum hominem credere subiectum fuisse[7].« Zum erstenmal war hier mit der Menschheit Jesu radikal und vorbehaltlos ernst gemacht, und nur so war jene Solidarität des angefochtenen Christen mit dem angefochtenen Erlöser gegeben, welche die Beziehung der von ihm geltenden Aussagen auf sich ermöglichte. Beides bedingt sich gegenseitig. Erst ein so in die Tiefe der Anfechtung und Gottesferne geworfener Mensch wie Luther konnte *diesen* Zug am Jesubild erkennen. Damit werden wir auch von dieser Seite wieder

---

[6] Vgl. Vogelsang, Der angefochtene Christus bei Luther, 1932, 18
[7] WA 5, 387, 27; vgl. auch a.a.O., 20

auf die persönliche Erfahrung geführt als die unentbehrliche Bedingung jenes Vorgangs, der sich in der wachen Reflexion als die Herausarbeitung eines neuen hermeneutischen Prinzips darstellt in der Verbindung von literalem und tropologischem Sinn.

Holl zeigt, daß es der *lebendige Affekt* des Herzens ist, der nach Luther den Ausleger und Leser mit der im biblischen Text geschilderten Situation verbinden muß. Das Wort »Affekt« bedeutet in dem Problemzusammenhang, daß der Affekt den Grenzpunkt zwischen dem inneren Erleben und der sprachlichen Äußerung als Ausdruck des inneren Erlebens darstellt. Es ist dies ein Wort von Luther, das in der Tat den Mittelpunkt gibt, wo der subjektive Sinngehalt des Erlebens und der sprachliche Ausdruck miteinander zusammenhängen und ineinander übergehen. Ohne diesen bleibt letztlich unverstanden, um was es im Text geht. Denn nicht um ein intellektuell-rationales Begreifen handelt es sich beim Verstehen der Hl. Schrift, sondern um einen Lebensvorgang in einer Tiefenschicht jenseits der begrifflichen Reflexion. Ein solches Verstehen ist nicht möglich ohne einen Zustand des inneren Lebens, der dem entspricht, für welchen der biblische Text der sprachliche Ausdruck geworden ist. Verstehen kann daher die Hl. Schrift nur

> »derjenige, der die Gemütsbewegungen und die Herzenszustände, um die es sich in den Psalmen handelt, aus eigener Erfahrung kennt. Ein innerer Zusammenklang, eine Übereinstimmung der *Willensrichtung* ist demnach die Voraussetzung für ein wirkliches Verstehen.« (I, 547 f.)
> »Luther hat zuerst die Wahrheit ausgesprochen, daß man nicht in der Kühle, sondern im Affekt, in der Leidenschaft versteht ... Ohne solches Mitfühlen ist alles Reden über einen Text nur ein Geschwätz[8].« (I, 556)

Luther hat gesehen, daß dies eine Begrenzung des Verstehens und der Auslegung bedeutet. Es gibt Fälle, wo das im Text Ausgedrückte dem Interpreten fremd und unbekannt bleibt. Es gehört zur menschlichen Größe Luthers, daß er dort, wo er eine solche Grenze dem Wort der Schrift gegenüber empfand, das auch offen ausgesprochen hat: »fateor enim ingenue me quamplurimos psalmos usque hodie nondum intelligere, et nisi me dominus meritis vestris, sicut confido, illuminaverit, interpretari non posse.« WA 3, 14, 4 ff. = BoA 5, 85, 3 ff. Er sagt das nicht sozusagen entschuldigend, sondern grundsätzlich in der von ihm selbst in den Druck gegebenen Einleitung zur 1. Psalmenvorlesung[9]. Es ist schon ausgeführt worden, daß Luther

---

[8] I, 549. Vgl. auch das Lutherzitat I, 557²
[9] Es wird am Schluß dieses Kapitels zu zeigen sein, wie dieses Wort Luthers mißverstanden worden ist.

mit dieser Verbindung von literalem und tropologischem Sinn und seiner Lehre vom Affekt nicht den historischen Sinn der Psalmen getroffen hat und auch nicht treffen konnte. Holl gibt daher auch offen zu, daß er sie gegen ihren eigentlichen Sinn als Zeugnisse des paulinischen Evangeliums mißverstanden hat[10]. Denn niemand kann bezweifeln, daß die paulinische Rechtfertigungslehre in diametralem Gegensatz zu vielen Aussagen der Psalmen steht. Werkgerechtigkeit und Vergeltungstrieb sind dort die religiösen Motive. Wie soll das auf einen Nenner gebracht werden[11]?

Holl bleibt bei dieser Feststellung nicht stehen. So richtig sie ist, so sehr bedarf sie doch der Ergänzung. Denn wenn Luthers hermeneutische Methode ein so zwiespältiges Ergebnis zeitigt, scheint sie auf den ersten Blick ungeeignet zu sein. Der Schein trügt indes. Luther hat gleichwohl und eben nur auf diese Weise einen auch für die Psalmenexegese entscheidenden Gesichtspunkt unverlierbar aufgestellt. Er hat klar und wissenschaftlich methodisch erkannt, daß es sich bei sehr vielen Psalmen um *Zeugnisse subjektiver Frömmigkeit handelt* und daß sie nur als solche richtig verstanden und sinnvoll ausgelegt werden können[12]. Sie spiegeln nichts anderes wider als die stürmische, wechselvolle und erschütternde Geschichte des menschlichen Herzens mit Gott. Im Gottesverhältnis des Menschen handelt es sich nämlich um eine Ellipse mit zwei Brennpunkten: das göttliche Ich und das menschliche Herz. Dabei ist das göttliche Ich dem Menschen niemals in direkter Unmittelbarkeit gegeben. Auch die Verwendung der Kategorie der Offenbarung kann nichts an diesem Tatbestand ändern. Gottes Wille, Geist und Sinn spiegeln sich nur in der Auffassung von Menschen wider, so daß sie uns gebrochen im Menschengeist und ausgedrückt durch Menschenmund zugänglich sind, d. h. daß sie nur als Ausdruck menschlich-religiöser Subjektivität vorhanden sind und damit relativ-endlichen Charakter besitzen. Der Fromme wird also auch in der Bibel, gerade wenn er in ihr Got-

---

[10] I, 546   [11] I, 549
[12] Diese Erkenntnis verdanken wir dem Holl-Schüler E. Hirsch. Vgl. Lutherstudien II, 30. Die neue wissenschaftliche Psalmenforschung hat dieses Verständnis überraschend bestätigt; vgl. Hermann Gunkel, Einleitung in die Psalmen, 1933 §§ 6 u. 7, S. 172 ff. (Klage- und Danklieder des Einzelnen) sowie Die Schriften des Alten Testaments, 1911 III, 1. Teil, 4: »In ihm feierte der Einzelne daheim oder in der Gemeinschaft der Frommen, losgelöst vom Opferkult und der priesterlichen Zeremonie, einen rein geistigen Gottesdienst, oder es existierte überhaupt nur literarisch als dichterischer Ausdruck ganz individueller Stimmungen und Gefühle.«

tes Wort und Absicht sucht, immer nur Denkmäler persönlich-individueller Frömmigkeit finden. Die biblischen Texte enthalten also jeweils eine bestimmte Deutung des menschlichen Gottesverhältnisses, das sich dem nach Gott Suchenden anbietet. Es ist nun seine Sache, diese in der Bibel vorhandene Interpretation des Gottesverhältnisses auf sein eigenes Gegenüber zu Gott zu beziehen und als richtig und zutreffend sich innerlich anzueignen oder als fremd und unübertragbar abzulehnen. Zeugnisse subjektiver Frömmigkeit — nicht alle Texte der Bibel können das für sich in Anspruch nehmen — können daher nur über den Weg persönlicher Erfahrung richtig verstanden werden. Jede objektivierende Auffassung, die in ihnen schlechthin gültige Aussagen göttlicher Offenbarung zu sehen glaubt, die auf Grund dieser Tatsache den Anspruch auf allgemein gültige Anerkenunng erhebt, bedeutet eine Verfälschung und Verdunkelung ihres Sinnes. Erstmalig ist in Luthers 1. Psalmenvorlesung die Erkenntnis gewonnen und durchgeführt, die Kierkegaard später in die Formel gekleidet hat »Die Subjektivität ist die Wahrheit«. Daß das eine Großtat nicht nur in der Geschichte der Psalmenexegese, sondern in der Geisteswissenschaft überhaupt darstellt, ist schwerlich zu leugnen.

2. *Das Eigenrecht der Urkunde*

Luther ist auf dem Wege der Auslegung der Schrift in den Gegensatz zur katholischen Kirche geraten und hat den Widerspruch entdeckt zwischen diesen beiden Größen, die doch in Einheit und Harmonie miteinander stehen sollten. In dieser Situation hat er sich *für* die Bibel und *gegen* die Kirche entschieden. Die Bibel liefert ihm den Rechtstitel für seinen Kampf gegen die römische Kirche. Mit der Gewißheit, in dem ihm eigentümlichen Verständnis der Hl. Schrift die Wahrheit zu treffen, steht und fällt die ganze Reformation. Bestehen aber Luthers Interpretation sowohl wie die Prinzipien seiner Auslegungsmethode zu recht, so ist jede kirchliche Wiedervereinigungstendenz eine Verletzung der Wahrheit und fordert unvermeidlich auch die Trennung von seiner Exegese und Hermeneutik. In Holls scharfer Formulierung würde das bedeuten, daß man mit einem solchen Schritt auch geistesgeschichtlich hinter die Reformation zurückfallen würde und die von Luther errungenen Fortschritte der Auslegungskunst aufgeben müßte. Das würde nicht nur für die Deutung der biblischen Texte ernste und tiefeingreifende Folgen haben, sondern ebenso für das Verständnis aller geistesgeschichtlichen Urkunden. Das Verhältnis von institutionalisierter Autorität und literarischem Dokument würde damit wieder zugunsten der ersteren entschieden werden. Damit wäre das Eigenrecht der Urkunde[13] wiederum preisgegeben, und wir wären trotz technischen und sozialen Fortschritts geistig in einen vorreformatorischen Zustand zurückgesunken.

Nach katholischer Auffassung verfügt allein die Kirche über das wahre Verständnis der Hl. Schrift und besitzt daher auch allein in ihrem unfehlbaren Lehramt das Recht, über die Auslegung der Schrift zu entscheiden. Diese Behauptung hat auf evangelischer Seite in der abgemilderten Fassung ihre Parallele, daß die Schrift nur »im Raum der Kirche« »legitim« ausgelegt werden könne. Formell ist der Unterschied zwischen den beiden Fassungen gering, wenn es auch praktisch infolge der organisatorischen Schwäche der evangelischen Kirche kaum eine Möglichkeit gibt, diesen Anspruch durchzusetzen. Luthers Erkenntnis besteht nun darin, daß keine äußere Autorität auf Grund irgendwelcher Rechtsansprüche die Vollmacht und Fähigkeit besitzt, die Hl. Schrift authentisch auszulegen. Er als erster macht gegen jede Autorität dieser Art das *Eigenrecht der Urkunde* geltend, die allein aus sich selbst zutreffend erklärt werden kann. Denn entscheidend für das Verstehen ist nicht irgendein Autoritätsanspruch, sondern das Durchdrungensein von der Sache[14]. Entscheidend für den Vorgang des Verstehens ist allein die Absicht des Schriftstellers[15]. Deshalb besagen in der Bibelauslegung weder der Chor der Väter etwas noch die Entscheidungen der Konzilien noch die Stimme des unfehlbaren magisteriums. Maßgeblich ist allein das, was der biblische Verfasser selbst im Sinn hatte, als er diesen Text schrieb. Damit ist das Urteil über die Allegorie gesprochen. Mit ihr hat sich die Kirche an Origenes anknüpfend geholfen, indem sie hinter dem anstößigen Wortlaut des Alten Testamentes einen angeblich tieferen spirituellen Sinn erheben zu können meinte. Augustins Unterscheidung von Geist und Buchstaben wurde dabei für sie zu einer

---

[13] Das mit diesem Terminus Gemeinte heißt in Luthers Sprache die externa claritas der Hl. Schrift, vgl. de servo arbitrio WA 18, 653, 27 = BoA 3, 142, 9.

[14] I, 560

[15] I, 554. Gewöhnlich bezeichnet man die Auslegung nach der Absicht des Schriftstellers als *wörtliche* im Gegensatz zur *allegorischen* Auslegung. Diese Formel hat jedoch den Mangel, daß in ihr nicht deutlich wird, daß die allegorische Auslegung alttestamentlicher Stellen durch neutestamentliche Schriftsteller in bezug auf die letzteren, nicht in bezug auf das Alte Testament wörtliche Auslegung in grammatisch-historischem Sinn zu sein beansprucht.

theoretischen Hilfe. Nun war nach alexandrinischer Auffassung dieser tiefere Sinn des Textes die eigentliche Absicht des Schriftstellers. Allein Luther ließ das nicht gelten, weil, wie Holl zutreffend hervorhebt, er selbst ein Dichter war und als solcher besser als alle Schulmeister und Theoretiker eine klare Vorstellung von dem Vorgang dichterischen Schaffens besaß. Er hat also das Verstehen und Auslegen eines Textes nach Analogie der literarischen Produktion verstanden. Ausschlaggebend bleibt daher für Luther allein, was der Verfasser hat sagen wollen. Nur da, wo dieser augenscheinlich selbst eine Allegorie benutzt und sich bestimmter metaphorischer Redeweise bedient, wird ein treuer Exeget den Text in diesem, seinem Autor gemäßen bildlichen Sinne interpretieren. Ist das nicht der Fall, so ist die Bibel buchstäblich grammatisch auszulegen. Das ist eine Errungenschaft, die Luther nicht dem Humanismus verdankt. Holl weist daraufhin, daß Erasmus in seinem grundlegenden hermeneutischen Werk, der sogenannten methodus von 1518, die allegorische Auslegung des Origenes als vorbildliche Exegese gepriesen hatte. Aber die buchstäblich-grammatische Exegese ist nur die Voraussetzung und der erste Schritt zum geistlichen Verständnis. Beides steht für Luther nicht im Widerspruch, sondern ergänzt sich gegenseitig. Indessen man nähert sich der Sache nur über das nüchterne Verstehen eines sprachlichen Zusammenhangs. Das hat Luther gegen die Schwärmer geltend gemacht. So handelt es sich beim Auslegen um nichts anderes als

»*um eine Verbindung von grammatischem Begreifen und seelischem Verstehen.*« (I, 558)

Zwischen beiden bestand kein logischer Übergang, sondern der geistliche Sinn war nur durch einen Neuansatz zu gewinnen.

Indessen taucht hier eine Frage auf, die sich stets dann einstellt, wenn die Auslegung von der Autorität befreit und in der von Luther geforderten Weise auf sich selbst gestellt wird. Es ist die Feststellung, daß nicht jeder das Gleiche aus dem Text herausliest. Soll die Interpretation der Willkür des Einzelnen ausgeliefert werden? Luther mußte diese Erfahrung sehr bald mit den Schwärmern und mit Zwingli machen. Wie war es möglich, von den subjektiven Voraussetzungen der Hermeneutik Luthers einen allgemein gültigen, jedem Verständigen überzeugenden Sinn zu finden? Mußte hier nicht doch ein Korrektiv eingeschaltet werden und eine Instanz, die es handhabt? In der Tat ist alle kirchliche Schriftauslegung immer in Gefahr, diesen Ausweg aus dem Dilemma zu suchen. Allein Luther hat ihn uns verwehrt, indem er den lapidaren Grundsatz formuliert hat: *sacra scriptura sui ipsius interpres*. Dabei setzt Luther voraus, daß die Schrift einen *einheitlichen Gesamtsinn* besitzt. Wo Luther durch einfache sachliche Beobachtung in den zur Kirchenbibel gerechneten Schriften eine Abweichung von dem durch Christus bestimmten Gesamtsinn der Hl. Schrift findet, schiebt er die betreffenden Schriftstücke aus dem Kreis der eigentlichen Bibel heraus. Bekannt ist, daß er den Hebräer-, Jakobus- und Judasbrief sowie die Apokalypse nur als einen Anhang im Neuen Testament hat gelten lassen.

Die Bibelwissenschaft weiß heute, daß die Individualität der Gedanken und Aussagen der biblischen Schriftsteller einen viel höheren Umfang hat, als Luther und die Orthodoxie wahrgenommen haben. Will man Luthers These von dem einheitlichen Sinn der Hl. Schrift rechtfertigen, so ist man gezwungen, mit ihm für die Welt des Alten Testaments die verborgene kleine Schar der Christgläubigen und die offizielle israelitisch-jüdische Religionsgemeinde mit ihren Institutionen zu unterscheiden.

Alle diese Beobachtungen und Vorbehalte der modernen Exegese Luther gegenüber sind für Holl selbstverständlich gewesen. Er war jedoch der Meinung, daß allein innerhalb der von Luther begründeten freien, zugleich grammatischen und dichterischen Auslegungskunst den Theologen die Augen für diese individuelle reiche Mannigfaltigkeit haben aufgehen können.

Die Einheit der Hl. Schrift in dem oben angedeuteten Sinn ist daher die einzige Prämisse, die Luther zunächst mitbringt. Es wird noch zu zeigen sein, daß damit das Eigenrecht der Urkunde keineswegs angetastet wird. Enthält die Schrift den Willen Gottes, dann kann sie auch nur *einen* Sinn haben in allen ihren Teilen, denn der Wille Gottes ist nur einer und keinem Wandel unterworfen. Und alle ihre Einzelaussagen sind auf dieses Zentrum zu beziehen. Diese geheimnisvolle Mitte hat ihren reflektierten Ausdruck in der Rechtfertigungslehre gefunden. Es ist deshalb eine Abbreviatur, wenn gesagt wird, diese Mitte sei Christus. Das ist selbstverständlich richtig, aber es ist so allgemein, daß es ebenso für die katholische Kirche gilt. Es kommt darauf an, was man darunter versteht. Christus ist so die Mitte, daß er mit seinem Wort und seiner Geschichte das neue, den christlichen Glauben tragende menschliche Gottesverhältnis darstellt, wie Luther das bereits in der 1. Psalmenvorlesung durchgeführt hat. Er ist dort das Bild des angefochtenen und von Gott verlassenen Frommen. Aber Luther kann es auch so verstehen, daß Christus das Bild Gottes wird, das Gottes Absicht und Willen mit den Menschen verkörpert. An ihm kann der Mensch ablesen, was Gott mit dem Menschen vorhat und wie er mit ihm umgeht. Aber das Letzte, worauf Luther zurückgeht, ist immer Gott selbst. Die Schrift ist der literarische Niederschlag dieses Geschehens. Indem Gott der das diesen Vorgang in menschlicher Sprache beschreibende Wort ist, wird Gott selbst zum »Sprecher des Worts« (I, 557)[16].

Eben dadurch ist auch die Freiheit bedingt, in der Luther der Hl. Schrift gegenübersteht. Das beginnt mit dem Verhältnis der beiden Testamente[17]. Dabei verläßt er bewußt die beiden bisherigen Wege, entweder bestimmte Bestandteile als Zeremonialgesetzgebung auszuklammern und sich auf den Dekalog und die Weissagungen zu beschränken oder den wörtlichen Sinn durch allegorische Deutung zu vergeistigen[18]. Für ihn ist das Alte Testament in den liturgischen, juristischen und sozialen Vorschriften eine unteilbare Einheit, die den Geist des israelitischen Volkes widerspiegelt und steht damit *unter* dem Neuen Testament. Aber auch dieses ist keine starre einheitliche Größe, denn es deckt sich nicht mit dem Paulinismus, der für ihn das Evangelium schlechthin ist und damit den Maßstab zur Beurteilung der einzelnen Bücher liefert. Wenn die Schrift sich selbst auslegt, so hilft sie dem rechten Leser also dazu, vom Gesamtsinn her über die einzelnen Stellen zu urteilen, und macht daher die Niveauunterschiede auch innerhalb des Neuen Testamentes sichtbar[19]. Damit ist das Prinzip der Selbstinterpretation kritisch geworden

---

[16] Will man die Orthodoxie in ihrem Verhältnis zu Luther kritisch durchleuchten, so wäre folgendes zu sagen: Der alten lutherischen Ortodoxie ist Gott derjenige, der einmal vor Zeiten das Wort gesprochen hat, für Luther dagegen ist Gott derjenige, der in dem uns innerlich nach seinem letzten Sinn lebendig werdenden biblischen Wort gegenwärtig zu uns spricht. Nur wo dies weiter geschieht, geht die externa claritas der Hl. Schrift in die interna claritas über. Luther hat niemals die bekannte Äußerung der Auslegung des Magnificat widerrufen, daß der hl. Geist uns den Glauben und die Gottesgewißheit als persönliche Erfahrung zuteil werden läßt (vgl. WA 7, 546, 24 ff. und 548 2 ff.). Bezeichnend für das von Holl gemeinte Ineinander von Ringen mit dem Wortlaut einerseits, von Bezwungenwerden von ihrem letzten, ewigen Sinngehalt andererseits ist Luthers Aussage über sein sog. Turmerlebnis, daß das Verständnis der iustitia dei als der Gerechtigkeit, durch welche der Gläubige durch Gnade lebt, ihm vom heiligen Geist eingegeben sei. In diesem Erlebnis liegt also ein Zugleich von strengstem exegetischen Bemühen und unverfügbarem inneren Erleben.

[17] I, 560

[18] Vgl. dazu Hayo Gerdes, Luthers Streit mit den Schwärmern um das rechte Verständnis des Gesetzes Mose, 1955.

[19] So ist Luthers Urteil über den Verfasser des Hebräerbriefs (WADB VII, 344) einfach dadurch für ihn zwangsläufig, daß er ihn am Maßstab des Paulus mißt.

gegen den Kanon. Dieser hat Gültigkeit nicht als autoritative Entscheidung der Kirche, sondern nur in fortgesetzter Selbstbezeugung seines wesentlichen Gehaltes als göttlicher Wahrheit. Die eigene religiöse Erfahrung bestätigt die in ihm zum Ausdruck kommende Deutung des Verhältnisses, in dem Gott und das menschliche Herz einander gegenüberstehen. Zu dieser Erfahrung verhilft dem Frommen aber keine äußere Autorität, sondern nur der fortgesetzte lebendige Umgang mit der Bibel, aus der er selbst die Stimme Gottes als die ihn meinende und ihm geltende Anrede heraushören muß. In der heutigen kerygmatischen Exegese wird das aufgenommen mit dem Schlagwort, man habe die Bibel »existenziell« zu verstehen. Nur wird dabei dies existenzielle Verhältnis in einem a priori geschehenden Gehorsamsakt, der grundsätzlich *vor* dem Verstehen des Inhalts steht, gesetzt. Luther hingegen meint es so, daß der letzte Sinn eines biblischen Wortes sich dem Menschen *ohne sein Zutun* enthüllt, wenn er ein Lauschender und Fragender wird und in dieser Haltung ein Licht empfängt. Dabei kann erst *hinterher* eine Aussage von ihm gemacht werden, was ihm an dem betreffenden Wort an Wahrheit eingeleuchtet hat. Und das, was ihm einleuchtet, schließt eine Freiheit des Urteils über die Grenzen des biblischen Schriftstellers in sich. Daß es Luther so gemeint hat, Holls Verständnis von Luthers Auslegungskunst also richtig ist, zeigt jede exegetische Äußerung von Luther. Die ständige Vertiefung in diesen Sinn schärft sein inneres Ohr für die individuelle Gebrochenheit der göttlichen Rede bei dem jeweiligen Verfasser und gibt ihm damit die Möglichkeit, diese Verschiedenheit auch auf ihren religiösen Wert hin zu beurteilen. Jede Einschaltung einer anderen äußeren Autorität würde diesen Vorgang stören oder verhindern, indem sie zwischen Gott und das menschliche Herz träte und Menschenwort an die Stelle von Gottes Wort setzen würde. Ja, letztlich wird auch die Bibel als geschriebenes Wort selbst davon betroffen. Das kommt darin zum Ausdruck, daß für Luther der Inhalt der Bibel ursprünglich nicht als geschriebenes Wort entstand, sondern als freie, mündliche Rede verkündet worden ist. Die Niederschrift war nichts als ein Notbehelf, um das Verkündigte vor willkürlicher Veränderung zu bewahren. Dann aber ist der geschriebene Text nicht das Letzte, sondern nur Mittel für etwas Größeres, Ausdruck und Träger der göttlichen Wahrheit[20]. Die Mannigfaltigkeit und Gegensätzlichkeit der biblischen Texte läßt für ihn den Kanon nicht in divergierende Bestandteile

---

[20] I, 562

auseinanderbrechen, sondern führt Luther zu einer neuen Vereinheitlichung unter religiösen Kategorien, welche die tiefe Dialektik des Gottesverhältnisses stets aufs neue auf eine begrifflich klare und sachlich umfassende Formel bringen: Gesetz und Evangelium. Dadurch ist Luther in der Lage, die große Spannung innerhalb des Kanons zu überwinden und damit zugleich eine hermeneutische Interpretationsregel von höchstem Wert zu prägen. Die entscheidende Frage, die bei der Auslegung jedes biblischen Textes gestellt werden muß, ist deshalb die, ob er als Gesetz die fordernde oder als Evangelium die schenkende Seite des Gottesbildes widerspiegelt. Es sind die Grundkategorien des Paulinismus, deren sinntiefe Bedeutung er als erster in der Geschichte der christlichen Theologie wiedererkennt und die im Grunde nichts Anderes als die Dialektik der zwiesinnigen und antinomischen Gottesbeziehung begrifflich reflektiert zum Ausdruck bringen. Man muß hinzufügen, daß Luther sich damit auch von der gesamten Exegese vor ihm geschieden hat. Für diese war der paulinische Gegensatz von Gesetz und Evangelium seit der Entstehung des Altkatholizismus legalistisch einnivelliert worden zu einem »evangelischen Gesetz«, wie es bis heute das römisch-katholische Denken bestimmt. Holl hat dies Urteil exemplifiziert im Nachrechnen der Auslegungen, welche die vorreformatorische Theologie dem Begriff der iustitia dei gegeben hat[21]. Für Holl ist Luthers frühe Römerbriefvorlesung der Durchbruch dieser vollendet freien, zugleich philologisch gewissenhaften wie nach dem letzten Zentrum fragenden neuen Auslegungskunst Luthers. Er selber hat das mit Nachdruck ausgesprochen.

> »Denn neben dem Galaterkommentar von 1519 ist diese Auslegung (scil. des Römerbriefs von 1515/16) wohl seine genialste, eine — ich weiß, was ich sage — bis heute noch nicht übertroffene Leistung.« (I, 550)

Als Erläuterung dieses Wortes ist dem Verfasser dieses Buches wichtig gewesen die Erzählung von Emanuel Hirsch über die Art und Weise, wie Holl unmittelbar nach dem Erscheinen der von Johannes Ficker 1908 veröffentlichten Vorlesung Luthers während eines ganzen Semesters von Luthers Auslegung wie von seinem Erleben dieser Auslegung Kunde gab. Holl betonte dabei, wie allenthalten Luther mit Genialität durch die überlieferten Auslegungsschemen hindurch die lebendige Stimme des Paulus vernahm und dadurch veranlaßt wurde, gegen die kirchliche scholastische Schematisierung

---

[21] Vgl. Die iustitia dei in der vorlutherischen Bibelauslegung des Abendlandes III, 171—188, 1921.

und Umprägung dieser Begriffe ihren *ursprünglichen Gehalt* zu erkennen. Ein Beispiel war für Holl, daß Luther schon damals rein intuitiv erkannte, daß für Paulus die »Heiligen« allgemeine Bezeichnung der auf Erden lebenden glaubenden Christen mit allen ihren Schwächen war, womit der kirchliche Begriff des Heiligen de facto gesprengt wurde. Auch machte Holl darauf aufmerksam, daß Luther gesehen hatte, für Paulus sei die Demut mit dem Stolz eines unbedingten Berufungsbewußtsein verbunden und daß Luther weiter mit Selbstverständlichkeit die Aussagen des Paulus über die mit seiner Berufung empfangene Gewißheit als Beschreibung eines für alle Christen gültigen Gottesverhältnisses verstand, während die traditionellen Auslegung alle Abweichungen der paulinschen Selbstaussagen von der gewöhnlichen kirchlichen Frömmigkeit als eine allein dem Apostel zukommende religiöse Sonderformation erklärt hatte[22]. So wie Holl es schon damals in seinem Seminar zeigte, wurde in der Römerbriefauslegung Luthers Paulus mit seinem Gottesverhältnis gegenwärtig als Urbild der in allen Christen aufgeschlossenen neuen Freiheit des Glaubens und der Liebe. Indem Holl damals im Seminar zeigte, daß für Luther im Augenblick des Erscheinens des griechischen Neuen Testaments des Erasmus die griechische Sprache das Hilfsmittel seiner Auslegung wurde, welche aus dem verhärteten Verständnis des Römerbriefs den lebendigen Sinn der paulinischen Rede neu entdeckte, entstand ihm schon damals der Gedanke, daß Luther in der Verbindung von Philologie und Eindringen in das letzte persönliche Erleben des Paulus eine Revolution der gesamten Exegese vollzogen habe. Zugleich jedoch hob er hervor, wie man überall die Mühsal bemerke, mit welcher Luther durch die Erstarrung der Überlieferung hindurch sich den Weg zu Paulus bahnen mußte, und von da aus erklärte er die ihm überaus deutlichen Grenzen, welche das Paulusverständnis Luthers in dieser seiner ersten neutestamentlichen Vorlesung hatte. Von daher ist auch die oben angeführt gedruckte Äußerung über Luthers Römerbriefvorlesung zu verstehen mit der pathetischen Versicherung: »Ich weiß, was ich sage.«

3. Der hermeneutische Zirkel

Mit dem Prinzip »sacra scriptura sui ipsius interpres« ist wesensmäßig eine bestimmte *Methode* verbunden. Sie bezeichnet den Weg

---

[22] I, 392, besonders 407, 418; III, 214

allen Verstehens fremdseelischer Gehalte, habe er sich nun im geschriebenen Wort niedergeschlagen oder sonst seinen Ausdruck in der Malerei, der bildenden Kunst, der Architektur oder der Musik gefunden. Diesen Weg klar erkannt und bewußt beschritten zu haben, ist eine der Errungenschaften, die an die Person Luthers gebunden sind. Sie war wiederum nur in der Auseinandersetzung mit religiösen Urkunden zu gewinnen. Denn nur hier konnte sich jener geistige Vorgang so gesammelt vollziehen und so klar bewußt werden, daß er sich zur Erkenntnis einer neuen Methode verdichtete. Da sich beide Parteien auf die Bibel beriefen, mußte die Frage nach einer unabhängig von ihnen vorhandenen Auslegungsnorm erwachen. Die humanistische Exegese, von der man eine Antwort am ehesten hätte erwarten können, erwies sich als dazu nicht in der Lage, wie die Beibehaltung der Allegorese bei Erasmus bewies. Gerade damit war das Eigenrecht der Urkunde verletzt, denn eine Allegorese, die der Absicht des Verfassers widersprach, konnte nur ein Hindernis für die Sinnfindung sein. War aber der hierarchische Anspruch auf das alleinige Auslegungsrecht bestritten und versagte die von derartigen Vorurteilen freie, lediglich vom Text her interpretierende Exegese des Humanismus ebenso, dann schien der dritte, von den Schwärmern eingeschlagene Weg mehr Verheißung zu haben. Hier war wie bei Luther die individuelle fromme Erfahrung der Ausgangspunkt der Schriftauslegung geworden. Aber diese Erfahrung gewann ihre Ergebnisse unabhängig vom Wort der Schrift. Die Schwärmer begründeten das theologisch so, daß sie den Geist zur letzten Instanz machten, der sowohl die Schrift erzeugt habe und in ihr walte als auch in jedem Christen wirke. Damit war der Fromme mit seinen religiösen Erlebnissen auf die gleiche Höhe mit der Hl. Schrift gestellt. Es war derselbe Geist, der im Bibelwort wie in der Seele des Einzelnen lebendig war. Indessen gerade dies, die Identität des hl. Geistes, der die biblischen Autoren beseelt hatte, mit dem, der aus den Schwärmern sprach, war eine Behauptung, ein Postulat, für welches der Nachweis jedesmal erst geliefert werden mußte. In kurzen Worten und mit wenigen Schriftzitaten hat Luther Melanchthon gegenüber den Prüfstein (βάσανος) bezeichnet und das Kriterium angegeben, nach dem jede religiöse Aussage zu beurteilen ist: vis scire locum, tempus, modum colloquiorum divinorum? Audi! ‚Sicut leo contrivit omnia ossa mea‘, et: ‚Proiectus sum a facie oculorum tuorum‘, et ‚Repleta est malis anima mea, et vita mea inferno appropinquavit‘. Non sic loquitur Maiestas (ut vocant) immediate, ut homo videat, imo: ‚Non videbit me homo, et vivet‘...

(WABr II, 425, 27 ff. = BoA 6, 89, 20 ff.). Damit hat Luther einen inhaltlich bestimmten Maßstab aufgestellt. Die religiösen Erfahrungen, nach denen die Hl. Schrift ausgelegt werden soll, müssen denen gleichen, von denen sie kündet und aus denen sie erwachsen ist. Auf diesen Nachweis kann nicht verzichtet werden, wenn nicht das Bibelwort der individuellen Willkür preisgegeben werden soll. Das wäre nichts Anders als die Erneuerung des hierarchischen Auslegungsanspruchs, lediglich die Autoritäten sind vertauscht, statt der Institution ist es die einzelne Individualität, die sich zum Herrn des Textes macht. Beidemale ist das Eigenrecht der Urkunde verletzt. Luthers Weg ist ein anderer.

Sind der Respekt vor dem Text und das Prinzip seiner Selbstauslegung die unaufgebbaren hermeneutischen Voraussetzungen und soll die persönliche religiöse Erfahrung gleichwohl zu ihrem Recht kommen, so gibt es als Lösung nur ein *Zirkelverfahren* oder, um die Sache durch ein Bild aus der Physik zu veranschaulichen, nur das Oszillieren zwischen den beiden Polen des Textes und d. h. letztlich der Verfasserpersönlichkeit auf der einen und der eigenen Subjektivität auf der andern Seite, ein Vorgang, der niemals seinen endgültigen Abschluß findet. Es handelt sich dabei um ein induktives Verfahren, das sich in die Seele des biblischen Verfassers versetzt und die religiöse Aussage nachempfindet d. h. am eigenen Gottesverhältnis nachprüft und verifiziert, und die Gewinnung einer Gesamtanschauung, welche die Einzeleindrücke zusammenfaßt und schließlich die gesamte Bibel umspannt. Nur aus dem Wissen um den Gesamtsinn läßt sich das Einzelne vom Zentrum d. h. vom zentralen Gehalt des Ganzen verstehen; aber der Totalaspekt läßt sich nicht gewinnen ohne Erkenntnis des Einzelnen. Es ist also eine Doppelbewegung von Induktion und Abstraktion, die sich hier in ständiger Abwechslung, Ergänzung und Fortsetzung vollzieht. Niemals in der Geschichte der Philologie ist dieser ganze Zusammenhang tiefer und gewaltiger ausgesprochen worden als auf dem bekannten Zettel, den man als das letzte von Luthers Hand gefunden hat und mit dem Holl seine Darstellung über Luthers Schriftauslegung abschließt:

Virgilium in Bucolicis et Georgicis nemo potest intelligere, nisi quinque annis primum fuerit pastor aut agricola.

Ciceronem in epistolis nemo secundo intelligit, nisi viginti annis sit versatus in republica aliqua insigni.

Scripturas sacras sciat se nemo gustasse satis, nisi centum annis cum prophetis ecclesias gubernaverit. Quare ingens est miraculum primum Johannis Baptistae, secundum Christi, tertium apostolorum.

Hanc tu ne divinam Aeneida tenta, sed vestigia pronus adora. Wir sein pettler. Hoc est verum (WATr V, 317 f. Nr. 5677.)

Dieses Zirkelverfahren beginnt mit einer intuitiv gewonnenen ersten Grundeinsicht, die durch fortgesetzte Vertiefung in das Detail bestätigt, korrigiert oder wieder in Frage gestellt wird. Allerdings wird auch diese Grundeinsicht nur durch die Begegnung mit dem Text gewonnen. Der Text ist also immer das Primäre und die eigene Empfänglichkeit nichts Anderes als das Auffanginstrument. Die erste Intuition bleibt offen für neue Erkenntnisse und Eindrücke, mit denen sie sich auseinandersetzen muß. Damit ist ein Vorgang ausgelöst, der die neuen Eindrücke in der Beschäftigung mit der Schrift auf die Grundeinsicht bezieht. Bei den sehr unterschiedlichen, ja gegensätzlichen Aussagen der Bibel bedeutet das wiederum eine Doppelbewegung in Aneignung und Abstoßung[23]. Dieser Vorgang aber ist verbunden mit der Paradoxie, daß göttliche Offenbarung nur empfangen wird in der Krise auf Tod und Leben, die zum Leben wird, in der Vernichtung, die zur Erhörung wird. Diese Paradoxie hat Luther zuerst an Paulus, dann aber an dem angefochtenen Christus, der das 4. Wort am Kreuze spricht, gesehen und in dem so Gesehenen sich auf seinem eigenen Weg durch Anfechtung und in Anfechtung zum Glauben gehend verstehen gelernt. So wird das inwendig getragene Kreuz der Anfechtung zum Kriterum echter Gemeinschaft mit Gott.

Holl hat diese Dinge an Luther sehr genau gesehen und vielfach nachgezeichnet. Es wäre jedoch zu fragen, ob nicht seine Beschreibung dieses Vorgangs in dem Aufsatz über Luthers Auslegungskunst von hieraus nicht eine Bereicherung erfahren müßte. Alle Auslegung ist ein Verstehen und Aneignen, welches aus Verwirrung, Ratlosigkeit und Befremden sich gebiert. Dies ist der tiefste Grund, warum gerade die Evangelien und Paulusbriefe die hohe Schule für Luthers Auslegungskunst gewesen sind. Fügt man diese Seite ein, so verliert der Zirkel der Auslegungskunst den Schein, als ob es sich allein um ein Wechselspiel von Rezeptivität und Spontaneität handelt. Von hier gesehen leuchtet die tiefe Wahrheit in dem Satz der Orthodoxie ein, daß nach evangelischer Rechtgläubigkeit allein die tentatio den Theologen macht.

Luther hat weiter gesehen, daß die Bibel mit sich selbst in Widerspruch geraten kann, aber er ist gleichwohl nicht irre geworden an

---

[23] E. Hirsch hat in seiner Predigerfibel, 1964, 122 diese Unterscheidung mit den Begriffen »Gleichsetzung« und »Ungleichsetzung« bezeichnet.

seinem Grundsatz, daß auch dann die Hl. Schrift sich selbst auslegt. Er steigert das zu der unerhörten Kühnheit, daß er unter Umständen bei derartigen Widersprüchen die Ursachen dafür nicht auf menschliche Unzulänglichkeit, Mängel der Überlieferung und dergl. abschiebt, sondern durchaus mit Gott als dem Autor der beiden widersprechenden Aussagen rechnet. Aber er besitzt den Mut, die eine Aussage ohne Zögern als religiös falsch, die andere als religiös richtig zu bezeichnen. Den Grund, weshalb Luther dies konnte, hat Holl aufgedeckt, indem er die gegensätzliche Gotteserfahrung des Rechtfertigungsglaubens auf den Gegensatz von *Gottes opus alienum und proprium* zurückführt (Holl I, 41)[24]. Die in solchem Fall von Luther getroffene Entscheidung ist also nicht willkürlich, sondern der Ausdruck einer letzten, unableitbaren Gewißheit.

> »das wortt fur sich selbs, on alles auffsehen der person, muß dem hertzen gnugthun, den menschen beschließen und begreyffen, das er gleych drynn gefangen fulet, wie war und recht es sey, wenn gleich alle wellt, alle Engel, alle fursten der hell anderß sagten, ya, wenn gott gleych selb anderß sagt.« WA X 1, 1; 130, 14 ff. (I, 565²)

Noch schärfer formuliert ist das in den Disputationen der dreißiger Jahre: Quod si adversarii scripturam urserint contra Christum, *urgemus Christum contra scripturam* (Drews, Disputationen, 12 = WA 39, 1, 47 th. 49 = Holl I, 561⁶; Doktorpromotion von Hieronymus Weller und Nikolaus Medler vom 11. und 14. Sept. 1535). Damit ist das Kriterium gegeben, nach dem entschieden wird: Christus. So ist zugegeben, und Luther hat es oft und offen ausgesprochen, daß die Schrift nicht überall Christum treibet, m. a. W. daß dem Kanon als formaler Autorität eine innere ihm selbst entnommene, aber inhaltlich bestimmte Autorität entgegengestellt und übergeordnet

---

[24] Der Mangel der gewöhnlichen Weise, in welcher die Theologen heute die Entgegensetzung von Gesetz und Evangelium auf die biblische Offenbarung beziehen, ist der, daß sie nicht mehr den Mut haben, die Gegenwart Gottes im opus alienum so klar und scharf zu denken, daß der antinomische Charakter, den alle Offenbarungswahrheit in sich trägt, deutlich wird. Viele heutige Theologen sind im Gegensatz zu Luther, wie Holl ihn interpretiert, Leute, welche gleichsam in dem sicheren Besitz der Einheit von Gesetz und Evangelium sich befinden und infolgedessen beides nivellieren. Dieser Preis, den sie für ihre These von der widerspruchslosen göttlichen Offenbarung zahlen, ist im Sinn des echten Luther zu hoch. Es sei ihnen jedoch zugestanden, daß Melanchthon ihnen in dieser Nivellierung vorangegangen ist. Von daher ist wohl auch die gelegentliche heutige Neigung zu verstehen, Melanchthon als einen Theologen, welcher von widerspruchsloser göttlicher Wahrheit spricht, über Luther hinaus zu erheben.

wird. Gerade damit findet das hermeneutische Grundprinzip sacra scriptura sui ipsius interpres seine Bestätigung. Aber berufen sich nicht auch die Gegner auf Christus? Die Frage zeigt, daß es sich bei Luther um ein ganz bestimmtes Christusverständnis handelt, nämlich um das Ganze seiner Heilsauffassung der christlichen Religion, wie es in der Rechtfertigungslehre seinen begrifflich schärfsten Ausdruck gefunden hat. Die Bezeichnung »Christus« ist nur eine Abbreviatur für den ganzen Zusammenhang. Luther ist überzeugt, daß diese seine Auffassung die sachlich zutreffendere ist und dem von der Schrift Gemeinten besser gerecht wird als die Auslegung der Gegner[25]. Es braucht nicht erst gesagt zu werden, daß Holl, wenn er von Luthers religiöser Selbstgewißheit spricht, die Gewißheit des ständig der Anfechtung ausgesetzten Glaubens meint. Holl ist der Erste gewesen, der in seinem Aufsatz über die Rechtfertigungslehre in der Römerbriefvorlesung daraufhingewiesen hat, daß die Heilsgewißheit, welche Luther meint, ein ständig in der Anfechtung neu zu erringender Besitz sei, ja, daß Gott in einer solchen Anfechtung gerade seine Erwählten auf die Probe der resignatio ad infernum stellt (Vgl. I, 142 ff., 150).

Der theologische Einwand wird nicht lange auf sich warten lassen, daß die Hl. Schrift bei einem derartigen irdisch-menschlichen Verständnis ihre eigentliche Würde als Träger und Gefäß des göttlichen Wortes verliere und nur noch menschliches Erzeugnis mit mehr oder weniger belangvollen religionsgeschichtlichen Gehalten sei. In der Tat beeilten sich die Schwärmer, diesen Vorwurf gegen Luther zu erheben, wobei sie nur vergaßen, was sie ihm verdankten und von ihm gelernt hatten. Selbstverständlich hat Luther nie bestritten, daß die Hl. Schrift noch mehr als dieses enthält und daß Empfangen des hl. Geistes die unentbehrliche Voraussetzung für ihr richtiges Verstehen und Auslegen sei. Aber er hat einmal die andere, geschichtlich bedingte Seite der Bibel nicht aus den Augen verloren, und er hat sodann erkannt und klargemacht, daß der hermeneutische Zirkel sich in der Frage des Geistempfangs nur auf höherer Ebene wiederhole. Auch hier gilt, daß der Geist durch die Schrift und aus der Schrift empfangen werde und ebenso, daß er wiederum Bedingung und Voraussetzung ihres richtigen Verständnisses sei[26]. Auch damit sind Erkenntnisse von größter Tragweite gewonnen. Beim Auslegen literarischer Urkunden und überhaupt aller Manifestatio-

---

[25] I, 565
[26] I, 567

nen des menschlichen Geistes, erst recht aber beim Verstehen und Auslegen der Hl. Schrift handelt es sich um mehr als Betätigung lediglich intellektueller Funktionen des Verstandes. Es sind nicht theoretische Einsichten in rationale oder supranaturale Zusammenhänge, die gewonnen werden, sondern es handelt sich um einen Lebensvorgang, wo fremdes geistig-seelisches Leben dem eigenen Ich begegnet und neues Leben zeugt. Das tiefere Verstehen führt jedesmal über den begrifflichen Zusammenhang hinaus in eine überbegriffliche Sphäre, für welche das sprachliche Gewand nur Ausdruck und Gefäß bildet.

Das gilt erst recht vom Bereich des Religiösen. Nur da, wo der göttliche Geist in der Begegnung mit dem Menschen neues Leben entbindet, ist die Voraussetzung geschaffen für ein Verstehen dessen, was die Schrift sagt. Dem Nichtwiedergeborenen bleibt die Schrift eine Summe religiöser Aussagen, gleichgültig ob mit rationalem oder irrationalem Vorzeichen versehen, ob mit höchster dogmatischer oder hierarchischer Autorität ausgestattet oder nur als religionsgeschichtliche Dokumente gesehen, d. h. letztlich ein totes Buch. Aber ebenso bedeutet jede naive Verabsolutierung der Hl. Schrift als »Wort Gottes« ohne Berücksichtigung dieser Tatsachen eine Verkennung ihres Charakters und ihrer Aufgabe. Sie besitzt keinen Selbstzweck, sondern sie ist nicht mehr als die Brücke zwischen Gott und dem menschlichen Herzen, das Mittel der Gemeinschaft zwischen Gott und dem erschrockenen Gewissen, die geheimnisvoll unter dem Endlich-Irdischen verborgene Gegenwart göttlicher ewiger Rede. Dieser Vorgang aber, in dem Gottes Geist das menschliche Herz und Gewissen berührt und unter seiner Berührung verwandelt, ist nicht ein nur wenigen Auserwählten geschenktes religiöses Sondererlebnis, sondern eine religiöse Erfahrung, die jedem Frommen ausnahmslos zugänglich ist, ja, die gemacht zu haben die Voraussetzung allen Glaubens und christlichen Lebens bildet. Darin liegt gerade die Bedeutung der Reformation, daß sie jene letztlich unkontrollierbaren ekstatisch-visionären Erlebnisse der Mystik ersetzt hat durch klare, jedermann einleuchtende Vorgänge des wachen Bewußtseins. Der Empfang des heiligen Geistes ist nicht mehr eine unbegreifliche Mystifikation, sondern ein Vorgang, in dem sich in höherer Ordnung wiederholt, was bei jeder Begegnung von Geist zu Geist erfahren wird: eine Bereicherung und Vertiefung des eigenen Menschseins. Die Gottesbegegnung ist allerdings mit so schweren seelischen Erschütterungen, Krisen und Umbrüchen verbunden, daß nur das Bild von der Geburt die Tiefe der Wandlung zureichend wiedergibt. Aber es handelt sich dabei eben um erfahrbare Wirklichkeit, und Luther ist nicht müde geworden, sie immer aufs neue nach ihrer Entstehung, ihrem Wesen und ihrer Gefährdung zu beschreiben[27]. In der Tatsache, daß dieser Vorgang das ganze Leben hindurch nicht abgeschlossen ist, daß der hermeneutische Zirkel im Umgang mit der Hl. Schrift sich unaufhörlich neu erzeugt und der Ring immer wieder neu geschlossen werden muß, spiegelt sich Luthers Rechtfertigungslehre, nach welcher Gott bis an den Tod des Menschen zu tun hat, an ihm zu arbeiten und nach seinem Ideal umzugestalten. Holl setzt als selbstverständlich voraus, daß dieser hermeneutische Zirkel eine *unmittelbare* und eine *wissenschaftlich reflektierte Gestalt* haben kann. In der unmittelbaren Gestalt ist er das Gesetz, unter welchem der Umgang jedes einzelnen Christen mit der Hl. Schrift steht; in der wissenschaftlich-reflektierten ist er die Voraussetzung aller Exegese und aller homiletischen Bemühung. Daß aber unmittelbare und reflektierte Gestalt des hermeneutischen Zirkels unter gleichartigen Bedingungen stehen, ist eine selbstverständliche Folgerung aus dem protestantischen Prinzip, daß ein jeder Christ und nicht nur der Theologe das Recht hat, über alle Schriftauslegung und Lehre zu urteilen. Auch hier zeigt sich die Einheitlichkeit und Geschlossenheit in Luthers Christentumsanschauung.

Holl hat selbst empfunden, daß die von ihm in dem Aufsatz über Luthers Auslegungskunst gesetzten Thesen einer Erweiterung und Vertiefung bedürftig sind. Es ist ihm daher die Aufgabe entstanden, Luthers Aussagen über das Wirken des heiligen Geistes in Herz und Gewissen in einem eigenen neuen Zusammenhang zu durchdenken. In den letzten Monaten seines Lebens, nachweislich bis März 1926, hat er an diesem neuen Aufsatz über »Luther und den heiligen Geist«, der seiner Lutherforschung erst den Abschluß gegeben hätte, gearbeitet. Der Tod hat ihm die Feder aus der Hand genommen. In einem Anhang erfolgt eine Wiedergabe der durch einen glücklichen Zufall uns nicht verlorengegangenen Anläufe zur Bewältigung dieses Themas.

Was hier allein noch möglich bleibt, ist ein Wort über die aus Luthers Grundsatz erwachsene *Auslegungstechnik*. Sie hat zwei Aufgaben zu erfüllen, die zwar getrennt durchgeführt werden, aber sich gegenseitig ergänzen. Sie entsprechen den beiden Seiten der Hl. Schrift, der menschlich-geschichtlichen und der ewig-göttlichen. Beides bedingt sich gegenseitig und fordert daher den hermeneutischen

---

[27] I, 567

Zirkel. Aber beide Aufgaben müssen getrennt und unabhängig voneinander in Angriff genommen und durchgeführt werden[28]. Das was hier als grammatisches Verstehen bezeichnet wird, ist bei Luther mehr als die Erklärung der sprachlichen Einzelheiten. Zwar erkennt er selbstverständlich die Bedeutung der tragenden Leitbegriffe und legt Wert auf ihr genaues Verständnis. Holl vergleicht Luthers und Melanchthons Arbeiten auf diesem Gebiet, indem er Luthers Vorrede zum Römerbrief und Melanchthons Loci von 1521 nebeneinanderstellt[29]. Aber Luther hat sich damit nicht begnügt, sondern sich das Erzählte lebendig vorzustellen versucht. Denn es handelt sich in der Bibel nicht um abstrakte Theorien und Gebote, sondern um lebendige Geschichte. Nur philologische Gelehrsamkeit reicht nicht aus, um die Sache zu erfassen; ohne Imagination bleibt jede Auslegung am Buchstaben haften. Indem Luther das durchführt, wird er zum Nachdenken über das Geschilderte geführt, und damit erwachsen kritische Fragen. Wie soll man sich das Erzählte vorstellen? Holl bringt eine Reihe von Beispielen derartig kritischer Überlegungen, die Luther anstellt. Zu diesen gehört auch, daß Luther die Schwierigkeiten des Durchgangs der Kinder Israel durch das Rote Meer beinahe ebenso deutlich wie der Wolfenbütteler Fragmentist gesehen hat[30]. Dabei besitzt Luther den Mut, auf Schwierigkeiten und Widersprüche hinzuweisen, die eine Generation später schon keinem Menschen mehr auffielen. Das geschieht selbst in so gefährlichen Fragen wie den Auferstehungsberichten. Es ist wie eine Ahnung jener Erkenntnisse, die 300 Jahre später D. Fr. Strauß unerbittlich ausgesprochen hat, indem er das Verhältnis von Bericht und Hergang zum Grundproblem der biblischen Exegese machte. Und es darf ruhig ausgesprochen werden, daß die historisch-kritische Theologie ein Recht hat, sich auf Luther zu berufen. Gilt das Eigenrecht der Urkunde auch für die Hl. Schrift, dann ist die Frage nach der Wirklichkeit des von ihr Berichteten nicht nur erlaubt und geduldet, sondern sie ist das unmittelbarste Interesse des Glaubens. Denn dieser richtet sich nicht auf den Buchstaben, sondern auf das durch den Buchstaben Bezeugte. Dann aber konnte die Entdeckung von der unausgleichbaren Inkongruenz von Schilderung und Ereignis nur eine Frage der Zeit sein. Damit war die ganze Problematik aufgebrochen, die das Verhältnis aller Konfessionen zur Bibel belastet. Man muß feststellen, daß sie in den Prinzipien der reformatorischen Hermeneutik

---

[28] I, 569
[29] I, 573   [30] I, 574

ihren letzten Ursprung besitzt, und daß es keinen Weg hinter sie zurück gibt. Ein solcher wird freilich immer wieder gesucht. Luther geht den kritischen Beobachtungen nicht weiter nach; aber es verdient wahrlich Anerkennung, daß er sie überhaupt macht. Er erledigt sie auch keineswegs immer so, daß er die Widersprüche durch das Wunder erklärt und sich mit dieser Erklärung zufrieden gibt. Gerade bei den Auferstehungsberichten führt er darüber hinaus, indem er von dem rein grammatisch-historischen zum religiös-glaubensmäßigen Verstehen hinüberschreitet: »ideo bekumer ich (mich darum) nicht, sed tantum, wo er hin aus wil, videbo« (WA 40, 1, 126, 3 ff. = I, 575). Er hält die Differenzen in der Berichterstattung für unwesentlich gegenüber dem Entscheidenden, um das es dem biblischen Verfasser geht, in Luthers beliebter Wendung »worauf es hinaus will«. Dies aber ist das menschliche Gottesverhältnis, wie es an den Menschen der Hl. Schrift anschaulich wird und wie es auch für unsere Beziehungen zu Gott als Vorbild gilt. In seinen zahlreichen Osterpredigten hat Luther deutlich gemacht, wie das zu verstehen ist.

Auch damit hat Luther etwas allerdings mehr ahnend als bewußt reflektiert ausgesprochen, was für die protestantische Schriftauslegung bedeutsam werden sollte. Wenn mit »wesentlich« und »unwesentlich« die besondere religionsgeschichtliche Eigenart des Christentums im Unterschied zu den andern Religionen bezeichnet werden soll, dann hat Luthers Grundsatz eine durchschlagende Rechtfertigung erfahren. Denn alle historisch-kritische Arbeit am Neuen Testament hat als nicht wegzuleugnendes Ergebnis dies zu Tage gefördert, daß das Christentum die mythisch-legendären Elemente seines Ursprungs mit den meisten anderen Religionen der Menschheitsgeschichte teilt. Sie können also nicht das Wesentliche sein von dem, was das Christentum der Welt zu bringen hat. Wenn diese Ergebnisse im Glaubensbewußtsein der Frommen etwas Wertvolles und Heiliges antasten, dann ist damit die Frage gestellt, ob damit etwas Wesentliches in diesem Sinne getroffen ist oder nicht. Es ist eine Frage, die noch lange nicht ausdiskutiert ist und Kirche und Theologie noch eine Weile beschäftigen wird, ob der biblische Supranaturalismus ein unaufgebbarer Bestandteil des Christentums bleiben soll oder nicht. Wird das bejaht, dann wird es in einer ausschließlich technisch-rationell denkenden Welt kein großes Echo mehr finden. Denn die Zahl derjenigen, die den christlichen Glauben um diesen Preis zu übernehmen bereit sind, ist im Schwinden begriffen. Gehören diese Dinge aber nicht zum Wesentlichen, so ist ihre Abstoßung ein notwendiger Prozeß, um das Christentum auch für die Zukunft als eine Herz und Sinn der Menschen ergreifende und verwandelnde Geistesmacht zu erhalten. Das Wort Luthers »ich bekümmere mich nicht darum« erhält dann den Sinn, daß der Fortfall einer streng supranaturalistischen Anschauung der Bibel für den christlichen Glauben im Grunde keinen Verlust bedeutet. Man könnte über Holl hinausgehend folgendes sagen: Luther vergleicht an der von Holl mitgeteilten Stelle die Freiheit des Paulus den Uraposteln gegenüber mit der Freiheit des Christen gegenüber den verwirrten und undeutlichen Berichten des apostolischen Zeugnisses. Insofern ist die von Holl angeführte Stelle eine so schlagende Legitimation der historisch-kritischen Behandlung des Neuen Testaments wie kaum eine andere. Luther hat hier — wie sooft unbewußt — in prophetischer Vorausschau einen Gedanken ausgesprochen, der die ganze zukünftige theologische Entwicklung des Protestantismus beleuchtet. Aber auch von diesem Gedanken gilt, daß seine Kirche nicht den Mut hatte, ihm zu folgen.

Einen ebenso fundamentalen Grundsatz hat Luther für die andere Seite der Auslegung geltend gemacht, in der die eigentliche Sache der Hl. Schrift, das Evangelium als das Wort Gottes an die Menschen, zur Sprache kommt. Daß hier das Letzte, das Vernehmen der göttlichen Rede im Herzen, nicht in Menschengewalt steht und durch keine Auslegungskunst garantiert werden kann, steht für Luther selbstverständlich fest. Aber er hat auch hier wesentlich mehr zu sagen. Der Vorgang der Beziehung des in der Schrift Gesagten auf die eigene Person ist ein Akt freier, innerer Aneignung. Daß Gott es ist, der das sagt, das kann mir kein Fremder beweisen, davon kann mich nur *Gott selbst* überzeugen. Auf Seiten des Menschen entsteht damit ein Akt freiwilliger innerer Zustimmung zu einer Wahrheit, der sein eigenes Herz und Gewissen widersprechen und widersprechen müssen, weil sie das herkömmliche humane Verhältnis von Religion und Moral umkehrt. Diese Erkenntnis kann kein anderer stellvertretend für mich machen, denn sie läßt sich nicht übernehmen. Von ihr sagt Holl[31]: Dieses Überführtwerden ist kein Akt logischer Einsicht, sondern ein Vorgang des inneren Lebens, und der Ort dafür ist das Gewissen. Es ist ausdrücklich hinzuzufügen, daß diese Wahrheit nicht vom Gewissen erzeugt, sondern empfangen wird, denn sie steht im Widerspruch zu dem, was von seinen Voraussetzun-

---

[31] I, 576

gen einsichtig ist. Es ist also keine Wahrheit, die aus dem natürlichen Evidenzgefühl des Gewissens ableitbar ist.

Es ist nun freilich in den Aussagen Luthers, so wie Holl sie darstellt, eine von ihm an dieser Stelle nicht klar entfaltete Antinomie enthalten. Die Wahrheit Gottes soll dem Gewissen einleuchten, obwohl sie ihm anstößig erscheint; es soll von der Wirklichkeit des Gegenstandes überführt werden auf eine Weise, die das bisherige Verhältnis zur Sache verändert. Die Auflösung hierfür kann wiederum nur gegeben werden, wenn man sich daran erinnert, daß Gott durch seinen heiligen Geist zur gegenwärtigen Stimme wird. Die Eigentümlichkeit einer solchen Geistesgewißheit ist das Zugleich zweier widersprechender Empfindungen. Der Mensch muß fühlen, daß dies von ihm selber nicht ausgedacht worden ist und werden kann, weil es seinen natürlichen Voraussetzungen widerspricht, und er muß dennoch dabei fühlen, daß dies die Wahrheit ist, zu der er aus seinem tiefsten Wesensgrund ja sagt. Die Auflösung dieser Paradoxie der religiösen Gewißheit und ihr Verhältnis zu Einsicht und Widerspruch hätte Holl aller Vermutung nach in seinem letzten Aufsatz zu geben versucht. Letztlich nimmt das Gottesbild des Evangeliums seine Überzeugungskraft gerade aus der Einheit von Antinomie und Geschlossenheit in einer unaufhebbar bleibenden Spannung. Eine Andeutung von Holls Empfinden dieser Paradoxie findet sich in seinem Aufsatz »Urchristentum und Religionsgeschichte«.

»Aber dieser Gottesgedanke Jesu, der allem natürlichen religiösen Empfinden so schroff zuwiderlief, besaß doch seine verborgene, seine unwiderstehliche Kraft. Er bohrte sich tiefer ein als jeder andere Gottesbegriff. Denn er redete zum Gewissen.« II, 18 (Vgl. auch I, 41 ff.)[32]

Die Folge davon ist die unerschütterliche Gewißheit, daß das Empfangene Gottes Wort und Wille ist auch dann, wenn es im Widerspruch zum vorhandenen Kirchentum gerät. Dies ist die Voraussetzung für Luthers reformatorische Tat gewesen. Um das im ganzen Umfang zu ermessen, muß man sich klar machen, was es bedeutet, einem Bestehenden entgegenzutreten, das trotz allen Gebrechens und

---

[32] Dieser ganze Zusammenhang ist ausführlich analysiert und dargestellt in dem letzten Kapitel der Arbeit von E. Hirsch: Drei Kapitel zu Luthers Lehre vom Gewissen in: Lutherstudien I, 172 ff. Ein besonders eindrucksvolles Beispiel bringt Hirsch aus der Galaterbrief-Vorlesung 1531 WA 40 I, 361: Fides dicit: ›Ego credo tibi deo loquenti‹. Quid loquitur (deus)? Impossibilia, mendacia, stulta, infirma, abominanda, haeretica, diabolica, — si rationem consulis ... Illa sic dicit de deo: quae ipsa eligit, placent deo; si deus loquitur, est diaboli verbum, quia non videtur ei (der Vernunft) congruere. a.a.O., 206².

allen Versagens in dieser Gestalt göttliche Stiftung zu sein beansprucht und Gottes Willen zu vertreten behauptet, wie das bei der spätmittelalterlichen Papstkirche der Fall war. Eine solche Gewißheit wird dem Menschen nur dann geschenkt, wenn er von der Wahrheit seiner religiösen Erkenntnis zutiefst überzeugt ist und weder durch innere Zweifel, noch durch äußeren Widerspruch daran irregemacht werden kann. Schutz gegen die Gefahr subjektiver Willkür und individuellen Irrtums, wo Eigensinn mit Gewißheit verwechselt wird, ist allein der hermeneutische Zirkel, der die gewonnene Einsicht immer aufs neue an der Hl. Schrift prüft, korrigiert oder sich bestätigen läßt. Nur so besteht sie die Probe der Echtheit. Damit ist das Gewissen als der Ort bezeichnet, wo Gott selbst den Beweis für seine Wahrheit führt[33]. Schaltet man die Subjektivität in der freien inneren Aneignung des aus dem Bibeltext dem Menschen Entgegentretenden aus und verzichtet man auf das Überführtwerden durch eine helle, klare Einsicht, so fällt damit auch die allein durch sie erzeugte Gewißheit dahin, aus der allein Vollmacht zu so ungeheuren Schritten erwächst, wie Luther sie vollzieht. Was übrigbleibt, ist dann nur ein äußerer Gehorsamsakt, wobei lediglich die eine Autorität durch die andere ersetzt ist. Die Rolle, die der Gewissensbegriff in Luthers Denken spielt, zeigt aber, daß es sich hierbei um eine völlig neue Haltung handelt, für welche Holl im Zusammenhang mit der Ethik den Begriff einer »Autonomie höheren Stils« geprägt hat. Die Betrachtung mag abgeschlossen werden mit einem Beleg aus den Acta Augustana[34]: rogo humiliter RPT (Reverendissima Paternitas Tua) dignetur clementissime mecum agere et conscientiae meae compati ac demonstrare lucem, qua possim haec intelligere, et non cogere ad revocationem eorum, quae...« Ein neues Verhältnis von Gewissen und Wahrheit ist an den Tag getreten, das hinfort die europäische Geistesgeschichte bestimmen wird.

4. Kritik an Holl

Dem, was Holl hier an Luther aufgewiesen hat, ist keine große Wirkung beschieden gewesen. Nach dem politischen Zusammenbruch von 1918 entstand in der Dialektischen Theologie ein theologisches Denken, das den subjektiven Faktor im Gottesverhältnis bewußt ausgeschaltet wissen wollte und das »Wort Gottes« als letzte Größe

---

[33] Vgl. I, 36
[34] WA 2, 167, 7. Entnommen aus Hirsch, Lutherstudien I, 173².

verabsolutierte. Es besteht keine Veranlassung, hier näher darauf einzugehen. Jedoch hat diese Theologie auch die Lutherforschung beeinflußt und nicht nur ihre eigenen Grundgedanken, sondern auch ihre Hermeneutik und ihre Stellung zur Hl. Schrift bei Luther wiederzufinden geglaubt, um sich ihre Position von Luther bestätigen zu lassen. Selbstverständlich mußte sie damit Holls Lutherinterpretation und seine Einsichten als Fehldeutungen ablehnen.

Es muß daher abschließend untersucht werden, ob die an Holl geübte Kritik begründet ist. Es ist dabei zweckmäßig, nicht von den Angriffen aus den Anfängen der Dialektischen Theologie zu reden, sondern eine unserer Gegenwart nähere und reifere Darstellung zu wählen. Ein Werk, das als Beispiel für diese Haltung gelten kann, ist Gerhard Ebelings »Evangelische Evangelienauslegung. Eine Untersuchung zu Luthers Hermeneutik«, 1942. Die hier im folgenden vorgenommene Antikritik stellt die grundlegende Bedeutung dieses Buches für die Lutherforschung keineswegs in Frage. Im Gegenteil. Es hat einmal das Verdienst, mit der Frage nach dem Verhältnis Luthers zu den Evangelien eine Aufgabe in Angriff genommen zu haben, die gegenüber der intensiven Beschäftigung mit dem Paulinismus Luthers bisher zu kurz gekommen war[35]. Es liefert damit sodann einen wichtigen Beitrag zur Erforschung der Predigt Luthers, worüber, wie Ebeling mit Recht feststellt, eine umfassende Monographie bis jetzt fehlt[36]. Neben der gründlichen Durchdringung einer ungeheuren Stoffmasse bringt Ebeling am Schluß seiner Arbeit zusätzlich einige Tabellen über Luthers Predigten einschließlich der Postillen und Fragmente. Wenn der Verfasser letzteres bescheiden als »eine Hilfsarbeit ohne eigenen wissenschaftlichen Wert« bezeichnet, so muß ihm schon hier widersprochen werden. Für jeden, der sich mit der Sache befaßt, sind diese Aufstellungen eine unentbehrliche Hilfe. In vieler Hinsicht sind die Verdienste dieses Buches also nicht gering. Eben weil es eine Leistung von Rang und Gewicht darstellt und inzwischen auch gewirkt hat, verlangt es eine ernsthafte

---

[35] Bedeutsame Beiträge haben Carl Stange, Der johanneische Typus der Heilslehre Luthers, 1949 und Walther von Loewenich, Luther als Ausleger der Synoptiker, 1954 und: Luther und das johanneische Christentum, 1935 geliefert.

[36] Hier darf auf die Zusammenstellung und die erläuternden Zusätze von Hirsch im 7. Band der Bonner Clemen Luther-Ausgabe hingewiesen werden, sowie auf seinen Aufsatz: Luthers Predigtweise in der Zeitschrift »Luther« Heft 1 und 2, 1954.

Auseinandersetzung hinsichtlich seiner Einwände gegen Holls Deutung von Luthers Auslegungskunst. Diese Einwände sind allerdings nur selten mit Holls Namensnennung verbunden[37]. Indessen liegt für jeden, der Holls Aufsatz über Luthers Auslegungskunst kennt, der hiergegen gerichtete Widerspruch Ebelings offen zu Tage. Von daher gesehen erscheint seine Arbeit trotz der fehlenden Auseinandersetzung mit Holl als ein groß angelegter und äußerst gründlicher Entwurf einer entgegengesetzten Auffassung.

Die Auseinandersetzung mit Ebeling beschränkt sich im folgenden auf drei Punkte, in denen das Wesentliche seiner Auffassung der Auslegungsmethodik Luthers zum Ausdruck kommt. Das ist einmal die *dogmatische Prämisse*[38], die das ganze Verständnis des Textes von vornherein festlegt. Daneben steht Ebelings *Ablehnung des persönlichen Affekts*[39] als Voraussetzung richtigen Verstehens bei Luther. Und schließlich wird das Verhältnis Luthers zu seinem Text als ein Vorgang *blinder Unterwerfung*[40] beschrieben.

Im Schlußabschnitt formuliert Ebeling noch einmal das Grundprinzip, nach dem er Luthers gesamte Schriftauslegung verstanden wissen will.

»Die Logik der Hermeneutik ist keine andere als die Logik der Christologie.«
(a.a.O., 452)

Damit ist in dürren Worten zugegeben, daß dieses Grundprinzip ein dogmatisches ist. Nimmt man es aber in diesem Sinne, so wirkt die Behauptung Ebelings, daß diese christologische Normierung der Auslegung das eigentlich Neue von Luthers Exegese sei, überaus sonderbar. Bereits Holl hatte nachgewiesen, daß die christologische Normierung der Exegese schon von Bonaventura ausgesprochen ist.

»An sich ist dieser Grundsatz nichts Neues, vgl. Bonaventura, Breviloquium prooem. per spiritum sanctum ... datur fides et per fidem habitat Christus in cordibus nostris. *haec est notitia Christi, ex qua originaliter manat firmitas et intelligentia totius scripturae sacrae.* unde et impossibile est, quod aliquis in ipsam ingrediatur agnoscendam, nisi prius Christi fidem habeat sibi infusam tanquam totius scripturae lucernam et ianuam et etiam fundamentum. (I, 547³)

Gleichwohl bedeutet Luther keine Wiederholung Bonaventuras.

»... neu wird doch alles bei Luther dadurch, daß bei ihm der Glaube, der das Verständnis vermittelt, kein bloß »eingegossener«, sondern ein bewußt er-

---

[37] So z. B. S. 283³¹. Da es sich bei Ebelings Buch um eine Dissertation handelt, ist die Zurückhaltung verständlich.
[38] A.a.O., 383, 452 [39] A.a.O., 282 f. [40] A.a.O., 414, 437 f.

griffener ist, und daß gleichzeitig *Christus die lebendigen Züge des Offenbarers des Evangeliums trägt.«* (Unterstreichungen von mir) (ibid.)

Was hier bei Ebeling vorliegt, ist die *Verwechslung von dogmatischer Christologie und lebendigem Christusglauben.* Die Aussage nämlich, daß für Luther der lebendige Christusglaube als der Zentralsinn der Hl. Schrift König über alle Fragen der Einzelauslegung sei, wäre richtig. Und Holl hat diese Stellung des Christusglaubens stark herausgearbeitet. Ebeling übersieht aber, daß es sich hier bei Luther nicht um jene dogmatische Christologie handelt, welche im I. Teil der Schmalkaldischen Artikel als ihm und der römischen Kirche gemeinsam herausgestellt wird, sondern um jenen lebendigen Christusglauben, den Luther im II. Teil seines Bekenntnisses als das abgründlich vom römischen Christentum Scheidende entwickelt. Dieser lebendige Christusglaube, welcher eins ist mit der Rechtfertigung des Sünders allein aus dem Glauben an Christus, ist aber bei Luther kein abstraktes Prinzip, das er als Prämisse seinem Umgang mit der Hl. Schrift vorangestellt hat, sondern ein von ihm in einem durch viele Jahre langen Ringens um Aneignung des wahren Sinnes des Evangeliums mühselig erworbener und seine ganze Frömmigkeit mit allen ihren Affekten durchwaltender Besitz. Er schließt die Polemik wider den wesentlich als Weltenrichter und Gesetzgeber gedachten Christus, den die Maler auf die Triumphbögen der Kirchen setzten, in sich. Er schließt weiter in sich das durch das Wunder einer gnadenvollen Offenbarung des hl. Geistes in Luther wiedergeborene Verständnis des Evangeliums an Christus als dem Ende des Gesetzes. Er erweitert sich dann in der Zeit der 1. Psalmenvorlesung bis hin zum Wormser Reichstag durch das in lebendiger Meditation erworbene anschauliche Bild Jesu in seinem Wort und seiner Geschichte[41]. Er bekommt, wie ein Enkelschüler Holls, Erich Vogelsang, deutlich gezeigt hat, in dem Bilde des angefochtenen Christus, der am Kreuz über seine Gottverlassenheit klagt und sich mit seinem Glauben dennoch dem Vater befiehlt, sein alles bestimmendes Herzstück[42]. Er vertieft sich durch ein leidenschaftliches Nein zu einer über den Umgang mit dem Evangelium hinausgehenden spekulativen Mystik. Berichtigt man Ebelings Aussage dadurch, daß man an die Stelle der dogmatischen Christologie das lebendige Bild von dem am Kreuze unter Anfechtung sterbenden Christus der Evangelien als dem wahren Spiegel von Gottes väterlichem Herzen setzt, so erhält Ebelings

---

[41] Vgl E. Hirsch, Das Wesen des reformatorischen Christentums, 1963, 87 ff.
[42] E. Vogelsang, Der angefochtene Christus bei Luther, 1932.

These ihre Berechtigung. Aber dieser Christusglaube, der in Wahrheit das Zentrum der Schriftauslegung ist, wird nicht durch Anerkennung einer dogmatischen Prämisse gewonnen, sondern allein aus dem ringenden Umgang des Herzens mit der Hl. Schrift d. h. in einer Gedanken und Gemüt in der ständigen Widerspannung von Aneignung und Widerspruch haltenden meditativen Vertiefung in das Evangelium. Man darf somit sagen: der lebendige Christusglaube wird für Luther *erst nachträglich* zur Voraussetzung des Schriftverständnisses, und dies geschieht dadurch, daß er ebenso Ende wie Ergebnis von Luthers Entwicklung ist. Nur wenn man dies Zugleich von Ende und Anfang des Schriftverständnisses hinzufügt und den schweren inneren Kampf von Anfang bis zu Ende nicht vergißt, kann man sagen, daß Luthers Schriftverständnis christologisch fundiert ist. Anders gesprochen: Luther setzt mit allen seinen Zeitgenossen voraus, daß Offenbarung und Versöhnung durch Christus das Mittel- und Endstück der Hl. Schrift ist. Diese Voraussetzung aber ist für ihn zunächst die Bejahung einer Rune, eines Rätsels, welche von Kirche und Christenheit oft mißdeutet und nicht verstanden wurden. Erst indem das Geheimnis Jesu Christi sich durch den hermeneutischen Zirkel dem Glauben des Christen innerlich auftut, wird aus der abstrakten christologischen Norm eine sinn- und inhaltlich bestimmte Aussage über den wesentlichen Gehalt der Hl. Schrift. Diese Aussage aber ist, wie Holl hinreichend gezeigt hat, nur zu gewinnen, indem man es im richtigen Zugleich von Worterklärung und Fragen nach religiösem Sinn der Hl. Schrift lernt, dieser ihren Tiefenschichtssinn zu entlocken. So wie Ebeling es handhabt, wird dieses dogmatische Prinzip gerade das, was es nach seiner ausdrücklichen Versicherung nicht sein soll: »ein Allgemeines im Sinne eines Gesetzes oder einer Idee.« (a.a.O., 452)

Von daher ist es dann auch nicht verwunderlich, daß Ebeling wenig Sinn für die *Notwendigkeit einer persönlichen Erfahrung und des Affektes* als Voraussetzung für die richtige Interpretation biblischer Texte besitzt. Denn nicht mehr die Subjektivität kann die Wahrheit sein, sondern diese bedeutet eine Bedrohung der Wahrheit und muß daher zurückgedrängt werden. Sie fristet, da man sie doch schwer völlig ignorieren kann, eine Schattenexistenz in Gestalt präpositionaler Wendungen in den Feststellungen, die Geschichte Jesu Christi sei geschehen »für uns« und »an uns«[43] oder durch den Ge-

---

[43] A.a.O., 423, 425, 426

brauch von Wortverbindungen mit »existenziell«[44]. Aber beschrieben wird das nicht mit einem Wort; vermutlich weil damit ein Abgleiten in Psychologie befürchtet wird. Nun mag man diese Theorie als das allein »sachgemäße«[45] und »rechte Verständnis« der Hl. Schrift bezeichnen; denn das ist eine Frage für sich, die hier nicht zur Debatte steht. Allein dies als Luthers Auslegungsverfahren zu bezeichnen, muß befremden. Ebeling verweist in diesem Zusammenhang ausdrücklich auf Holl[46] und behauptet, daß dessen Hinweis auf die »Konformität der Affekte«[47] als subjektive Voraussetzung der Exegese eine im Bereich der Mystik durchaus traditionelle Forderung sei. Darauf, daß Luther selbst ebendies mit dürren Worten in der 1. Psalmenvorlesung behauptet, geht Ebeling nicht weiter ein: nullus enim loquitur digne nec audit aliquam scripturam, *nisi conformiter ei sit affectus*, ut intus sentiat, quod foris audit et loquitur, et dicat: »Eia, vere sic est«.[48] Er bringt diese Stelle als Zitat a.a.O., 390 Anm. 165 (Schluß) mit der Bemerkung:

»Wenn Luther in der Frühzeit die Forderung der Konformität der Affekte stellte, so bedeutet das die Forderung der absoluten Gewißheit.«

Schlägt man die Stelle im Zusammenhang nach, so erweist sich, daß Luther als Grund der Zustimmung zu den Worten des Psalms gerade den Herzenszustand der vollkommenen Zerknirschung und Verzweiflung an sich selber nennt. Die von Luther hier gemeinte Konformität der Affekte besteht darin, daß der diese Psalmworte Lesende in seinem eigenen Herzen die Qualen und Anfechtungen der compunctio kennt und eben deshalb die Aussagen des Psalms für wahr befindet[49]. Es ist schwer begreiflich, daß Ebeling seine Ausdeutung auf den bloßen Gewißheitsaffekt beschränkt, obwohl die Stelle in ihrem ganzen Sinnzusammenhang weit darüber hinaus weist. Deutlicher konnte Luther gar nicht sagen, daß die Erkenntnis des tiefen und wahren Sinnes einer Schriftstelle auf der Gleichheit der Herzens- und Gewissenserfahrung beruht. Es macht dabei nach dem, was oben über die zweite Seite des hermeneutischen Zirkels gesagt war, keinen Unterschied aus, ob der von seinen eigenen Herzenserfahrungen innerlich Überführte erst durch die Psalmstelle selber

---

[44] ibid. 436 u. ö.
[45] ibid. 409
[46] 282 f.
[47] 283, vgl. Holl I, 547
[48] Holl I, 547⁵ = WA 3, 549, 33
[49] WA 3, 549, 30 ff. Unde qui non est expertus hanc compunctionem et meditationem: nullis verbis potest hunc psalmum doceri.

diese Überführung erlebt, oder ob er sie aus der früheren Geschichte seines Gottesverhältnisses mitbringt.

Demgemäß bliebe von dem Einwand gegen Holl nur noch der eine Punkt übrig, daß es sich hier um eine Äußerung aus der Frühzeit Luthers handle, welche er später so nicht mehr getan hätte. Demgegenüber sei zunächst an die deutlichen Aussagen aus dem Magnifikat 1521 erinnert. Aber auch auf das bereits oben erwähnte letzte Wort Luthers auf dem nach seinem Tod gefundenen Zettel, dessen Inhalt bereits oben (S. 294 f.) im Wortlaut gebracht war (vgl. Holl I, 577), sei hier noch einmal hingewiesen. Dort wird die Gleichheit der Erfahrung als Voraussetzung des Textverständnisses über den Bereich des Innern hinaus sogar auf die äußeren geschichtlichen Lebensverhältnisse und auf das Miterleben des Berufsschicksals erstreckt. Die Behauptung, daß Luther nur in der Frühzeit von einer conformitas der Affekte gesprochen hat, grenzt sich somit ein auf die Feststellung, daß die scholastische Vokabel conformitas in späteren Jahren bei der Wiederholung gleichartiger Aussagen nicht mehr erscheint.

Daß die Affekte mit der absoluten Gewißheit verbunden sind, weil sie deren Voraussetzung bilden, hat Holl zudem nie bestritten, sondern im Gegenteil mit Nachdruck betont, wenn er erklärt:

»Es war seine religiöse Selbstgewißheit, die auch seine Auslegung trug.« (I, 565)

Nur bleibt bei Ebeling die Frage offen, wodurch diese absolute Gewißheit entsteht, während sie bei Holl beantwortet wird durch den Hinweis auf die religiöse Erfahrung. Denn wie eine Gewißheit, noch dazu eine absolute, entstehen soll ohne diese Erfahrung und damit ohne letzte innere Überzeugung, darüber findet man bei Ebeling nichts, was man als Lösung des Problems bezeichnen kann. Denn wenn Ebeling diese »von der Schrift her und nicht von uns her« gewonnene Gewißheit der eigenen Erfahrung entgegensetzt und das mit zwei Lutherzitaten belegt, so zeigt eine nähere Untersuchung der Zitate, daß er sich hier zu unrecht auf Luther beruft.

Das erste Zitat a. a. O., 391 Anm. 167 lautet: »Ich rede dauon nach der schrifft, die myr gewisser ist denn alles erfaren und leugt myr nicht« (WA 10, 2; 299, 10—11 = BoA 2, 355, 10 f.) und ist völlig aus dem Zusammenhang gelöst. Es läßt den Leser vor allem im unklaren, *welche Erfahrung* hier gemeint ist. Stellt man die Stelle in den Zusammenhang der ganzen Schrift, so sagt sie so ziemlich das Gegenteil von dem, was Ebeling sie sagen lassen möchte. Es ist die Schrift »Welche Personen sind zu ehelichen. Vom ehelichen Leben«, 1522. Dort handelt es sich in dem entsprechenden Abschnitt überhaupt nicht um eine *religiöse* Erfahrung. Luther verteidigt sich vielmehr gegen mögliche Vorwürfe des Verheirateten, er rede als Zölibatär vom Ehestand ohne eigene Erfahrung: »... auf das myr nicht yemand das maul stopffe und spreche/ich rede von dem/ das ich nicht erfaren habe / vn sey mehr gallen denn honnig drynnen.« Dann fährt er fort mit dem von Ebeling gebrachten Satz und setzt diesem Einwand das entgegen, was die Schrift über die Ehe sagt. Es ist dies eine jener trotzigen Stellen, wie sie typisch sind für Luthers polemischen Stil. Zwar stellt er hier die natürliche Erfahrung den Aussagen der Schrift gegenüber und entscheidet sich für den Fall, daß beide sich widersprechen sollten, klar und eindeutig für die Schrift. Das heißt aber beileibe nicht, daß diese Entscheidung ohne Erfahrung sei. Das Gegenteil hat Luther sehr ausführlich ausgesprochen. Sowie nämlich der Mensch die Wahrheit der Hl. Schrift einsieht und sich das von Gott über die Ehe gesprochene Wort im Glauben aneignet, wird er auch die entsprechenden positiven Erfahrungen machen: Er wird Freude an seiner Ehe gewinnen. Denn eben jener Glaube, von Luther so oft als »Zuversicht göttlichen Wohlgefallens« bezeichnet, wird diese Erfahrung vermitteln: »Aber rechte lust drynnen haben / kan niemant / der nicht solchen stand ym glauben festiglich erkennet / das er gott gefalle und fur yhm thewr geachtet sey mit allen seynen wercken / wie gering sie sind.« (WA 10, 2, 298, 25—27 = BoA, 354, 34—37.) Das Mißverständnis Ebelings beruht darauf, daß der Ausdruck »gewisser denn alle Erfahrung« das Wort »gewiß« als die klare, feste Verläßlichkeit und Eindeutigkeit einer dem Glauben Halt gebenden Schriftaussage dem Vieldeutigen und Wankenden zufälliger irdischer Erfahrung gegenüberstellt. Das Wort »Erfahrung« meint in dem Zusammenhang klar: Erfahrung des Erdenlebens. Die Verneinung einer inneren religiösen Erfahrung kann an dieser Stelle kein unvoreingenommener Exeget ausgedrückt finden.

Ebenso ungünstig fällt eine genauere Prüfung des zweiten Zitates aus: »Mit dem Glauben streiten wider das Fühlen« (WA 10, 3; 222, 1). Es ist einer Predigt Luthers über Luc. 15, 1—10 entnommen und spiegelt die Zwiespältigkeit religiöser Erfahrung. Nachdem Luther zunächst das Sündenbewußtsein geschildert hat (»Darumb wenn du dich fulst, das dich dein sünd beissen und dein hertz zaplet und zagt...«), beschreibt er das Gott-gefunden-Haben mit den Bildern des Gleichnisses so, daß er den Widerspruch zum natürlichen Gefühl betont. Die Seligkeit dieses Geborgenseins empfindet der Mensch nicht immer. Deshalb tröstet ihn Luther in diesem Zusammenhang und erklärt: »Ob mans gleich nit entpfindt oder fulet, das mussz man sich nit anfechten lassen, ... du must mit dem glauben streiten wider dissz fulen.« Obendrein schließt Luther diesen Gedanken mit einem Hinweis, der es zur Evidenz erhebt, daß es sich auch hier beim Glauben an die Verheißung um eine religiöse Erfahrung handelt. Er sagt: »Das seind eytel lebendig wort und das Euangelium ist dieffer dann man es mitt worten erlangen kann. Wo do gewissen weren, die solchs versucht hetten, die möchten es leicht verston.« (WA 10, 3; 222, 8—10.) Wenn Luther also davon spricht, daß der Christ mit dem Glauben wider das Fühlen streiten soll, so ist damit jener sich oft bei ihm findende Gedanke ausgesprochen, daß der Glaube an das Evangelium sich wider alles durch Welt, Sünde, Tod, Teufel und Gesetz im Herzen erweckte und ihm Anfechtung bereitende Gefühl der Angst und Gottverlassenheit sich zu bewähren hat. Dieses Gefühl täuscht, weil es das Wort der Verheißung des gnädigen Gottes übersieht. Daß aber der Glaube das göttliche Verheißungswort sich auch nur aneignen kann in einem Akt persönlicher Erfahrung, in dem der Sinngehalt der biblischen Aussage mit dem Gefühl der ihm geltenden individuellen Gewißheit verbunden wird, das hat Luther doch wohl mehr als einmal ausgesprochen. Es streiten also in Wahrheit nicht Schrift gegen Gefühl, sondern Glaube gegen Anfechtung. Das äußerste Beispiel für einen in diesem Sinne gegen das Fühlen streitenden Glauben ist der angefochtene Christus, der das 4. Wort am Kreuz spricht und sich seinem Vater übergibt, obwohl ihn alle gottfeindlichen Mächte in das Gefühl der Gottesferne und -verlassenheit hineinreißen wollen. Falls man die von Ebeling angeführte Stelle überhaupt auf das Verhältnis zur Schrift beziehen will, so muß man sehen, daß Luther hier ein Wagen des Herzens auf die Liebe des in Wolken von Zorn verborgenen Gottes und Vaters meint. Daß die Erinnerung an diese Aussagen Luthers kein Einwand gegen Holl ist, dürfte daraus hervorgehen, daß Holl als erster Lutherinterpret diese Seite des wagenden Zutrauens auf den im Zorn verborgenen Gott herausgearbeitet hat.

Wenn Christus das alleinige hermeneutische Prinzip darstellt und die Begegnung mit ihm Herz und Gewissen unberührt läßt, wie Ebeling das für Luthers Auslegung hier behauptet, dann entsteht die Frage, wie nach Ebelings Ansicht auf Grund dieser Voraussetzungen das Verhältnis des Christen zur Hl. Schrift bei Luther zu denken sei. Er hat das mit erfreulicher Offenheit beantwortet. Die

Frage stellt sich ihm bei der Behandlung der historischen Auslegung, wo er Luthers Begriff der simplicitas erläutert und dabei die Bedeutung dieses Begriffs negativ und positiv genau bestimmt, wenn er erklärt:

> »..., so ist unter einer solchen einfältigen Auslegung nicht gemeint die Beschränkung auf das dem Verstand und dem natürlichen Menschen Eingehende, sondern das *blinde Sichunterwerfen* unter das, was allein durch die in ihrem Wortlaut hingenommene Schrift (die eben *per sese* certissima, facillima, apertissima, sui ipsius interpres, omnium omnia probans, iudicans et illuminans ist) einleuchtend wird.« (Die erste Unterstreichung von mir.) (a.a.O., 414)

Hier ist zunächst die sonderbare Aussage, daß durch blinde Unterwerfung ein Schriftwort einleuchtend wird, psychologisch nicht nachvollziehbar. Denn in dem Augenblick, wo mir etwas einleuchtet, bin ich nicht mehr blind für das Licht, das darinnen ist. Ebeling flicht in seinen Satz eine Stelle aus Luthers Assertio omnium articulorum 1520 (WA 7, 98, 40) ein, die Holl sozusagen als locus classicus für seine These von dem von Luther geltend gemachten Eigenrecht der Urkunde verwendet hatte[50]. Holl bemerkt dazu, daß Luther damit »jedes noch so wohlgemeinte Dreinreden einer Autorität« abgelehnt habe und fügt hinzu:

> »Aber es konnte auch nur einer diesen Satz aufstellen, der die für seine Verwertung erforderliche Kunst des *Sicheinfühlens* selbst lange schon geübt hatte und darüber sicher geworden war, daß sie zum Erfolg führte.« (I, 560)

Es ist interessant festzustellen, welche gegensätzliche Interpretation dieselbe Aussage Luthers bei den beiden Forschern findet: *Der Kunst des Sicheinfühlens setzt Ebeling das blinde Sichunterwerfen entgegen.* Unterwerfung bestimmt aber nach Ebeling nicht nur die Haltung des Lesers und Auslegers in der historischen Auslegung, sondern ebenso in der von ihm so bezeichneten sakramentalen. Was dort unter dem Stichwort »Meditation« behandelt wird, ist auch nichts Anderes als die Forderung der Unterwerfung.

> »Der aus dem Gebet herauswachsende Umgang ist ... die Meditation, d. h. die sich dem Text *unterwerfende* ... Haltung« (Unterstreichung von mir). (a.a.O., 436 f.)
> »Meditation heißt, in regelmäßiger Übung sich einem Schriftabschnitt *unterwerfen* ...« (ibid. 437)
> »Die Meditation, die nicht ein hochfahrendes Spekulieren, sondern ein demütiges *Sichunterwerfen* unter das niedrige Wort ist, ... ist mehr wert als alle frommen Werke.« (ibid. 438)

---

[50] I, 559 f.

Es ist klar, daß dem blinden Sichunterwerfen eine formale Autorität, in diesem Fall das Wort der Hl. Schrift, gegenübergestellt wird, und ebenso klar ist, daß damit der eigentliche Vorgang des Verstehens ausgeschaltet wird.

Prüft man diese These näher, so scheint hier zunächst eine unklare Vorstellung von dem, was im christlichen Sprachgebrauch das Meditieren eines Schriftwortes bedeutet, zugrundezuliegen. Ein Wort meditieren heißt doch wohl, es im Herzen hin und her bewegen, es mit allen Gedanken und Empfindungen, die man sonst hat, in Beziehung setzen und sich dadurch in den letzten Sinngehalt des Wortes mit allen seinen Fasern von Geist und Gemüt hineinleben. Meditation umfaßt also gerade auch die Aneignung aller einem Text eigenen Gefühlsbeziehungen mit innerer Freiheit des Herzens. Nun darf man im 16. Jahrhundert freilich auch für Luther voraussetzen, daß jedermann schon im voraus *vor* jeder persönlichen religiösen Regung von der Wahrheit der Hl. Schrift weiß. Dies Wissen aber ist kein Unterwerfungsakt, sondern das selbstverständliche Teilhaben an einer Prämisse der damaligen europäisch-christlichen Kultur. Daraus wird aber klar, daß der für einen Menschen des 20. Jahrhunderts denkbare Akt der Unterwerfung unter die Autorität der Hl. Schrift im Reformationszeitalter überhaupt nicht nötig war. Es geht für Luther allein um *Inhalt* und *Sinngehalt* der Hl. Schrift, über deren Göttlichkeit er abstrakt mit dem ihn verdammenden römischen Papst durchaus einig ist. Die Übersetzung von Luthers Verhältnis zur Hl. Schrift in unsere ganz andere religiöse Situation geschieht allein dann richtig, wenn wir auch ohne das Vorauswissen des 16. Jahrhunderts in freier, schwebender Fragehaltung den Schriftinhalt meditieren. Es ist Unglaube an die innere Majestät und Heiligkeit des göttlichen Wortes, wenn man wähnt, daß eine solche Meditation in freier Schwebehaltung in kein inneres Verhältnis zum Evangelium gelangen könne. Oder will man etwa behaupten, daß Maria die Worte der Hirten in ihrem Herzen nicht hätte bewegen können, wenn sie sich nicht den Hirten als autoritativen Gottesboten zuvor unterwarf?

Wenn Ebeling nun von Unterwerfung bei Luther redet, so übersieht er außerdem eine bezeichnende Eigenart von Luthers theologischem Denken: Luther denkt grundsätzlich argumentierend. Er tut das sowohl seinen Gegnern gegenüber, indem er sich sehr eingehend und genau mit ihren Argumenten auseinandersetzt; als auch sich selbst gegenüber, indem er sich Rechenschaft gibt über sein Gottesverhältnis und die darüber aus der Hl. Schrift gewonnenen Einsichten. Selbst da, wo er zunächst scheinbar nur Behauptungen aufzustellen scheint, fügt er anschließend stets eine sorgfältige Begründung hinzu. Da es sich im Bereich religiöser Wahrheit nicht um diskursive Reflexion und begriffliche Deduktion handelt, sondern da alle Aussagen eine unentbehrliche Beziehung auf Herz und Gewissen dessen, der sie macht, besitzen müssen, so kann argumentiert werden nicht durch Forderung der Unterwerfung, sondern nur durch den Appell an die in Freiwilligkeit des Geistes sich gebärende Hörwilligkeit dessen, an den sie gerichtet sind. Der freien inneren Einsicht des wahrhaft nach Gott Fragenden aber kann sich jede religiöse Wahrheit anbieten, weil sie trotz aller Paradoxie ein sinnhaftes Element enthält. Auch die christliche Wahrheit ist bei allem Widerspruch gegen die humane Vernünftigkeit doch nicht sinnlos. Denn dann wäre sie auch nicht einsichtig, und das Problem ihrer Übertragung wäre im Grunde unlösbar. Denn warum sollte ich mich einem derart Sinnlos-Unvernünftigen unterwerfen? Nur weil die christlich-religiöse Wahrheit im Medium eines alle Menschen umschließenden geistig-personhaften Lebens webt und wirkt, kann sie Allgemeingültigkeit in dem Sinne in Anspruch nehmen, daß keiner von ihr von vornherein ausgeschlossen ist. Daß sie u. U. manchem dennoch verschlossen bleibt, rührt an ein letztes, für uns nicht mehr aufhellbares Rätsel, widerlegt aber das Ausgeführte nicht[51]. Denn die Sinnhaftigkeit der religiösen Wahrheit, wenn auch im tieferen als dem üblichen rationalen Sinne, ist die Voraussetzung für ihr Verstehen.

Mit den Belegen, die Ebeling hier für seine Ansicht ins Feld führt, ist es ähnlich bestellt wie mit jenen, die für Luthers Ablehnung der Affekte zeugen sollen. In den meisten Fällen beweisen sie bei näherem Zusehen das Gegenteil. Ich wähle dafür dasjenige Zitat, das Ebeling im Text, nicht in den Anmerkungen bringt. Es stammt aus Luthers großer Schrift »Vom Abendmahle Christi Bekenntnis« 1528 (WA 26, 439, 36—440, 4 = BoA 3, 457, 6—14) a. a. O., 415 f. und lautet in den entscheidenden Wendungen so:

> »Wenn wir ... vns gefangen geben und bekennen, das wir sein wort und werck nicht begreiffen, das wir vns zufriden stellen, und von seinen wercken

---

[51] Man müßte sagen: Luther hat dies Rätsel durch sein Ja zur prädestinatianisch verstandenen, die Unfreiheit des Willens voraussetzenden Gnade bezeichnet. Das ist ein tiefer religiöser Gedanke. Die Ersetzung dieser Gnade durch den Akt blinder Unterwerfung unter eine Autorität hingegen läuft auf das Unternehmen heraus, den Akt eines von Gott noch nichts wissenden freien Willens zur Basis der Gottesfurcht zu machen.

reden mit seinen worten einfeltiglich ... denn hie gilts ym finstern und blintzling gehen und schlecht am wort hangen und folgen.«

Was zunächst die Wendung vom »im finstern gehen« angeht, so ist von Luther damit jener Glaube an das Evangelium gemeint, welchem der lebendige Gott selber dunkel wird und der sich wider diese Anfechtung zu behaupten und zu bewähren hat. Aus dieser inneren Erfahrung hat Luther ein starkes Gefühl dafür empfangen, daß aller echte und lebendige Glaube sich auf ein dem endlichen Begreifen verborgen bleibendes Geheimnis bezieht. »Im Finstern glaubt« z. B. der, welcher der Liebe Gottes gewiß bleibt, obwohl sie ihm unter der Wolke des Zornes und der unbegreiflichen Gnadenwahl verborgen bleibt. Man vergleiche hierfür den Schluß von Luthers Schrift gegen Erasmus De servo arbitrio.

Sieht man sich sodann das Vorangehende und Folgende im Luthertext näher an, so ist Luthers Meinung alles andere als die Forderung, man müsse sich dem Bibelwort blind unterwerfen. Er spricht von einem Sichgefangengeben, aber begründet das mit einer Präzision und Ausführlichkeit, die man beinahe als umständlich bezeichnen kann. Wenn er dabei den Schwärmern den Vorwurf macht, daß sie »ungelehrte logici« seien (WA 26, 439, 2 = BoA 3, 456, 9), so setzt er voraus, daß sie bei besserer Logik die Richtigkeit seiner Exegese einsehen müßten. Er nimmt deshalb für sich nicht nur die Übereinstimmung mit der Hl. Schrift in Anspruch, sondern fügt ausdrücklich hinzu: »Ja, es ist auch nicht widder vernunfft noch widder die rechte Logica, sondern es *dünckt* (Unterstreichung von mir) sie widder die schrifft, vernunfft und Logica sein. Denn sie haltens nicht recht zu samen« (ibid. 440). Ebenso trifft Wiclif und die Scholastiker der Vorwurf, daß sie »die Logica vnrecht brauchen« (ibid. 443). Oder er ruft seinen Gegnern spöttisch zu: »Es feylet hie abermal die Kinder Logica dem geist« (ibid. 423).

Sodann bringt Luther zwei Reihen von Beispielen für seine Behauptung (es handelt sich um die praedicatio identica in der Abendmahlslehre) aus der *Logik* und *Rhetorik,* von ihm sonst meist als Grammatik bezeichnet. Man hat den Eindruck, daß er um weitere nicht verlegen wäre, aber zum Schluß kommen muß. Alle diese Beispiele wenden sich an die freie Einsicht, und Luther ist so unhöflich, eine eventuelle Ablehnung nicht als Gebrechen des Glaubens, sondern als Mangel an Intelligenz zu bezeichnen. M. a. W. Luther will nicht die *Unterwerfung*, sondern er will den andern *überzeugen*. Mit dem Sichgefangengeben unter das göttliche Wort kann also nicht das sacrificium intellectus gemeint sein, denn dazu wäre der rechte

Gebrauch von Logik und Rhetorik nicht erforderlich. Es muß also etwas anderes damit gemeint sein, und auch die polemischen Wendungen gegen die Vernunft müssen dann anders gedeutet werden, als es bei Ebeling geschieht. Denn hier müßte doch wohl ein Wort darüber gesagt werden, daß Luther auf einer und derselben Seite davon spricht, daß man die Vernunft blenden und gefangennehmen muß, um wenige Zeilen tiefer fortzufahren mit der Behauptung, seine Auslegung sei nicht wider die Vernunft und rechte Logik. Es ist ein einseitiges Verfahren, diesem Zusammenhang die eine Aussage als Beleg für Luthers Auffassung zu entnehmen und die andere zu ignorieren. So wird man dem hier vorliegenden Rätsel nicht gerecht. Stellt man aber beides nebeneinander und läßt den ganzen Gedankengang auf sich wirken, so ergibt sich, daß Luther mit Vernunft an beiden Stellen nicht das Gleiche meint. Es ist ganz ähnlich wie bei den verschiedenen Erfahrungen. Es ist nämlich einmal die autonome Vernunft des Humanen, die bei Luther stets mit der Vorstellung der Gesetzesgerechtigkeit assoziiert ist[52]. Denn daß Gott nach dem Gesetz mit dem Menschen verfährt, leuchtet ihr ein. Dagegen aber richtet sich Luthers ganze religiöse Leidenschaft. Er kann sich aber, anders als viele Theologen, auch eine Vernunft vorstellen, die dieses Gottesbild als Irrtum durchschaut. Das kann sie nicht von sich aus; aber sie kann es sich sagen lassen von Gott, daß ihre gesetzliche Gottesvorstellung ein Irrtum sei. Der Glaube wagt, diese der humanen Vernunft widersprechende Wahrheit zu ergreifen und sich anzueignen, weil sie letztlich einleuchtet. Es ist eine tiefere Vorstellung von Gott als die bisherige. Wer dagegen einwendet, daß damit doch letztlich der Mensch als letzte Instanz über Gott und seine Wahrheit entscheidet, verkennt die Eigenart des religiösen Vorgangs. Dieser ist ohne den Schritt der freien, innerlichen Aneignung dieser Wahrheit als Akt des Wagens auf ein Angebot hin nicht denkbar. Wird das abgelehnt, so bleibt freilich nur die Alternative der blinden Unterwerfung. Wählt man diesen Weg als den dem christlichen Gottesverhältnis besser entsprechenden, dann möge man sich dabei

---

[52] Bei allen Stellen, an denen Luther gegen die Vernunft polemisch wird, ist sein Begriff von Vernunft bestimmt durch die spätnominalistische Scholastik, in deren Theologie er erzogen worden ist. Im Spätnominalismus wird nämlich Vernunft immer im Sinn von Verstand und Moral gebraucht, und sämtliche eigentümlichen spätnominalistischen Thesen beruhen darauf, das Geheimnis der Gnade zugunsten von Verstand und Moral zu minimalisieren; vgl. Otto Scheel, Martin Luther II, 165 und 174, 180; Scheel bringt als Beleg ein Zitat von Gabriel Biel; a.a.O., 165[1]. Vgl. dazu eine Äußerung Luthers WA 45, 86 Predigt 1537 bei Scheel II 179[2].

klarmachen, daß das im Grunde die römisch-katholische Lösung ist und daß man sich damit nicht auf Luther berufen kann. Luthers Betonung des Anteils der Subjektivität bei der Entstehung des Glaubens und der Verwirklichung des Gottesverhältnisses schließt jedenfalls jede Unterwerfung aus. Die berühmten Aussagen im Großen Katechismus — und nicht nur dort — in der Erklärung zum 1. Gebot und seine bekannte Formel »Wie du glaubst, so hast du« zeigen mit hinreichender Deutlichkeit, wie die Sache sich bei Luther verhält. M. a. W. ein Akt blinder Unterwerfung ist völlig unreformatorisch, denn er stellt im Grunde nichts anderes dar, als was auch Ebeling verneint: ein frommes Werk. Damit aber ist das Gottesverhältnis wieder gesetzlich verstanden und das rein passive Erleiden der unbegreiflichen göttlichen Majestät umgewandelt in eine Willensanstrengung des frommen Menschen, der an die Stelle der religiösen Erfahrung seines völligen Ausgeliefertseins an Gott die Leistung sittlicher Werkgerechtigkeit in dem Akt der Unterwerfung unter den Buchstaben der Hl. Schrift stellt.

Ungewollt gibt Ebeling am Schluß seines Buches selbst den Beleg für seine Kritik an der Reformation, indem er Luthers Hermeneutik wieder auf die scholastische Exegese mit ihrem vierfachen Schriftsinn zurückführt[53]. Darüber ist Luther nach Ebelings Meinung im Grunde nicht hinausgekommen. Einen Fortschritt in der Auslegungskunst hat es also nicht gegeben. Es ist klar, daß dies nicht das letzte Wort in der Lutherforschung zu diesem Punkt sein kann.

Versucht man, zum Schluß dieser Wiedergabe von Holls Lutherbild seine Bedeutung für die Lutherforschung noch einmal kurz zusammenzufassen, so ist folgendes festzustellen.

1. Holls Lutherbild ist das Werk eines Gelehrten, das eine geschichtliche Persönlichkeit mit der urkundlichen Genauigkeit der empirischen Beobachtung in den letzten Geheimnissen ihres inneren Lebens und in ihrem Gottesverhältnis vor uns lebendig werden läßt.

2. Aber zugleich greift dieses Unternehmen weit über die theologische Fachforschung hinaus. Es kann letztlich nur verstanden werden als das Werk eines deutschen Lutheraners, aus dieser Möglichkeit vertiefter Forschung die Vollmacht für Luther zu gewinnen, sich sein Volk gleichsam noch einmal zu erobern und die Seele dieses Volkes zu werden. Zu voller Klarheit hat sich das bei Holl beim Ausbruch des 1. Weltkrieges verdichtet. Bezeichnend hierfür ist die oben (S. 210) zitierte handschriftliche Zusatznotiz in dem Auf-

---

[53] a.a.O., 453 f.

satz über die Bedeutung der großen Kriege für den deutschen Protestantismus, 1917:

> »Denn wir kämpfen nicht nur um unser äußeres, sondern zugleich um unser sittliches Dasein in der Welt. Wir kämpfen um unsere Seele ... — Die Selbstbehauptung und die drohende sittliche Vereinsamung. Wenn je, so diesmal um unsere Seele.« (III, 302²)

Nach seiner Auffassung sollte mit diesem Krieg die Entscheidung fallen, ob es einen eigenen und d. h. von Luther und der Reformation geprägten deutschen Geist weiterhin noch geben sollte. Es war die Frage: Soll das deutsche Volk in seiner geistig-seelischen Art, wie es Sittlichkeit, Staat und Kultur versteht, das Volk Martin Luthers bleiben oder nicht? Holl hat gefürchtet, daß die innere seelische Geschichte des deutschen Volkes auf das schwerste gefährdet wäre, wenn es sich auf seinem weiteren Schicksalsweg von Luther abkehren würde. Denn die begonnene Periode der Weltkriege war für ihn zugleich in einer hintergründigen Weise ein Kampf um Luther. Diesen Sinn der Krise dürfte Holl als erster erkannt haben. Um in diesem Kampf über die wissenschaftliche Forschung hinaus sich einzusetzen, wurde er Präsident der Luthergesellschaft. Er hatte ihre Zielsetzung weit gesteckt. Sie sollte das gesamte geistige Leben in Wissenschaft, Philosophie, Staatslehre und Politik mit dem Bilde Martin Luthers durchdringen. Die geistigen Gegenmächte auch im evangelischen Christentum waren stark genug, um ein größeres Echo zu verhindern. Nur ein relativ kleiner Prozentsatz von Gebildeten war faßbar. Diese Grenze zu überschreiten ist nicht möglich gewesen, ein Eindruck, der sich in unserer Zeit nur verstärkt hat.

3. Und schließlich ist das Werk Holls, wenn man seine Arbeiten über das Urchristentum miteinbezieht, das leidenschaftliche Ringen eines Mannes, der, wissenschaftlich eigentlich in der Alten Kirche beheimatet, die ursprüngliche Kraft und Tiefe des christlichen Glaubens seiner Geburtsstunde mit Hilfe der lutherischen Interpretation so zu erneuern versuchte, daß er in der veränderten Welt noch einmal die ursprüngliche Vollmacht seiner Jugend würde zurückgewinnen und ausüben können, das menschliche Leben von innen her zu gestalten. Deshalb ist für Holl unter den verschiedenen Grunddeutungen der Reformation die für ihn entscheidende ihr Verständnis als Erneuerung des Urchristentums gewesen. Er verstand Luther so, daß dieser mit Hilfe der in der christlichen Frömmigkeitsgeschichte (christliches Mönchtum und Mystik) neu errungenen geistigen Mittel die Botschaft Jesu und des Apostels Paulus wieder hat lebendig werden lassen und den christlichen Glauben so aus seiner Vermi-

schung mit den niederen Motiven menschlicher Religiosität errettet hat. In diesem Sinne ist Luther für ihn Reformator gewesen.

Es wurde ihm dabei bewußt, daß durch diesen Vorgang nach einer vielhundertjährigen Geschichte viel geistige Not und ein schwerer Riß durch die gesamte Christenheit die Folge sein mußten. Holl war jedoch davon überzeugt, daß dadurch zuletzt mehr Segen als Not erwachsen ist. Diesen Segen zu erhalten, ist eins der letzten Ziele seiner Lutherforschung gewesen. Er hat die unvermeidliche Erstarrung eines des Luthertums beraubten Christentums vorausgesehen. Deshalb war es für ihn das Gebot der Stunde für die evangelische Theologie und Lutherforschung, den drohenden religionsgeschichtlichen Tod des Christentums zu verhindern durch eine Neubesinnung auf Luther, die im deutschen Volk beginnen mußte.

Wir können heute nach mehr als einem Menschenalter klarer noch als Holl erkennen, wie scharf und richtig er damit die Lage gesehen und beurteilt hat. Daß Luthers Stimme in dem inzwischen begonnenen oekumenischen Konzert keinen Platz finden kann und auch nicht gefunden hat, ist eine nicht wegzuleugnende Tatsache. Und daß in dem zur Zeit herrschenden Ethos und in der Gestaltung unseres sozialen Lebens die offene Absage an Luthers Gedanken auch im kirchlichen Raum weithin bereits eine Selbstverständlichkeit geworden ist, bedarf keiner umständlichen Begründung. So ist Luther allenfalls Gegenstand der gelehrten Forschung geblieben, auch dort so, daß Holls Leistung meist ignoriert oder abgelehnt wird. Es wird der Zukunft vorbehalten bleiben, wohin der Weg der evangelischen Christenheit in Deutschland führt. In der Zukunft wird sich dann auch entscheiden, ob die Trennung von Luther zum Segen geworden ist oder zum Unsegen.

Beigabe I

Luther und der heilige Geist

Der handschriftliche Nachlaß von Karl Holl muß, da Bombenschaden die von der verwitweten Frau Anna Holl geb. Wucherer aufbewahrten Stücke betroffen hat und Stellen, welche etwaige Teile davon sonst in Verwahrung genommen hätten, sich nicht haben ausfinden lassen, als im allgemeinen verloren gelten. Eine Ausnahme bilden allein drei kleinere Teile von ihm. Einmal hat Professor Emanuel Hirsch, welcher nach Karl Holls Tode mit Frau Anna Holl zusammen den Nachlaß sichtete, die Andachten, welche Karl Holl vor Berliner Studenten gehalten hat, zusammen mit sechs gedruckten Predigten 1926 im Druck herausgegeben, vgl. Karl Holl, Christliche Reden, 1926. Sodann hat Hirsch bei Erstellung des dritten Bandes der Gesammelten Aufsätze die Herausgabe von Holls Schrift über »Die Bedeutung der großen Kriege für das religiöse und kirchliche Leben innerhalb des deutschen Protestantismus« übernommen und diese Schrift durch Mitteilung der Änderungen, Zusätze und Randbemerkungen, mit denen Karl Holl die zweite Auflage vorbereitete, in Einzelheiten bereichert. Endlich aber hat Hirsch bei der Sichtung des Nachlasses 1926 etwa dreiunddreißig Zettel gefunden, welche Holls Vorbereitung zu einem Aufsatz »Luther und der heilige Geist« bieten, und hat schon damals aus diesen Zetteln eine das Wesentliche mitteilende Druckausgabe vorbereitet. Die Scheu, etwas Halbreifes, was Holl selber nicht der Veröffentlichung für würdig gehalten hätte, an den Tag zu geben, hat ihn damals das druckfertig gemachte Manuskript nach einigem inneren Kampf in die Schublade legen lassen. Jetzt, der Schwelle der Achtziger sich nähernd, hat er sein Manuskript dem Verfasser dieser Schrift als einzigen noch erreichbaren Rest des Nachlasses von Karl Holl überlassen und ihm die Druckerlaubnis, die er seinerzeit von Frau Anna Holl empfangen hatte, weitergegeben. Da gerade Holls Anschauung vom heiligen Geist bei Luther Gegenstand der Kritik durch die Dialektische Theologie geworden ist, glaubt der Herausgeber sich verpflichtet, diese Mitteilung aus Holls Nachlaß zu veröffentlichen. Nach mündlicher Mitteilung von Hirsch ist unter den studentischen Nachschriften, welche er zur Kontrolle heranzog, die des jetzigen

Ordentlichen Professors Stupperich in Münster gewesen. Die wenigen Notizen von Seminaräußerungen Holls über Luther und den heiligen Geist, die ich aus studentischen Nachschriften mitteilen konnte, werden also meistenteils auf den damaligen Studenten Stupperich zurückgehen.

(Aus dem Nachlaß von Karl Holl
mitgeteilt von Emanuel Hirsch)

Karl Holl hat auf der für September 1926 in Hannover geplant gewesenen Tagung der Luthergesellschaft über »Luther und der heilige Geist« reden wollen. In seinem Nachlaß finden sich nun 33 von mir in Nr. 1—18 etwas ungeordnete und dann numerierte Zettel, die Vorarbeiten zu diesem Thema aus dem WS 1925/26 enthalten. Mit Ausnahme von Nr. 23. 32. 33 (drei Oktavzettel) sind sie in Quart und mit bis zu 35 Zeilen einseitig beschrieben; einer von ihnen, Nr. 1 ist ein Doppelblatt (von mir 1 a und 1 b bezeichnet). Das Doppelblatt enthält auf den Rückseiten einen vom 3. X. 1925 datierten Brief. Nr. 18 und 19 stehen auf der Rückseite zweier Entwürfe zu einem Briefe vom 17. I. 1926; Nr. 22, 23 und 32 sind auf Teile einer auf den 11. I. 1926 datierten Drucksache, Nr. 33 auf eine Anfang März 1926 datierte Drucksache geschrieben. Die Zettel tragen in der Mehrzahl eine Überschrift, selten »Luther und der heilige Geist«, meist »Heiliger Geist«; auf dem Umschlag, der sie vereinte, steht »heiliger Geist«. Im gleichen Umschlage mit ihnen fand sich der Pforzheim 1925 erschienene Druck von Adolf *Schlatters* am 30. X. 1925 gehaltenen Vortrage: »Die Offenbarung des heiligen Geistes in der deutschen Reformation«. Er scheint das einzige gewesen zu sein, was Karl Holl in die Arbeit hinein von Literatur angesehen hat; einige Stellen in ihm sind unterstrichen. Sonst sind nur zufällig, und ohne Zusammenhang mit den übrigen Notizen, ein paar Titel von Büchern, die in das Thema hineinschneiden könnten, notiert.

Im gleichen WS 1925/26 hat Karl Holl in seinem Seminar Luthers Galaterkomentar von 1519 mit den Studenten gelesen und eine Reihe von Seminararbeiten über die Aussagen bestimmter einzelner Schriften Luthers vom heiligen Geist anfertigen lassen. Nach einer mir vorliegenden studentischen Niederschrift ist er in der fortlaufenden Besprechung des Galaterkommentars bis WA II, 538 gekommen. In der zweiten Hälfte des Semesters hat wohl die Besprechung der Arbeiten die meiste Zeit in Anspruch genommen.

Dies Seminar steht nun mit jenen Aufzeichnungen im engen Zusammenhang. Es ist für die Anlage des Arbeitsplanes entscheidend geworden.

Die *ersten achtzehn Zettel* bilden ein geschlossenes Ganzes. Zuerst hat K. Holl sich das, was er zu wissen glaubte, mitsamt einigen Fragen notiert (Nr. 1 a Zeile 1 bis Nr. 1 b Zeile 22). Dann ist er den kleinen Galaterkommentar durchgegangen und hat sich aus ihm jede für sein Thema wichtige Stelle mit Zwischenbemerkungen ausgeschrieben (Nr. 1 b Zeile 23 bis Nr. 12). Fünf Zettel endlich (Nr. 13 bis Nr. 18) legen unter systematischer Neuordnung einiger Stellen die neuen Einsichten und Fragen fest, zu denen er auf diesem Wege gekommen ist; er hat sie formuliert, indem er bewußt auf die Anfänge Luthers in der ersten Psalmenvorlesung zurückgreift und scharfe Vergleiche anstellt. Der Vergleich mit einer studentischen Niederschrift ergibt, daß es sich bei diesen Aufzeichnungen nicht um eine Vorbereitung auf das Seminar, sondern um eine Arbeit mit eigenem Ziel handelte; K. Holl ist in ihr auch den ganzen Kommentar durchgegangen.

Die übrigen Zettel lassen sich zweckmäßig in drei Gruppen zerlegen. Die *eine* Gruppe steht in ausgesprochenem Zusammenhang mit der Durchsicht der studentischen Seminararbeiten; sie ist dadurch gekennzeichnet, daß Verfasser und Thema notiert und dann Bemerkungen (mit oder ohne Stellen) aufgezeichnet werden. Hierher gehören Nr. 19 und 20 (Erste Psalmenvorlesung), Nr. 25 (Kirchenpostille; Pfingstpredigten; himmlische Propheten), Nr. 31 (Großer Galaterkommentar), Nr. 32 (operationes in psalmos). Eine *zweite* Gruppe mag auch z. t. durch die Notwendigkeit, studentische Arbeiten durchzusehen, veranlaßt sein, enthält aber solche ausgesprochenen Beziehungen nicht, sondern gibt sich als Sammlung von für das Thema wichtigen Stellen auf grund der Durcharbeitung einzelner Schriften Luthers. Hierher gehören Nr. 21 (Römerbriefvorlesung), Nr. 22 z. t. (Himmlische Propheten), Nr. 22 z. t. und Nr. 24 (Pfingstpredigten), Nr. 26 und 27 z. t. (Briefwechsel), z. t. Nr. 28, Nr. 29 und z. t. Nr. 30 (Disputationen), Nr. 30 z. t. (Kirchenpostille, Adventsteil).

Von dieser zweiten ist fast untrennbar die *dritte* Gruppe. Sie umfaßt abermalige Notizen aus dem kleinen Galaterkommentar (Nr. 21 ab Zeile 26, Nr. 22 Zeile 1—8, Nr. 27 ab Zeile 17, Nr. 28 Zeile 1—16). Die Notizen auf Nr. 27 und Nr. 28 sind, wie sich mir aus Vergleich mit einer studentischen Niederschrift ergibt, anläßlich der Vorbereitung auf die letzte Seminarstunde aufgezeichnet, stehn aber wieder nur in der angedeuteten losen Beziehung auf das Seminar. In diese Gruppe stellt man am besten auch die beiden kurzen Problemzettel Nr. 23 und Nr. 33, von denen der zweite, schon der letzten Krankheit angehörig, mit fast versagender Hand noch einmal die Grundfrage festhält, um die es ihm ging.

Der Abdruck des Materials ist durch folgende Rücksichten bestimmt

1. Notizen, mit denen sich kein Sinn mehr verbinden läßt, bleiben weg; also z. B. *Nr. 2 Zeile 14 f.:*
>Schäder, der heilige Geist
>Seeberg?

Dazu rechne ich alle Titelangaben; die Namen der Studenten auf Zettel Nr. 19, 20, 25, 31, 32; andeutende Urteile über die Leistungen dieser Studenten (z. B. den größeren Teil des Zettels Nr. 25), aber auch einzelne abgerissene Worte. Alle andern Überlegungen und Bemerkungen K. Holls werden wiedergegeben.

2. Die Mehrzahl der von K. Holl ausgeschriebenen Lutherstellen wird nur durch genaue Stellenangabe bezeichnet. (Kenntlich sind sie als in der Urschrift ausgeschrieben daran, daß Anfangs- und Endzeile beide von mir bezeichnet sind, die Endzeile mit f. nur, wenn es die auf die Anfangszeile unmittelbar folgende ist, sonst mit Zahl. Alle bloßen Stellenangaben mit ff. oder ohne Zeilenangabe sind also auch bei K. Holl nicht ausgeschrieben). Ausgeschrieben bleiben dagegen diejenigen Stellen, die aus den wiederzugebenden Überlegungen und Bemerkungen in einem unmittelbaren Zusamenhang verwachsen sind. (Bei ihnen ist nie die Endzeile angegeben).

Damit ist indessen noch nicht berührt die schwierigste Frage, die der Ordnung. Nach einigem Tasten habe ich zwei Abteilungen gebildet. Unter I gebe ich alle reinen Problemzettel und alle mit Stellen des kleinen Galaterkommentars zusammenhängenden Bemerkungen; unter II alles übrige. I stellt somit die Hauptmasse der Aufzeichnungen, die eigentlich systematische Arbeit dar, II im wesentlichen eine vorläufige und zufällige, Vollständigkeit nicht beanspruchende Überschau eines Teils des übrigen Stoffs.

In I habe ich streng die gegebene Reihenfolge befolgt und die Verteilung der Aufzeichnungen auf die einzelnen Zettel angegeben. Nur habe ich, um die Übersicht über die behandelten Stellen zu erleichtern, in die große Hauptreihe der Stellen Verweise auf die auf späteren Zetteln außer der Reihe vorkommende Stellen mit aufgenommen; und zwar a) mit einem *[vgl. auch Nr.]* dahinter, wenn die Stelle sich später nur wiederholt, b) mit einem Zeichen vor der Stelle und einem *[vgl. Nr.]* dahinter, wenn sie später zum ersten Mal vorkommt. Als solch Zeichen ist * gewählt bei später nur ausgeschriebenen Stellen, + bei später auch mit Bemerkungen begleiteten Stellen. Es ist somit bis ins Kleinste hinein der Gang der Arbeit sichtbar gemacht.

In II habe ich mich freier bewegt. Ich habe folgende Ziffern gebildet.

1. Pfingstpredigten (aus Nr. 22. 24. 25).
2. Erste und zweite Psalmvorlesung (aus Nr. 19. 20. 32).
3. Römerbriefvorlesung (Nr. 21 und eine Bemerkung auf Nr. 32).
4. Kirchenpostille Adventsteil (aus Nr. 30).
5. Großer Galaterkommentar (Nr. 31).
6. Briefwechsel (Nr. 26 und z. t. Nr. 27).
7. Disputationen (aus Nr. 28. 29. 30).

Die Reihenfolge der Absätze innerhalb der Ziffern ist z. t. die meine. Bei Ziffer 2. und 3. habe ich — * und + im gleichen Sinne verwendend wie in I — auf die paar mit der Untersuchung des kleinen Galaterkommentars schon verwobenen Stellen hingewiesen.

Als *Anhang* teile ich einige ausgewählte Äußerungen im Seminar auf grund studentischer Niederschriften mit.

Das Zeichen ⟨ ⟩ bedeutet ergänzenden Einschub durch mich; das Zeichen [ ] erklärende Bemerkung von mir. Sonst habe ich mir keine Zutat erlaubt. Aber natürlich habe ich die Stellenziffern und die Ausschriften auf ihre Richtigkeit geprüft und gelegentlich verbessert. Unleserlich gebliebene Worte sind mit (( )), Auslassungen in I mit ((...)) kenntlich gemacht.

Warum ich diese erste Vorarbeit drucken lasse, sicher gegen K. Holls Sinn und Meinung? Weil einige Bemerkungen in ihr — z. B. die über das Verhältnis der lutherischen zur paulinischen Christusmystik, über Luthers und Augustins Lehre vom heiligen Geist, und über Luthers Verhältnis zu Karlstadt — nicht verloren gehen dürfen; und weil es vielleicht dem oder jenem jungen Forscher ein Gewinn ist, die Arbeitsweise K. Holls zu beobachten.

Luther und der heilige Geist

I

(Nr. 1 a)
1. er hat das Verschüttete wieder aufgedeckt nicht deshalb, weil er etwa geglaubt hätte, ich muß auch eine Lehre vom heiligen Geist haben; sondern es ging ihm wie überhaupt: wie er in die Tiefe der Sache dringt, ergibt sich ihm das ungesucht, jetzt ⟨aber⟩ als etwas Lebendiges.

2. war er [der heilige Geist] unbekannt?
Das Wort nicht: a) in der offiziellen Lehre! ⟨In der⟩ Taufe und Firmelung als habitus ⟨gebend⟩; bei den Dämonenbeschwörungen. b) als etwas Auszeichnendes: in der Scholastik die charismata; in der Heiligenverehrung. c) in der Mystik: ⟨er⟩ durchtränkt, aber doch nur als eine unpersönliche Kraft.

3. Luther ist nicht den Weg der Mystik gegangen; ⟨a) der Geist wirkt nach ihm⟩ etwas viel Bescheideneres und viel Größeres — Sündenvergebung: Dankbarkeit — daraus die Flamme des Herzens. b) er setzt das Werk Christi fort: Geist und Wort. c) er ist nicht bloß eine psychologische Erfahrung! ⟨Er ist⟩ von Gott gewirkt, unter ein Muß gestellt, das zugleich ein Darf ⟨ist⟩. — Er richtet; Gott ⟨ists⟩, der jetzt sein Wort lebendig macht. Es ist Gott selbst, der mir darin nahetritt. Gleichwie der Christus in uns — er reinigt nicht nur das Natürliche, er schafft die positiven Ziele. d) er sammelt die Kirche (3. Artikel): man spürt ihn: am geistgewirkten Wort. Nicht immer ist man auf derselben Höhe!

> Kein Enthusiasmus, keine Visionen, keine Wunderheilungen. Gegenüber Erasmus und dessen Begriff von heiligem Geist.

— — —

(Nr. 1 b) Taucht das Problem des Geistes erst auf in der Nähe der Freiheit eines Christenmenschen?

Lehre vom Geist im Großen Katechismus — im Briefwechsel Luthers — ⟨in den⟩ Pfingstpredigten Luthers.
Wenn man von Luthers Verhältnis zum alten Dogma spricht, so pflegt man die Christologie in den Vordergrund zu schieben. Die Lehre vom heiligen Geist fällt zu Boden. — Und doch ... ⟨die⟩ Gewissensreligion erfährt dadurch ihre Ergänzung; das Gewissen ⟨wird⟩ schöpferisch!

Aus dem *persönlichen* Verhältnis zu Gott kommt der Geist; dies der Unterschied von den Philosophen; bei ihnen bleibt es die Einsicht in den Weltzusammenhang.

Der heilige Geist redet durch die Kirche — aber was ist das Überzeugende? Der Inhalt? Seit der Wendung in den ignatianischen Briefen ⟨ist das anders gewesen⟩!

Kommt der heilige Geist nach der Psalmenvorlesung nicht durch die visio dei?

— — —

WA II, 447, 20 f.

II, 451, 7 das Unglücklichste ⟨ist⟩ falsa et infelix imitatio sanctorum (schon im Römerbrief ⟨Ficker II 165, 243 f.⟩, von da aus das Problem! Dadurch wird man-simia!)

II, 453, 3 [latas unterstrichen]

II, 452, 30: für ihn ist nicht das videre, sondern das audire deum wichtig.

II, 455, 11 ff. ⟨besonders 25 ff.⟩: Bedeutung der Auferstehung Jesu Christi; auch (( )) der Verleihung des Geistes.

II, 456, 33 f. 38 (laetificat und quae deo placent unterstrichen).

— — —

(Nr. 2)

II, 458, 24—28 *[vgl. auch Nr. 14]*; 461, 11 u. 14 f.

Tröstet nach Luther der heilige Geist bloß, oder gibt er auch Kraft und Mut zum Handeln? — Was ist der Geist, der ihn treibt, so daß er sich von Gott gehandelt fühlt? Sagt er da irgendwo, daß der Geist Gottes ihn treibe?

((...))

II, 464, 36 f.; 465, 6.

II, 468, 34 auch der sacratissimus decalogus ist litera und literalis traditio; *denn* durch ihn wird das Herz nicht gereinigt d. h. er [so lies statt: es] gibt keine Motive, wirkt nur von außen her; der amor commodi und der timor poenae sind gewissermaßen idololatria. 469, 7 ab hac igitur impuritate cordis sola fides liberat; 469, 18 qui digito sui spiritus scribat in corda nostra suas literas vivas et lucentes. *[vgl. auch Nr. 13. 14]* Auch die Stelle von den neuen Dekalogen

II, 475, 15

II, 479, 4 f. hier noch: »was vor die Hand kommt«, ⟨das tut der Christ; vgl. WA VI, 207, 4 f.⟩ — dies wohl die Grenze; das Schöpferische kann erst nachher hineinkommen —.

— — —

(Nr. 3)

II, 482, 11 f.; * 487, 25 ff. [vgl. Nr. 15]; 490, 28—31 [vgl. auch Nr. 15]; * 491, 1—3 [vgl. Nr. 15]; 492, 32—34 [vgl. auch Nr. 15]; 492, 40; 494, 12 [vgl. auch Nr. 15)

II, 497, 17—21 [sic, non modo in spiritu, sed et in carne unterstrichen; dazu:] die notwendige Umbildung des Fleisches.

II, 497, 28—35; 498, 11—13 [vgl. auch Nr. 15]; 498, 25 f. [desgl.] 498, 33 f. [desgl.]

— — —

(Nr. 4)

II, 499, 20—22 u. 25—27 lex spiritus est quae nullis prorsus scribitur literis, *nullis profertur verbis, nullis cogitatur cogitationibus,* sed est ipsa viva voluntas vitaque experimentalis, res quoque ipsa quae scribitur digito solo dei in cordibus ... haec inquam *intellectualis lux* mentis et *flamma* cordis est et lex fidei, *lex nova, lex Christi,* lex *spiritus,* lex gratiae (also ⟨Gesetz des Geistes⟩ = Instinkt). Gegensatz 499, 34 lex literae est quaecunque scribitur literis, dicitur verbis, cogitatur cogitationibus. — 500, 3 *lex spiritus* est id, quod lex literae requirit, *voluntas* inquam. — 500, 24 cum nullum opus bonum fiat, nisi *hilari volente* gaudenteque corde fiat, i. e. *in spiritu libertatis.* — 500, 33 omnia (auch das Körperliche, vgl. vorher) tunc sunt carnalia vel literalia, quando cogente litera, absente lege spiritus fiunt, tunc sunt *spiritualia,* quando praesente lege spiritus fiunt. — also hiernach entscheidet nur das Motiv, nicht der Inhalt. Bleibt Luther dabei? —

501, 17 [Gebote, welche der necessitas oder caritas entgegen sind] durchbrechen! unter Umständen adhibitio consilio viri boni: also kein Vertrauen auf den eigenen Geist (ebenso 24) ... 23 pro vitando scandalo. *[vgl. zu der ganzen Gruppe von Stellen 499 bis 501 auch Nr. 16]*

— — —

(Nr. 5)

+II, 535, 27 *[vgl. Nr. 28]* +535, 29 f. 34 *[vgl. Nr. 28]*

II, 536, 1 f. dazu: das sich immer fortsetzend bis 536, 10; +536, 7 f. *[vgl. Nr. 28]*.

II, 536, 24—31 u. 37—39 [mit zahlreichen Unterstreichungen zu 24 ff. der Zusatz] *die Trinität* [zu 37 ff. der Zusatz] *Geist und Sohn* [im übrigen *vgl. auch Nr. 28*] II, 537, 2 *[vgl. Nr. 27]*

— — —

(Nr. 6)

II, 539, 32 f. 36; 541, 11 f. [davor als Stichwort:] *Gesetzlichkeit*

II, 545, 18 (von Paulus) non excommunicat, non clamat ad ignem ... sed ignem charitatis et flammas cordis sui iactat.

II, 548, 26 f.; 552, 3 f. 6—10; 557, 6; 557, 26
[zu dem Stichwort] *Freiheit* [folgende Stellen:] 560, 12—15; 560, 21—25 [hierzu 23] *non mutata lege* [die Zwischenbemerkung] stimmt das ganz?; 562, 9—11

———

(Nr. 7)
vertieft sich Luther nicht den Begriff der Freiheit? zunächst Freiheit zum Gesetz, zum »geistlich verstandenen Gesetz«. Freiheit zu tun, was »vor die Hand kommt«. — Dann, wie der Gedanke des Berufs fester wird, auch der der »Berufung« zu Außergewöhnlichem, Übergesetzlichem?

II, 564, 23 f., 29 f.

II, 565, 2 fides facit spirituales — dem Willen nach, den Motiven nach: dies ⟨ist⟩ für ihn das Entscheidende: er kann Dinge, tut Dinge, die der gewöhnliche Mensch nicht kann. Der Gegensatz 565, 5: carne appetitur res qua fruantur. — 565, 20 cum fides ideo sit iustitia dei, quia divinae iustitiae et veritati adhaeret et *consentit:* quod *gratiae* est, non naturae.

II, 566, 20 *auch der Dekalog aufgehoben* (nicht bloß die ceremonialia 566, 7): sed et opera decalogi extra gratiam erant et sunt finienda, ut succedant *vera opera illius* (d. h. doch des Dekalogs) in spiritu.

II, 567, 7: qui verbum Christi synceriter audit et fideliter adhaeret ... *non etiam mox eum diligas* (daraus entsteht die Christusmystik) *ut qui* tanta pro te fecerit ac tulerit ... sin autem non diligis, certum est, quod haec nec syncere audis nec pure credis pro te facta esse: *hoc enim spiritus facit, ut facias. reliqua autem fides quae miracula facit,* donum est dei liberale in ingratos dispersum, qui in *suam* (d. h. für ihren eigenen) *gloriam* operantur quae operantur, de quibus 1. Cor. 13 dicit: si habuero omnem fidem etc ... non quae per acquisitionem sui stertit *nec quae per miracula potens est,* sed quae per charitatem efficax est. — sein Mißtrauen gegen den Enthusiasmus! —

———

(Nr. 8)
II, 574, 35 f; 575, 3 f.

II, 576, 5 f. omnem *legem* facimus, *si proximus ea opus habeat:* huic uni charitate servimus. — Heißt das: jeder Schwäche nachgeben? ⟨der Christ muß doch auch⟩ Ärgernis geben. —

II, 576, 17 ff. die vielen *kasuistischen Möglichkeiten* der Liebe. Das Entscheidende ⟨ist⟩ die crux. [Folgt ausgeschrieben:] 576, 29 f.; 577, 10—14. — 577, 33 die Selbstliebe ihr Gegenstück [folgt 33—36]. — 578, 30 die Theologen, die behaupten *nos nescire,* quando sumus in charitate, sie bestreiten nos sentire praesentissimum et vivacissimum illud, quod in nobis est, *ipsum videlicet pulsum vitae,* hoc est *affectum cordis* ... non possum, obsecro, sentire, an mihi placeat vel displiceat alter? — das Scheidezeichen zwischen einer natürlichen und einer durch Gnade gewirkten Liebe ⟨ist⟩ *crux* 579, 2

II, 579, 14 f.

— — —

(Nr. 9)
II, 580, 7 Liebe und Naturgesetz.
Wann taucht der Starke auf? Nach dem Römerbrief.
Deutsche Auslegung des 68. Psalms von dem Ostertag, Himmelfahrt und *Pfingsten* WA 8, 4 ff. (Kawerau n. 147) 1521.
Große⟨r⟩ Katechismus!
Gesetz und Liebe: WA II, 581, 26 f.; 29 f. ... *Unterscheidung*: 581, 37 accepto ex fidei auditu *charitatis spiritu omnia alia* facta esse licita, quaecunque ceremonialiter et humaniter statuuntur sive apud Judaeos sive gentes nec esse servanda; aber um des Nächsten willen zu erfüllen. ita serviendum est legibus imperialibus, pontificiis, municipalibus, politicis et provincialibus, *solum ne eos,* ut Christus ait, *scandalisemus* et caritatem et pacem laedemus ⟨582, 11⟩. [Die Zeile mit scandalisemus doppelt am Rande angestrichen:] *Ärgernis* ((...))
Die Gaben: II, 582, 38 ut de *donis* differenter eis collatis non inflentur alter adversus alterum ... 583, 3 dona quanto fuerint insigniora, *tanto sunt nocentiora,* si desit caritas. — Die Ängstlichkeit gegen die eigene Begabung! —

II, 583, 10 f.; 584, 20—22 (vor diese Stelle: *concupiscentia.*)

— — —

(Nr. 10)
II, 587, 28 affectum autem hunc hilarem non lex, non natura, sed fides impetrat in Christo Jesu ... nondum enim spiritus sumus sed spiritu ducimur. — Temperament und Einbildungskraft das Konstituierende; das Temperament entflammt die Einbildungskraft. —

II, 588, 3—5; 588, 8—11; 588, 15 f. [excitabit unterstrichen].
II, 588, 26 ff. Fleisch und Geist. 31 hominem interiorem et ex-

teriorem seu novum et veterem *non* distingui iuxta differentiam animae et corporis, sed *iuxta affectus*.

II, 589, 6 carnem hoc est totum hominem ex Adam natum (Erbsünde)

II, 591, 26 f.

II, 592, 37 gegen den habitus; apostolus autem facit eos *opera spiritus vitalia* et *per totum hominem diffusa*.

II, 593, 6 f. 8 f.; 593, 14

II, 596, 15 die Selbstverständlichkeit des Gutestuns: sicut 3 et 7 ... non debent esse decem, sed sunt decem.

— — —

(*Nr. 11*)

Die Schwachen II, 598, 9 hos inquam oportet non despicere, sed blande fovere, donec *usu et exemplo fortium* roborentur firmenturque. nam ad hoc illi semper reliquuntur velut pauperes in medio populi, ut sint, in quos charitatis officia possitis exercere. — Hier also der Starke! = der im Geist wandelt. Aber dem Starken ⟨wird⟩ hier ⟨wie⟩ immer zugemutet, daß er sich dem Schwachen anpaßt. Die Änderung vielleicht damit ⟨gegeben⟩, wie er das *Ärgernisgeben fordert*! Die Kirche setzt dann nicht das Durchschnittsmaß herab!

Dem Schwachen sich anpassen II, 599, 9 sed tua licentia debet posthaberi fraternae infirmitati: Und doch nachher sofort über Annaten und Pallien II, 600, 30: non mirum inquam, si robustissimi haec ferre nequeant: sunt enim ultra modum, *etiam apostolicae perfectioni difficilia ad portandum* ... 601, 6: utique non est detractio neque invidia, si onus importabile ferendum imponitur et ego vires mihi deesse clamem. deinde quando sacras literas tractamus, haec et similia si arguantur, si mordeantur, si proscindantur, sancte et pro officio agitur, — ⟨Aber⟩ er selbst gibt doch Ärgernis! Setzt man sich nicht dem Vorwurf der Zweizüngigkeit, der Heuchelei aus, wenn man sich so akkomodiert? —

II, 601, 15 f.; 601, 25—28 [am Rande angestrichen; die Worte si offendat und petra est scandali unterstrichen.]

— — —

(*Nr. 12*)

II, 602, 17 quid est autem esse *spiritualem*, nisi filium spiritus sancti et *habere spiritum sanctum*? at spiritus sanctus paracletus est, advocatus, consolator ... ⟨excusans ... hunc imitantes in peccatis hominum coram hominibus sunt spirituales.⟩ contra Satan vocatur diabolus, ⟨detractor et calumniator ...⟩

⟨Anders die⟩ Rede in Worms! Dort ⟨ist⟩ das *Ärgernisgeben* für unvermeidlich erklärt.

II, 607, 33: verum hic sensus generalis de omnibus scandalis non erit, sed tantum de iis, *quae in lege hominum fiunt,* ut *nunc* sunt, sicut, dixi, confessionalia et aliae facultates, aliis pro pecuniis venditae, aliis vero reservatae, ut scandalisentur. — Die Frage beschäftigt ihn doch andauernd. Bringt nicht das allgemeine Priestertum die Wendung? Vorher hat er sich auf den Dr. theol. berufen; jetzt hat jeder Christ das Recht! So gut wie jeder an sich das Konzil berufen darf. —

[Der Rest von Nr. 12 ist leer]

— — —

(Nr. 13)

Luthers Theologie hat das Besondere, daß sie von jedem Punkt aus gesehen als Ganzes erscheint, ein Beweis, wie klar sie durchdacht, wie sicher alles in ihr verknüpft ist.

Im Geist doch ständig Anfänger WA IV, 344, 10; 319 (die ganze Seite). — Es ist eine Unglaublichkeit, eine Überflüssigkeit auch für den modernen mit sich selbst zufriedenen Menschen; der Begriff *Sünde,* so wie das Christentum ihn faßt, ist und bleibt das Hindernis. —

Zusammenhang mit der Rechtfertigungslehre: ihn hat ⟨er⟩ selbst ausgesprochen II, 511, 13 ergo ne fidem reputari ad iusticiam est spiritum accipere? aut ergo nihil facit aut *accipere spiritum et reputari ad iusticiam idem erit.* — 511, 15. Die gratia (= reputatio divina) ist nicht bloß ein favor, sondern auch ein donum. — 511, 18: spiritus, donum et gratia — 511, 21 favet re praesente, non tantum verbo.

II, 513, 33 (ohne Geist und Glauben) operantur quidem opera legis, sed legem non implent. — II, 514, 23 extra fidem = extra puritatem cordis, innocentiam, iustitiam. — Augustin stieß auf dasselbe Problem wie Luther: wie und wodurch vollzieht sich der Umschwung? Aber bei ihm ist es die feinere, höhere Lust, die die niedere besiegt. Eine Lust, nicht wie bei Luther ein Müssen. Daher kommt ⟨bei ihm⟩ nicht deutlich der *heilige Geist* heraus. —

II, 518, 21 schon die fides wird durch den heiligen Geist gegeben. — Der Eindruck des Heiligen: durch das ihn richtende Wort ⟨wird der Mensch⟩ erfaßt, hineingenötigt in eine innere Lage, die ihm höchst unbequem ist und die er bejahen muß: das ist das Heilige, das ihn niederschmetternd ihn doch innerlich läutert, zur Wahrhaftigkeit bringt. Das stammt nicht aus ihm selbst; er muß ihm gehorchen. Es kam über ihn als ein Unentrinnbares, als ein Gericht. —

— — —

(Nr. 14)
Darüber auch Großes Bekenntnis WA 26, 505, ⟨31 ff.⟩.

Den Glauben an die *innere Erneuerung des Menschen,* und das *Wirken* knüpft Luther viel stärker an den *Christus in uns* an, als an den heiligen Geist. Warum? Christus ist das »deutliche« Wort, der Geist das an sich Unbestimmte. — Christus hat nicht nach dem Tod sein Amt an den Geist abgetreten: er ist auferstanden, *um zu wirken.*

Bei Christus auch die Stelle aus dem Sermon von der Buße ⟨WA I, 320, 2 heranziehen:⟩ wie man Gerechtigkeit lieben lernt: im anschaulichen Bilde, in Christus.

Der Geist: das intus docere in der Psalmenvorlesung, das »heimliche Einrünen« im Magnificat — der Geist überführt persönlich

((...))

Der Schwache und der Starke in der Erwählungsfrage: der *Starke* der, der heroisch erträgt und dennoch Gott liebt.

Die *Einwohnung Christi* ⟨geschieht⟩ dann, wenn der Glaube seine *Gnade ganz persönlich auf sich bezieht* WA II, 458, 24 haec fides te iustificat, Christum in te habitare, vivere et regnare faciet. Aber dieser *Affekt* ⟨ist⟩ nur zu erreichen per humilem et in seipso desperatum spiritum (458, 27). Steht das nicht dem hallischen Bußkampf nahe? — 458, 30 ⟨der Affekt⟩ kommt aus der Gewißheit, *daß man* ⟨in sich selbst⟩ *verloren ist.* Diesen Glauben muß man fühlen.

Der Geist II, 469, 18 qui digito sui spiritus scribat in corda nostra suas literas *vivas et lucentes et ardentes,* quibus illuminati et accensi clamemus ›abba, pater‹, et haec *non est paterna sed* divina eruditio. Zum Sinn von paterna ⟨siehe⟩ Zeile 14: = von dem Vater ererbt.

((...))

— — —

(Nr. 15)
WA II, 469, 19 der heilige Geist, (( )), daß wir den Mut und die Freudigkeit haben, ihn Vater zu nennen.

II, 487, 25 ff. doch immer Gewicht *gelegt auf den Rat eines andern* praesertim *consilio confessoris vel boni viri* (dann kann einer die Gebote übertreten).

II, 490, 28 dat eis deus potestatem filios dei fieri, diffuso mox spiritu sancto in cordibus eorum, qui charitate *dilatet* eos *ac pacatos hilaresque faciat,* omnium bonorum operatores, omnium malorum *victores,* etiam mortis contemptores et inferni. Hic mox cessant omnes leges ... omnia sunt iam *libera.*

II, 491, 1 verum *nomen domini* nusquam clarius videbis quam in *Christo:* ibi videbis, quam bonus suavis fidelis iustus verax sit deus, est qui proprio filio suo non pepercerit.

II, 492, 36 die vier Stufen des Handelns: opera peccati, opera legis, opera gratiae, opera pacis et perfectae sanitatis.

II, 492, 33 die Umdrehung durch die gratia: iam nos non legis sumus, sed *lex nostra est.*

II, 494, 12 novam autem (legem) i. e. gratiam per seipsum dedit misso spiritusancto de coelo.

II, 498, 11 ff. das Gesetz daneben dient dazu, ut iam iusti sciamus, *qua ratione spiritus* noster carnem crucifigat et in rebus huius vitae dirigat, ne caro *insolescat* et ruptis frenis sessorem *spiritum fidei* excutiat. non equiti sed equo frenum debitur (Die Schwierigkeit ⟨wird⟩ hier immer noch in der caro gesehen).

Zwiefaches Gesetz: II, 498, 22 lex spiritus et fidei. — II, 498, 34 eandem fidei puritatem cordis satagit et in carnem foris propagare.

— — —

(Nr. 16)

lex spiritus II, 499, 20 ff. Sie ist unreflektiert: nullis cogitatur cogitationibus, sie ist ipsa viva voluntas vitaque experimentalis ... 25 intellectualis *lux* mentis et flamma cordis. — Kurz, sie ist *voluntas* 500, 4. D. h. sie verhält sich zur lex literae sicut signum et signatum, sicut verbum et res (signum aus voluntas).

Praktische Stellung II, 501, 13: bei kleinen Dingen darf ⟨der Christ⟩ mit Gelde Dispense bezahlen; anders aber, wenn die necessitas und caritas in Frage steht! dann ruhig brechen, aber doch adhibito *consilio boni viri.*

paradox II, 500, 17 omnis lex literae est ›spiritualis‹. — 23 quia spiritum fidei requirit i. e. non propter signum sed propter rem spiritualis est, cum nullum opus bonum fiat, nisi hilari volente gaudenteque corde fiat i. e. in spiritu libertatis ... es sind opera corporalia 28, aber die spiritus fidei ipse solus inter opera discernit (aber er *unterscheidet* es! nach welchem Maßstab?); aber nach 33 wieder liegt die Unterscheidung zwischen opera spiritualia und carnalia nur im Motiv; aber denn ⟨wird⟩ doch 501, 16 eine Unterscheidung ⟨gemacht⟩: quorum opus non obstet necessitati aut caritati.

Einwohnung Christi II, 502, 13 quia per fidem Christus inhabitat et influit gratiam per quam fit, ut homo non suo, sed *Christi spiritu* regatur. nam dum nostro agimur spiritu, consupiscentias sequimur, non crucifigimus. — 502, 32 sic vivit in me Christus, ut tamen in carne vitam agam.

Wort und Geist II, 509, 4 simul dum aures pulsat, intus spiritum infundit ... 11 ut audias quid loquatur in te dominus deus tuus ... 14 solum verbum est vehiculum gratiae dei.

— — —

(Nr. 17)

Christusmystik: das Bezeichnende ⟨ist⟩, daß Luther die Sündenvergebung damit in Beziehung setzt; der Tausch zwischen Christus und dem Gläubigen (Freiheit eines Christenmenschen WA 7, 25 f. u. 54 f. und Galater WA II, 504, 6 f.).
Das hat Paulus nicht.

Wo spürt er den heiligen Geist? Schon nach der Psalmenvorlesung im Rechtfertigungserlebnis (Wort und Geist wirken zusammen). Woran erkennt er, daß das eine 1) übernatürliche, 2) eine heilige Wirkung ist? Am ersten das Zweite. — Wie grenzt er sich ab gegen natürliche Genialität?

Gegensatz von *litera und spiritus* in der heiligen Schrift; darin ⟨ist⟩ in der Psalmenvorlesung das Tiefere eingewickelt.

spiritus und lex: III, 93, 30 Pharisaei destruxerunt id in lege, quod est perfectum in ea, sc. *spiritum*.

Welches sind die Eigenschaften des von ⟨dem heiligen⟩ Geist Berührten? *Demut, Selbsterkenntnis Freudigkeit* — also innere Umwandlung! Er wird deiformis, christiformis.

Rechtfertigung: er sieht vor sich das Gebot, das er bejaht; Gott will ihm helfen, das ist sein Halt.

Plötzlichkeit: III, 256, 5 ff. qui intus *velocissime* docet. Christus = heiliger Geist; III, 158, 35 f.

Wirkung des Geistes auf den Menschen: *increpatio* des Geistes III, 115, 34. — das *intus docere* III, 451, 24 ff. (intus docere das Evangelium = lex). Bedingung dafür humilitas und oboedientia III, 514, 27. Zuerst Selbsterkenntnis III, 409, 1 ff.; III, 124, 12 ff. Gott wird groß wie der Mensch klein III, 448, 10. 35; III, 31, 18 ff.

— — —

(Nr. 18)

Der psychologische Vorgang IV, 347, 14 (beim Gegenteile, beim

Buchstaben): ita iterum *contrahitur* uter i. e. spiritus seu anima et voluntas hominis.

Die eingegossene Liebe nach Luther IV, 355, 10 tu solus et unus magister ... doces intus per spiritum diffundens ipsam charitatem quae est lex tua.

Gott im Menschen: der Christ *darf sich darum für etwas Großes* halten. IV, 280, 3 quilibet Christianus debet se agnoscere magnum esse, quia propter fidem Christi, qui habitat in ipso, *est deus,* dei filius et infinitus eo quod iam deus in ipso sit. ⟨Vgl.⟩ IV, 386, 40 (Solche Ausdrücke: est deus werden später vermieden! ⟨Es heißt da⟩ nur noch: Christus in ihnen).

(Der Ausdruck: ‚ich habe den heiligen Geist' ⟨wird⟩ zunächst vermieden; aber ‚ich habe Gott in mir, Christus in mir' ⟨wird gebraucht.⟩)

Übernatürlich: sofern die Wendung vollzogen wird, nicht aus Laune, Geschmacksveränderung, ⟨sondern⟩ im *Gehorsam,* im Bewußtsein, daß er es tun *muß.* IV, 405, 24 nullus enim est iustus nisi obediens (das gibt den Nachdruck).

(Psychologisch ⟨kam⟩ wohl zuerst die Erfahrung, daß Christus in ihm lebt, dann erst die, daß der Geist in ihm ist).

Geist und Individualität, Geist und natürliche Begabung.

Der Geist in diesem unter Dornen IV, 395, 1 sicut semper spiritus in carne sicut inter spinas habitat.

Eine gewisse Erleuchtung hat jeder IV, 255, 23 nulli enim, quantumvis mali sint, carent omni lucis divinae illustratione. (dies bildet die Anknüpfung).

— — —

(*Nr. 21 Zeile 26—29*)
Sabbath halten WA II, 509, 12 ut audias quid in te loquatur dominus. (Dasselbe Bild bei Karlstadt: Langeweile! hieran ⟨den⟩ Unterschied feststellen! — Für Luther ist das Wort immer da).
(*Nr. 22 Zeile 1—13*) Gegen die Täufer anwendbar II, 509, 18: tu ergo ne tibi *propriam* fabrices machinam consilii, reiecto consilio dei.

Die *divina reputatio* ist etwas *Wirksames,* nicht bloß in Gott Bleibendes, sie bedeutet die Verleihung des spiritus, donum et gratia II, 511, 15 ff. (also zugleich den Willen, die Kraft zu verleihen).

Ohne den Geist II, 513, 33 operantur quidem opera legis, sed legem non implent.

Der *Geist muß die Gewissen* lösen und trösten WA 18, 64 (also

Geist und Gewissen gehören zusammen) — darin die Heiligkeit; das selbstgewählte Kreuz tut nicht wehe; der Geist tut wehe.

Die Schwärmer wollen nicht lehren, wie der heilige Geist zu dir, sondern wie du zum heiligen Geist kommst WA 18, 137

— — —

(Nr. 23)
Der heilige Geist
etwas was dem Menschen der Gegenwart ganz fern liegt
doch das Wesentliche für eine lebendige Religion
für Luther ein Stück, von dem aus seine Theologie sich
auch wieder als ein Ganzes, ein erlebtes Ganzes erweist.

— — —

(Nr. 27 Zeile 10—27)
Der neue Gehorsam WA II, 528, 22 amore rei ipsius ... libertate volutatis — 528, 37 paedagogus amicus factus est et a nobis honoratur mgis quam timetur.
(Der Geist Feuer; aber in der Leidenschaft, in der Wärme sieht man klar, was zu tun ist.)
(»Die Verkündigung des Evangeliums ist so wider alles Erwarten, daß es den Charakter einer Offenbarung annimmt.«)
Einwohnung Christi: »nur im Vertrauen, im Glauben erschließt sich das Herz eines andern« II, 537, 2 fides enim *meretur*, ut spiritus detur.
»Der Gerechtfertigte bekommt zu sich selbst ein neues Verhältnis« — dadurch daß nun der Geist Christi in ihm ist.
Geisteseinheit ⟨ist⟩ auch zugleich Einheit mit Gott II, 536.
II, 578. 593. Ungewißheit kommt davon her, daß man sich die Liebe vorstellt velut quidem et latentem qualitatem.
Christusmystik: bei Luther wirkt der einwohnende Christus auch Sündenvergebung; das unterscheidet seine Christusmystik von der paulinischen.
II, 532, 3 ff. (man wird also nach Luther — anders als bei Lessing — nicht *durch* die niederen Motive zu den höheren erzogen).

— — —

(Nr. 28 Zeile 1—16)
Christusmystik: II, 535, 25 Glaube — unum cum Christo fieri ... 535, 29 Christus hoc explevit, *quo* in nobis et ipsa explerentur ... 34 redempti sumus et assidue redimimur ... missus est spiritus, mittitur et mittetur (⟨das richtet sich⟩ gegen den Glauben 536, 7 si unum et primum gradum charitatis habeas, satis habes ad salutem).

Trinität = unus deus II, 536, 25 ff. (von ⟨dem⟩ Geist aus konstruiert).

Der Mensch verspürt den heiligen Geist zunächst als den Zerschmetternden *sich gegenüber*; dann erst ⟨verspürt er⟩, wie er sein Besitztum wird.

⟨Der Geist ist⟩ aber nicht etwas, was bloß *erschrecken* kann, etwas bloß »Numinoses«.

Warum nennt er [Luther] das zweite »Geist«? Geist bezeichnet den »Willen«, den »Hauch« Gottes.

— — —

(Nr. 33)
Luther beweist die Übernatürlichkeit des heiligen Geistes nicht in der Durchbrechung des psychologischen Verlaufs (Ekstase, Wunder, Visionen, Charismen)
sondern nur aus dem Inhalt?

II

(Nr. 22 Zeile 13—28)
[1.] *Pfingstpredigten*

WA IX. 461
X. 3. 147. 155. 160
XI. 22. 108. 111
XII. 566. 585
XV. 554. 563. 567
XVII. 259. 268. 278
XX. 389. 393. 398
XXVII. 141. 152. 186
XXIX. 336. 351. 359. 366. 373. 384
XXX. 91
XXXIV. 430. 458. 476. 498. 505
XXXVI. 184
XXXVII. 87. 399
XLI. 242. 262. 270. 604
XLV. 456
XLVI. 34 ff. 406. 414. 423
XLVII. 772
IL. 441. 456. 464

— — —

(Nr. 24)
Luther fühlt sich von einer ungreifbaren Macht beeinflußt, die aber nicht mit ihm spielt, sondern ihn zu Gott führt.

⟨Sie ist⟩ unfreiwillig und doch als richtig zu bejahen.

Der heilige Geist lehrt nichts denn Christum erkennen: nihil plus scit quam Christum.

hominis verbum, kalt und Eis.

Das Wort wirkt das eine Mal, das andere Mal nicht; der Geist muß es ins Herz drücken.

Die Liebe Wirkung des Geistes: amor dei, später dafür lieber dilectio neuer Mut (⟨neuer⟩ Sinn, ⟨neuer⟩ Adam, ⟨neues⟩ Herz, ⟨neue⟩ Richtung).

Er wirkt nicht neben dem Psychologischen, sondern durch das Psychologische hindurch.

trotzigen Mut.

Der neue *Sinn ist der Geist selbst,* die *Liebe* ist der Geist selbst. IX, 461. XII, 566

Es kann niemand sagen: in mir *ist* der ⟨heilige⟩ Geist.

XLV, 465 Antwort auf die Frage: gibt es den Geist unter uns? gibt es ihn in der evangelischen oder katholischen Kirche?

sciat se habere donum dei et spiritus sancti. XLI, 262

Den Geist haben nur = daß er auf uns wirkt als Gottes ἐνέργεια — wirklich? der neue Sinn und Mut?

Der Geist tuts, als der er Christus lebendig erhält, verstehen lehrt (dies gegen die katholische Unterscheidung).

Die Schwärmer sagen XXVII, 152: oportet expertes spiritus sancti, non *dicentes, qui acquiratur*

»Der Geist *patris Mut*«

Der Geist, auch wo er *durch*bricht, schafft wieder neue Ordnung (Gott ⟨ist⟩ ein Gott der Ordnung).

— — —

(Nr. 25 Zeile 3—13)

((...))

Wirkung des Geistes ⟨ist⟩ doppelseitig, Gericht und Gnade; beides ohne Rest, unbegreiflich; — unfreiwillig — unausweichlich.

Der heilige Geist lehrt nichts denn Christum erkennen.

Der neue Sinn ist der Geist selbst, und doch ist der Geist wieder etwas anderes (als Geist *Gottes*).

((...))

— — —

[2. *Erste und zweite Psalmenvorlesung*]
WA III, 22, 2 ff. nescit enim tarda molimina spiritus s. gratia (das Plötzliche)

   +III, 31, 18 ff. *[Nr. 17, s. o. I]*; 44, 30; +93, 30 [Nr. 17. s. o. I]
   +III, 115, 34 [Nr. 17, s. o. I]
   +III, 124, 12 ff. [Nr. 17, s. o. I]
   III, 128, 16 der heilige Geist die Glut (calor) Christi.
   III, 132, 10; 133, 26; 143, 1.
   III, 152, 29 Inhalt des Worts illuminatio und consolatio
   +III, 158, 35 f. [Nr. 17, s. o. I] III, 186, 31 ff. [videre et credere unterstrichen]; 233, 4 f.; 248, 17; 286, 21 ff.

Schutz gegen *Selbsttäuschung* über den *Besitz des heiligen Geistes* III, 334, 15 ff.; 407, 32.

   III, 382, 7 ff. über die unehrerbietige Art, das *Trinitäts*problem zu behandeln: ita disputamus de distinctione formali et reali sicut sutor de corio suo disputat.

   III, 383. 20 ff. 40
   III, 401, 21 f. u. 640, 11 f. Geist, *Kirche* und Gemeinschaft mit Gott.

   +III, 409, 1 ff; +448, 10. 35 [beide Nr. 17, s. o. I].
   III, 451, 36 f. qui baptisat spiritu sancto i. e. vivo verbo intus docet (also spiritus sanctus = intus docere).
   +III, 514, 27 [Nr. 17, s. o. I].
   III, 649, 6 ff. willig tun ⟨ist⟩ Folge des Geistes.

— — —

Christus = Geist: WA IV, 24, 11; 393, 12; 494, 33 f.
IV, 58, 15 ff. Gesetz und Geist = eine Rede (bloße Worte) und ihr Sinn.
Erleuchtung teils *durch* ira mansuetudinis IV, 60, 8 ff., teils durch das Evangelium. *Geist und Gesetz* IV, 97, 35 f.
timor filialis IV, 250, 7—10
+IV, 255, 23, +280, 3 [*beide Nr. 18, s. o. I*]
Übernatürlichkeit IV, 289, 31 f.
Das Gesetz nur von den Schriftgelehrten mißverstanden IV, 306, 9—11; +IV, 319 (ganze Seite); +344, 10 *[beide Nr. 13, s. o. I]*
+IV, 347, 14; +355, 10; *386, 14; +395, 1; +405, 1 [alle fünf Nr. 18 s. o. I]
Plötzliches Wirken IV, 494, 34

— — —

WA V, 185, 5 pater in divinitate principium ... fillii et ... spiritus sancti (steht der griechischen Formel näher als der augustinischen).

Gott in uns V, 191, 16 sic enim in nomine dei baptisati sumus, ut iam non nos, sed *deus vivat in nobis* ... ubi ut opera nostra illius sunt, ita et nomen, sic tam res ipsa, quam nomen non nobis, sed deo tribuatur.

V, 251, 38 spiritus non potuit mitti nisi Christo a mortuis resuscitato.

―――

[3. *Römerbriefvorlesung*]

Zusammenhang des Geistes mit der Taufe nur noch Ro I, 70, 8 nondum renati in spiritum per baptismum.
+Ro II, 165. 243 f. Nr. 1 b; s. o. I

Der *Glaube durch den Geist bewirkt* Ro II, 197, 33 sed adde adhuc ut et hoc credas, non quod possis tu, sed necesse est ut spiritus faciat te hoc credere — deshalb, weil der Gegenstand des Glaubens, die Sündenvergebung, mit Rücksicht auf die Heiligkeit Gottes ein Wunder ist. —

Aber das *Erkennen* der Sünde bewirkt an sich noch nicht die Abkehr von ihr.

Gegensatz ⟨des heiligen Geistes⟩ zum Gotteshaß Ro II, 135, 15 sic tandem odium dei diffundetur in cordibus eorum per spiritum malum; ⟨zum⟩ *sich aufbäumen gegen Gott* Ro II, 213, 19 f.
durum est et miserum quod deus gloriam suam quaerit in miseria mea.

Durch den Geist *lieben, was Gott liebt*, und hassen, was er haßt Ro II, 196, 31 ff. — 197, 2 ⟨die durch den Geist Getriebenen sind⟩ deiformes

Der Geist macht den *freien, freudigen, zugleich männlichen Willen* Ro II, 166, 3 u. II, 194, 21 sponte relinquere bona et *obviam amplecti* mala. quod non est naturae, sed spiritus dei opus in nobis.

Das Wort ⟨Gottes⟩ *im* ⟨Christen=⟩ *Menschen* Ro II, 249, 12 ff. (= der Geist im Menschen? Was ⟨macht⟩ den Unterschied! ⟨Macht der Geist⟩ das Wort lebendig?)

»Ich habe den Geist«: das scire se esse spiritualem ist gefährlich Ro II, 170, 5 ff.

―――

[4. *Kirchenpostille Adventsteil W A X 1, 2*]

p. 12, 2 daher auch der heylige geyst heißt *paracletus*, ein *anreger*, der da *reytzt* und anhellt zum guten.

Christus als Gabe und Exempel p. 15, 21 u. 23 — Die Werke, die man an Christus sieht p. 16, 2 ff erbeit, wandeln, predigen, beten und den leuten wohltun; angeführt Kol. 3, 12 ff. Phil. 2, 2 ff.

Der Glaube, der nicht weiß, daß er *dir* ein solcher Mann sei, empfängt nichts von Christus p. 24, 5 ff; dieser Glaube erst macht, »das dyr Christus lieblich gefellt und süß ym hertzen schmeckt« p. 25, 4 ff.; p. 25, 7 f. »wo der glaube ist, da muß der heylig geyst bey seyn, liebe und gutt ynn unß wirken« — die Lehre ⟨vom heiligen Geist⟩ ist ihm *sofort* mit seiner Rechtfertigungslehre aufgegangen —.

p. 25, 10 dies erklärt der Papst usw. für eine Vermessenheit, sich den Heiligen gleichstellen zu wollen. — p. 25, 17 das ist keine Vermessenheit, sondern eine Demut und nötige Verzagung. — P. 25, 21 »Wenn du den heyligen nit willt gleych und *auch heylig* werden, wo wiltu denn bleiben?

bricht ab

— — —

[5. *Großer Galaterkommentar*]

WA 40 I, 345, 23 ff. betont er das ex *auditu* fidei: man muß es wirklich vernehmen! Fleisch und Geist sind ⟨eine⟩ Form des Handelns, die zu einzelnen Handlungen das Gepräge gibt: 40 I, 348, 15 spiritus est quisquid in nobis geritur per spiritum, caro quisquid in nobis geritur secundum carnem.

40 I, 348, 17 ff. Beruf usw: das alles nicht, wie der Katholizismus sagt, fleischliche Werke, sondern Werke des Geistes.

Im Geist kommt Christus zu der Gemeinde 40 I, 536, 27 ff.; 40 I, 550, 24 f.

Christus qui semel in tempore venit, quotidie et singulis horis ad nos in spiritu venit.

40 I, 574, 23 ff.; 577, 20 ff.; 578, 13 ff. man muß sich klar werden, ob man den *Geist hat*.

40 I, 580, 20 f. Die Papisten reden nur speculative vom Geist (Kraft des Geistes in den Heiligen).

Wirkungen (und Beweise) des Geistes: 40 I, 449, 33 f; 450, 11; 528, 35 ff.; 538, 33 f.; 572, 20 ff.; 574, 23; 577, 25.

— — —

[6. *Briefwechsel*]

Enders III 197, 26 ita enim dulcescunt *praecepta* dei, quando non in libris tantum, sed in vulneribus dulcissimi salvatoris legenda intelligimus. — rapi fervere die Ausdrücke, die er vom Geist gebraucht.

E. III, 272 (gegen die Schwärmer an Melanchton) Bedingung ⟨des Geistempfangs⟩ sind spirituales angustias et nativitates divinas.

⟨Der Geist⟩ *ganz parallel mit Christus* E. III n. 536, 22 ff. baptisari vero igne et spiritu sancto idem est i. e. dari spiritum sanctum credentibus, ita ut *per eum omnia peccata submergantur* et, si quae manent, pro absorptis *propter ipsum* habeantur.

Erl. Ausg. 53 n. 45 Darumb schreit der *angefangene* Geist in uns: Kum, Tod und jüngster Tag, und mache beide, der Sund und des Todes, ein Ende.

Enders II n. 208, 23 daß Ceremonien den Geist auslöschen.

E. III n. 450 Z. 81 dum *nondum probato spiritu* voverint *ex suo vel Satanae fervore*.

Gewißheit, daß er aus dem Geist handle, nur negativ und fragend: E. II n. 339, 21 quis scit, si spiritus me impetu suo moveat cum certum sit neque gloriae neque pecuniae studio, sed nec voluptatis ita ferri (a. 1520). — Daneben E. III n. 401, 39 compos mei non sum, rapior nescio quo spiritu, cum nemini me male velle conscius sim.

E. III n. 470, 16 der Geist wird schärfer, wenn man ihn dämpfen will.

E. III n. 546, 13 — E. A. 53, n. 53 — E. III n. 538, 51

E. II n. 182, 138 quod laico habenti auctoritatem (scripturae) plus sit credendum quam papae quam concilio, imo quam ecclesiae.

E. XIII, 46 (der Mensch erfährt etwas seinem natürlichem Verlangen völlig Entgegengesetztes). — Subjektive Anschauungskraft kann nicht so nüchtern mehr sein.

E. XIII, 47 Evangelium und Gesetz

E. XV, 318 wo nur Glaub und gut Gewissen ist, da ist gewißlich der heilige Geist.

Bleibt der Christ im Besitz des ⟨heiligen⟩ Geistes? E. XV, 320 und 322 (man kann ihn verlieren, vertreiben, ausschütten).

Er wirkt auch in weltlichen Dingen. E. X, 286

— — —

[*7. Disputationen*]

Drews 54 omnis *contritio* horret et timet deum et fugit, nec fert eius iudicium et iram, *est igitur contritio non meum opus*, sed opus legis dei, odium, fuga a deo, blasphemia dei. — Die wirkliche *contritio nicht jedem geschenkt* D. 480 at non omnibus contritio datur.

D. 150 deus manet in nobis charismatibus et donis.

D. 150 habemus spiritum sanctum *non tamquam donum* et effectum — als etwas Fertiges —, sed tanquam efficientem, vgl. 116, 39. — Der Geist ist Gottes eigene Lebendigkeit. —

D. 294 gegen die Schwärmer: die mit dem unverhüllten Gott umgehen wollen.

Majestät: 268 deus in natura et maiestate sua est *adversarius noster*, exigit legem. — 296 ubi igitur nudus deus in maiestate loquitur, ibi tantum terret et occidit. — 416, quando deus *in hac maiestate* sua ut deus *revelat* (!) legem, non potest non occidere et vehementer terrere.

Das Gesetz muß *das Herz berühren* (machen, daß ihn es bejahe), und dies wirkt der *heilige Geist*. D. 294 nemo intelligit legem nisi tangatur sensu et vi eius in corde. is autem tactus seu sensus legis est divinus. ergo lex sine spiritu sancto non arguet peccata. — Die Wirkung, daß das Gesetz *mich* berührt. —

Die Frage: *habe ich den heiligen Geist?* ist schwieriger, weil da der Erfahrungsbeweis fehlt, der bei dem Gericht da ist. Möglichkeit der Illusion über seine Motive. — Verweisung auf die Werke D. 204. 194. — Das testimonium spiritus sancti, daß ich den Geist habe D. 236. — Was heißt *geistliches Verständnis? Persönliche* Beziehung, Beziehung aufs *Gewissen*.

D. 622 Gott könnte gebieten, mehrere Frauen zu haben, Ehebruch zu treiben

Wunder D. 689, 41 non est negandum miracula fieri posse per impios ex fide mortua. — *Wunder*. D. 730 th. 16 nam peccatum, mundum, diabolum vincere longo maius est quam montes transferre. 731 th. 17 imo deum et proximum gratuito et perseveranter diligere, hoc est plane mortuos suscitare.

Die *Starken* auch *außerhalb* der Gemeinde D. 689, th. 41; 731, th. 23 Damit stößt auch Luther auf die Frage eines Zusammenhangs zwischen natürlicher und sittlicher Begabung.

Christus in seinen Gläubigen noch nicht ganz auferstanden 424 Christus nondum est in suis fidelibus perfecte resuscitatus

Der *Geist und seine Gaben* kann da sein *auch ohne Christus* 730 th. 7

Das Heilige: ((...)) das den Menschen nicht sterben lassen kann, sondern ihn heiligt, indem es sich selbst zum Geschenk gibt.

Beigabe II

Karl Holl als Prediger*

Emanuel Hirsch hat nach dem Tode Holls dessen Predigten und Andachten zusammen mit der Witwe des Verstorbenen, Anna Holl, unter dem Titel »*Christliche Reden*« 1926 herausgegeben und dort über das Editionstechnische das Notwendige gesagt. Die Predigten entstammen dem Berliner akademischen Gottesdienst; zu den Andachten ist Holl von einem Kreis christlicher Studenten in den Jahren 1922—24 gebeten worden.

Daß Holl Predigten und Andachten gehalten hat, erscheint auf den ersten Blick verwunderlich. Der Leser seiner wissenschaftlichen Arbeiten kennt nur seine strenge Sachlichkeit, die ganz auf den Gegenstand der Untersuchung gerichtet ist. Alles Erbauliche und Konventikelhafte fehlt dort ebenso wie das rhetorische Pathos und der theologische Fachjargon, wie er sich nach dem ersten Weltkrieg in bestimmten Kreisen der Theologie entwickelte. Dennoch braucht man nur einige der großen Schriften Holls gelesen zu haben, um zu erkennen, daß die enorme Gelehrsamkeit dieses Mannes fast in jedem seiner Themen eine Beziehung zum einfachen, schlichten Christenglauben enthält. Hat man diesen Punkt erfaßt, so wird zumeist rückschauend deutlich, daß an dieser Stelle auch das eigentliche Interesse und Motiv der ganzen Arbeit liegt.

Bei Antonius und den griechischen Mönchen z. B. ist es der Ernst eines persönlichen Christentums, das sich neben kultischem Betrieb und spekulativer Dogmatik in der griechischen Kirche behauptet; bei Augustin eine letzte eudämonistische egozentrische Frömmigkeit, die Holl zu erkennen glaubt und energisch ablehnt und die dann zu jener scharfen Kritik Augustins führt, die ihm Harnack nie verzeihen konnte. Bei Luther ist es das, was Holl als »Gewissensreligion« bezeichnet und worin er das Wesen evangelischen Christentums und damit das Herzstück des biblischen Evangeliums überhaupt ausgedrückt fand. Immer ist es ein einfacher klarer Grundgedanke des christlichen Glaubens, auf den alles zurück-

---

* Zuerst abgedruckt in »Wahrheit und Glaube«, Festschrift für Emanuel Hirsch, 1963, 42 ff. Jetziger Abdruck mit freundlicher Genehmigung des Verlages »Die Spur«.

geführt wird und aus dem sich alles erklärt. Und man erkennt, daß in diesem jeweiligen Stück christlicher Frömmigkeit Holls eigener persönlicher Glaube lebt.

In den Predigten tritt diese Seite deutlich und klar zutage, frei von dem ungeheuren Material gelehrter Forschung und dem aus souveräner Quellenbeherrschung stammenden Belegstellennachweis. Es ist seine persönliche Frömmigkeit, die das tragende Fundament nicht nur seiner gelehrten theologischen Leistung bildet, sondern den Grund seines Lebens überhaupt. »Ich weiß, woran ich glaube«, dieses Wort Ernst Moritz Arndts steht unausgesprochen hinter der ganzen Persönlichkeits Holls; es findet seinen Ausdruck in den Predigten, durch die er uns einen Blick in seine Seele werfen läßt. »Predigten sind ein so persönliches, ein so heiliges Bekenntnis, daß jedes Wort eines anderen darüber mir immer als eine unverschämte, eine die Sache selbst herabziehende Einmischung erschienen ist«, hat er einst erwidert, als Emanuel Hirsch ihm einen Predigtband übersandt hat. Wie soll man angesichts dieser Äußerung etwas über seine eigenen Predigten zu sagen wagen! Nun, vielleicht darf man dem Historiker gegenüber feststellen, daß auch Predigten Quellen sind, in denen vergangenes Leben sich niedergeschlagen hat. Und gerade, wenn es eine so persönliche Aussage ist, wie die Rechenschaft über das, was der Mensch glaubt, vermag es das zu leisten, worauf alle Vergegenwärtigung vergangener geschichtlicher Wirklichkeit im Grunde genommen hinzielt: eigenes Leben in der Seele des Betrachters zu entzünden und das Vorhandene zu bereichern und zu vertiefen. Auch der Glaube steht in dieser Welt unter dem Gesetz, daß er vermittelt werden muß durch ein Herz, das glaubt, und einen Mund, der das ausspricht. Deshalb gibt es keinen Glauben ohne Gemeinschaft, ohne Kirche und ohne Geschichte. Holls Predigten aber sind in hervorragender Weise geeignet, unserm Geschlecht Wahrheiten nahezubringen, die nahezu verschollen sind und die doch nicht untergehen dürfen, wenn das evangelische Christentum in Deutschland eine lebendige Macht bleiben soll.

Um mit dem Äußerlichen zu beginnen, so wäre mit der Feststellung einzusetzen, daß Holls Predigten und Andachten geboren sind in der schweren und wirren Zeit des zu Ende gehenden ersten Weltkrieges und der von Krisen geschüttelten Nachkriegszeit. Das spiegelt sich in ihnen. Formal-methodisch gesehen haben sie ihre Eigenart darin, daß sie fast immer zugespitzt sind auf ein einzelnes, klar umgrenztes, inhaltlich eindeutig bestimmtes Textwort, das scharf interpretiert wird, und das gesammelte Bemühen richtet sich darauf, dieses Wort zu verstehen. Dabei wird der Hörer von Stufe zu Stufe in ein tieferes, umfassenderes Verständnis der biblischen Aussage geführt. Eine weitere Besonderheit ist die Beziehung des Glaubens auf die Wirklichkeit, in welcher der Christ lebt. Der Glaube muß sich bewähren in dieser Welt, in ihrem Alltag mit seiner Mühe und Plage, in dem Leben, so wie es ist, in seiner Unbarmherzigkeit und Härte. Das Sich-Bewähren ist zunächst gedanklich zu verstehen. Holl weicht keiner Denkschwierigkeit aus, auf die der Glaube stößt, und er endet nicht in Resignation und gibt sich schon gar nicht mit den billigen Schlagworten z. B. von der »getrosten Verzweiflung« zufrieden, wie sie in jenen Zeiten aufkommen und von einer großen Zahl von Predigern gedankenlos wiederholt wurden. Er ruht nicht eher, bis daß er durchgestoßen ist zu jenem Bereich, wo der Mensch Gottes gewiß sein darf, wo aller Widersinn, alle Unbegreiflichkeit und alles Grauen des Daseins aufgehoben ist in dem Glauben an die unerschütterliche Treue Gottes und in dem festen Vertrauen des Menschen zu ihm. Es ist Holls Ziel, unsere Frömmigkeit zu läutern von den Schlacken des verborgenen Heidentums und des religiösen Egoismus. Deshalb treten die harten, herben Seiten des Christentums stark hervor.

Wenn wir z. B. in der ersten Predigt zur *Dankbarkeit* gegen Gott aufgerufen werden, so betont Holl in dem Text Epheser 5, 20 mit Nachdruck den Zusatz »für alles« und schließt nun auch alles darin ein, womit der Durchschnittsmensch an dieser Stelle nichts anfangen kann und womit er Gott nicht belasten möchte. Was das bedeutet, wird man ermessen, wenn man bedenkt, daß die Predigt 1917 gehalten wurde. Holl erklärt: »Ist er in Wahrheit der Gott, der die Welt regiert, so müssen wir ihn auch da finden, wo uns zunächst das Herz zittert. Und ist es uns Ernst mit dem Glauben an seine Liebe, so müssen wir sie auch wiedererkennen, wo sie uns hart anfaßt« (11). Wenn wir hier Klarheit gewinnen wollen, müssen wir ausgehen von den Erfahrungen unseres Lebens, wo Gott sich uns unmißverständlich als Güte zu erkennen gegeben hat. Diese werden durch andersartige Erfahrungen nicht widerlegt. Wer so empfindet, huldigt einer weichlichen Frömmigkeit, wo Glaube und eigener Vorteil zusammenfallen. Nie wird Holl schroffer als in solchen Fällen, wo er eudämonistische Verkehrung des Glaubens wittert. »Man betrachtet Gott wie eine Lebens- oder Glücksversicherung und meint wohl gar noch ein Entgelt fordern zu können für den Dienst, den wir ihm leisten. Dann wäre Gott unser Knecht und wir die Herren« (13). Erst die schmerzlichen Erlebnisse führen zu einer Selbstbesinnung, die Gottes überwindende und neu schaffende Kraft gerade da erfährt, wo er zerstört und die so neue Tatkraft und tieferes Gottvertrauen geschenkt erhält und auf diese Weise Gott richtiger danken kann, als wenn man sich nur auf die Wohltaten beschränkte. »So sagen wir Ja zum Leben, indem wir für alles Gott danken« (16).

Ganz ähnlich ist die Gedankenführung, wenn Holl von *Gottes Treue* spricht. Sie besteht für ihn nicht darin, daß Gott dem Menschen aus der Versuchung hilft, sondern daß er sie ihm überhaupt auferlegt. So formuliert er als Thema über den Text 1. Korinther 10, 13: »Von der Treue Gottes, die sich in der Versuchung bewährt« (36). Unglück und Versuchung sind Fragen Gottes an uns, und es gehört zur Treue Gottes, wenn er uns durch solche Erschütterung die wahre Beschaffenheit unseres Herzens vor Augen führt, damit wir die Grenzen unserer Kraft erkennen und nicht einem falschen Selbstgefühl erliegen. Wenn sich Gott dennoch zu uns bekennt, dann ist das Treue Gottes, auf die wir uns stützen können auf unserm Weg durch das bedrohte Leben und die uns die Versuchung überwinden läßt. Das alles ist notwendig, weil Gott an unserm Herzen arbeitet, uns Eigensinn und Einbildung besiegen läßt, uns reinigt und erneuert und uns auf diese Weise Erfahrungen schenkt, die uns reich machen und reifer werden lassen. »Ja, selig der Mann, der die Anfechtung erduldet. Er mag von sich selbst sprechen: Ich habe Gott geschaut von Angesicht zu Angesicht, und meine Seele ist genesen« (45).

Aus dem bisher Gesagten ist bereits zu erkennen, daß in Holls Predigten der *Gottesgedanke* im Mittelpunkt seiner Betrachtung steht. Es wiederholt sich hier, was auch von seiner theologischen Arbeit gilt; aber es muß hier sofort betont werden, daß die Wortbildung »Gottesgedanke« eben nicht eine abstrakte theoretische Gottesidee meint, die der Mensch sich ausdenkt, sondern die Wirklichkeit eines Gottesverhältnisses, dessen subjektive Seite sich in die menschliche Innerlichkeit hineinreflektiert als ein fest umrissenes deutliches Bild von Gott. Holl war in diesem Punkte, wie aus seinem literarischen Werk hervorgeht, ein ausgesprochener Feind aller frommen Redensarten und dogmatischen Allgemeinheiten ebenso wie alles unkontrollierbaren Gefühlsüberschwanges. Das aber waren die beiden Hauptströmungen der zeitgenössischen Theologie. In nüchterner Klarheit gibt er sich Rechenschaft über den letzten tragenden Grund seines Glaubens. Der Glaube muß wissen, mit wem er es zu tun hat, wer der ist, der ihm gegenübersteht, und was derjenige von ihm will. Das Wort und die Sache tauchen auf in dem letzten großen bis auf den heutigen Tag noch nicht ausgeschöpften Aufsatz über »Urchristentum und Religionsgeschichte« 1924 (II, 1 ff.), wo er die Überlegenheit des Christentums gegenüber den zeitgenössischen heidnischen Religionen in der unausdenkbaren Eigenart des von Jesus vertretenen Gottesbildes begründet sieht. Aber auch in seinem Lutherband ist es immer wieder dieses Thema, dem Holls Arbeit gewidmet ist; und ebenso stößt der Leser in den andern Aufsätzen zur Geschichte der Alten Kirche darauf. Wie sollte es in den Predigten anders sein. Es spricht sich darin die Grundüberzeugung von Holls Frömmigkeit aus: Glaube heißt, Gott selbst gegenübergestellt werden. Und predigen ist dann nichts anderes, als aus den Erfahrungen dieses Gegenüber anderer Schicksal und Lebensweg zu deuten, um sie in die gleichen Erfahrungen hineinzuführen. Das Bibelwort wird damit diejenige Hilfe, in der diese Erfahrung ihren sozusagen klassischen Ausdruck gefunden hat, an dem man am besten erläutern kann, was gemeint ist, und das auf diese Weise zur Anleitung eigenen Umgangs mit Gott wird.

Von hier aus gesehen lassen sich abschließend noch drei Feststellungen über Holl als Prediger machen. Wenn Holl immer wieder den Hörer unmittelbar mit Gott selbst konfrontiert und die Lösung der Lebensrätsel aus diesem Gegenüber versucht, dann arbeitet er in diesem Zusammenhang die für ihn und wohl auch überhaupt entscheidende Seite des christlichen Gottesglaubens heraus: es ist der *göttliche Wille*, der über dem Leben des Einzelnen wie der Welt waltet und sich durchsetzt mit oder gegen den Menschen. Der Mensch begegnet ihm nicht nur im Schicksal, das von fremder Hand ihm gewebt und gestaltet wird, sondern — und das ist nun wieder charakteristisch für Holl — im Gebet; und gerade an dieser Stelle vollzieht sich nun wiederum das, was für Holl eine der Hauptaufgaben des Predigers bleibt: den Menschen in seiner Frömmigkeit wahrhaftig werden zu lassen und diese Frömmigkeit zu läutern von Selbstbetrug und Schein. »Sobald einer sich vor Gott stellt, wird er nüchtern. Da empfindet er, wie er auf einen andern Willen stößt, auf einen Willen, der höher, größer, reiner, übermächtiger ist als der seinige, vor dem es — ach so lächerlich, so kindisch ist, ihm nahelegen zu wollen, wie es eigentlich in der Welt zugehen müßte« (82).

Der Punkt, wo Gottes Wille auf den Menschen stößt, ist das *Gewissen*. Man erkennt sofort, daß Holl diese tiefe Erkenntnis aus seiner langen, intensiven Beschäftigung mit Luther auch hier fruchtbar macht. Ja, man kann sagen, daß die Eigenart seiner eigenen seelischen Veranlagung dazu geführt hat, eine Seite in Luthers Glaube und Theologie zu entdecken, die nur unter dieser Voraussetzung erkennbar war. Welche Bedeutung diese neue Erkenntnis für die Lutherforschung gehabt hat, ist im Vorangehenden ausführlich erörtert worden. So wird das Gewissen der Ort der Gottesbegegnung und zugleich der Quellpunkt der inneren Erneuerung des Menschen. Es ist der Herzpunkt der Innerlichkeit, wo die letzte, endgültige und höchste Wahrheit gefunden wird, die Gewissenswahrheit, und wo der eigene menschliche Wille sich dem göttlichen Willen übergibt im freudigen Gehorsam. »Auf uns, auf unsern Willen, uns beugen und uns richten zu lassen, kommt schließlich alles an. Denn wo das Gewissen mitspricht, da ist immer auch ein Letztes, etwas, über das wir nicht hinübersteigen dürfen, etwas, dessen Anerkennung wir von jedem fordern müssen ... Hier ist Reinheit und Stärke, ist ein höchstes Lebensziel und eine innere Befreiung, wie sie nichts in der Welt zu bieten vermag« (69)[1].

Das Letzte, was in diesem Zusammenhang erwähnt werden muß, ist charakteristisch für Holl sowohl als Historiker wie als Theologen und Christen: *die Fähigkeit zu sehen.* In der wissenschaftlichen Auseinandersetzung mit einem Gegner findet sich einmal die resignierte Äußerung: »Man kann bekanntlich niemand zwingen, etwas zu sehen« (II, 100[1]). Holl besaß diese Gabe in hohem Maße. Aber es ist nicht nur dieses Vermögen geschichtlicher Schau, welches die unumgängliche Ergänzung für die analytische Begabung eines Historikers bilden muß, sondern es handelt sich um eine Fähigkeit, die der Glaube jedem Christen verleiht. Der Glaube sieht, was dem Unglauben verborgen bleibt. So hat Holl kühn davon gesprochen, und es ist eben schon angeklungen, daß der Glaube Gott schaut. Indem er den wahren Charakter der Wirklichkeit wahrnimmt, erkennt er die göttliche Liebe, die ihn umgibt. Er sieht Gott am Werk in der Führung seines Lebens, nicht nur in den freundlichen, sondern gerade auch in den dunklen und schweren Erfahrungen. Er erlebt in der Begegnung mit Jesus, wie dieser ihn zwingt, das zu sehen, worauf es ankommt und was der Mensch im allgemeinen lieber ignorieren möchte. Ja, er weiß etwas von dem Schauen Gottes schon

---

[1] Emanuel Hirsch hat diesen Gedanken in seinem »Leitfaden zur christlichen Lehre«, 1938 in freier, selbständiger Weiterbildung verwendet, wenn er dort die Gewissenswahrheit von der Sinnwahrheit und Sachwahrheit unterscheidet und abgrenzt und in einem eigentümlichen Akt menschlicher Selbsterkenntnis sich vollziehen läßt (a.a.O., § 49, 76).

hier in dieser Welt.« Ja, dann gelangt man auch über den Glauben hinaus jetzt schon zu Schauen. Denn die Liebe weitet den Blick und schärft das Auge für das, was ganz in der Stille vor sich geht« (30 f.).

Zusammenfassend darf man vielleicht folgendes sagen: Holls Ziel ist natürlich das jedes Predigers, den Menschen zum Glauben zu führen bzw. seinen Glauben zu stärken, aber er tut das auf durchaus originelle, selbständige Weise. Für ihn ist der christliche Glaube etwas, was aus klarer Überlegung und aus einer im Gewissen verwurzelten Erfahrung stammt. Er besitzt damit etwas ungemein Nüchternes, Helles und eine überzeugende Einsichtigkeit. Er ist zugleich aber eine Kraft, die sich des Willens bemächtigt und sittliche Impulse vermittelt. Dieser Glaube entsteht nicht von selbst, weder durch Reflexion noch durch Begeisterung, sondern er wird vermittelt durch lebendige Vorbilder, zu denen auch die Verfasser der Heiligen Schrift gehören. Zum richtigen Verständnis der Bibel gehört deshalb nach Holl nicht nur »das gehorsame Hören auf das Zeugnis der Schrift«, wie die damals geprägte Formel des theologischen Jargons lautete, sondern auch der Blick auf das eigene Leben. Wenn Holl die geringe Wirkung der Bibel in unserm Volk feststellt, so sieht er die Gründe dafür in Mängeln, die bis heute die gleichen geblieben sind. »Wir haben verlernt zu lesen, und wir haben verlernt, scharf auf unser eigenes Leben zu achten« (74). Eben in der Verbindung dieser beiden Seiten besteht die Eigenart, der Reichtum und die Tiefe der Predigten Holls. In dieser Beziehung kann Holl als Prediger auch heute noch unser Lehrmeister sein.

NAMENVERZEICHNIS*

Achelis 47
Albrecht 169[55]
Althaus 19[17], 24[23], 122, 183[67], 194[16], 200[32], 207, 210[41], 221[63], 225, 250[41], 253[45], 261[54]
Ambrosius 75, 79
Amphilochius 74[3], 276
Antonius 40, 49, 51, 53 f., 59, 60, 83, 345
Arius 99
Arndt E. M. 346
Athanasius 40, 50, 51 f., 60
Augustin, 49 f., 78 ff., 124, 133, 170, 182[0], 184[1], 198, 233, 241 f., 282, 325, 332, 345

Balsamon 64
Barge 119
Barth H. 174
Barth K. 206[38]
Basilius 60, 77, 240
Baur F. Chr. 1, 2, 14, 28, 34, 110
Biel 317[52]
Bismarck 211
Böhmer 116, 143[25]
Bonaventura 306
Bornkamm H. 109[2]
Bousset 10, 16[12], 18[16]
Büchsel K. 116
Buddha 54[14]
Bultmann 16 ff.
Bunyan 204[37], 239[15] f.

Cajetan 189, 235
Calvin 183, 198, 202, 222, 233, 234, 240[17], 244, 269[66]
Campenhausen v. 42 ff.
Carlyle Gebr. 211
Cartwrigth 240[17]
Chalmers 229
Clemens Al. 52, 63

Deißmann 31, 32[4], 33
Denifle 115 f., 132, 138, 155[40]
Dilthey 277
Dindorf 96, 98
Dionysius Areopagita 61
Dreß 190[10]

Ebeling 305 ff.
Eck 34, 236
Ehrhardt Eugène 208
Elert 259[52]
Engel 66[1]
Epiphanius 76 ff., 95 ff., 121
Erasmus 287
Ernst v. Gotha 270
Eusebius 95

Feuerbach 199[27]
Fichte 1, 229
Ficker 109, 123, 131, 291
Fischer 117[17], 204[37]
Flacius 136[18], 137

Gerdes 17[13], 19[18], 166[0], 202[35], 289[18]
Gerson 190 f., 282
Goethe 184[1]
Gogarten 120, 127, 173 ff., 192, 197[22], 230 ff., 251
Gottschalk 90
Gregor v. Nazianz 57
Grisar 235[2]
Grotius 212
Gunkel 9, 10, 284[12]

Hardeland 169[55]
Haering 199[27]
Harnack Adolf 1, 2, 4, 5, 6, 9, 14, 15 f., 28, 34[7], 39, 52, 54[12], 56, 71, 78 ff., 95, 99, 105, 131, 198, 345
Harnack Theodosius 110 ff., 122, 132, 163, 179[63]

---

* Die Seitenangaben über Luther sind nur auf Teil I beschränkt

Heckel 208[39], 210[41], 261[54]
Hegel 14
Herrlinger 115[10]
Herrmann 163, 195
Hirsch 4, 6, 31[3], 35, 86[10], 109[2], 111[5], 112, 115[10], 121, 127[6], 132[13], 143[25], 153[38], 164, 185[2], 192[12], 196[20], 204[37], 233, 239[15], 247, 253[45], 269[66] 280, 284[12], 291, 295[23], 303[22], 304[34], 305[36], 307[41], 322, 345 f., 350[1]
Hörmann 102[4], 103[0]
Hofmann von 110 f., 138

Iwand 165[50] ff.

Johannes Damascenus 56, 59, 95, 96
Johann der Beständige 265
Josephus 20
Jülicher 4

Kähler 19[18]
Kaftan 199
Kant 1, 136[18], 157, 193, 194, 197, 229
Karlstadt 119, 325, 336
Karpp 5
Kattenbusch 30
Kierkegaard 17[13], 132[13], 163, 168, 253[45] 279, 285
Köstlin, 235, 249[37]
Kolde 116
Konstantin 39
Kurfürst d. Große 270

Labadie 240[17]
Lagarde 34, 132
Lau 210[41]
Leibniz 52[11]
Lenschau 6
Leo XIII. 119
Lessing 135 f., 337
Le Quien 56
Liberius 74
Lietzmann 71, 96, 98, 99, 105
Locke 212
Loewenich von 305[35]
Lohse Bernh. 238[13]
Loofs 80, 83
Luthardt 117
Luther 2, 3, 5, 6, 26, 34, 65, 69, 82, 84, 85, 86, 87, 90, 91, 92, 94

Marcion 52[11]
Mathesius 116
Meißinger 238[13]
Mertel 49, 50 f.
Melanchthon 111, 112, 114, 115, 123, 139, 140[23], 161, 180, 201, 256, 266, 275, 293, 296[24], 300
Meyer Joh. 169[55]
Meyer K. F. 199[29]
Mirbt 259[51]
Müller K. 30, 235, 236, 264[62], 266, 270[69]

Nietzsche 201
Nigg 204[37]

Oehler 96, 98
Osiander Andr. 164[49]
Origenes 52, 63, 286

Pascal 201, 245
Paulus 12, 13, 16, 17, 18, 19, 21, 23, 27 ff., 38, 44, 54, 57, 67, 87 ff., 120, 139, 149, 151, 152, 186, 196, 198, 281, 329, 335
Paulus Nik. 272
Petavius 96, 98
Petrus Lombardus 89
Pius IX. 259
Plato 41
Pontitian 84
Prenter 166[0]

Ranke Leop. 269[66]
Reischle 254
Rieker 248[34], 254, 257 ff., 260, 267, 272
Ritschl Albr. 19, 34, 111, 113, 114, 119, 123, 132, 134, 138, 158 ff., 204, 240[17]
Ritschl O. 115[10], 154
Rousseau 212
Rückert H. 4, 6, 247

Scheel 80[3], 81[5], 83[6], 116, 317[52]
Schlatter 1, 6, 99[3], 322
Schleiermacher 1, 150[36], 159, 160, 244
Schneckenburger 158 f.

Schmidt C. 96
Schmidt K. L. 31 ff.
Schubert von 123
Schüller 6
Schultz H. J. 4
Schrempf 65 ff., 237^8
Schweitzer Alb. 206, 237^9
Sohm 28 ff., 254 ff., 260, 272
Stange C. 26^{26}, 305^{35}
Strauß D. Fr. 10, 300
Stupperich 4, 5, 266, 322
Symeon, der neue Theologe 36, 39 f., 55 ff.

Tertullian 44, 46, 47, 198
Tholuck 182
Thomas hl. 241
Tolstoi 222
Troeltsch 1, 24, 34^8, 117 f., 122, 185, 196, 204 ff., 227, 230, 231, 242 f., 250, 260, 271 ff.

Uhlhorn Fr. 236^4
Usener 73 f., 77 f.

Vogelsang 112^8, 143^{25}, 279^2, 282, 307
Voltaire 22^{19}

Walch 112
Walther Wilh. 173, 182 f.
Weber M. 242, 250, 260
Weiß A. M. 115
Weiß Joh. 206
Weizsäcker 65
Wesley 204^{37}
Wilhelm I. Kaiser 259
Wilhelm König v. Württemberg 269
Wiclif 90
Wolf E. 124^3 f., 252^0
Wolff O. 4
Wrede 13
Wünsch 209, 210^{41}, 213^{49}

Zahn-Harnack A. von 95

ARBEITEN ZUR KIRCHENGESCHICHTE

Begründet von Karl Holl † und Hans Lietzmann †, herausgegeben von Kurt Aland, Walther Eltester und Hanns Rückert. Groß-Oktav.

Eine Auswahl lieferbarer Bände:

7. KARL HOLL. Zwei Gedächtnisreden. Von A. VON HARNACK und H. LIETZMANN. 20 Seiten. 1926. DM 1,50
8. MESSE UND HERRENMAHL. Eine Studie zur Geschichte der Liturgie. Von H. LIETZMANN. 3. Auflage. XII, 263 Seiten. 1955. Nachdruck 1967. Ganzleinen DM 30,—
29. LUTHER UND MÜNTZER. Ihre Auseinandersetzung über Obrigkeit und Widerstandsrecht. Von C. HINRICHS. 2., unveränderte Auflage. VIII, 187 Seiten. 1962. DM 19,80
30. LOGOS UND NOMOS. Die Polemik des Kelsos wider das Christentum. Von C. ANDRESEN. VII, 415 Seiten. 1955. DM 32,—
31. AMERIKA UND DIE ORIENTALISCHEN KIRCHEN. Ursprung und Anfang der amerikanischen Mission unter den Nationalkirchen Westasiens. Von P. KAWERAU. Mit 5 Karten und 27 Abbildungen. XI, 772 Seiten. 1958. DM 48,—
32. DIE BRANDENBURGISCH-PREUSSISCHEN HOFPREDIGER IM 17. UND 18. JAHRHUNDERT. Ein Beitrag zur Geschichte der absolutistischen Staatsgesellschaft in Brandenburg-Preußen. Von R. VON THADDEN. VIII, 239 Seiten mit 18 Tafeln. 1959. DM 22,—
33. DIONYSIUS EXIGUUS-STUDIEN. Neue Wege der philologischen und historischen Text- und Quellenkritik von W. M. PEITZ. Bearbeitet und herausgegeben von H. FOERSTER. XVI, 533 Seiten. 1960. DM 44,—
34. FIDES, SPES UND CARITAS BEIM JUNGEN LUTHER unter besonderer Berücksichtigung der mittelalterlichen Tradition. Von R. SCHWARZ. VIII, 444 Seiten. 1962. DM 42,—
35. LUTHERS AUSLEGUNGEN DES GALATERBRIEFES VON 1519 UND 1531. Ein Vergleich. Von K. BORNKAMM. XVI, 404 Seiten. 1963. DM 54,—
36. WYCLIFS BIBELKOMMENTAR. Von G. A. BENRATH. XII, 415 Seiten. Mit 2 Faksimiles. 1966. Ganzleinen DM 58,—
37. DIE ERSTEN WALDENSER. Von K.-V. SELGE. 2 Bände. Band I: Untersuchungen. Etwa 400 Seiten. Band II: Edition mit „Liber antiheresis". Etwa 250 Seiten mit 2 Faksimiles und 1 Faltkarte. Ganzleinen. Zusammen etwa DM 105,—
38. GEIST UND GESCHICHTE DER REFORMATION. Festgabe HANNS RÜCKERT zum 65. Geburtstag. Dargebracht von Freunden, Kollegen und Schülern. In Verbindung mit K. ALAND und W. ELTESTER herausgegeben von H. LIEBING und K. SCHOLDER. Mit 1 Frontispiz. VIII, 486 Seiten. 1967. Ganzleinen DM 68,—
39. DIE KIRCHE IN DEN REICHEN DER WESTGOTEN UND SUËWEN BIS ZUR ERRICHTUNG DER WESTGOTISCHEN KATHOLISCHEN STAATSKIRCHE. Von K. SCHÄFERDIEK. VIII, 286 Seiten. 1967. Ganzleinen DM 48,—

Walter de Gruyter & Co · Berlin 30

EMANUEL HIRSCH

Weltbewußtsein und Glaubensgeheimnis
Oktav. 164 Seiten. 1967. DM 18,—

Ethos und Evangelium
Oktav. XII, 443 Seiten. 1966. Ganzleinen DM 38,—

Hauptfragen christlicher Religionsphilosophie
Oktav. VIII, 405 Seiten. 1964. Ganzleinen DM 19,80
(Die kleinen de-Gruyter-Bände 5)

Das Wesen des reformatorischen Christentums
Oktav. VI, 270 Seiten. 1963. Ganzleinen DM 18,—

Predigerfibel
Oktav. XII, 415 Seiten. 1964. Ganzleinen DM 24,—

Hilfsbuch zum Studium der Dogmatik
Die Dogmatik der Reformatoren und der altevangelischen Lehrer quellenmäßig belegt und verdeutscht
4. Auflage. Oktav. XII, 446 Seiten. 1964. Ganzleinen DM 19,80

Walter de Gruyter & Co · Berlin 30